Einführung Wirtschaftsinformatik

Iris Vieweg • Christian Werner • Klaus-P. Wagner
Thomas Hüttl • Dieter Backin

Einführung Wirtschaftsinformatik

IT-Grundwissen für Studium und Praxis

Springer Gabler

Prof. Dr. Iris Vieweg
Prof. Dr. Dr. Christian Werner
Klaus-P. Wagner
Dr.-Ing. Thomas Hüttl
Dieter Backin
Fachhochschule für angewandtes
Management
Erding, Deutschland

ISBN 978-3-8349-3135-1 ISBN 978-3-8349-6856-2 (eBook)
DOI 10.1007/978-3-8349-6856-2

Die Deutsche Nationalbibliothek verzeichnet diese Publikation in der Deutschen Nationalbibliografie; detaillierte bibliografische Daten sind im Internet über http://dnb.d-nb.de abrufbar.

Springer Gabler

Einbandentwurf: KünkelLopka GmbH, Heidelberg

Gedruckt auf säurefreiem und chlorfrei gebleichtem Papier

Springer Gabler ist eine Marke von Springer DE.
Springer DE ist Teil der Fachverlagsgruppe Springer Science+Business Media
www.springer-gabler.de

Vorwort

Dieses Fachbuch zur Wirtschaftsinformatik wurde durch ein Team aus vier Freunden erstellt, von denen jeder einzelne bereits mehr als ein Jahrzehnt berufliche Praxis in den unterschiedlichsten Bereichen der Wirtschaftinformatik sammeln konnte. Alle Autoren geben dieses Wissen im Rahmen ihrer Lehrtätigkeit an der Fachhochschule für angewandtes Management seit Jahren auch in Kursen mit viel Freude an Studentinnen und Studenten betriebswirtschaftlich orientierter Studiengänge weiter.

Die Vision für dieses Buch war es, ein interessantes und leicht zu lesendes Buch zu schreiben, das nicht nur wissenschaftliche Theorie enthält, sondern den Leser auch durch spannende Geschichten, Ausschnitte aus dem Leben bedeutender Persönlichkeiten der Wirtschaftsinformatik, das ein oder andere Märchen und eher humorvolle Anekdoten fesseln will. Lernen soll ja schließlich auch Spaß machen.

Dieses Buch richtet sich an Studentinnen und Studenten betriebswirtschaftlicher Fächer genauso wie an Fach- und Führungskräfte der Industrie, die einen Überblick über wichtige Themen und Theorien der Wirtschaftsinformatik erhalten wollen. Wie in jedem Grundlagenbuch könnte man mit jedem Kapitel mehrere eigene Bücher füllen. Auf Grund der Platzbeschränkung mussten wichtige Grundbegriffe der Wirtschaftsinformatik ausgewählt werden, die oft nur angerissen werden konnten. Ab und zu haben sich die Autoren aber auch den Spaß erlaubt, etwas tiefer in die Materie einzudringen und schwierigere Passagen „Für die Profis" eingebaut. Damit die Unterhaltung nicht zu kurz kommt, gibt es Abbildungen aus der Rubrik „Panorama". Die „Stimmen aus der Praxis" sollen schließlich den Bezug zum Berufsleben wahren.

Wirtschaftinformatik ist heute im Berufsleben so wichtig, dass sie alle Studentinnen und Studenten sowie alle Fach- und Führungskräfte fundiert beherrschen sollten. Daher ist es den Autoren auch ein eigenes Lehrbuch wert. Wirtschaftinformatik gilt als Schlüssel für den beruflichen Erfolg. So ist heute, ähnlich wie bei den englischen Sprachkenntnissen, für die Berufstätigen, die dieses Thema meiden, kaum eine Karriere möglich. Wirtschaftinformatik ist einfach zu sehr eine gestalterische Aufgabe und zu sehr von zentraler Bedeutung für die Unternehmensentwicklung, als dass sich Manager diesem Thema entziehen könnten. Ziel ist es, dass Sie sich trauen, an den richtigen Stellen die richtigen Fragen zu stellen. Also auf die Sprachen übersetzt, sich trauen „zu sprechen".

Verantwortlich für die Kapitel „Grundlagen", „ERP-Systeme", „E-Business-Systeme" und „Projekte" ist Iris Vieweg. Die Kapitel „Erste Schritte", „IT-Architektur" und „Büroinformationssysteme" verantwortet Klaus-P. Wagner und die Kapitel „Datenbanken" sowie „Unified Modeling Language (UML)" Dieter Backin. Die abschließenden

Kapitel „Informationsmanagement", „Datenschutz und IT-Security" sowie „Ökologie und Arbeitsschutz in der IT" verantwortet Thomas Hüttl. Selbstverständlich steht jeder einzelne auch hinter der gesamten Arbeit.

In den vielen Beispielen aus der Praxis wird auf eine geschlechtsspezifische Differenzierung verzichtet. Im Sinne der Gleichbehandlung gelten entsprechende Begriffe für beide Geschlechter.

Besonders danken möchten wir Anike Jördens-Dietz, Karin Thalmeier und Christian Botta für ihre selbstlose Unterstützung und wertvollen Hinweise.

Iris Vieweg

Dieter Backin

Thomas Hüttl

Klaus-P. Wagner

Inhaltsverzeichnis

Vorwort ... V

Autorenverzeichnis ... VIII

1 Grundlagen *Eine Schlüsselqualifikation stellt sich vor* ... 1

2 Erste Schritte *Eine zeitliche und technologische Einordnung der Entwicklung der Wirtschaftsinformatik* ... 19

3 IT-Architektur *Eine kurze Einführung in die Funktionsweise von Computern und ihre Zusammenarbeit in Netzwerken* ... 43

4 Büroinformationssysteme *Ein Überblick über typische Büroaufgaben und deren Unterstützung durch moderne Büroinformationssysteme* ... 73

5 Datenbanken *Wie Unternehmen Daten speichern und nutzen* ... 95

6 Unified Modeling Language (UML) *Eine realitätsnahe Methode der Softwareentwicklung* ... 123

7 ERP-Systeme *Wie sich die Zusammenarbeit in Unternehmen gestalten lässt* ... 147
- 7.1 Anwendungskomponente Vertrieb ... 155
- 7.2 Anwendungskomponente Materialwirtschaft ... 161
- 7.3 Anwendungskomponente Produktionsplanung und -steuerung ... 167
- 7.4 Anwendungskomponenten Finanz- und Rechnungswesen ... 175
- 7.5 Anwendungskomponente Personalwirtschaft ... 181

8 E-Business-Systeme *Wie Unternehmen vernetzt mit anderen Unternehmen arbeiten* .. 187

9 Projekte *Wie Informationssysteme erfolgreich eingeführt werden* ... 209

10 Informationsmanagement *Gibt es Kochrezepte für das IT-Management?* ... 229

11 Sicherheit der Informationstechnologie *Datenschutz und IT-Security — Wie schütze ich IT-Systeme und Inhalte?* ... 255

12 Ökologie und Arbeitsschutz in der IT *Ist Green-IT ein Dauerbrenner oder nur ein Strohfeuer?* ... 277

Stichwortverzeichnis ... 301

Autorenverzeichnis

Prof. Dr. Iris Vieweg

Fachhochschule für angewandtes Management
Am Bahnhof 2
85435 Erding
Mail: iris.vieweg@fham.de
Web: http://www.fham.de/

Dieter Backin

Fachhochschule für angewandtes Management
Am Bahnhof 2
85435 Erding
Mail: dieter.backin@fham.de
Web: http://www.fham.de/

Dr.-Ing. Thomas Hüttl

Fachhochschule für angewandtes Management
Am Bahnhof 2
85435 Erding
Mail: thomas.huettl@fham.de
Web: http://www.fham.de/

Klaus-P. Wagner

Fachhochschule für angewandtes Management
Am Bahnhof 2
85435 Erding
Mail: klaus-p.wagner@fham.de
Web: http://www.fham.de/

1 Grundlagen

Eine Schlüsselqualifikation stellt sich vor

Warum ist das Thema relevant?

In Zukunft wird es kaum einen Beruf geben, bei dem die Wirtschaftsinformatik nicht eine entscheidende Rolle spielt. Egal, ob Sie mal eine Personalabteilung leiten oder Fußballmanager werden, bei nahezu allen Berufen werden Sie auch am Rechner arbeiten. Wirtschaftsinformatik umfasst jedoch weit mehr als die Beherrschung von Bürosoftware wie etwa Word oder Excel. Wirtschaftsinformatik beschäftigt sich mit Geschäftsprozessen und Datenbanken, Hardware und Vernetzung, Datenschutz und -sicherheit, integrierten betrieblichen Anwendungs- und E-Business-Systemen, Projekt- und Informationsmanagement.

Ziel ist es, mit dem optimalen Einsatz von Informationssystemen zum Erfolg des Unternehmens beizutragen. Hieraus leiten sich die Anforderungen an Sie ab. Eine Kompetenz in Wirtschaftsinformatik zählt zu den Schlüsselqualifikationen, um erfolgreich in betriebswirtschaftlichen Berufen zu sein.

Was sollten Sie wissen?

Wenn Sie dieses Kapitel durchgearbeitet haben, sollten Sie

- wissen, womit sich die Wirtschaftsinformatik beschäftigt,
- Ziele der Wirtschaftsinformatik beschreiben können,
- die Wichtigkeit von Informationssystemen in der Wirtschaft verstehen,
- die Wirtschaftsinformatik als Fach einordnen können sowie
- zentrale Berufsbilder der Wirtschaftsinformatik kennen.

Welche Schlüsselbegriffe sollten Sie kennen?

Am Ende dieses Kapitels sollten Sie folgende Begriffe verstanden haben und mit eigenen Worten erklären können, was darunter verstanden wird:

- Wirtschaftsinformatik
- Anwendungs- und Informationssystem
- IT-Kernberuf, IT-Mischberuf und IT-Randberuf

Einführung

Kaufen Sie Ihre Konzertkarten online? Wickeln Sie Ihre Bankgeschäfte über das Internet ab? Buchen Sie Ihre Flüge online? Bestimmt nutzen Sie alle Möglichkeiten des Rechnereinsatzes, um sich Zeit und Kosten zu sparen. Aber wie gelingt es den Unternehmen, die von Ihnen eingegebenen Daten so zu verarbeiten, dass Sie auch wirklich so preiswert fliegen können, und dies ohne vorab ein Reisebüro besucht zu haben?

Die Internettechnologie hat die Arbeit in den Unternehmen verändert und ganz neue Möglichkeiten geschaffen. Die Nutzung dieser Möglichkeiten funktioniert aber nur mit gut durchdachten Geschäftsprozessen. Allein durch eine schöne Benutzeroberfläche im Internet ist beispielsweise noch kein freier Flug ausgesucht, gebucht und bezahlt. Der gesamte Geschäftsprozess von der Anfrage eines Fluges bis zur Abwicklung und Verrechnung muss fehlerfrei und schnell durchlaufen, wenn ein Unternehmen erfolgreich sein will. Informationssysteme, die die Geschäftsprozesse eines Unternehmens flächendeckend unterstützen, sind hierbei enorm wichtig. Sie sind entscheidend für die reibungslose und schnelle Abwicklung der Geschäfte eines Unternehmens von der ersten Anfrage, über die Lieferung bis zur Zahlungsabwicklung. Gehen auf diesem Weg Informationen verloren, werden sie falsch zugeordnet oder gar nur verzögert, so wirkt sich dies direkt auf den wirtschaftlichen Erfolg eines Unternehmens aus. Dies lässt sich leicht verdeutlichen, wenn Sie bedenken, dass ein Kunde die Bezahlung einer Leistung erst dann akzeptiert, wenn er eine korrekte Rechnung erhalten hat.

Informationssysteme sind für den Erfolg von Unternehmen entscheidend. Sie steuern wie ein Nervensystem jeden Schritt im Geschäftsprozess und machen diese erst möglich. Spürbar wird dies, wenn Abläufe nicht wie vorgesehen funktionieren, und es beispielsweise nach einem Ausfall der Software im Abfertigungssystem einer Fluggesellschaft zu erheblichen Verzögerungen im Flugverkehr kommt (vgl. [MÜLL09]). Informationssysteme unterstützen nicht nur das tägliche Geschäft, sondern erschließen darüber hinaus als Innovationstreiber neue Geschäftsmöglichkeiten. So ist es etwa für einen kleinen Mittelständler, der keine Vertretungen im Ausland hat, erst durch den Einsatz eines Internetshops möglich, Kunden aus aller Welt zu bedienen.

Abbildung 1-1: *Panorama - „So lieb haben wir den Computer"*

- Anteil der Nutzer, die ihren Computer schon mal beschimpft haben, in Prozent: **62**
- Anteil der Nutzer, die ihren Computer schon mal geschlagen oder getreten haben, in Prozent: **15**
- Anzahl der Schüsse, mit denen der Amerikaner George Doughty sein Notebook nach wiederholten Abstürzen zerstört hat: **4**
  (vgl. [KELA08])

Aus den Erfolgsfaktoren in Unternehmen leiten sich die Anforderungen im Beruf ab (vgl. Abb. 1-2). Die Wirtschaftsinformatik spielt hier nicht nur eine entscheidende Rolle, sondern bietet auch fantastische Gestaltungsmöglichkeiten. Heute gehört in fast allen wirtschaftlichen Berufen eine Kompetenz in Wirtschafsinformatik ins Bewerberprofil. Relevant können hierbei Anwendungs-, Entscheidungs- und Realisierungskompetenz sein. Ob als Mitarbeiter oder Manager, es ist immer erforderlich, Büroinformationssysteme, wie etwa Tabellenkalkulations- und Schreibprogramme zu benutzen und die Anwendungssysteme im zuständigen Bereich zu beherrschen. Dies reicht allerdings als Kompetenz in Wirtschaftsinformatik nicht aus. Viele Aufgaben der Wirtschaftsinformatik werden nicht allein von IT-Spezialisten gelöst, sondern Fach- und Führungskräfte sind stark eingebunden. Sie müssen bewerten und entscheiden, für welche Anforderungen welche Informationssysteme einzusetzen sind, wie diese einzusetzen sind und welche organisatorischen Veränderungen gegebenenfalls erforderlich sind, damit der Einsatz sinnvoll ist. Sie kennen die wirtschaftlichen Anforderungen und Geschäftsprozesse des Unternehmens und müssen die technischen Möglichkeiten verstehen. Mit dem Kauf eines neuen Anwendungssystems, etwa für die Bestellabwicklung, sind Sie noch nicht gleich arbeitsfähig. Der Einsatz von Anwendungssystemen muss geplant, eingerichtet, geschult und betreut werden, damit ein Unternehmen Nutzen daraus ziehen kann. Dies erfordert Realisierungskompetenz, wie beispielsweise Fähigkeiten im Projektmanagement.

Abbildung 1-2: *Relevanz der Kompetenzen in Wirtschaftsinformatik*

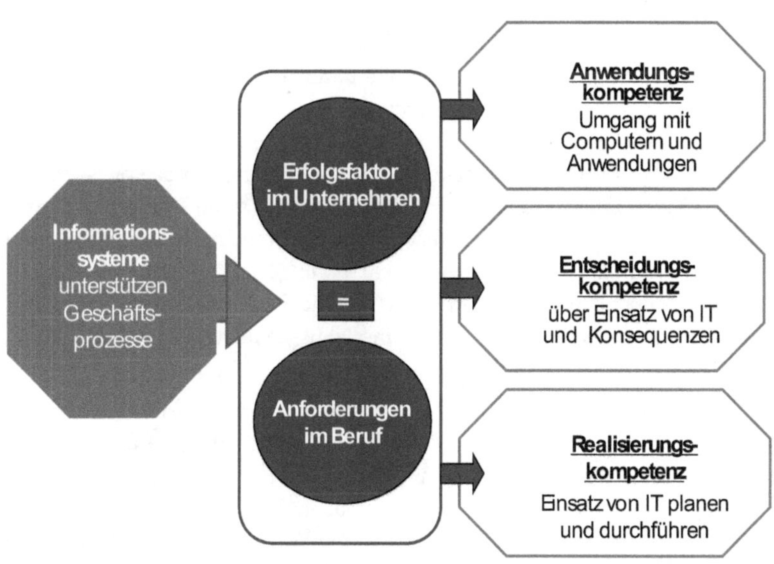

Wirtschaftsinformatik ist eine Schlüsselqualifikation, vor der sich in einem Unternehmen kaum ein Mitarbeiter verschließen kann. Daher sollte ein entsprechendes Grundverständnis in allen wirtschaftlichen Berufen vorhanden sein. Wer sich während des Studiums sowie der beruflichen Laufbahn mit Themen der Wirtschaftsinformatik beschäftigt, kann sicher einige Vorteile für sich herausziehen.

Relevant sind etwa folgende Punkte (vgl. [SCKR03]):

- Ein Überblick über die geläufigen Anwendungssysteme und Entwicklungstrends sowie die Kenntnis der wichtigsten Fachwörter erleichtert den Einstieg in eine Kommunikation hierüber.
- Vor- und Nachteile von Standardsoftware oder Eigenentwicklungen abwägen zu können und Kriterien für die Auswahl von Standardsoftware zu kennen, führt zu fundierten Entscheidungen.
- Abschätzen zu können, welche Möglichkeiten und Auswirkungen ein IT-Einsatz mit sich bringt, erleichtert ein Verständnis für die organisatorischen Zusammenhänge und fördert den sinnvollen IT-Einsatz.
- Ein Grundverständnis für Fragen des Informationsmanagements, wie Organisation und Controlling der Informationsverarbeitung, erleichtert Entscheidungen.

Abbildung 1-3: Panorama – Die Macht des Internet-Kühlschranks

Beispiel von Vinton Cerf, der zusammen mit Bob Kahn Anfang der 70er Jahre das TCP/IP Protokoll entwickelt hat:

„Stellen Sie sich einen Kühlschrank mit Internet-Anschluss vor", sagte er, und er beeilte sich zu sagen, dass es solche Kühlschränke natürlich schon längst gibt. Sie werden von Firmen, wie LG oder Samsung in Korea seit Jahren gebaut, und sie verfügen über einen kleinen eingebauten Computer, einen Webserver und einen Scanner, mit dem sie die Barcodes an den Lebensmittelpackungen lesen können, um beispielsweise festzustellen, ob die Milch schon sauer ist. Der Besitzer kann seinen Kühlschrank programmieren, und ihm sagen, was er alles gerne vorfinden möchte, wenn er abends heimkommt. Der Kühlschrank kann die gewünschten Dinge per Internet beim Supermarkt um die Ecke bestellen. Und in Ländern, in denen die Servicekultur etwas ausgeprägter ist als hier bei uns, da werden die Waren ins Haus geliefert und sogar, wenn es gewünscht ist, in den Kühlschrank geräumt.

So weit, so gut. Das ist keine Science-Fiction, sondern längst Realität, auch wenn die Wenigsten unter den geneigten Lesern vermutlich einen solchen Kühlschrank in der Küche stehen haben. Aber was wäre, fragte Cerf, wenn es eine Personenwaage mit Internet-Anschluss gäbe. Vorstellbar wäre so was ja: Krankhaft übergewichtige Menschen könnten sich morgens draufstellen, und die Waage würde das Gewicht an den behandelnden Arzt übermitteln, der daraufhin die Medikamentierung entsprechend einstellen oder den Patienten in die Praxis bestellen könnte.

Was aber, wenn der Internet Kühlschrank auf einmal anfangen würde, mit der Internet-Waage zu kommunizieren? Was käme dabei heraus? Schwer zu sagen. Vielleicht fände der Besitzer abends lauter Diätkost im Kühlschrank vor, oder vielleicht ließe sich die Kühlschranktür eine Zeit lang nicht mehr öffnen, weil die beiden das so beschlossen haben. Sicher ist nur, es wäre nicht mehr alles so wie früher. „Und warum?", fragte Cerf und lächelte triumphierend. „Weil die Vernetzung automatisch immer auch Veränderung bedeutet. Egal, was Sie vernetzen oder wie Sie das tun. Es kommt am Ende etwas anderes heraus, etwas Unvorhergesehenes, etwas Überraschendes!"

Zitat aus Tim Cole, Unternehmen 2020, S. 8-9, © 2010 Carl Hanser Verlag München.

Definition und Aufgabe der Wirtschaftsinformatik

Was ist Wirtschaftsinformatik? Wissenschaftlich betrachtet lässt sich die Wirtschaftsinformatik wie folgt definieren:

„Wirtschaftsinformatik ist die Wissenschaft von den Informations- und Kommunikationssystemen in Wirtschaft und Verwaltung." [Hei+07]

Dies bedeutet, dass sich die Wirtschaftsinformatik damit beschäftigt, wie in Unternehmen und Verwaltungsorganisationen die Arbeit durch den Einsatz von Rechnern gestaltet und erleichtert werden kann. Hierbei sind die Faktoren Technikeinsatz, Softwareanwendung und Mensch entscheidend (vgl. Abb. 1-4). Spielen diese drei Faktoren zusammen, so wird von einem Informationssystem gesprochen. Damit Informationssysteme für Unternehmen und Organisationen einen Mehrwert stiften, müssen die Anforderungen aus der Praxis an sie definiert werden. Sie müssen geplant, entwickelt oder ausgewählt sowie eingerichtet werden. Anschließend sind sie nach den Anforderungen der Unternehmensgegebenheiten einzuführen und zu managen.

Abbildung 1-4: *Faktoren der Wirtschaftsinformatik*

Die Wirtschaftsinformatik ist eine Realwissenschaft. Sie beschäftigt sich mit dem praktischen Einsatz von Informationssystemen. Diese Systeme werden ganz real geplant und sind in der Wirklichkeit vorhanden. Es kommt darauf an, dass sich die Informationssysteme in der Anwendung bewähren und dort den Unternehmen einen Nutzen bieten. Dies kann bedeuten, dass Informationen schneller oder einfacher zur Verfügung stehen, dass Geschäftsprozesse schneller durchlaufen werden oder die Qualität der Daten sich verbessert und weniger Fehler vorkommen.

In der Wirtschaftsinformatik sollten Lösungen in den gesamten Unternehmensablauf integriert betrachtet werden. Es reicht beispielsweise nicht aus, eine ideale Lösung für die Optimierung der Produktionsmengen in der Fertigung zu entwickeln, sondern betroffene Abteilungen wie Einkauf, Vertrieb und Controlling müssen ebenso eingebunden werden. Die Gestaltung von Geschäftsprozessen und die Nutzung von Datenbanken als zentrale Informationsbasis sind grundlegende Themen, die sich wie ein roter Faden durch die gesamte Wirtschaftsinformatik ziehen.

Erst praxistaugliche Informationssysteme, mit denen die Mitarbeiter auch arbeiten, tragen zum Erfolg bei. Damit dies gelingt, sind Themen rund um das Projektmanagement, aber auch Risikomanagement und Change Management in der Wirtschaftsinformatik nicht zu vernachlässigen. Nach Einführung der Systeme sind die laufenden Systeme anschließend mit der entsprechenden Managementkompetenz zu steuern und zu betreuen.

Ziele der Wirtschaftsinformatik

Wenn Sie nun wissen, was die Wirtschaftsinformatik ist und mit welchen Aufgaben sich die Wirtschaftsinformatik befasst, so ist nun die Frage nach dem WARUM zu klären. Warum befasst sich die Wirtschaftsinformatik mit diesen Themen? Welche Ziele sollen erreicht werden?

„Wirksame und wirtschaftliche Informationssysteme unterstützen die Erreichung von Unternehmenszielen; sie tragen positiv zum Unternehmenserfolg bei.“ [Hei+07]

Dieses Ziel kennen Sie bereits von den Kompetenzen in Wirtschaftsinformatik (vgl. Abb. 1-2). Hiernach ist ein wesentliches Ziel der Wirtschafsinformatik, Informationssysteme so einzusetzen, dass sie die Geschäftsprozesse im Unternehmen unterstützen und fördern. Sie helfen damit, die Ziele des Unternehmens zu erreichen und den Gewinn zu mehren. Dies wird ganz praktisch deutlich, wenn Sie sich klarmachen, was es bedeutet, wenn durch den Einsatz von Informationssystemen die Adressen, auf die Sie täglich zugreifen, fehlerfrei gepflegt und die richtigen Ansprechpartner gefunden werden. Weitere Beispiele wären, dass Waren schneller ausgeliefert und Unternehmenszahlen transparenter oder einige zum ersten Mal überhaupt berichtet werden können.

Abbildung 1-5: Stimmen aus der Praxis - Aufgaben der Wirtschaftsinformatik

Unternehmen	Ziel des Unternehmens	Aufgabe der WI
Social Community	Das Freunde-Netzwerk Ihrer Stadt will für seine Nutzer sicherstellen, dass Ihre Adressen und privaten Daten nicht ohne Ihr Wissen an fremde Personen weitergegeben werden.	Es ist zu prüfen, wie die Daten vor unerlaubten Zugriffen geschützt werden können. Beachtet werden müssen hierbei technische und organisatorische Maßnahmen.
	Zudem ist die Hardwareausstattung im Rahmen eines starken Wachstums neu zu planen. Es stellt sich die Frage, ob die Daten auf einem zentralen Server oder vernetzten Rechnern gehalten werden sollen.	Die Anforderungen an die Rechnerleistungen sind zu ermitteln und eine Lösung für die Hardwareausstattung und die Vernetzung der Rechner ist vorzuschlagen.
Start-Up	Sie gründen eine Eventagentur und brauchen für Ihre Kommunikation, Preisberechnung und Kundenpräsentationen eine effektive Bürosoftware.	Es ist zu entscheiden, ob Sie ein gängiges Bürosoftwarepaket kaufen oder auf Freeware-Produkte zurückgreifen.
	Zudem sollen die Marketingkampagnen auf die Bedürfnisse der Kunden zugeschnitten werden.	Ein CRM-System könnte Sie in der Pflege Ihrer Kundenbeziehungen unterstützen.
Fitnesscenter	Ihr Fitnesscenter ist durch Zukäufe in verschiedenen Stadtgebieten gewachsen. Nun stellt sich heraus, dass die Umsätze und Erträge in den einzelnen Gebieten stark schwanken. Sie möchten in Zukunft frühzeitig auf abweichende Entwicklungen hingewiesen werden, um rechtzeitig gegensteuern zu können.	Die Daten der einzelnen Gebiete sind zu konsolidieren und Indikatoren zur frühen Erkennung von Abweichungen sind festzulegen. Ein Lösungsansatz wäre ein Führungsinformationssystem.

„Das langfristige Ziel der Wirtschaftsinformatik kann man in der *sinnhaften Vollautomation* [Mertens 95] sehen." [Mer+10]

Dies bedeutet, dass Automatisierung kein Selbstzweck ist, sondern eine Aufgabe von einem Menschen auf ein Anwendungssystem übertragen werden sollte, wenn dies aus betriebswirtschaftlichen, sicherheitstechnischen oder gesundheitlichen Gründen sinnvoll ist. Es sollten durch die Automatisierung Kosten und/oder Zeit reduziert oder Qualität verbessert werden, ohne dass die Investitions- und Betriebskosten den Nutzen übersteigen. So rentieren sich beispielsweise vollautomatische Lager auf Grund der hohen Investitionskosten erst bei einer gewissen Kapazität und Umschlagsleistung. Bei vielen Sonderteilen kann der Mensch oft noch kostengünstiger arbeiten.

Abbildung 1-6: *Automatisches Kleinteilelager*

[WM03]: Automatisches Kleinteilelager, Bild von Andreas Praefcke, Lizenziert unter GNU-Lizenz http://commons.wikimedia.org/wiki/Commons:GNU_Free_Documentation_License_1.

Wirtschaftsinformatik als Fach

Die Wirtschaftsinformatik ist noch eine recht junge Wissenschaft. Sie hat sich erst seit einigen Jahrzehnten als eigene Disziplin und Studienfach durchgesetzt. Durch immer wieder neue technologische Möglichkeiten bleibt sie hochaktuell; denn diese bieten ständig neue Lösungen für bestehende Aufgaben und neue Chancen für die Menschen in Unternehmen.

Die **Wirtschaftsinformatik** thematisiert die Anwendungsmöglichkeiten der Informatik in der Wirtschaft. Wichtig sind hierbei die zentralen Einflussgrößen Mensch, Aufgabe und Anwendungssystem. Dies bedeutet, dass es nicht nur um die technischen Möglichkeiten geht, sondern um den sinnvollen Einsatz von Technik zur Lösung gezielter Aufgaben in der Wirtschaft. Die Menschen bedienen die Anwendungssysteme, und so betrachtet die Wirtschaftsinformatik auch immer das gesamte System inklusive der Menschen, die mit den Anwendungssystemen arbeiten. Nur wenn die Mitarbeiter mit einem neuen Anwendungssystem umgehen können, seinen Sinn verstanden haben und die Daten richtig pflegen, wird die Einführung einer neuen Software erfolgreich sein. Deutlich macht dies der auf die Informationsverarbeitung bezogene Spruch: „bullshit in – bullshit out". Zudem bedeutet die Einführung eines neuen Systems oft eine Veränderung der Arbeitsabläufe und Kompetenzbereiche für die Mitarbeiter. Dies ist nicht immer willkommen und kann ohne ein begleitendes Change Management leicht Widerstände hervorrufen.

Allein schon mit der Betrachtung der Technik und des Menschen ist die Wirtschaftsinformatik bereits sehr interdisziplinär und spannend. Neben den Fächern Wirtschaft und Informatik, die bereits im Wort „Wirtschaftsinformatik" stecken und den größten

Teil ausmachen, spielen Erkenntnisse aus dem Ingenieurwesen, dem Recht und der Psychologie wichtige Rollen (vgl. Abb. 1-7).

Die **Betriebswirtschaftslehre** betrachtet das wirtschaftliche Handeln in Unternehmen. Die hier betrachteten Funktionen, wie beispielsweise Beschaffung, Produktion oder Absatz, sind in der Wirtschaftsinformatik als Module in Anwendungssystemen wiederzufinden. Diese Module unterstützen die Geschäftsprozesse in den entsprechenden Abteilungen, also beispielsweise die Bestandsführung in der Beschaffung oder die Fertigungsplanung in der Produktion. Auch Querschnittsfunktionen, wie Controlling oder Personalverwaltung, sind in der Praxis ohne Unterstützung durch Anwendungssysteme kaum vorstellbar. Wichtig sind für die Wirtschaftsinformatik zudem Erkenntnisse aus der Organisationslehre, denn Informationssysteme umfassen auch die Menschen und ihr Zusammenwirken. Bei der Entscheidung, welche Systeme für welche betrieblichen Anforderungen beschafft werden, sind wiederum mit der Wirtschaftlichkeitsanalyse Fähigkeiten aus dem Rechnungswesen gefragt. Um Informationssysteme einzuführen, sind Kenntnisse im Projektmanagement, und um sie zu managen, Kenntnisse aus der Managementlehre, also der Führung von Organisationen, relevant.

Abbildung 1-7: *Wirtschaftsinformatik als Fach*

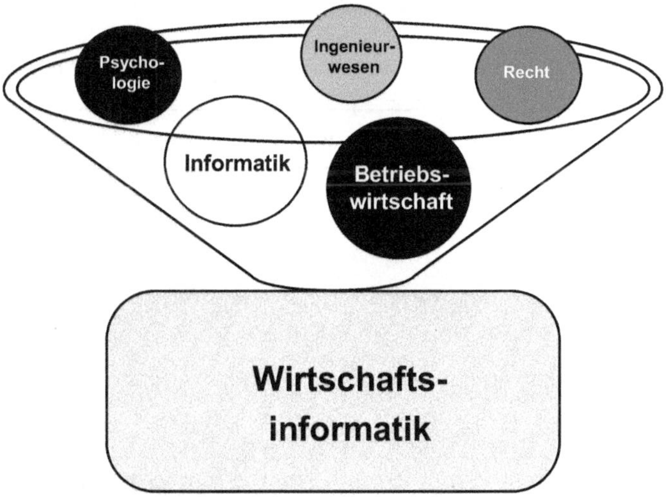

Die **Informatik** beschäftigt sich mit dem Aufbau und der Programmierung von Rechnern [HaNe09]. Ohne die Erfindungen der Informatik könnte die Wirtschaftsinformatik nicht arbeiten. Wenn Sie beispielsweise über die Internetseite eines Autoherstellers ein neues Fahrzeug nach Ihren Wünschen konfigurieren, so geschieht dies über eine Anwendungssoftware, die erst durch die Umsetzung der Erkenntnisse über Softwareentwicklung aus der Informatik entstehen konnte. Denn die Hard- und Software der Anwendungssysteme basieren auf den Entwicklungen der Informatik.

Aus den **Ingenieurwissenschaften** sind besonders die Arbeitsweisen gefragt, so geht es bei der Gestaltung neuer Geschäftsprozesse oder der Modellierung einer neuen Software um Methoden aus dem Ingenieurwesen. Die Themen Datensicherheit und Datenschutz umfassen dagegen schnell juristische Fragestellungen, die durch gesetzliche Bestimmungen geregelt werden. **Rechtswissenschaften** sind ebenso beim E-Commerce gefragt, um den elektronischen Geschäftsverkehr zu ermöglichen, aber auch um Verbraucher vor Missbrauch zu schützen. Die **Psychologie** wird mit ihrem Wissen über das Erleben und Verhalten von Menschen in Organisationen wichtig, wenn der Mensch als Anwender oder Entscheider von Systemen ins Spiel kommt.

Berufe der Wirtschaftsinformatik

Die Berufe der Wirtschaftsinformatik sind sehr vielfältig. Sie lassen sich je nach Tätigkeitsfeld und Ausbildung in drei Gruppen teilen, in die IT-Kern-, IT-Misch- und IT-Randberufe (vgl. [Cham11], [SCKR10]). Auf dem Arbeitsmarkt beziehen sich die meisten Stellenausschreibungen auf die IT-Randberufe, dabei zählen diese fachlich schon gar nicht mehr zu den Wirtschaftsinformatikern. Gefolgt werden sie von den IT-Mischberufen, die Betriebswirte mit einem Schwerpunkt in Wirtschaftsinformatik suchen. IT-Kernberufe, die reine Informatiker oder Wirtschaftsinformatiker nachfragen, befinden sich auf einem relativ niedrigen Niveau. Die folgende Abbildung (vgl. Abb. 1-8) zeigt die historische Entwicklung, deren Trend sich weiter fortgesetzt hat.

Abbildung 1-8: *Abgrenzung IT-Berufe in Deutschland*

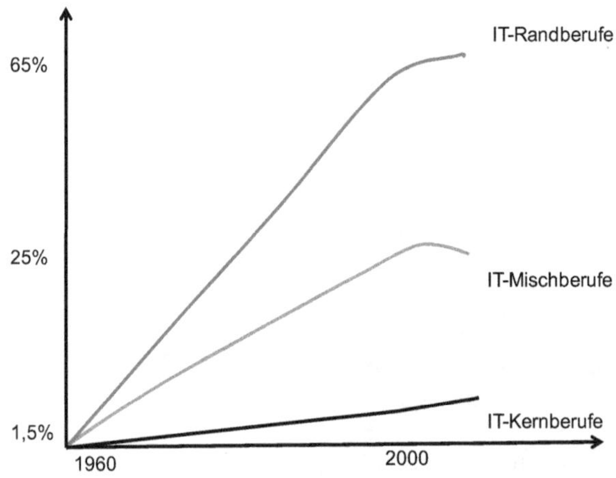

(vgl. [DOST05])

In IT-Randberufen programmieren Sie in der Regel nicht. Sie nutzen Informationssysteme als Anwender und formulieren Anforderungen an die Gestaltung von Informationssystemen in Ihrem Fachbereich. In IT-Mischberufen ist es schon eher einmal erforderlich, Systemparameter einzustellen, hier halten sich Fach- und IT-Aufgaben die Waage. In diesen Berufen nehmen Sie eine Vermittlerrolle zwischen den Entwicklern und den Anwendern ein und befassen sich mit der optimalen Nutzung der Informationssysteme. IT-Kernberufe dagegen beinhalten eher systemnahe Aufgaben, wie die Konzeption, Entwicklung und Implementierung von Informationssystemen.

Abbildung 1-9: *Berufe der Wirtschaftsinformatik (m/w)*

IT-Randberufe umfassen alle Berufe, die sich mit IT-Anwendungen beschäftigen, wie etwa Controller, Logistiker oder Personalmanager. In diesen Berufen werden Sie sicher vor einem Rechner sitzen und eine Anwendungssoftware bedienen. Zudem können Sie mit weiteren Anforderungen konfrontiert werden, wie etwa für eine neu einzuführende Software die Anforderungen zu definieren, Fach- und Feinkonzepte zu prüfen oder neue Software als Anwender zu testen und für den Einsatz im Unternehmen freizugeben. Die Frage ist nun, was in diesen Berufen an Grundwissen in Wirtschaftsinformatik erwartet wird. Im Folgenden finden Sie einige typische Stellenausschreibungen zu IT-Randberufen, wie sie Unternehmen bei ihrer Mitarbeitersuche formulieren.

1. **Personalmanager** werden zur Personalrekrutierung, -entwicklung und -planung von eher großen Unternehmen gesucht.

   Tätigkeit:

   - Leistungsbeurteilung, Coaching und Beratung der Fach- und Führungskräfte
   - Erstellung personalwirtschaftlicher Kennzahlen sowie Statistiken
   - Neue Konzepte sowie Prozessoptimierungen ausarbeiten
   - Administration und Optimierung der Prozesse des Abrechnungssystems in Zusammenarbeit mit der IT und externen Dienstleistern
   - Jährliche Updates mit neuen gesetzlichen Bestimmungen koordinieren
   - Leistungen im Intranet veröffentlichen

   Kompetenz:

   - Kompetenz in den Aufgaben des Personalmanagements
   - IT-Kenntnisse, insbesondere in den Office-Programmen
   - Beherrschung von ERP-Systemen, wie zum Beispiel SAP HCM Modul
   - Kompetenz in Datenschutzthemen

2. **Controller** (engl. Management Accounting) werden zur Überwachung und Analyse der Kosten von mittelständischen oder großen Unternehmen gesucht (vgl. Abb. 1-10).

   Tätigkeit:

   - Monatliches Berichtswesen
   - Jahresplanung und Prognoserechnungen
   - Optimierung und Weiterentwicklung der Controlling-Systeme

   Kompetenz:

   - Kompetenz in den Aufgaben des Controllings
   - IT-Kenntnisse insbesondere in den Office-Programmen
   - Beherrschung von ERP-Systemen, wie zum Beispiel SAP FI und CO Module

IT-Mischberufe umfassen viele Berufe, in denen sich Studentinnen und Studenten betriebswirtschaftlicher Fachrichtungen sehr wohl wiederfinden werden, wie beispielsweise IT-Vertrieb oder Beratung. Einige werden bestimmt mehr mit IT zu tun haben, als sie je gedacht hätten. Zu den IT-Mischberufen der Informationsverarbeitung zählen Berufe, die sich um die Fragestellungen kümmern, die sich mit der Anwendung der Systeme beschäftigen. Im Folgenden finden Sie einige typische Stellenausschreibungen zu IT-Mischberufen, wie sie Unternehmen bei ihrer Mitarbeitersuche formulieren.

Abbildung 1-10: Stimmen aus der Praxis - Stellenanzeige Controller/in

Die Menschen bei HOERBIGER arbeiten an Lösungen.
Nicht an Problemen.

HOERBIGER ist weltweit in führender Position in den Geschäftsfeldern der Kompressortechnik, Automatisierungstechnik und Antriebstechnik tätig. 6.500 Mitarbeiter erzielten 2009 einen Umsatz von rund 772 Millionen Euro. Schwerpunkte der Geschäftstätigkeit sind Schlüsselkomponenten und Serviceleistungen für Kompressoren, Gasmotoren und Turbomaschinen, Hydrauliksysteme und Piezotechnologie für den Fahrzeug- und Maschinenbau sowie Komponenten und Systeme zum Schalten und Kuppeln von Antriebssträngen verschiedenster Fahrzeugtypen. Mit Innovationen in attraktiven technologischen Nischenmärkten setzt der HOERBIGER Konzern Standards und schafft damit hochwertige Alleinstellungsmerkmale mit nachhaltigem Kundennutzen.

Die **HOERBIGER Antriebstechnik Holding GmbH** sucht am Standort **Schongau** ab sofort Sie als

Leiter/in Operatives Controlling

Ihre Aufgaben

- Sicherstellung sowie Koordination der Mittel- und Langfristplanung
- Optimierung der Planungsprozesse und Controlling-Instrumente
- Durchführung des monatlichen Reportings sowie der begleitenden Analysen
- Durchführung internationaler Sonderprojekte
- Verfolgung der Monatsergebnisse und Ergebnisanalyse
- Konsequentes Projektcontrolling der Kunden- und Entwicklungsprojekte
- Entwicklung standortübergreifender Standards
- Implementierung von Konzernrichtlinien und neuen IFRS-Standards
- Analytische Bewertung von Großprojekten und Investitionen
- Personalverantwortung für die Mitarbeiter der Abteilung Controlling

Voraussetzungen:

- Studium der Betriebswirtschaft bzw. des Wirtschaftsingenieurwesens
- Einschlägige Berufserfahrung des operativen Controllings in der Automobilindustrie
- Sehr gute SAP-Anwenderkenntnisse
- Solide Bilanzierungskenntnisse nach IFRS
- Sicheres Auftreten sowie eine selbständige, analytische Arbeitsweise
- Affinität zu strategischen Fragestellungen
- Reisebereitschaft, interkulturelle Kompetenz sowie sehr gute Englischkenntnisse
- Kommunikationsgeschick und Spaß am Umgang mit Menschen

Klingt das nach Ihrer neuen Stelle?
Dann senden Sie uns Ihre Bewerbungsunterlagen bitte über unser Online-Formular.

Für Fragen steht Ihnen Frau Nagel telefonisch unter 08861/2566-2241 gerne zur Verfügung.

Wir freuen uns darauf, Sie kennenzulernen!

HOERBIGER Deutschland Holding GmbH
Bernbeurener Str. 13
86956 Schongau

HOERBIGER
because performance counts

Informationen über unser Unternehmen finden Sie unter
www.hoerbiger.com

[HOER10]

1. **Systemanalytiker oder IS-Organisator** (engl. IS Organizer) zur Planung, Anpassung und Einführung von Informationssystemen werden meist von großen Unternehmen gesucht.

   Tätigkeit:

   - IT-Konzepte erarbeiten und Pflichtenhefte erstellen
   - Realisierung und Installation der IT-Systeme koordinieren und fachlich begleiten
   - Planung und Durchführung von Integrationstests und Anwenderschulungen

   Kompetenz:

   - Beherrschung der Geschäftsprozesse und Systemeinstellungen der im Unternehmen eingesetzten Anwendungen
   - Kenntnisse und Erfahrungen im Projektmanagement
   - Kenntnisse in Datenbanken und Programmiersprachen

2. **SAP-Berater oder IT-Berater** (engl. Consultant) werden zur Begleitung der Kunden bei der Gestaltung von Informationssystemen von Beratungsunternehmen oder Softwareherstellern gesucht.

   Tätigkeit:

   - Geschäftsprozesse des Kunden analysieren
   - Technische und fachliche Anforderungen an neue Software aufnehmen
   - Machbarkeitsanalyse durchführen und Lösungskonzepte erarbeiten
   - Software auswählen, Standardsoftware anpassen und Nachbetreuung der Lösungen

   Kompetenz:

   - Spezialisierung auf Module von Standardprodukten großer Softwareunternehmen
   - Beherrschung der Geschäftsprozesse und der Systemeinstellungen (Customizing)
   - Programmierkenntnisse in zum Beispiel ABAP/4 oder ABAP-OO

3. **IT-Vertriebsmanager** (engl. Sales Manager) werden zur Generierung von Neu- und Folgeaufträgen von Softwareunternehmen gesucht.

   Tätigkeit:

   - Betreuung und Pflege von Bestandskunden sowie für die Gewinnung neuer Kunden
   - Prozessanforderungen der Kunden begreifen und im Hinblick auf zu implementierende Lösungen beraten

- Angebote erstellen und präsentieren

Kompetenz:

- Know-how hinsichtlich Prozessanforderungen und der Prozessberatung
- Kenntnisse der branchen- und prozessrelevanten SAP-Module

4. **IT-Leiter oder Informationsmanager** (engl. Chief Information Officer, CIO) werden zur Leitung von IT Abteilungen von eher großen Unternehmen gesucht.

Tätigkeit:

- Strategische Planung und Durchführung von Aufgaben der Informationsverarbeitung
- Ausbau der IT-Landschaft inklusive Hard- und Softwarebeschaffung
- Koordination der Fachbereichsanforderungen und Steuerung des Ablaufs der IT-Prozesse
- Budgetplanung und -überwachung

Kompetenz:

- Erfahrung in Führung und Projektmanagement
- System- und Prozesskenntnisse

IT-Kernberufe umfassen alle Berufe, die sich mit der Konzeption, Entwicklung und Implementierung von Informationssystemen in Unternehmen beschäftigen. Bei den IT-Kernberufen ist es eher wahrscheinlich, dass die Bewerber auch Informatik oder Wirtschaftsinformatik studiert haben. Dennoch ist es für betriebswirtschaftliche Berufe wichtig zu wissen, welche Berufe zu den IT-Kernberufen gehören, welche Tätigkeiten sie ausüben und welche Kompetenzen gefordert sind. Dies soll helfen, sich auf die passenden Stellenausschreibungen zu bewerben. Wichtiger noch ist es, im Berufsleben effektiv mit Kollegen und Partnern zusammenzuarbeiten, und da ist es entscheidend, wenn Sie einordnen können, wer sich mit welchen Aufgaben befasst. Im Folgenden finden Sie einige typische Stellenausschreibungen zu IT-Kernberufen, wie sie Unternehmen bei ihrer Mitarbeitersuche formulieren.

1. **Webentwickler und -master** (engl. Web Developer) zur Erstellung, Konfiguration und Betreuung von Webseiten und -anwendungen gesucht. Dies können Softwarefirmen, IT-Dienstleister oder große Unternehmen sein.

Tätigkeit:

- Entwicklung von Webseiten und webbasierten Systemen
- Steuerung von Projekten in Zusammenarbeit mit Kunden
- Auswertung des Nutzerverhaltens und Optimierungsstrategien

Kompetenz:

- Beherrschung von Programmiersprachen, wie zum Beispiel PHP oder Java
- Erfahrung mit Content Management Systemen, wie TYPO3 oder OpenCMS
- Kenntnisse im Bereich Webserver und Datenbanken und Erfahrung im Umgang mit der UML-Methodik sowie objektorientierter Softwareentwicklung

2. **Software- oder Anwendungsentwickler** (engl. Application Developer) zur Analyse, Design und Entwicklung von Software gesucht. Dies können Softwarefirmen, Unternehmens- und IT-Beratungen sowie große Unternehmen sein.

Tätigkeit:

- Programmierung von neuen Produkten, kundenspezifischen Lösungen und Weiterentwicklung bestehender Systeme
- Entwicklung von Schnittstellen und Migration von Daten unterschiedlicher Anwendungslandschaften
- Durchführung von Lasttests, Performance-Optimierungen und Betriebsübergaben

Kompetenz:

- Beherrschung von Programmiersprachen, wie zum Beispiel C++ oder Java
- Umgang mit Datenbanken, wie zum Beispiel Oracle oder MySQL
- Kunden- und Serviceorientierung sowie Kenntnis der Branche

3. **Datenbankadministrator und -entwickler** (engl. Database Developer) zur Erstellung, Konfiguration und Betreuung von Datenbanken gesucht. Dies können Datenbankanbieter, IT-Dienstleister sowie große Unternehmen sein.

Tätigkeiten:

- Datenmodellierung und Prozessoptimierung
- Administration und Optimierung der Datenbank
- Zugriffs- und Sicherheitskonzepte erstellen

Kompetenz:

- Beherrschung von Programmiersprachen, wie zum Beispiel SQL
- Kompetenz in der modellbasierten Entwicklung mit UML
- Datenbankkenntnisse

4. **IT-Sicherheits- und Datenschutzspezialist** (engl. IT-Security Specialist) zur Erstellung, Einführung und Optimierung von Sicherheitskonzepten gesucht. Dies können Unternehmens- und IT-Beratungen oder große Unternehmen sein.

Tätigkeit:

- Information über gesetzliche Anforderungen an Datenschutz und IT-Sicherheit
- Identifikation von IT-Bedrohungen und Risiken
- Bewertung und Umsetzung von Sicherheitskonzepten

Kompetenz:

- Erfahrungen im Bereich IT-Sicherheit/Datenschutz
- Kenntnisse in Themenbereichen, wie Kryptografie, Firewalls oder Authentisierung
- Kenntnisse bei Vorgehensmodellen für IT-Sicherheitsanalysen

Was haben Sie gelernt?

Die Wirtschaftsinformatik beschäftigt sich mit Informations- und Kommunikationssystemen in Wirtschaft und Verwaltung. Informationssysteme umfassen das Zusammenspiel von Technikeinsatz, Softwareanwendung und Menschen. Relevant sind die Entwicklung der Informationssysteme sowie die Auswahl, Einführung und Betreuung. Ziel der Wirtschaftsinformatik ist es, mit effektiven Informationssystemen die Erreichung von Unternehmenszielen zu unterstützen und positiv zum Unternehmenserfolg beizutragen.

Die Wirtschaftsinformatik ist eine Realwissenschaft, die interdisziplinär arbeitet. Neben den Fächern Wirtschaft und Informatik werden Themen und Methoden aus dem Ingenieurwesen, dem Recht und der Psychologie berücksichtigt. Berufsbilder der Wirtschaftsinformatik lassen sich in IT-Rand-, IT-Misch- und IT-Kernberufe untergliedern. IT-Randberufe beschäftigen sich als qualifizierte Nutzer mit den Anwendungssystemen. IT-Mischberufe haben zudem die Organisation rund um die Anwendung der Systeme im Blickpunkt und IT-Kernberufe kümmern sich um die Planung, Entwicklung und den Betrieb der Systeme.

In Unternehmen nehmen Informationssysteme eine wirtschaftliche Schlüsselstellung ein, denn sie unterstützen die Geschäftsprozesse und tragen somit wesentlich zum Erfolg des Unternehmens bei.

Literaturverzeichnis Kapitel 1

[AbMü09] Abts, D., Mülder, W.: Grundkurs Wirtschaftsinformatik, 6. Aufl., Wiesbaden 2009

[KeLa08] Kesselhut, S., von Landenberg, M.: Die Welt in Zahlen. In: BRAND EINS, Heft 09/2008, S.12

[ChaM11] Chamoni, P.: Berufsbilder, Tätigkeitsfelder und Arbeitsmarkt für Wirtschaftsinformatiker, http://www.wirtschaftsinforatik.de/index.php;do=st_tf/site=wi/sid=753036454d-6b8104760d6430373024, abgerufen am 28.02.2011

[Dost05] Dostal, W.: Institut für Arbeitsmarkt- und Berufsforschung, http://doku.iab.de-/veranstaltungen/2005/KS_Berufe_2005_WernerDostal_folien.pdf, abgerufen am 22.02. 2009

[HaNe09] Hansen, H., Neumann, G.: Wirtschaftsinformatik, Grundlagen und Anwendungen, Bd. 1, 10. Aufl., Stuttgart 2009

[Hei+07] Heinrich, L., Heinzl, A., Roithmayr, F.: Wirtschaftsinformatik, Einführung und Grundlegung, 3. Aufl., München 2007

[Mer+10] Mertens, P., Bodenhof, F., König, W., Picot, A., Schumann, M., Hess, T.: Grundzüge der Wirtschaftsinformatik, 10. Aufl., Berlin 2010

[Hoer10] Hoerbiger Deutschland Holding GmbH: Süddeutsche Zeitung, http://stellenmarkt.sueddeutsche.de/, abgerufen am 12.12.2010

[Müll09] Müller, J.: Computerpanne legt Lufthansa lahm in T-Online, 30.09.2009, http://computer.t-online.de/lufthansa-computerpanne-legt-check-in-system-lahm/id_20107970/index, abgerufen am 20.02.20011

[ScKr03] Schwarzer, B., Krcmar, H.: Wirtschaftsinformatik, Grundzüge der betrieblichen Datenverarbeitung, 3. Aufl., Stuttgart 2003

[ScKr10] Schwarzer, B., Krcmar, H.: Grundlagen Betriebswirtschaftlicher Informationssysteme, 2010

[WM03] http://commons.wikimedia.org/wiki/File:Automatisches_Kleinteilelager.jpg, abgerufen am 01.02.2011

2 Erste Schritte

Eine zeitliche und technologische Einordnung der Entwicklung der Wirtschaftsinformatik

Warum ist das Thema relevant?

Jeder Berufstätige in einer Führungsposition hat heute mit Informationstechnologie zu tun, ob es um die optimale Unterstützung von Arbeitsprozessen durch Informationstechnologie geht oder um Entwicklungsaufträge an die eigene IT-Abteilung. Dazu ist es wichtig, mit den entsprechenden IT-Spezialisten kommunizieren zu können. In diesem Kapitel lernen Sie daher einige wichtige Grundbegriffe und gewinnen einen Überblick über einige Meilensteine der technologischen Entwicklung.

Die Vergangenheit zu kennen ist wichtig, um für die Zukunft gerüstet zu sein. Oder anders herum, hätten viele Entscheidungsträger so entschieden, wenn sie die Zukunft der IT gekannt hätten?

Was sollten Sie wissen?

Wenn Sie dieses Kapitel durchgearbeitet haben, sollten Sie

- wichtige Grundbegriffe der Wirtschaftsinformatik kennen und erklären können,
- einen Einblick in die technologische Entwicklung haben,
- eine erste Vorstellung von Arten von Rechnersystemen und deren Komponenten haben.

Welche Schlüsselbegriffe sollten Sie kennen?

Am Ende dieses Kapitels sollten Sie folgende Begriffe verstanden haben und mit eigenen Worten erklären können, was darunter verstanden wird:

- Informationsverarbeitung, EVA-Prinzip
- Funktionseinheiten von Rechnern, Personal Computer, Workstation, Server
- Software, System-, Anwendungs- und Entwicklungssoftware
- Programm, Programmieren, Programmiersprache
- analoges, digitales Signal, Bit, Byte, binäres System, Daten und Information

Informationsverarbeitung

In der Wirtschaftsinformatik dreht sich im Wesentlichen alles um Informationsverarbeitung. Unter diesem Begriff versteht man die Umwandlung, Verwertung und das Ein- und Umsetzen von Informationen im Hinblick auf ihre betriebliche Zwecksetzung im betrieblichen Informationsprozess (vgl. [GA10]).

EVA-Prinzip

Ausgehend von dieser Definition gilt das EVA-Prinzip (vgl. Abb. 2-1) als eine der ersten grundlegenden Erkenntnisse der Wirtschaftsinformatik.

Abbildung 2-1: *Der EVA-Prozess: Eingabe, Verarbeitung, Ausgabe*

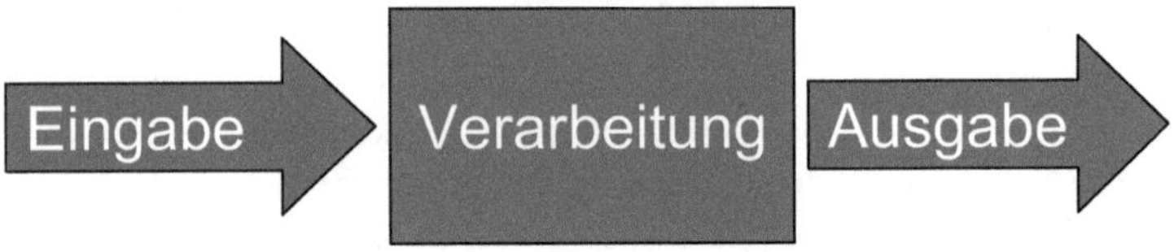

Das Bild sieht in der Tat nicht sehr spektakulär aus. Und der Inhalt wirkt auf den ersten oberflächlichen Blick auch nicht sehr innovativ. Dennoch ist es sehr wichtig, dass man sich dieses eigentlich einfache Prinzip verinnerlicht hat.

Nehmen wir an, Sie werden mit der Projektleitung für die Einführung eines neuen provisionsorientierten Abrechnungsmodells für Vertriebsmitarbeiter beauftragt. Dann sollten Sie sich als allererstes, also noch bevor Sie das erste Mal einen Stift in die Hand nehmen, folgende Fragen stellen:

1. Was soll als Ergebnis herauskommen? In unserem Beispiel die berechneten Monatslöhne im Personalabrechnungssystem.
2. Welche Informationen benötigen wir dazu von wem? In unserem Beispiel Namen der Vertriebsmitarbeiter, deren Arbeitszeiten, Umsätze jedes einzelnen Mitarbeiters…
3. Wie könnte eine Berechnung effizient durchgeführt werden?

Die Aufgabe so anzugehen, ist eigentlich bereits die perfekte Umsetzung des EVA-Prinzips.

Automatisierung

Die hierfür verwendeten Hilfsmittel sind abhängig von der Art der Aufgabe. Die Palette der Möglichkeiten reicht von Zettel und Stift über PDA und PC bis hin zu Supercomputern. Allerdings sind die Grundfunktionen unabhängig vom Hilfsmittel stets die gleichen: Eingabewerte werden durch die Verarbeitungseinheit verändert und das Ergebnis ausgegeben (EVA-Prozess). Bei der computergestützten Verarbeitung ist jedoch die Automatisierung ein wesentliches Kennzeichen.

Automatisierung bedeutet dabei, dass die Rechner die Aufgaben zur Informationsverarbeitung gemäß vorgegebener Anweisungen weitgehend selbsttätig, ohne weitere Eingriffe von außen ausführen. Das war auch gleichzeitig das wichtigste Motiv der Informatik in den Anfangsjahren. Einfache Routinetätigkeiten, die Menschen häufig wiederholen, sollten ohne menschliche Fehler schneller und vor allem billiger mit Hilfe der IT ausgeführt werden können. Dass sich die Wirtschaftsinformatik hier grundlegend weiterentwickelt hat, werden wir in den folgenden Kapiteln dieses Buches noch genauer durchleuchten.

Funktionseinheiten von Rechnern

Da wir uns gerade mit der automatisierten Verarbeitung durch Rechner beschäftigt haben, wäre nun ein guter Zeitpunkt, uns die Funktionseinheiten von Rechnern näher anzusehen:

- die Eingabeeinheit, durch welche Informationen von außen aufgenommen werden,
- die Zentraleinheit und externe Speicher, durch die diese Informationen interpretiert, umgesetzt und aufbewahrt werden,
- die Ausgabeeinheit, durch die die verarbeiteten Informationen wieder nach außen ausgegeben werden.

Abbildung 2-2: Für die Profis - Konstruktiver Aufbau eines Rechners (Prinzipdarstellung)

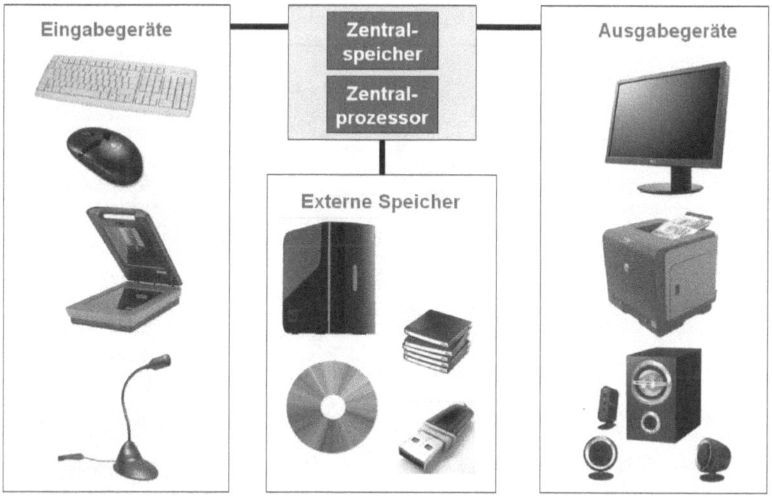

Computer-System

Sollten Sie einmal die Gelegenheit haben, in einen geöffneten Personal Computer (PC) zu sehen, werden Sie bei einem normalen Desktop-Computer in etwa folgende Komponenten wiedererkennen, wie sie in den folgenden Abbildungen zu sehen sind.

In den Abbildungen 2-3 und 2-4 sind die typischen Komponenten eines PC-Systems sowie die wichtigsten Elemente einer Hauptplatine eines PCs dargestellt.

Abbildung 2-3: *Prinzipaufbau eines Personal Computers*

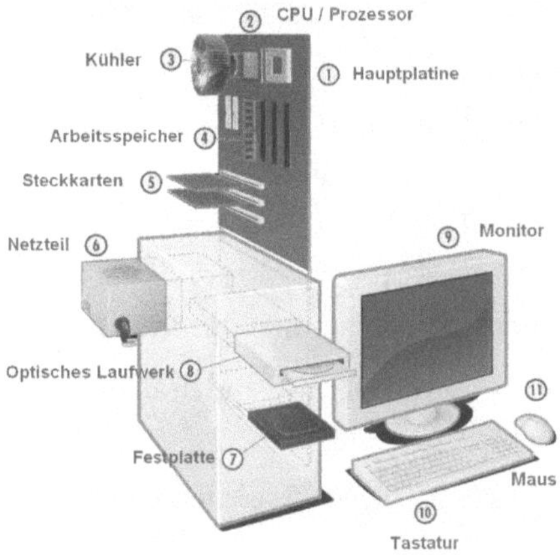

[WM09A]: Personal Computer mit Lüfter, Bild von "Gustavb", Lizenziert unter CC BY 2.5, http://creativecommons.org/licenses/by/2.5/deed.en

Abbildung 2-4: *Prinzipaufbau einer Hauptplatine*

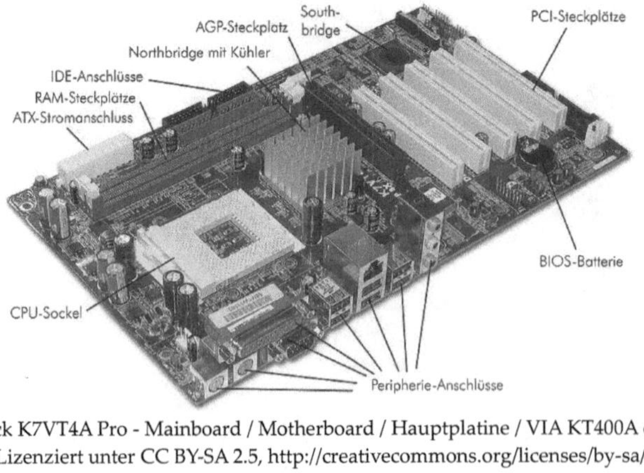

[WM05A]: ASRock K7VT4A Pro - Mainboard / Motherboard / Hauptplatine / VIA KT400A chipset, Bild von "Darkone", Lizenziert unter CC BY-SA 2.5, http://creativecommons.org/licenses/by-sa/2.5/deed.en

Software

Nach einem ersten kurzen Blick auf die Hardware von Rechnersystemen ist es nun an der Zeit, auch einen kurzen Blick auf die Software zu werfen, ohne die die Rechnersysteme nichts wären als eine Menge Metall und Kunststoff.

Software bezeichnet dabei alle nichtphysischen Funktionsbestandteile eines Computers, also insbesondere Computerprogramme sowie die zugehörigen Daten. Man unterscheidet hier zwischen:

- **Systemsoftware**, die für das ordnungsgemäße Funktionieren des Computers erforderlich ist und insbesondere das Betriebssystem, systemnahe Software, Gerätetreiber usw. umfasst,
- **Entwicklungssoftware**, die die Erstellung und Modifikation von Programmen ermöglicht,
- **Anwendungssoftware**, die den Anwender bei der Ausführung seiner Aufgaben unterstützt und ihm dadurch erst den eigentlichen, unmittelbaren Nutzen stiftet.

Abbildung 2-5: Für die Profis - Auch Programmiersprachen haben einen Stammbaum

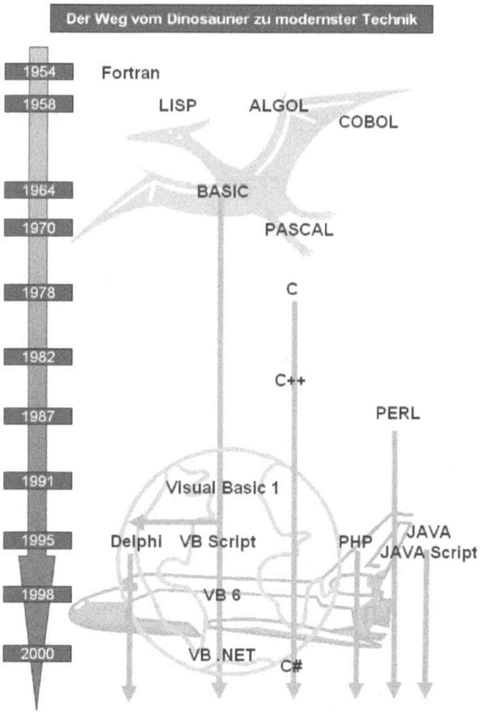

Programm

Als Programm wird die zur Lösung einer Aufgabe vollständige Anweisung oder Verarbeitungsregel an einen Rechner verstanden. Der Vorgang zum Erstellen eben dieser Anweisungen nennt sich Programmieren. Zum Schreiben der Programme wird eine für die Maschine verständliche Sprache, eine sogenannte Programmiersprache benötigt. Beispiele hierfür wären C++, Java, Fortran oder Visual Basic.

Nach dem ersten Blick auf wichtige Grundkonzepte und Begriffe der Wirtschaftsinformatik soll nun noch ein kurzer Abriss der technologischen Entwicklung der letzten Jahre folgen.

Analog und digital

Einer der wichtigen technologischen Meilensteine des vergangenen Jahrhunderts war die Digitalisierung in den verschiedensten Technologiebereichen.

In der realen Welt gibt es fast nur analoge Zustände. So gibt es zum Beispiel in der Natur nicht nur Tag und Nacht. Mit der Dämmerung ist der Übergang von Tag zu Nacht fließend. Ein derartig fließender, kontinuierlicher Verlauf wird in der Messtechnik als **analoges Signal** bezeichnet. Bei analogen Signalen erfolgt die Darstellung durch eine physikalische Größe, die sich entsprechend zu den abzubildenden Sachverhalten oder Vorgängen stufenlos ändert, wie beispielsweise beim Flüssigkeitsthermometer. Im Gegensatz dazu besteht ein **digitales Signal** immer aus diskreten, also endlich vielen Werten, wie etwa beim Digitalthermometer.

Die wenigsten Leser werden sich heute noch an das Fotografieren mit chemischen Filmen erinnern. Zu sehr hat sich heute das Fotografieren mit Digitalkameras oder Fotohandys durchgesetzt. An diesem Beispiel sieht man leicht, welche Vorteile die Digitalisierung hat: die Aufnahmen sind sofort verfügbar, können direkt am PC bearbeitet und auch nachbearbeitet werden, können leicht und ohne Verlust kopiert werden, beim Kopieren können sogar Übertragungsfehler erkannt und ggf. sogar korrigiert werden. Trotz dieser Vorteile gibt es aber heute noch professionelle Fotografen im Bereich der Printmedien, die auf die Qualität analoger, chemischer Medien schwören. Denn auch jenseits von 10 Megapixel bei digitalen Fotos ist der „klassische" Film, was die Darstellung von Farben oder die Möglichkeiten zur Widergabe auf großen Formaten angeht, den Digitalfotos immer noch haushoch überlegen. Ähnliche Phänomene sind übrigens bei der Schallplatte zu beobachten, die auch Jahre nach der Einführung von CD, DVD und Blu-ray Disc immer noch treue Anhänger hat.

Binärsystem, Bit und Byte

Computer arbeiten sozusagen ebenfalls digital, das heißt mit zwei Zuständen – Strom liegt an / Strom liegt nicht an, Magnetfeld ausgerichtet / Magnetfeld nicht ausgerichtet etc. Daher werden **digitale Signale** seit der Erfindung des Computers meist im **Binärsystem** dargestellt, das heißt, sie bestehen aus einer Abfolge von zwei verschiedenen Werten, wie beispielsweise 1/0 oder wahr/falsch. Ein Zeichen aus einem Zeichenvorrat von zwei Zeichen heißt **Bit** oder **Binärzeichen**. Es können beliebige Zeichen zur Darstellung eines Bit verwendet werden. Normalerweise sind das die **0** (binäre Null) und die **1** (binäre Eins).

Abbildung 2-6: *Binärzeichen*

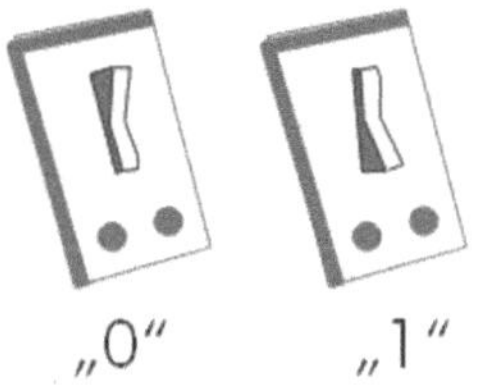

Das Beispiel oben veranschaulicht das Prinzip der Binärzahlen an einem Lichtschalter, der dafür sorgt, dass eine Lampe an oder aus ist. Wie kann man aber jetzt mit Hilfe von solchen 0/1-Informationen kompliziertere Informationen abbilden? Unsere dezimalen Zahlen lassen sich problemlos in binäre Zahlen umrechnen, 0 ≙ 0, 1 ≙ 1, 2 ≙ 10, 3 ≙ 11, 4 ≙ 100, 5 ≙ 101, 6 ≙ 110, 7 ≙ 111, 8 ≙ 1000 etc.

Als Nächstes kann man für jeden Buchstaben des Alphabets eine Zahl festlegen, zum Beispiel A ≙ 65 ≙ 01000001, B ≙ 66 ≙ 01000010. Auf diese Art kann man mit Hilfe von 8 Bit, die auch als 1 Byte bezeichnet werden, das komplette Alphabet binär abbilden.

Abbildung 2-7: *Die Buchstaben A, B und C als Acht-Bit-Code*

Schriftzeichen	Dezimal	Binär
A	65	01000001
B	66	01000010
C	67	01000011
...	...	...

Abbildung 2-8: *Für die Profis - Zahlensysteme umrechnen*

Die dezimale Zahl 128 setzt sich aus 1er-, 10er- und 100er-Stellen zusammen, d. h. 128 ≙ 1 x 100 + 2 x 10 + 8 x 1.

In einem binären System gibt es ebensolche Stellen. Ihr Wert ist von rechts nach links: 1, 2, 4, 8, 16, 32, 64, 128, 256, 512, 1024...
Damit ist die binäre Zahl 101 $\triangleq$ 1 x 4 + 0 x 2 + 1 x 1 = 5.

Neben binären Systemen, die auf der Basis 2 beruhen, sind noch oktale (Basis 8) und hexadezimale Systeme (Basis 16) gebräuchlich.

Abbildung 2-9: Für die Profis - Kilo – Mega – Giga – Tera – Wie groß ist das genau?

1 Kilobyte	1 KB	$= 2^{10}$	= 1.024 Bytes
1 Megabyte	1 MB	$= 2^{20}$	= 1.024 KB = 1.048.576 Bytes
1 Gigabyte	1 GB	$= 2^{30}$	= 1.024 MB = 1.073.741.824 Bytes
1 Terabyte	1 TB	$= 2^{40}$	= 1.024 GB = 1.099.511.627.776 Bytes.

Festplatten mit 1 Terabyte sind heute bereits in vielen Heimcomputern zu finden. Die Fassungskapazität einer solchen Platte entspricht in etwa dem Informationsgehalt eines 40 km langen, dicht gefüllten Bücherregals.

Laut einer Studie kalifornischer Universitäten verfügt heute jeder Mensch auf der Welt durchschnittlich über 44 Gigabyte an Daten. Insgesamt geht man davon aus, dass es im Jahr 2009 auf der Welt einen Gesamtdatenbestand von 0,8 Zettabyte (ZB) gab. Eine unvorstellbar große Zahl, wenn man bedenkt, dass 1 Zettabyte 1024 Exabyte (EB) entspricht, 1 Exabyte wiederum 1024 Pentabyte (PB) und 1 Pentabyte schließlich 1024 Terabyte. Schätzungen zufolge geht man heute davon aus, dass die weltweite Informationsmenge bis zum Jahr 2020 sogar bis auf 35 Zettabyte ansteigen wird.

Im Jahr 2007 betrug die weltweite Menge an Informationen 295 000 000 000 000 000 000 Byte, anders ausgedrückt 295 Trillionen Byte oder 295 Exabyte. Würde man all diese Informationen auf CD-Rom brennen und stapeln, entstünde ein Turm, der bis hinter den Mond reichen würde. In ausgedruckter Form könnte man die Fläche Chinas 13 Bände hoch auslegen.

Sechsmal so hoch ist das weltweite Kommunikationsaufkommen – 1960 Exabyte. Wenn jeder Mensch auf der Erde täglich 174 Zeitungen bekommen würde, von denen er 6 seinen Nachbarn komplett vorlesen würde, entspräche das in etwa diesem Datenvolumen.

Aber auch die Rechenleistung hat sich mit dem exponentiellen Wachstum der Daten weiterentwickelt. In der Studie wurde die Anzahl an Instruktionen pro Sekunde (IPS) analysiert, die ein Computer ausführen kann. Diese lag im Jahr 2007 bei 6,4 Exa-IPS. Um diese Leistungsfähigkeit vorstellbar zu machen, zog einer der Autoren der Studie den Vergleich heran, dass zum Erreichen der Rechenleistung eines Computers in einer einzigen Sekunde 50 japanische Abakus-Meister so lange rechnen müssten wie das Universum alt ist.

Für Nostalgiker sei noch angemerkt, dass im Jahr 1986 noch 84 Prozent der weltweit verfügbaren digitalen Information auf Videokassetten, Vinyl-Schallplatten und Musikkassetten gespeichert war. Auch dominierten vor 25 Jahren noch Taschenrechner mit 41 Prozent die weltweite Rechenleistung. Heute sind an diese Stelle PCs (66%) und Spielekonsolen (25%) getreten. An dritter Stelle folgen Mobiltelefone und Smartphones mit 6 Prozent der heute weltweit verfügbaren Rechenleistung – 1000-mal mehr als es im Jahr 1986 auf der ganzen Welt insgesamt gab.

Einzig die Medienlandschaft hat sich relativ wenig verändert. Sie wird heute noch vom analog übertragenen Fernsehen dominiert, wenn auch der Anteil hier von 92 auf 74 Prozent gesunken ist.

Wenn das Mooresche Gesetz, das der Mitbegründer von Intel bereits im Jahr 1965 aufgestellt hat, wie bis heute gültig bleibt, kann man für die Zukunft tatsächlich weiterhin von einem exponentiellen Wachstum mit der gleichen Geschwindigkeit ausgehen. (vgl. [SCHR11])

Abbildung 2-10: Panorama - ASCII

Der American Standard Code for Information Interchange (ASCII) ist eine 7-Bit-Zeichenkodierung. Er wurde im Jahr 1967 erstmals als Standard veröffentlicht und im Jahr 1986 zuletzt aktualisiert. Die Zeichenkodierung definiert 128 Zeichen, 33 nichtdruckbare sowie 95 druckbare. Auch in der heute von der ISO, der Internationalen Organisation für Normung, verabschiedeten Normenfamilie ISO 8859, die verschiedene 8-Bit-Zeichensätze für die Informationstechnik definiert, stimmen die ersten 128 Zeichen immer noch mit dem ASCII-Zeichensatz überein. Seit Jahren gibt es eine eigene Kunstrichtung, die sogenannte ASCII-Art, die versucht, mit den Zeichen des ASCII-Zeichensatzes kleine Piktogramme oder ganze Bilder darzustellen.

```
          ,;::\::\
        ,'/' `/'`/
     _\,: '.,-'.-':.
    -./"'  :    :  :\/,
     ::.  ,:____;__; :-
     :"  ( .`-*'o*',);
      \..  ` `---'`' /
       `:._..-   _.'
       ,;  .      `.
      /"'| |        \
     ::. ) :         :
     |" (   \        |
     :.(_,  :        ;
      \'`-'_/       /
       `...   , _,'
         |,|  : |
         |`|  | |
         |,|  | |
     ,--.;`|  | '..--.
    /;' "' ;  '..--. ))
    \:.___(___   ) ))'
          SSt`-'-
```

Daten und Datenverarbeitung

In der Abbildung 2-11 sind einige Beispiele für die Veränderungen durch die Digitalisierung zu sehen.

Abbildung 2-11 *Beispiele für analoge und digitale Datenverarbeitung*

Digitalisierung von Bildern: Schwarzweißröhrenfernseher → Heimkinosystem

Digitalisierung von Ton: Schallplatte → CD

Digitalisierung des Telefons

[WM06A]: Alter Fernseher, Bild von "Stefan Kühn", Lizenziert unter CC BY-SA 3.0, http://creativecommons.org/licenses/by-sa/3.0/deed.en
vgl. [WM09B]: Plasma flat panel mounted on a wall, Bild von "Pkepneriv", Lizenziert unter CC BY-SA 3.0, http://creativecommons.org/licenses/by-sa/3.0/deed.en
[WM06B]: Telefunken Hifi Anlage Acusta, hier Plattenspieler W 250 Hifi, vorgestellt auf der Funkausstelung 1965, Preis ~450 DM, Bild von "Norbert Schnitzler", Lizenziert unter CC BY-SA 3.0, http://creativecommons.org/licenses/by-sa/3.0/deed.en
[WM05B]: A Philips CD100 CD player, which was released in August 1982 as the first CD player. Taken at Amberley Working Museum, England. Note: PHILIPS® is a trademark of Philips Corporation., Bild von "Les Chatfield", Lizenziert unter CC BY 2.0, http://creativecommons.org/licenses/by/2.0/deed.en
[WM07A]: W49 Fernsprecher von HAGENUK, Baujahr 1958, Bild von "Achimsh", Lizenziert unter CC BY-SA 2.5, http://creativecommons.org/licenses/by-sa/2.5/deed.en
[WM08A]: Werbefoto Mobiltelefon, Bild von "A.Fanslau", Lizenziert unter Lizenziert unter CC BY-SA 3.0, http://creativecommons.org/licenses/by-sa/3.0/deed.en

In der Informatik spricht man von formatierten **Daten**, wenn die Angaben in einem für die maschinelle Interpretation besonders geeigneten, fest vereinbarten Aufbau aufgezeichnet sind. Schriftliche Information ohne derartige Strukturierung wird **Text** genannt. Außerdem kann Information noch in bildlicher oder akustischer Darstellung vorliegen.

In der kommerziellen Informationsverarbeitung gab es anfangs überwiegend formatierte Daten. Zur Einbeziehung der Textverarbeitung kam es erst in den 80er Jahren. Weitere Medientypen kamen dann in den 90er Jahren hinzu. In diesem Zusammenhang wurde auch der Begriff **Multimedia** geprägt. Er steht für die integrierte Verarbeitung mehrerer Informationstypen, wie formatierte Daten, Texte, Ton und Bilder.

Ein Mittel zur Datenaufbewahrung bezeichnet man als **Datenträger**, wie beispielsweise Diskette, CD, DVD, BD oder Magnetband.

Abbildung 2-12: *Gliederung von Information*

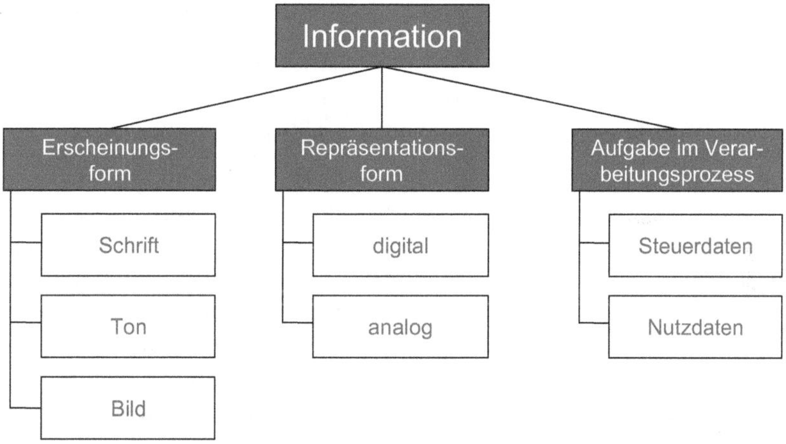

Computer

Nach DIN 44.300 ist ein Rechner oder Computer eine Funktionseinheit zur Verarbeitung von Daten, nämlich zur Durchführung mathematischer, umformender, übertragender und speichernder Operationen (vgl. [GA11]). Als Synonyme werden unter anderem die Begriffe Rechensystem/-anlage, Datenverarbeitungssystem/-anlage oder die englische Bezeichnung Data Processing System verwendet.

Doch nun genug von Begriffen und Definitionen. Wie hat sich eigentlich alles entwickelt?

Anfangs gab es in der Informatik nur den Wunsch, eine Maschine zu entwerfen, die überhaupt in der Lage war, einfache Berechnungen durchzuführen, also im Prinzip eine Minimalversion eines Taschenrechners. Selbst die Berechnungsgeschwindigkeit war dabei am Anfang völlig nebensächlich.

Zu den frühen Rechensystemen, die auch heute noch erfolgreich eingesetzt werden, zählt der Abakus beziehungsweise Rechenschieber.

Abbildung 2-13: *Rekonstruktion eines römischen Abakus*

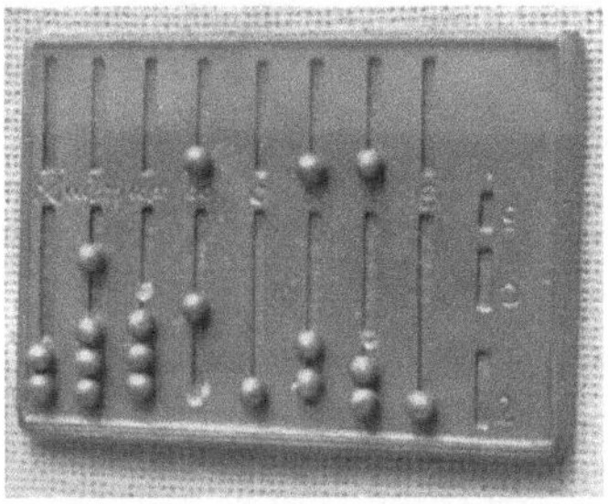

[WM04A]: Rekonstruktion eines römischen Abakus im RGZ-Museum Mainz (1977). Das Original ist aus Bronze und befindet sich in der Bibliothèque nationale de France (Paris), Bild von "Mike Cowlishaw", Lizenziert unter CC BY-SA 3.0, http://creativecommons.org/licenses/by-sa/3.0/deed.de

Eine kurze Geschichte der Entwicklung der Rechnertechnik

Eine Rechenmaschine ist eine Maschine, mit deren Hilfe bestimmte mathematische Berechnungen automatisiert ausgeführt werden können. Die ersten Rechenmaschinen entstanden ab dem 17. Jahrhundert und waren mechanisch. Durch die wachsende Verfügbarkeit industriell gefertigter Rechenmaschinen ab Mitte des 19. Jahrhunderts entwickelte sich langsam auch ein Markt für numerische Berechnungen. So konnten Unternehmen erstmalig wöchentlich oder gar täglich bilanzieren, Ingenieure konnten neben dem Rechenschieber auch algebraische Verfahren anwenden.

Abbildung 2-14: *Rechenmaschine aus dem Jahr1700 von Gottfried Wilhelm Leibnitz*

[WM06C]: Nachbau einer Rechenmaschine von 1700 von Gottfried Wilhelm Leibniz, aufgenommen in den technischen Sammlungen der Stadt Dresden, Bild von "Kolossos", Lizenziert unter CC BY-SA 3.0, http://creativecommons.org/licenses/by-sa/3.0/deed.en

Im 20. Jahrhundert wurden mechanische Bauteile immer mehr durch elektronische Bauteile ersetzt, und es entwickelten sich aus diesen Rechenmaschinen die elektronischen Taschenrechner.

Abbildung 2-15: *Taschenrechner von 1981*

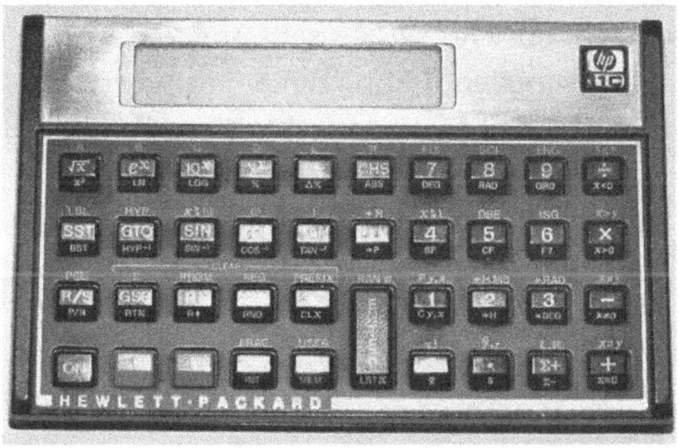

[WM06D]: Ein alter Taschenrechner von 1981 in UPN, Bild von "Markus Schweiss", Lizenziert unter CC BY-SA 3.0, http://creativecommons.org/licenses/by-sa/3.0/deed.en

Der Ursprung der heutigen Computer basiert auf der ersten Lochkartenmaschine von IBM (IBM 601, 1935), die eine Multiplikation pro Sekunde durchführen konnte, und dem ersten frei programmierbaren mechanischen Rechner von Konrad Zuse, der Zuse Z1 (1938), die bereits alle Elemente der sogenannten von-Neumann-Architektur beinhaltet, allerdings aufgrund von Problemen mit der Fertigungspräzision nie voll funktionstüchtig war.

Abbildung 2-16: *Lochkarte mit COBOL-Programmzeile*

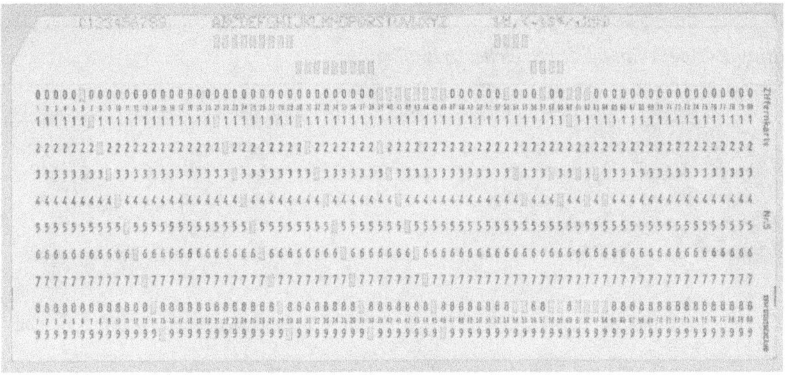

Quelle: Anton und Thomas Hüttl

Ab 1946 wurden dann die bis dato mit Relais ausgestatteten Rechenanlagen durch Systeme mit Elektronenröhren abgelöst, die man dann „Elektronenrechner“ nannte. Heute wird fast immer auf die Bezeichnung elektronisch verzichtet, da dies mittlerweile selbstverständlich ist. Sie taucht nur noch in Begriffen wie EDV (Elektronische Datenverarbeitung) auf.

Der Durchbruch erfolgte durch die wachsende Leistungsfähigkeit der Mikroprozessortechnik. Das empirische Mooresche Gesetz sagt aus, dass sich die Komplexität integrierter Schaltkreise mit minimalen Komponentenkosten etwa alle zwei Jahre verdoppelt. Praktisch gesehen hat sich die Rechenleistung pro 1000 Dollar in den Jahren 1910 bis 1950 im Abstand von drei Jahren (mechanische Rechenmaschinen) verdoppelt, von 1950 bis 1966 etwa alle zwei Jahre und jetzt etwa jährlich.

Abbildung 2-17: *Stimmen aus der Praxis - Die rasante Entwicklung der Rechnertechnik*

„Während eine Recheneinheit des ENIAC noch mit 18.000 Röhren ausgestattet ist und 30 Tonnen wiegt, werden die Computer der Zukunft vielleicht nur 1000 Röhren benötigen und nur noch 1,5 Tonnen schwer sein.“ Popular Mechanics, März 1949

Besonders deutlich ist die "Explosion" der Leistungsfähigkeit auch bei Speichermedien erkennbar. Eine Lochkarte aus Papier eines IBM 360 Großrechners konnte 80 Zeichen erfassen. Heutige USB-Memory Sticks haben bereits eine Speicherkapazität von 32 GB.

Abbildung 2-18: *Stimmen aus der Praxis - Auch Experten haben nicht immer recht*

„Schön, aber wozu ist das Ding gut?" Ein Ingenieur der Forschungsabteilung Advanced Computing Systems Division von IBM zu einem Mikrochip, 1968.

Abbildung 2-19: *Wandel der Speichertechnologien*

8'', 5,25'' und 3,5'' Disketten

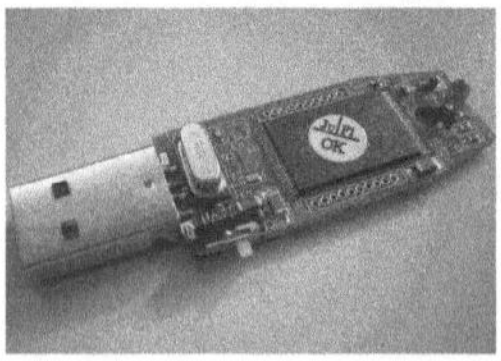

Innenansicht eines 128 MB USB-Stick

[WM09C]: 8-inch, 5,25-inch, and 3,5-inch floppy disks, Bild von "George Chernilevsky", Lizenziert als Public Domain

[WM05C]: USB Stick 128MB Innenansicht [Schreibschutzschalter], Bild von "MOS6502", Lizenziert als Public Domain

Nach diesem kurzen historischen Streifzug stellt sich jetzt zum Schluss noch die Frage: „Wie sehen heutige Rechnerkategorien aus?"

Üblicherweise werden Rechnerkategorien nach Preisspannen oder technischen Daten abgegrenzt.

Abbildung 2-20: Panorama - Der erste IBM-PC 5150

Während heutige PC-Systeme aufwändige graphische Oberflächen haben und selbst hochauflösende Videos in Echtzeit wiedergeben können, waren die ersten PCs noch auf die Darstellung von Textzeichen beschränkt. Das Einzige, was der Anwender wählen konnte, war, ob er die Buchstaben und Ziffern in grün oder orange auf dem schwarzen Hintergrund sehen wollte.

[WM06F]: IBM PC 5150 with keyboard and green monochrome monitor (5151), running MS-DOS 5.0, Bild von "Boffy b", Lizenziert unter CC BY-SA 3.0, http://creativecommons.org/licenses/by-sa/3.0/deed.de

ΣΣ Personal Computer (PC)

Arbeitsplatzrechner sind Rechner für den persönlichen Gebrauch eines Benutzers am Arbeitsplatz. Personal Computer (PC) waren ursprünglich für den persönlichen Gebrauch durch einen Nutzer vorgesehen. Sie hatten ihren Durchbruch überhaupt erst Ende der 80er Jahre des letzten Jahrtausends. Mittlerweile werden PCs auch als Serverrechner in lokalen Netzen eingesetzt. Als CPU (Central Processing Unit) dient meistens ein 32- oder 64-Bit-Mikroprozessor mit einer Taktrate von 2 GHz aufwärts. Die Arbeitsspeicherkapazität liegt normalerweise zwischen 1 und 8 GB. Die vorherrschenden Betriebssysteme am Markt sind Microsoft Windows, Apple Macintosh und verschiedene Unix- und Linux-Varianten.

Abbildung 2-21: Stimmen aus der Praxis - Die technische Entwicklung hat selbst Experten überrascht

"640 K sollten genug für jeden sein." (Bill Gates, 1981)
"Windows 95 needs at least 8 MB RAM." (Bill Gates, 1996)

Workstation

Doch für manche komplexen Berechnungen, wie etwa CAD-Entwurf von Ingenieuren, reichen PCs von der Leistungsfähigkeit nicht aus. Die nächst schnellere Rechnerklasse wird als Workstation bezeichnet. Sie werden ebenfalls am Arbeitsplatz des Benutzers installiert und sind besonders hinsichtlich ihrer Grafik optimiert. Hauptanwendungsgebiet sind technisch-wissenschaftliche und andere rechenintensive Anwendungen im Netzverbund. Workstations kommen auch als Arbeitsgruppenserver zum Einsatz.

Abbildung 2-22: Workstation-Arbeitsplatz mit 3 Bildschirmen für Verarbeitung von Wetterdaten

[WM05D]: Color 3 head workstation for the Advanced Weather Interactive Processing System (AWIPS) in use by the National Weather Service, Bild von "JonathanLamb", Lizenziert als Public Domain

Server

Ein Programm, das andere Programme (Klienten) im selben oder in anderen Rechnern mit Diensten versorgt, heißt Server. Auch der Rechner, auf dem ein Serverprogramm läuft, wird oft Server genannt. Sie verwalten Ressourcen in einem Rechnernetz, die von mehreren Benutzern genutzt werden, wie zum Beispiel externe Speicher, Drucker, Datenbanken oder Anwendungen. Oft besitzen sie mehrere Zentralprozessoren, um hohe Leistungen zu erzielen. Die Arbeitsspeicherkapazität reicht von 1 bis 128 GB.

Abhängig von Anzahl und Kapazität der Laufwerke liegt die Festplattenkapazität zwischen ca. 80 GB und über 50 TB.

Man unterscheidet Server entweder nach der Zahl der Benutzer, nach der technischen Plattform oder nach dem Einsatzzweck. So gibt es abhängig von der Zahl der Benutzer kleinere Arbeitsgruppenserver, mittlere Abteilungsserver oder große Unternehmensserver. Abhängig vom Einsatzzweck können zum Beispiel Infrastrukturserver, wie Druck-, Datei-, E-Mail-, Webserver, Datenbankserver oder Anwendungsserver unterschieden werden.

Abbildung 2-23: *IBM System 360/20 im Deutschen Museum in München*

[WM06G]: An IBM System 360/20 computer on display at the Deutsches Museum in Munich Germany. Front panels are removed. An IBM 2560 MFCM (multi-function Card Machine) is shown on the right and the corner of a 2203 printer is visible on the left, Bild von "Ben Franske", Lizenziert unter CC BY 2.5, http://creativecommons.org/licenses/by/2.5/deed.en

Server Based Computing

Das Server Based Computing ist ein seit Jahrzehnten praktiziertes Verfahren, das in mittleren und Großunternehmen hohe Akzeptanz findet. Seit den 60er Jahren bis zum Anfang der 80er hatten die Mitarbeiter der Großunternehmen ein Terminal, also ein Datensichtgerät mit angeschlossener Tastatur, das mit einem Großrechner, dem sogenannten Mainframe, verbunden war. Großrechner sind komplexe und umfangreiche Computersysteme, die besonders zuverlässig sind und über eine hohe Ein-Ausgabe-Leistung verfügen. Sie können im Online-Betrieb eine große Anzahl von Benutzern bedienen, komplizierte und aufwendige Aufgaben werden über Nacht im sogenannten Batch-Betrieb durchgeführt. Während die Terminals in den 90er Jahren durch PC und

Workstation verdrängt wurden, wächst momentan der Bereich Server Based Computing erneut. Am Arbeitsplatz werden Thin Clients an Stelle der früher üblichen Terminals eingesetzt. An die Stelle der Mainframe-Rechner treten heute oft leistungsstarke zentrale Server, die häufig unter Microsoft Windows laufen.

ΣΣ Superrechner

Die leistungsstärksten Rechner, die es gibt, sind die sogenannten Hochleistungsserver oder Superrechner. Sie werden hauptsächlich für technisch-wissenschaftliche Aufgabenstellungen mit sehr hohem Rechenbedarf eingesetzt. Sie haben einige hundert oder einige tausend 64-Bit-Prozessoren. Die Arbeitsspeicherkapazität hängt von der Anzahl der Prozessoren ab und beträgt maximal mehrere TB. Es handelt sich hierbei entweder um Vektorrechner oder um Parallelrechner.

Abbildung 2-24: Panorama – Neuer Superrechner in München

Der neue Hochleistungsrechner „SuperMUC“ wird Mitte 2012 am Leibnitz-Rechenzentrum in Garching bei München in Betrieb gehen und zu den leistungsfähigsten Universalrechnern der Welt gehören. Geplant sind 3 Petaflops Spitzenrechenleistung, 320 Terabyte Hauptspeicher und 12 Petabyte Hintergrundspeicher. Die Spitzenrechenleistung von 3 Petaflops bedeutet 3 Billiarden - 3,000,000,000,000,000 - Gleitkommaoperationen (Floating Point Operation, Flop) pro Sekunde. Würde man mit einem Hammer Nägel in einem Abstand von einem Millimeter in die Erde schlagen, so würde man damit den Äquator 75.000 Mal in einer einzigen Sekunde umrunden! Revolutionär ist dabei das neue Kühlkonzept, bei dem die aktiven Komponenten unmittelbar mit Wasser gekühlt werden, das über 40 Grad warm sein darf. Diese „Hochtemperaturflüssigkeitskühlung“ und eine hochinnovative Systemsoftware zur energieeffizienten Leistungssteuerung ermöglichen es, den Anstieg des Energieaufwands und damit der Betriebskosten so gering wie möglich zu halten und darüber hinaus alle LRZ-Gebäude mit der Abwärme des Rechners zu heizen. „SuperMUC steht für unerreichte Energieeffizienz im Sinne des Green Computing und für Spitzenleistung in der Rechenkapazität durch massive Parallelität der universell einsetzbaren Multicore-Prozessoren“, hob Prof. Bode, Leiter des LRZ, hervor. Die Anwendungen dieses Hochleistungsrechners reichen von Simulationen der Entwicklung des Universums über die Modellierung des heißen Erdinnern, der Ausbreitung von Erdbebenwellen und die Berechnung von Strömungseigenschaften der verschiedensten technischen und natürlichen Systeme bis hin zu Untersuchung biologischer und immer häufiger auch medizinischer Fragestellungen. Die Investitions- und Betriebskosten für 5 bis 6 Jahre einschließlich der Stromkosten werden 83 Mio. Euro betragen (vgl. [LRZ10]).

[WM06H]: Rechnerblock des Leibniz-Rechenzentrum in Garching bei München, Bild von „Oliver Raupach", Lizenziert unter CC BY-SA 2.5, http://creativecommons.org/licenses/by-sa/2.5/deed.de

Abbildung 2-25: Für die Profis - Vektorrechner versus Parallelrechner

Vektorrechner können die gleiche Operation für eine große Anzahl von Variablen ausführen. Dies benötigt man zum Beispiel, wenn man für die Wetterberechnung gleichzeitig für viele Messstationen die Veränderung zum Vortag berechnen muss.

Parallelrechner sind in der Lage komplizierte Berechnungen in mehrere unabhängige Teile aufzuteilen, die gleichzeitig auf verschiedenen Prozessoren des Systems berechnet werden können. Durch diese parallele Berechnung sinkt die Zeit der Berechnung. Dies ist wichtig, wenn das „konventionelle" Berechnen sehr lange - Tage oder Wochen - dauern würde.

Mobile Datenverarbeitung

Computer befinden sich darüber hinaus in zunehmendem Maß auch in anderen technischen Geräten, teils für Spezialaufgaben teils mit dem vollen Leistungsspektrum eines PCs, beispielsweise Navigationssysteme in Autos, Spielekonsolen, „intelligente" Kühlschränke, tragbare Informationshilfsmittel. Hierbei gewinnen die Smartphones immer größere Bedeutung. Diese Geräte vereinen den Leistungsumfang eines Mobiltelefons mit dem eines Personal Digital Assistant (PDA). Hinzu kommen viele weitere Funktionalitäten: Digitalkamera, MP3-Player, Diktiergerät, Internetzugang, Spiele, etc. Smartphones, wie Blackberry (RIM) oder iPhone (Apple), verfügen über ein Betriebssystem und ermöglichen dem Benutzer, selbst Programme nach Belieben zu installieren. Handys haben im Gegensatz dazu meist nur eine vordefinierte Programmoberfläche, die nur begrenzt erweitert werden kann.

Abbildung 2-26: *UMTS – Mobiltelefone*

UMTS ist ein Mobilfunkstandard der dritten Generation (3G), der für Audio-/Videotelefonie, Unified Messaging, Chat, Video-Sprach-Mail, Nachrichtendienste, Internetzugang und Navigation gleichermaßen geeignet ist.

[WM09D]: Micro USB Ladekabel für Mobiltelefone, Bild von „Reinraum", Lizenziert als Public Domain

Abbildung 2-27: *Personal Digital Assistant (PDA)*

PDAs sind kompakte, tragbare Computer für persönliche Kalender-, Adress- und Aufgabenverwaltung. Die Bedienung erfolgt über ein berührungsempfindliches LCD-Display.

[WM06I]: Palm TX, Bild von „Stefano Palazzo", Lizenziert unter CC BY-SA 3.0, http://creativecommons.org/licenses/by-sa/3.0/deed.en

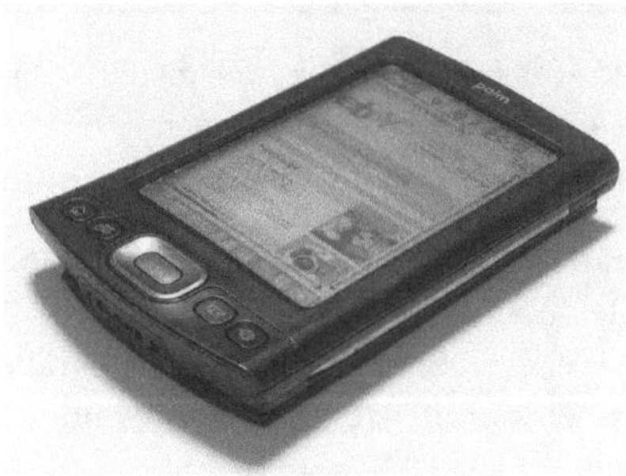

Abbildung 2-28: *Smartphone*

Smartphones sind Kommunikationsmittel, mit denen überall E-Mails als Push-Dienst empfangen und gesendet werden können. Sie bieten PDA- und zusätzlich Handy-Funktionen.

[WM07B]: IPhone bei der Macworld, Bild von http://www.flickr.com/photos/blake4tx/, Lizenziert unter Creative commons Attribution 2.0, http://creativecommons.org/licenses/by/2.0/legalcode

Abbildung 2-29: Panorama – Wo man bald überall mit IT zu tun hat…

„Berlin, 3. März 2005. Ein kleines Einfamilienhaus in unmittelbarer Nähe zum Potsdamer Platz sorgt für Aufsehen. Noch Aufsehen erregender ist die Technik im Inneren des Hauses: ‚Wir wollen zeigen wie modernste Entwicklungen der Informations-, Telekommunikations- und Unterhaltungstechnologie den Alltag der Menschen spürbar erleichtern und bereichern', so Achim Berg, Marketing-Vorstand der Deutschen Telekom. Gemeinsam mit den Partnern WeberHaus und Neckermann präsentieren Telekom und Siemens auf 240 m² Wohnfläche die vielfältigen Anwendungsmöglichkeiten innovativer Technologien. Mit einem Personal Digital Assistant (PDA) können fast alle technischen Raffinessen im Haus gesteuert werden. Lästiges Suchen nach der richtigen Fernbedienung wird dadurch überflüssig. Der PDA erreicht die Geräte mittels drahtloser Funkübertragung per WLAN: Herd und Heizung, aber auch Rollläden, Licht oder Fernseher lassen sich beispielsweise so bedienen. Darüber hinaus sorgt ein so genannter „Mood Manager" für die richtige Stimmung im Haus. Zukünftige Bewohner wählen einfach per Knopfdruck ein voreingestelltes Raumszenario aus: Zum Beispiel ein leises Meeresrauschen aus der Dolby-Surround-HiFi-Anlage, kombiniert mit einem Unterwasserfilm auf einem Multifunktions-Bildschirm im Wohnzimmer, das vollkommen in hellblaues Licht getaucht ist. Die Bildschirme finden sich übrigens in allen Räumen und sind nicht nur zum Fernsehen gedacht: Via Videokonferenz kann der Hausbewohner einen Kochkurs absolvieren, mit dem Chef Kontakt aufnehmen, das schlafende Baby im Nebenzimmer im Auge behalten oder die neuesten Nachrichten über das Internet abrufen. Auch Sicherheitstechnik ist im T-Com Haus ein wichtiges Thema. Ist niemand daheim, überträgt eine Security-Kamera, die mit einem Bewegungsmelder gekoppelt ist, Fotos auf das Handy des Besitzers. Auf diese Weise wird der Hausherr auf ungebetene Gäste aufmerksam. ‚Das Haus ist keine theoretische Zukunftsvision', erläutert Berg, ‚sondern wir zeigen nur Services, die dem Kunden bereits jetzt oder in ein bis zwei Jahren zur Verfügung stehen werden und größtenteils auf der Basis von WLAN und dem Breitbandanschluss T-DSL funktionieren.'" [IFD05]

Diese Produkte haben heute bereits Marktreife erreicht. Auf einen Blick kann man alle Geräte innerhalb eines Raumes und deren Status erkennen, Verbrauchsdaten in Form von Diagrammen nachvollziehen, sehen, wer sich im Garten oder an der Toreinfahrt aufhält, und die verschiedenen Kameras auf dem Gelände ansteuern, über eine Internetverbindung anzeigen lassen, wie heute das Wetter wird und welche aktuellen Nachrichten es gibt, E-Mails lesen, ein Musikarchiv anlegen, Heimkinosysteme ansteuern, um nur einige Beispiele zu nennen. Unten zu sehen sind aktuelle Bedienschnittstellen für derartige Funktionen auf dem iPhone beziehungsweise über das Gira Interface.

[GI11]: Haussteuerung über Smartphone-App oder Steuerzentrale im Zimmer, Bild von Gira Giersiepen GmbH & Co. KG Mediendatenbank, Lizenziert unter http://media.gira.de/de/kontakt/nutzung.html

Was haben Sie gelernt?

Die Industrie versucht dort, wo es Sinn macht, Prozesse zu automatisieren, mit den Zielen Zeit und Kosten zu sparen, sowie Abläufe weniger fehleranfällig oder qualitativ besser zu machen. Manche Prozesse waren überhaupt erst durch den Einsatz von Computersystemen realisierbar. Dabei gibt es einige Grundprinzipien, zum Beispiel das EVA-Prinzip oder das Mooresche Gesetz, die immer gelten.

Die dazu zum Einsatz kommende Hardware hat, unabhängig um welche Leistungsklasse oder um welchen Hersteller es sich handelt, im Prinzip immer einen ähnlichen Aufbau und ähnliche Funktionseinheiten. Damit die Hardware auch tatsächlich etwas „Nützliches" macht, benötigt es darüber hinaus noch Systemsoftware, die für den Betrieb der Hardware nötig ist, und eine Anwendung, die vom Benutzer verwendet wird. Erstellt wird diese mit Hilfe moderner Programmiersprachen, die sich über die Jahre ebenfalls deutlich weiterentwickelt haben.

Erste einfache Maschinen, die den Menschen bei seiner Arbeit unterstützt haben, gehen weit in die Antike zurück. Nach den ersten mechanischen Apparaten kam es mit der Nutzung von Elektrizität zu einer deutlichen Beschleunigung der Digitalisierung in fast allen Lebensbereichen.

Information und deren automatisierte Verarbeitung ist heute ein nicht mehr wegzudenkender betriebswirtschaftlicher Produktionsfaktor. Je nach Aufgabenstellung benötigt es dazu unterschiedliche Leistungsklassen, vom mobilen Endgerät über „klassische" Arbeitsplatzrechner und schnelle Workstations für komplexe Berechnungen bis hin zu Servern oder Superrechnern. Da die sequenzielle Abarbeitung Schritt für Schritt langsam an ihre technischen Grenzen stößt, liegt die Zukunft zurzeit in der Parallelisierung von Abläufen.

Das Ergebnis dieser technischen Entwicklung sieht man nicht nur in den Betrieben, sondern auch im täglichen Leben.

Literaturverzeichnis Kapitel 2

[GA10] GABLER VERLAG (HRSG.): Gabler Wirtschaftslexikon, Stichwort: Informationsverarbeitung, online im Internet: http://wirtschaftslexikon.gabler.de/Archiv/10378/informationsverarbeitung-v6.htm, abgerufen am 06.07.2010

[GA11] GABLER VERLAG (HRSG.): Gabler Wirtschaftslexikon, Stichwort: Computer, online im Internet: http://wirtschaftslexikon.gabler.de/Archiv/54848/computer-v5.html, abgerufen am 17.05.2011

[GI11] http://media.gira.de, abgerufen am 05.01.2011

[HANE05] HANSEN, H. R., NEUMANN, G.: Wirtschaftsinformatik 1, 9. Aufl., Stuttgart 2005

[HEI05] OPITZ, R.: Königstreffen. UMTS-Handys und -Smartphones. Heise Mobil. http://www.heise.de/mobil/artikel/UMTS-Handys-und-Smartphones-223013.html, abgerufen am 03.11.2009

[HEI+07] HEINRICH, L., HEINZL, A., ROITHMAYR, F.: Wirtschaftsinformatik, Einführung und Grundlegung, München 2007

[IFD05] HEITMÜLLER, L. (HRSG.): Siemens und Telekom präsentieren das Haus der Zukunft, Pressebüro der „Partner für Innovation", Berlin 2005, http://www.innovationen-fuer-deutschland.de-/pressemitteilungen_detail.php?klasse=16&oid=687, abgerufen am 08.03.2009

[LRZ10] LEIBNITZ-RECHENZENTRUM DER BAYERISCHEN AKADEMIE DER WISSENSCHAFTEN (PRESSEMITTEILUNG): IBM entwickelt den neuen Höchstleistungsrechner "SuperMUC" des LRZ, http://www.lrz.de/presse/ereig-nisse/supermuc-vertrag-2010-12-13/, abgerufen am 19.01.2011

[SCHR11] SCHRADER, C.: Explosion des Cyberspace. In: Süddeutsche Zeitung, Nr. 34, S. 18f, München 2011

[WM04A] http://de.wikipedia.org/w/index.php?title=Datei:RomanAbacusRecon.jpg-&filetimestamp=20050518104750, abgerufen am 03.03.2009

[WM05A] http://commons.wikimedia.org/wiki/File:ASRock_K7VT4A_Pro_Mainboard_Labeled_German.jpg, abgerufen am 03.11.2009

[WM05B] http://commons.wikimedia.org/wiki/File:CD_player.jpg, abgerufen am 03.11.2009

[WM05C] http://commons.wikimedia.org/wiki/File:USB_Stick_128MB_Innenansicht.jpg, abgerufen am 03.11.2009

[WM05D] http://commons.wikimedia.org/wiki/File:AWIPS-3-head-workstation.jpg, abgerufen am 19.01.2011

[WM06A] http://commons.wikimedia.org/wiki/File:Fernseher.jpg, abgerufen am 03.11.2009

[WM06B] http://commons.wikimedia.org/wiki/File:Telefunken_Hifi_Plattenspieler_Acusta.jpg, abgerufen am 03.11.2009

[WM06C] http://commons.wikimedia.org/wiki/File:Leibnitzrechenmaschine.jpg, abgerufen am 03.11.2009

[WM06D] http://commons.wikimedia.org/wiki/File:Taschenrechner_UPN01.jp, abgerufen am 03.11.2009

[WM06E] http://commons.wikimedia.org/wiki/File:Punch-card-cobol.jpg, abgerufen am 03.11.2009

[WM06F] http://de.wikipedia.org/wiki/Datei:IBM_PC_5150.jpg, abgerufen am 08.03.2009

[WM06G] http://commons.wikimedia.org/wiki/File:DM_IBM_S360.jpg, abgerufen am 03.11.2009

[WM06H] http://commons.wikimedia.org/wiki/File:Leibniz_Rechenzentrum_1.jpg?uselang=de, abgerufen am 19.01.2011

[WM06I] http://commons.wikimedia.org/wiki/File:PalmTX.jpg, abgerufen am 03.11.2009

[WM07A] http://commons.wikimedia.org/wiki/File:Telefon-W49.JPG, abgerufen am 03.11.2009

[WM07B] http://de.wikipedia.org/wiki/Datei:IPhone_bei_der_Macworld.jpg, abgerufen am 03.11.2009

[WM08A] http://commons.wikimedia.org/wiki/File:Mobile_001.jpg, abgerufen am 03.11.2009

[WM09A] http://commons.wikimedia.org/wiki/File:Personal_Computer_mit_L%C3%BCfter.png, abgerufen am 03.11.2009

[WM09B] http://upload.wikimedia.org/wikipedia/commons/0/04/-Plasma_Flat_Panel_Mounted_on_a_wall.jpg, abgerufen am 03.11.2009

[WM09C] http://commons.wikimedia.org/wiki/File:Floppy_disk_2009_G1.jpg, abgerufen am 03.11.2009

[WM09D] http://commons.wikimedia.org/wiki/File:Micro_USB_phone_charger.jpg, abgerufen am 05.01.2011

3 IT-Architektur

Eine kurze Einführung in die Funktionsweise von Computern und ihre Zusammenarbeit in Netzwerken

Warum ist das Thema relevant?

Muss ich Maschinenbau studieren, um einen Führerschein machen zu können? Diese Frage werden sich sicherlich einige bei der Lektüre dieses Kapitels stellen. Natürlich nicht. Aber es ist bei der Auswahl des richtigen Autos sicherlich hilfreich, wenn man den grundsätzlichen Unterschied zwischen den Antriebskonzepten (Benzin – Diesel – Hybrid – Elektro), die Bedeutung von Drehmoment oder die Interpretation der verschiedenen Abgaswerte kennt. Und genauso muss jemand, der nur am Rande mit IT zu tun hat, nicht Informatik oder Rechnerarchitektur studiert haben. Aber es ist ungemein hilfreich, wenn man bei seiner Arbeit ein bisschen versteht, wie moderne IT funktioniert und sich in groben Zügen vorstellen kann, was da der Reihe nach so in etwa passiert.

Was sollten Sie wissen?

Wenn Sie dieses Kapitel durchgearbeitet haben, sollten Sie

- wissen, wie ein PC-System grundsätzlich aufgebaut ist und arbeitet,
- das Konzept der von-Neumann-Architektur kennen,
- die Leistungsfähigkeit von Computersystemen einschätzen können,
- Netzwerk-Strukturen und Schichten kennen und einordnen können,
- das Prinzip der Client-Server-Architektur erklären können,
- neue Paradigmen der IT-Architektur einordnen können.

Welche Schlüsselbegriffe sollten Sie kennen?

Am Ende dieses Kapitels sollten Sie folgende Begriffe verstanden haben und mit eigenen Worten erklären können, was darunter verstanden wird:

- IT-Architektur, Rechnerarchitektur, von-Neumann-Architektur
- CPU, ALU, Steuerwerk, Bussystem, RAM, ROM

- Speicherhierarchien, Mehrprozessorsystem, Pipelining
- Kommunikationsformen, ISO/OSI-Schichtenmodell, Telekommunikationsnetze, Netzwerktopologie
- Client-Server-Prinzip, Cloud Computing

IT-Architektur

Der Titel dieses Kapitels lautet „IT-Architektur". Was versteht man eigentlich unter diesem Begriff? Gemeint sind damit alle statischen und dynamischen Aspekte der Informationstechnologie innerhalb von Organisationen. Hierzu zählen unter anderem die Infrastruktur mit Hardware, Netzwerke, Software und Daten sowie das dazugehörige Management mit Konfigurations- und Kapazitätsplanung, Lastverteilung, Datensicherung, Verfügbarkeit, Ausfallsicherheit, Katastrophenfallplanung etc. Darüber hinaus sind funktionale Aspekte, wie die notwendigen Schnittstellen, die eine reibungslose IT-Unterstützung der Prozesse in der Organisation ermöglichen, ebenfalls Teil einer IT-Architektur.

Abbildung 3-1: Panorama – Konrad Zuse, der „Vater" des Computers

Bis heute diskutiert man in der Fachwelt, wer den ersten funktionierenden Computer tatsächlich erfunden hat. Konrad Ernst Otto Zuse, geboren am 22. Juni 1910 in Berlin, gilt heute mit seiner Entwicklung des Z3 im Jahre 1941 als der Erfinder des modernen Computers. Da er schon früh genauso viel Interesse für Technik wie für Kunst hatte, schlug er keinen geradlinigen Lebensweg ein. Er stammte aus einem einfachen Elternhaus, sein Vater war Postbeamter, seine Mutter Hausfrau. Nach seinem Abitur wusste er nicht so recht, was er machen sollte. Er studierte erst Maschinenbau, wechselte anschließend zur Architektur, um dann später zum Bauingenieurwesen zu wechseln. Dazwischen legte er eine künstlerische Pause ein und arbeitete als Werbegrafiker bei Ford. Er beendete schließlich doch noch sein Studium und arbeitete als Statiker bei den Henschel-Flugzeugwerken. Da ihn die endlosen statischen Berechnungen schnell nervten, plante er, die Berechnungen zu automatisieren. Am 16. Juli 1941 meldete er ein Patent mit dem Titel „Rechenvorrichtung" an. Der Inhalt dieser Patentschrift war genau das, was wir heute einen Computer nennen (vgl. [c't 10] S. 26f).

Für diese herausragende wissenschaftliche Leistung wurde er übrigens im Jahr 2000 von der UNESCO zur Aufnahme in das Register „Memory of the World" nominiert. Weitere Informationen dazu kann man im Internet (Suchstichwort „Konrad Zuse") nachlesen unter: www.unesco.org/webworld/mdm. Hier etwas zu stöbern ist sehr empfehlenswert, denn man findet viele Informationen zu wesentlichen Erfindungen der Menschheit und großen Denkern – zum Beispiel das Patent von Benz 1866, die Gutenberg-Bibel, Ludwig van Beethovens 9. Symphonie, op. 125 und vieles mehr.

[WM92A]: Konrad Zuse (* 22. Juni 1910 in Berlin; † 18. Dezember 1995 in Hünfeld bei Fulda) war ein deutscher Bauingenieur, Erfinder des ersten funktionstüchtigen Computers und Unternehmer, Bild von „Wolfgang Hunscher, Dortmund", Lizenziert unter CC BY-SA 3.0, http://creativecommons.org/licenses/by-sa/3.0/deed.en

Aufbau und Architektur von Computern

Wie funktioniert nun eigentlich ein Computer? Wie ist er aufgebaut, aus welchen Teilen besteht er, und was passiert eigentlich genau, wenn ich heute mit einem Textverarbeitungsprogramm dieses Buch schreibe?

Einen guten Einstieg zur Beantwortung dieser Fragen liefert der Blick zurück in die Geschichte der Erfindung moderner Computer. Einer der ersten Pioniere neben Konrad Zuse war der deutsch-ungarische Mathematiker János von Neumann zu Margitta, der 1903 in Budapest geboren wurde. Heute kennen wir ihn besser unter seinem Namen, den er für seinen Aufenthalt in den USA gewählt hat, John von Neumann. Schon als Kind mit sechs Jahren konnte er zum Beispiel im Kopf achtstellige Zahlen sehr schnell dividieren. Außerdem besaß er ein phänomenales Gedächtnis, das ihm half, ganze Bücher, wie zum Beispiel Goethes Faust, auswendig zu lernen. Für die Beantwortung unserer Fragen interessant sind jedoch seine Arbeiten zur Architektur von Computersystemen. Dieses heute von-Neumann-Architektur genannte Referenzmodell wurde von ihm etwa 1945 veröffentlicht.

von-Neumann-Computer

Der zentrale Gedanke des Ansatzes von John von Neumann war, dass sowohl die Programme, in unserem Beispiel das Textverarbeitungsprogramm Word, als auch die Daten, in unserem Beispiel das Buchmanuskript als Word-Dokument, in einem gemeinsamen Computerspeicher abgelegt sind. Während früher die Programme starr auf Lochkarten abgelegt waren, konnten sie nun ebenso wie die Daten dynamisch geändert werden. Für mich als Autor dieses Textes ist das zum Beispiel wichtig, wenn ich eine neue Programmfunktion verwende, die bisher nicht installiert war. Denn nun kann durch Einlegen einer Installations-CD einfach die benötigte Funktion, zum Beispiel die automatische Silbentrennung, nachinstalliert werden.

John von Neumann beschrieb außerdem bereits 1945 alle wesentlichen Komponenten, die den Kern eines „vollständigen" PCs ausmachen.

Abbildung 3-2: *Panorama - Silizium – Die Grundlage moderner Elektronik*

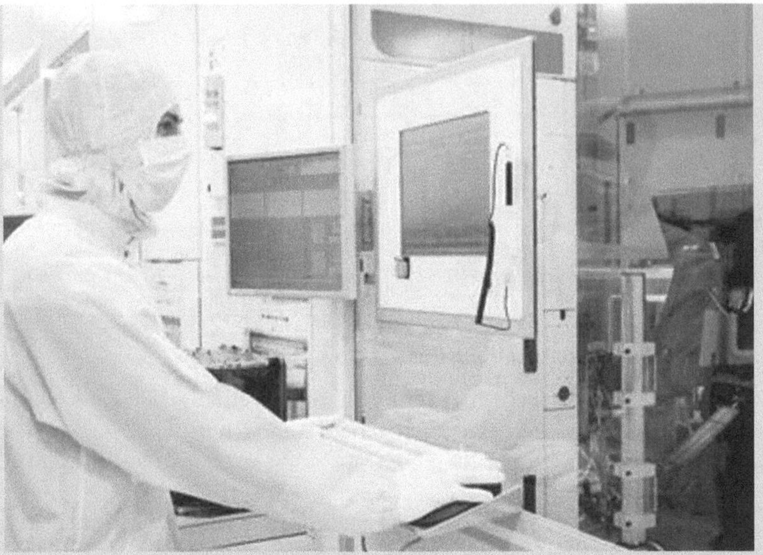

[WA10]: Siltronic AG Freiberg, Pressebild der Wacker Chemie AG, Lizenziert unter http://www.wacker.com/cms/de/press_media/press-gallery/pictures-overview.jsp

Im Bild oben zu sehen ist die Produktion von epitaxierten Reinstsiliciumwafern mit 300 mm Durchmesser der Siltronic (Wacker Chemie AG). Solche Wafer werden dank ihrer außergewöhnlichen Qualität für höchst-integrierte Halbleiterbauelemente, sogenannte ICs verwendet. Das Rohsilizium wird geschmolzen und zu Einkristallen mit (beinahe) fehlerloser Kristallstruktur gezüchtet. Auf eine Billion Siliziumatome kommt maximal ein Fremdatom - ein Stecknadelkopf Verunreinigung je 3000 Kilogramm Silizium. Die Herstellung muss unter perfekten Reinraumbedingungen erfolgen. So entspricht die maximale Zahl von Fremdpartikeln auf einer 300-Millimeter-Scheibe einem einzigen Golfball innerhalb von München, einer Fläche mit rund 25 Kilometern Durchmesser. Gleichzeitig ist sie so flach, dass auf derselben Fläche maximal eine Bordsteinkante abstehen würde (vgl. [Wi04]).

von-Neumann-Architektur

Ein von-Neumann-Rechner besteht aus folgenden Komponenten, die bis heute in Computern verwendet werden:

Abbildung 3-3: von-Neumann-Architektur

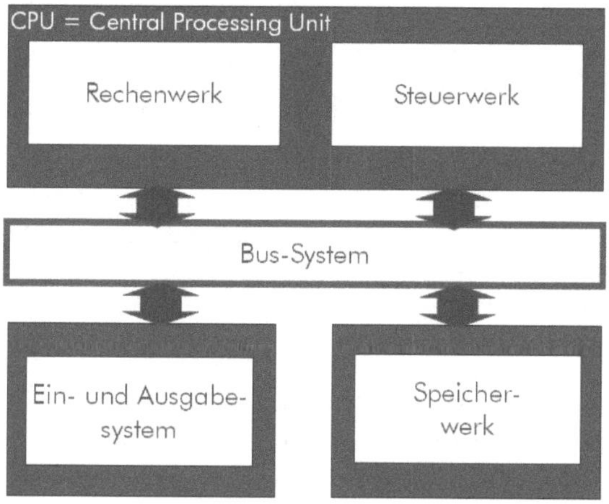

Diese Komponenten eines von-Neumann-Rechners sollen im Folgenden näher erklärt werden:

Die **CPU (Central Processing Unit)**, auch Prozessor oder Zentraleinheit genannt, besteht aus Steuer- und Rechenwerk. Die **ALU (Arithmetic Logic Unit)** ist dabei der Teil des Rechenwerks, der die Rechenoperationen und logischen Verknüpfungen durchführt. Vereinfacht ausgedrückt ist das Rechenwerk also der Teil des Computers, der tatsächlich „etwas rechnet". Dabei verknüpft die ALU zwei gleich große binäre Register (Speicherbereiche innerhalb des Prozessors zur Zwischenablage von Daten) und legt das Berechnungsergebnis wieder in einem Register ab. Sind diese Register zum Beispiel 32 Bit breit, dann spricht man von einem 32-Bit Computer.

Abbildung 3-4: Für die Profis - Was passiert genau in einer ALU?

Die ALU eines Prozessors kann nur „einfache" Operationen ausführen. Mindestens notwendig sind eine arithmetische (Addieren zweier Zahlen) und zwei logische (die Negation NOT und die Konjunktion, also die logische UND-Verknüpfung) Berechnungen. Unter Verwendung dieser drei einfachen Berechnungen können dann alle übrigen „komplizierteren" Berechnungen durchgeführt werden. Typischerweise werden jedoch die „einfachen komplizierten" Rechenoperationen ebenfalls direkt in der ALU realisiert, zum Beispiel Subtraktion, Multiplikation, logische Vergleiche, Disjunktion (Oder-Verknüpfung) oder auch bitweise Rechts- und Linksverschiebung oder Register-Manipulationen und Bit-Veränderungen (Bits setzen, löschen und testen).

Die **Control Unit (CU)** wird auch als Steuerwerk oder Leitwerk bezeichnet. Sie interpretiert die Anweisungen eines Programms und steuert die Befehlsabfolge. Wie das Vorgehen dabei ist, beschreibt der sogenannte von-Neumann-Zyklus.

Abbildung 3-5: *Für die Profis - Der von-Neumann-Zyklus in einem Steuerwerk*

Der Arbeitsablauf in einem Computer ähnelt stark dem Vorgehen, das auch wir Menschen anwenden. Stellen Sie sich vor, Sie backen einen Kuchen nach einem Rezept. Hier finden Sie Zeile für Zeile die Anweisungen, die Sie ausführen müssen, damit am Ende ein leckerer Kuchen herauskommt. Das entspricht dem Programm. Sie als Mensch werden das Rezept Zeile für Zeile durchgehen und sich merken, bei welcher Zeile Sie gerade sind.

Dabei lesen Sie die Zeile und interpretieren, was jetzt genau zu tun ist. Das ist die Aufgabe des Steuerwerks. Das bloße **Lesen** einer Zeile „Schlagen Sie 1 Ei auf" entspricht dabei dem Schritt „**Fetch**". Das **Verstehen**, was das bedeutet, dem Schritt „**Decode**". Jetzt wissen Sie auch, dass Sie dazu noch ein Ei benötigen, das Sie **in die Hand nehmen** („**Fetch Operands**"). Danach führen Sie in Ihrer Rolle als „ALU" die eigentliche Aktion **Ei-Aufschlagen** durch. Das aufgeschlagene Ei kommt in die **Schüssel** – im PC wäre das der „**Akkumulator**", der die Ergebnisse der Berechnung aufnimmt. Das Aufschlagen des Eies mit etwas klöppeln wäre dann die „**Execute-Phase**". Jetzt haben Sie alles erledigt, was in der Rezeptzeile steht und können mit der **nächsten Zeile** weitermachen („**Update Instruction Pointer**").

Nach dieser doch sehr einfachen Erklärung für alle erfolgt nun noch die korrekte technische Erklärung für die Profis: Das **Steuerwerk** ist der Kern eines Mikroprozessors. In ihm befinden sich Befehlsregister und eine Einheit zum Dekodieren der gelesenen Befehle. Seine Aufgabe ist die Abarbeitung des Programms, indem Befehl für Befehl der Reihe nach alle Anweisungen eines Programms ausgeführt werden.

Die Phasen des **von-Neumann-Zyklus** werden FETCH, DECODE, FETCH OPERANDS, EXECUTE und UPDATE INSTRUCTION POINTER genannt.

In der Phase FETCH wird ein Befehl geladen, zum Beispiel „ADD x y" für die Addition der Zahlen x und y. In der Phase DECODE wird analysiert, was „ADD x y" inhaltlich bedeutet, also, dass es sich um eine Addition handelt, dass 2 Variablen x und y betroffen sind usw.

Danach werden in der Phase FETCH OPERANDS die beiden Variablen x und y in 2 Register des Prozessors R1 und R2 geladen.

Die Phase EXECUTE bezeichnet die Ausführung der eigentlichen Rechenoperation durch die ALU. Jetzt werden die beiden Register addiert und das Ergebnis wird in einem speziellen Register, dem sogenannten Akkumulator, abgelegt.

In der letzten Phase UPDATE INSTRUCTION POINTER wird der Zeiger auf den nächsten auszuführenden Befehl gesetzt, der dann zum Beispiel das Berechnungsergebnis, das momentan noch im Akkumulator gespeichert ist, in eine Variable z speichern könnte.

Das **Speicherwerk** ist verantwortlich für die Speicherung von Programm und Daten und besteht aus dem eigentlichen Arbeitsspeicher (RAM) und der Speicherlogik (Northbridge). Das BIOS, das sich im Festwertspeicher (ROM) befindet, wird nur noch beim Booten des PCs benutzt und hat sonst keine Bedeutung.

Abbildung 3-6: *Für die Profis - RAM, Northbrige und BIOS – was bedeutet das?*

RAM steht für „**Random Access Memory**" und bezeichnet einen Speicher mit wahlfreiem Zugriff. Das bedeutet, dass auf jede Information, die in diesem Speicherbaustein abgelegt ist, direkt zugegriffen werden kann. Im heutigen Sprachgebrauch wird oft von einem „PC mit 4 GB RAM" gesprochen, was dann die Größe des Arbeitsspeichers bezeichnet.

Der als „**Northbridge**" bezeichnete Computerchip hat die Aufgabe, den Datentransfer und die Datensteuerung zwischen Prozessor, Arbeitsspeicher, Cache und Grafikkarte zu synchronisieren. Die Northbridge befindet sich ziemlich nah beim Prozessor, um die Daten wirklich schnell übertragen zu können.

BIOS bedeutet „Basic Input Output System". Vereinfacht gesagt ist das BIOS ein Programm, das in einem permanenten Speicher (ROM) auf der Hauptplatine eines PCs in einem Chip abgelegt ist. **ROM** steht für "Read-Only Memory" und bezeichnet einen Datenspeicher, der nur lesbar ist und im Gegensatz zum RAM im normalen Betrieb nicht beschrieben werden kann. Das BIOS ist dafür zuständig, dass der Computer unmittelbar nach dem Einschalten weiß, was zu tun ist, und das Betriebssystem geladen wird. Das BIOS hat zwei wichtige Aufgaben. Zum einen löst es durch das sogenannte „Bootstrapping" ein klassisches Henne-Ei-Problem. Alle Programme, auch das Betriebssystem, sind auf der Festplatte gespeichert und können erst arbeiten, wenn sie in den Arbeitsspeicher geladen worden sind. Aber zum Einlesen der Daten von der Platte benötigt der Rechner ja bereits Software. Zum anderen benötigt verschiedene Hardware auch unterschiedliche Treiber, damit die Ansteuerung funktioniert. Auch das wird im BIOS hinterlegt. Es fungiert somit, wenigstens in der Boot-Phase, als sogenannter Hardware Abstraction Layer (HAL). BIOS-Code wird unmittelbar nach dem Systemstart ausgeführt, also noch vor dem Betriebssystem oder einem Virenscanner. Daher ist es auch seit Jahren ein Ziel für Angriffe. Schon 1998 wurde ein CIH-Virus entdeckt, der jeweils am 26. April eines Jahres – dem Jahrestag der Tschernobyl-Reaktorkatastrophe – aktiv wurde und eine simple Lösch-Routine für die auf damaligen Mainboards üblichen Flash-EEPROM-Speicherchips auslöste. Wenn Schadsoftware auf diese Art so tief im System verankert ist, übersteht ein derartiger „Rootkit" sogar das Neuformatieren oder den Austausch der Festplatte. Zudem ist es für Virenscanner schwierig, den BIOS-Code zu prüfen (vgl. [HEI09]). Weitere Informationen zu IT-Sicherheit und dem Schutz vor Schadsoftware erfahren Sie später in Kapitel 11.

Das **Ein- und Ausgabesystem** steuert die Ein- und Ausgabe von Daten zum Anwender über Tastatur oder Bildschirm oder zu anderen Systemen über Schnittstellen. Der Southbridge genannte Baustein auf der Hauptplatine übernimmt dabei die Steuerung des Datentransfers zwischen den Peripheriegeräten (PCI-Bus, ISA-Bus, ATA, etc.) und den weiteren Schnittstellen.

Abbildung 3-7: Für die Profis - Oft gehört, aber nicht vielen bekannt

Einer der Begriffe, den man oft liest, von dem aber auch die wenigsten genau wissen, was er bedeutet, ist das Wort „**Chipsatz**". Gemeint ist damit nichts anderes als die beiden Komponenten Northbridge und Southbridge zusammen.

Zurück zu unserem Beispiel. Wenn ich in Word dieses Buchmanuskript schreibe, dann benutze ich als erstes die Tastatur, ein Element des Eingabesystems. Der Monitor, der zum Ausgabesystem gehört, zeigt mir, was ich gerade schreibe. Das Programm Word und das Dokument mit dem Buchmanuskript sind in den Arbeitsspeicher geladen und sollten von Zeit zu Zeit auf einer Festplatte gespeichert werden. Der Arbeitsspeicher des Computers gehört dabei zum Speicherwerk. Bei der Festplatte kann man geteilter Meinung sein (vgl. Abb. 3-8).

Abbildung 3-8: Für die Profis - Nicht jede Einordnung ist eindeutig

Eigentlich würde man auf den ersten Blick eine Festplatte eindeutig dem Speicherwerk zuordnen. Die Festplatte tauscht aber Daten nie direkt mit dem Prozessor aus, sondern es werden die Daten immer nur mit dem Arbeitsspeicher synchronisiert. Der Austausch von Daten einer Festplatte beispielsweise über einen SATA-Bus ist somit ähnlich zu sehen wie der Datenaustausch mit einem Drucker über einen USB-Datenbus. Daher wird die Festplatte in der Regel dem Ein- und Ausgabesystem zugerechnet.

Wenn ich nun in Word ein Makro zum Ausdrucken des Manuskripts in eine pdf-Datei anlege, wird dadurch die Funktionalität von Word um genau diese Funktion erweitert. Das Programm dazu kann man leicht in einer zumindest Programmierern verständlichen Sprache verfassen:

```
Sub Beispiel_Makro()

ActivePrinter = "PDFCreator"
```

```
Application.PrintOut FileName:="", Range:=wdPrintAllDocument, Item:= _ wdPrintDocumentContent,
Copies:=1, Pages:="", PageType:=wdPrintAllPages, ManualDuplexPrint:=False, Collate:=True, _
Background:=True, PrintToFile:=False, PrintZoomColumn:=0, PrintZoomRow:=0, _
PrintZoomPaperWidth:=0, PrintZoomPaperHeight:=0

End Sub
```

Diese sogenannte höhere Programmiersprache, in unserem Beispiel das in Word integrierte Visual Basic für Applikationen, ist gut geeignet für das Schreiben eines Computerprogramms in einer abstrakten Sprache durch Menschen. Für den Computer ist dieser Programmcode aber so nicht unmittelbar verständlich. Durch verschiedene Transformationsebenen wird dieser für Menschen lesbare Code am Ende in einen Maschinencode übersetzt, den der Prozessor direkt ausführen kann. Dieser Maschinencode besteht dann am Ende wieder aus Nullen und Einsen (vgl. Kap. 2, Binärsystem) und kann von der CPU verarbeitet werden.

Abbildung 3-9: *Für die Profis: Maschinensprache – woher weiß der Rechner, was zu tun ist?*

Ein 8-Bit-Computer versteht zum Beispiel „00110101" bestens. Das Steuerwerk dieses Computers weiß dann, dass diese 8 binären Zeichen bedeuten, dass der Befehl Nummer 53 ausgeführt werden soll. Dieser Befehl heißt zum Beispiel in der für uns Menschen lesbaren Form „LDA" und bedeutet, dass das Register A geladen werden soll.

Noch heute funktionieren alle Computer nach diesem Prinzip (vgl. Abb. 3-3), das zu einer Zeit erfunden wurde, als an PCs, Netzwerke, Internet etc. noch nicht einmal zu denken war. Die zweite große Leistung von von-Neumann war, dass er bereits 1945 bis heute gültige Annahmen über Regeln aufgestellt hat, wie ein Computer einmal arbeiten wird. Mit diesen Leistungen gilt John von Neumann als einer der Väter der Informatik.

Abbildung 3-10: *Für die Profis – von Neumanns Axiome zum Programmablauf*

- Befehle sind in einem RAM-Speicher mit linearem Adressraum abgelegt.
- Ein Befehls-Adressregister, genannt Befehlszähler oder Programmzähler, zeigt auf den momentan auszuführenden Befehl.
- Befehle können geändert werden wie Daten.
- Befehle werden aus einer Zelle des Speichers gelesen und ausgeführt.
- Normalerweise wird dann der Inhalt des Befehlszählers inkrementiert, das heißt, um den Wert Eins erhöht.

- Es gibt einen oder mehrere Sprung-Befehle, die dann den Inhalt des Befehlszählers um einen anderen Wert als +1 verändern.
- Es gibt einen oder mehrere Verzweigungs-Befehle, die in Abhängigkeit vom Wert eines Entscheidungs-Bit den Befehlszähler inkrementieren oder einen Sprung-Befehl ausführen.

Bussysteme

Kommen wir nun noch einmal zurück zu den Komponenten des Rechners. Im letzten Abschnitt haben wir gesehen, aus welchen Komponenten ein von-Neumann-Computer besteht. Nun bleibt noch die Frage zu klären, wie diese Komponenten zusammenarbeiten.

Abbildung 3-11: *Prinzip des Bus-Konzepts bei PCs*

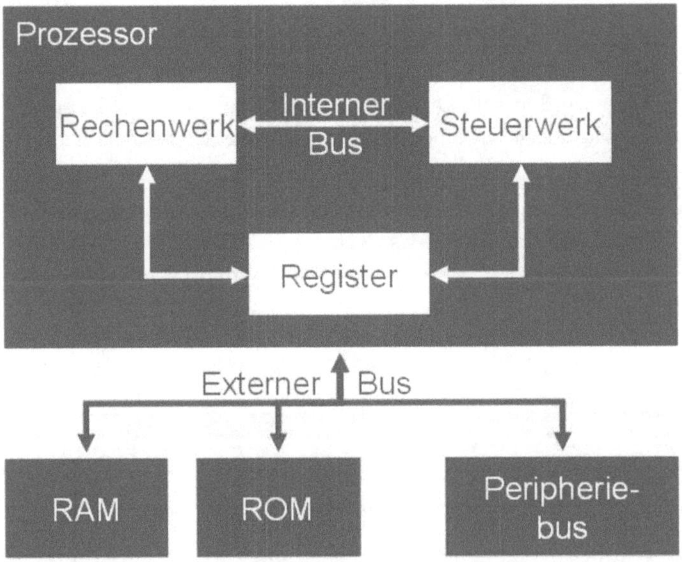

Die „Verbindungsleitung" zwischen den Komponenten wird als Bus bezeichnet. Man unterscheidet dabei zwischen dem internen Bus, der innerhalb des Prozessors die rechnenden Komponenten verbindet, und dem externen Bus, der zur Anbindung externer Bausteine, wie Arbeits-, Festspeicher oder anderer Peripheriegeräte, dient.

Bei der von-Neumann-Architektur ist dabei nur ein gemeinsamer Bus für Daten und Befehle vorgesehen. Deshalb müssen sich diese die maximal übertragbare Datenmenge aufteilen.

von-Neumann-Flaschenhals

Da bei frühen Computern die CPU die langsamste Einheit des Rechners darstellte, waren die ebenfalls langsamen Busse zu dieser Zeit ausreichend, das heißt, die Datenbereitstellung erfolgte schneller als die Verarbeitung durch die CPU. Seit Mitte der 90er Jahre steigen jedoch die Taktraten der CPUs wesentlich schneller als die der verwendeten Speicherbausteine (RAM) und der übertragenden Busse, so dass die Übertragung und Bereitstellung der Daten heute mehr Zeit beansprucht als die Datenverarbeitung durch die CPU. Diesen Sachverhalt, dass das Verbindungssystem (Daten- und Befehls-Bus) zum Engpass zwischen dem Prozessor und dem Speicher wird, bezeichnet man als sogenannten **von-Neumann-Flaschenhals**. In der Praxis versucht man, diesen Effekt durch die Nutzung von Datencaches (Zwischenspeicher) abzuschwächen.

Harvard-Architektur

Eine Alternative zur Steigerung der Rechengeschwindigkeit bietet die Harvard-Architektur, ein Schaltungskonzept zur Realisierung besonders schneller Prozessoren (CPU). Der Befehlsspeicher ist physisch vom Datenspeicher getrennt und beide werden über separate Busse angesteuert. Der Vorteil dieser Architektur besteht darin, dass Befehle und Daten gleichzeitig geladen beziehungsweise geschrieben werden können.

Abbildung 3-12: *Für die Profis - Was ist der Unterschied zwischen* ***CISC*** *und* ***RISC?***

Moderne Prozessoren, die auf der Harvard-Architektur basieren, sind in der Lage, parallel mehrere Rechenwerke gleichzeitig mit Daten und Befehlen zu füllen. Die Harvard-Architektur wurde zunächst überwiegend in RISC-Prozessoren konsequent umgesetzt. Damit kommen wir zu zwei weiteren Begriffen, die man oft liest, von denen aber auch nur wenige genau wissen, was sie bedeuten.

RISC steht für „Reduced Instruction Set Computing" und bedeutet, dass bei der Prozessorarchitektur bewusst auf komplexe Befehle im Befehlssatz verzichtet wurde. Dadurch sind die Einzelbefehle einfacher ausführbar, was letztlich zu schnelleren Prozessoren führt. Außerdem sind die Befehle, die ein RISC-Prozessor ausführen kann, fest verdrahtet, das heißt, jede Operation wird durch tatsächliche Leiterbahnen auf dem Prozessor repräsentiert.

Die ersten Mikroprozessoren arbeiteten alle nach dem RISC-Prinzip. Da aber in den Anfangsjahren Speicher sehr teuer war, versuchte man, möglichst viel Logik in der CPU unterzubringen, und erreichte dies durch CISC-Prozessoren und Mikroprogrammierung. CISC steht dabei für „Complex Instruction Set Computing" und bezeichnet Prozessoren mit einem komplexen Befehlssatz.

Im Vergleich zum RISC-Befehlssatz zeichnet sich ein CISC-Befehlssatz durch verhältnismäßig leistungsfähige Einzelbefehle aus, wohingegen RISC zugunsten einer hohen

Ausführungsgeschwindigkeit und eines niedrigeren Decodierungsaufwands auf Seiten der CPU versucht, auf komplexe Befehle konsequent zu verzichten.

Speicherhierarchie

Mit dem Begriff „Speicherhierarchie" bezeichnet man in einer Rechnerarchitektur die Anordnung von Arbeits- und Datenspeichern nach sinkender Zugriffsgeschwindigkeit und mit steigender Speicherkapazität. Das bedeutet, man nimmt so wenig vom sehr schnellen, aber dafür auch sehr teuren Speicher wie möglich und stellt dahinter mehr vom langsameren, aber auch deutlich billigeren Speicher zur Verfügung. Heute findet man in modernen Computern folgende typische Speicherarten:

- Prozessorregister
- Prozessorcache
- Arbeitsspeicher
- Massenspeicher, zum Beispiel die Festplatte
- Wechseldatenträger, zum Beispiel DVD, CD, USB-Stick, Disketten, Magnetband

Abbildung 3-13: *Speicherhierarchie interner Speicher*

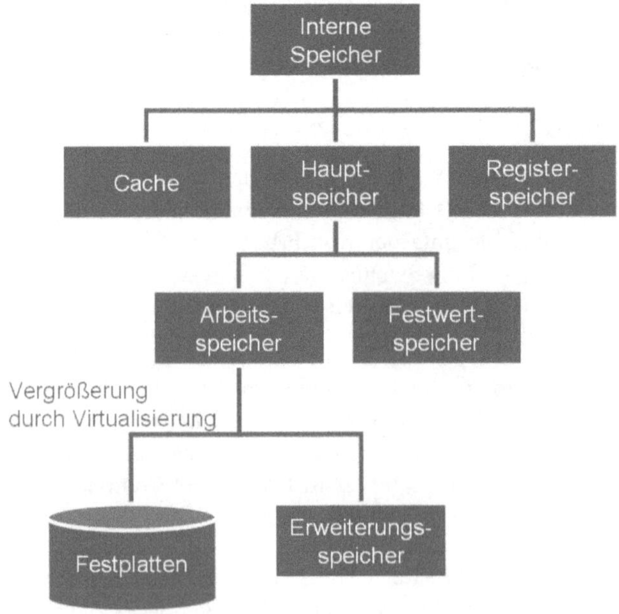

Leistung

Welche Leistung hat ein System und wovon hängt das ab? Sofort stellt sich die Frage, was Leistung eigentlich bedeutet. Im engeren Sinn sind es Geschwindigkeitsangaben, wie MIPS (Millionen Instruktionen pro Sekunde) oder FLOPS (Floating Point Operations Per Second – Fließkommaoperationen pro Sekunde), die sich auf die Rechengeschwindigkeit des Prozessors beziehen. Im täglichen Einsatz kommt es aber oft auf ganz andere Werte an, beispielsweise den Datendurchsatz bei normalen Büroaufgaben, die Antwortzeit, also die Reaktionszeit auf Eingaben im interaktiven Betrieb, die Anzahl der Nutzer, die gleichzeitig arbeiten können, ohne dass das System langsamer wird, die Ausfallsicherheit des Systems etc.

Auch ist es wichtig, zu wissen, dass durch einen schnellen Prozessor allein, ein System als Ganzes nicht zwingend schneller wird. Es kommt auch auf die Geschwindigkeit und Art der internen Speicher, den Datentransfer zu den Festplatten oder die Rechengeschwindigkeit der Grafikkarte an. Einige wichtige Einflussgrößen auf die Systemgeschwindigkeit sind in der nachfolgenden Abbildung zusammengestellt:

Abbildung 3-14: *Komponentenleistungsmaße für Rechner*

Zentralprozessor
- Taktfrequenz (GHz)
- Wortlänge (32- oder 64-Bit)
- Instruktionsrate (MIPS oder FLOPS)
- Befehlvorrat (CISC oder RISC)
- Architektur

Interne Speicher
- Größe des Arbeitsspeichers (GB)
- Zugriffszeit (ms)
- Größe des Cache (KB oder MB)
- Datentransferrate (MB / s)

Ein-/Ausgabe-System
- Übertragungskonzept (Kanal, Bus oder Switch)
- Verbindungstechnik (parallel oder seriell)
- Maximalanzahl der anschließbaren Kanäle
- Bus-Breiten der internen / externen Daten- und Adressbusse
- Taktfrequenz
- Maximalzahl der anschließbaren Geräte
- Übertragungsraten

Parallele Rechnerarchitekturen

Technisch ist die Entwicklung der Prozessorentwicklung bereits recht ausgereizt. Während zum Beispiel der 4004-Prozessor von Intel aus dem Jahr 1971 mit 2300 Transistoren auskam und sich mit einer Taktfrequenz von 740 KHz begnügte, erreichen heutige Prozessoren schon eine Taktfrequenz von fast 4 GHz. Durch einen 65-Nanometer-Herstellungsprozess passen heute ca. 500 Millionen Transistoren auf einen Prozessor. Zum Vergleich, auf der Spitze eines Kugelschreibers ließen sich heute etwa zehn Millionen Transistoren unterbringen.

Eine Alternative zur Leistungssteigerung bieten parallele Rechnerarchitekturen, die durchaus auch mit langsameren Einzelprozessoren arbeiten.

***Abbildung* 3-15:** *Rechnerarchitekturen*

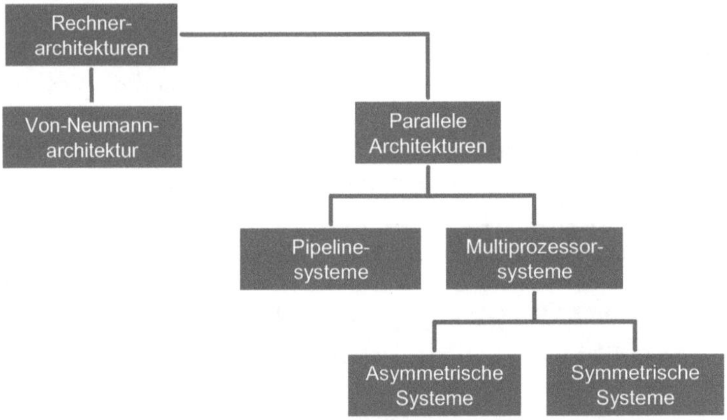

Weit verbreitet sind heute Mehrprozessorsysteme, das heißt, Computer, die zwei oder mehr Prozessoren haben (Dual-Core, Multi-Core). Die einzelnen Aufgaben werden dann vom Betriebssystem je nach Bedarf einzelnen Prozessen zugeteilt. In wissenschaftlichen Einrichtungen, in denen große Rechenleistungen benötigt werden, werden oft mehrere Rechner zu einem Computercluster zusammengeschlossen, um einen ähnlichen Effekt zu erzielen. Oft hat jeder einzelne Rechner in einem solchen Cluster selbst noch mehrere Prozessoren. Ist das auszuführende Programm zusätzlich noch in sogenannte „Threads" aufgeteilt, kann das Betriebssystem die einzelnen Threads auf die verschiedenen Prozessoren aufteilen und somit die Leistungsfähigkeit nochmals gesteigert werden.

Wenn zwei oder mehr identische Prozessoren einen gemeinsamen Adressraum besitzen, wird dies als symmetrisches Multiprozessorsystem (SMP) bezeichnet. Dies bedeutet, dass jeder Prozessor mit derselben (physikalischen) Adresse dieselbe Speicherzelle oder dasselbe Peripherieregister adressiert.

Ein asymmetrisches Multiprozessorsystem hingegen ist eine Multiprozessor-Architektur, bei der ein bestimmter Prozessor das Betriebssystem ausführt und Prozesse an sich und die anderen Prozessoren verteilt. Es können allerdings auch mehrere Prozessoren bestimmte Teile des Betriebssystems ausführen, um die Last zu verringern. Dies führt dazu, dass bei Nichtverfügbarkeit eines primären Prozessors, also dem Einfrieren durch vollständige Auslastung oder Ausfall, das gesamte System nicht mehr benutzbar ist. Deshalb werden heute fast nur noch symmetrische Multiprozessorsysteme verwendet.

Abbildung 3-16: Für die Profis - Was ist eigentlich ***Pipelining****?*

Als **Pipeline**, auch Befehls- oder Prozessor-Pipeline, wird eine Art „Fließband" bezeichnet, mit dem die Abarbeitung der Maschinenbefehle in Teilaufgaben zerlegt wird, die für mehrere Befehle parallel durchgeführt werden. Dieses Prinzip, oft auch kurz „Pipelining" genannt, stellt eine weitverbreitete Mikroarchitektur heutiger Prozessoren dar.

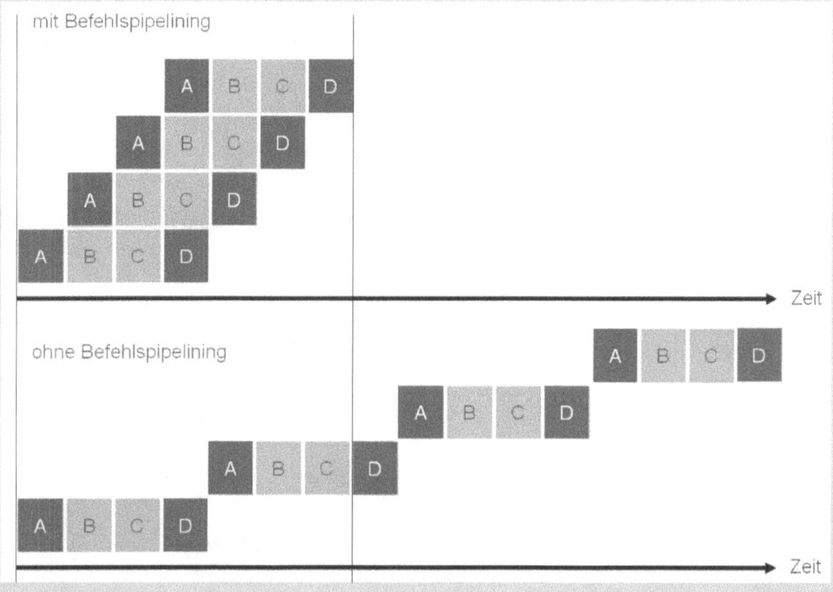

In der Phase A wird der Befehl geladen, der durch den Befehlszähler adressiert ist. Der Befehlszähler wird anschließend hochgezählt.

In der Phase B wird der geladene Befehl dekodiert und die zu verarbeitenden Daten werden geladen.

In der Phase C wird der Befehl nun tatsächlich ausgeführt. Das Ergebnis wird in einem Puffer gemerkt.

In der Phase D, die auch als Resultatspeicherphase bezeichnet wird, wird das Ergebnis in den Arbeitsspeicher oder in den Registersatz zurückgeschrieben.

Rechnernetze

Bislang haben wir uns ausschließlich mit einzelnen Rechnern beschäftigt. In Unternehmen werden jedoch Rechner in Netzwerken eingesetzt. Dabei bezeichnet ein **Rechnernetz** den Zusammenschluss von verschiedenen technischen, primär selbstständigen elektronischen Systemen, insbesondere Computern, aber auch Sensoren, funktechnologischen Komponenten usw. Ziel des Rechnernetzes ist es, die Kommunikation der einzelnen Systeme untereinander zu ermöglichen.

ISO/OSI-Modell

Damit Rechner zusammenarbeiten können, müssen sie sich überhaupt erst einmal miteinander „unterhalten" können. Diese Kommunikation erfolgt über verschiedene Protokolle. Standardisiert wurde die Art der Protokolle, deren Bezeichnung und Funktionalität von der International Organization for Standardization (ISO) im sogenannten Open Systems Interconnection (OSI) Reference Model festgelegt wurde.

Die allgemein bekannteste Netzstruktur ist das Internet, die bekanntesten Protokolle sind TCP (Transmission Control Protocol) und IP (Internet Protocol). Jedoch spielen auch im Internet eine Reihe weiterer Protokolle wichtige Rollen und das Internet selbst ist kein homogenes Netz, sondern besteht aus einer Vielzahl teils recht unterschiedlich konzipierter Teilnetze, die nur die oberen Protokollschichten gemeinsam haben und die Nutzdatenübertragung auf den unteren Protokollschichten teilweise sehr unterschiedlich handhaben.

Abbildung 3-17: *Schichteneinteilung bei ISO/OSI und TCP/IP*

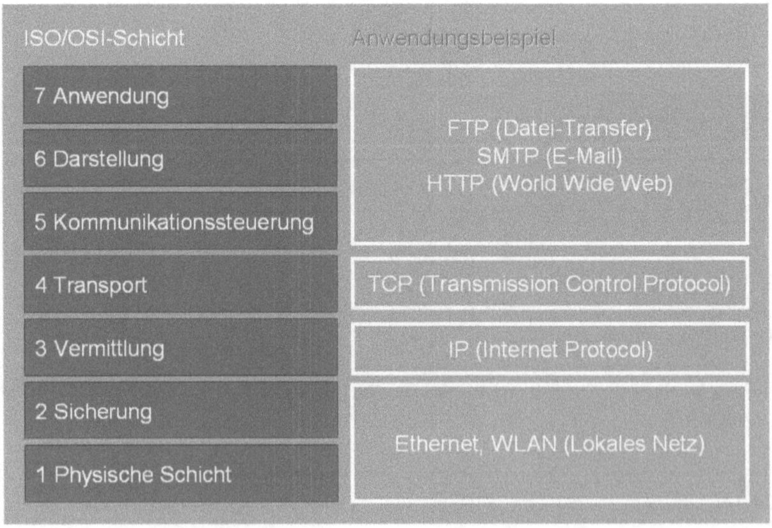

Das Ziel des ISO/OSI-Schichtenmodells ist es, hochwertige Kommunikationsdienste wie zum Beispiel Dateitransfer-, E-Mail- oder Webdienste möglich zu machen. Die Anwendungsschicht stellt dabei das notwendige Übertragungsprotokoll (FTP, SMTP oder HTTP) zur Verfügung. In der Darstellungsschicht wird für die zu übertragenden Daten ein standardisiertes Datenformat festgelegt. Über die Kommunikationssteuerung wird der Auf- beziehungsweise Abbau der Datenverbindung gesteuert. Die Transportschicht stellt ein Übertragungssteuerungsprotokoll, das festlegt wie die Daten zwischen den Kommunikationspartnern ausgetauscht werden, zur Verfügung. Dabei verwendet es die Dienste der drei darunter liegenden Schichten. Auf der Vermittlungsebene steht die Information darüber zur Verfügung, wie der Kommunikationspartner erreicht werden kann. Die Sicherungsschicht sorgt dafür, dass Fehler bei der Übertragung erkannt und korrigiert werden. Die physische Schicht schließlich ist die tatsächliche Netzverbindung, sei es über eine Kabelverbindung oder kabellos über ein drahtloses Netzwerk.

Abbildung 3-18: *Panorama - Wie findet mein Computer den richtigen Server im Internet?*

Das Internet und die Rechnernetze, wie wir sie heute kennen, basieren auf den Forschungen zum ARPANET aus den 70er Jahren. 1975 wurde ein umfassender TCP/IP-Test zwischen Stanford und London durchgeführt. Im November 1977 folgte noch ein drei Netzwerke umfassender Test zwischen den USA, Großbritannien und Norwegen. Eine komplette Umschaltung auf TCP/IP im ARPANET erfolgte am 1. Januar 1983.

Im Internet gibt es unzählige Rechner auf der ganzen Welt. Wie findet man jetzt genau den, der die gesuchten Informationen gespeichert hat?

Jeder Rechner im Netzwerk hat eine eindeutige IP-Adresse. So hat zum Beispiel der PC, auf dem dieses Buch entsteht, die Adresse 192.168.002.018. Man kann sich den Aufbau dieser technischen Adresse in etwa so wie eine Postadresse vorstellen: Land.Stadt.Strasse.Hausnummer. Außerdem gibt es im Netzwerk einen sogenannten Gateway, das ist der Rechner, der eine Verbindung zu anderen Computern herstellen kann, die sich nicht in meinem direkten Netz befinden, also zum Beispiel im Internet. Wenn nun jemand etwa die Suchmaschine Google verwenden will, tippt er in den Browser „www.google.de" ein. Schließlich weiß niemand die Adresse des Google-Servers (209.85.129.104) auswendig. Aber da gibt es ja zum Glück den sogenannten DNS-Server, der zu jedem Namen die passende Adresse kennt – oder wenigstens weiß, wo er sie nachsehen kann. DNS steht dabei übrigens für das Domain Name System und ist einer der wichtigsten Dienste im Internet.

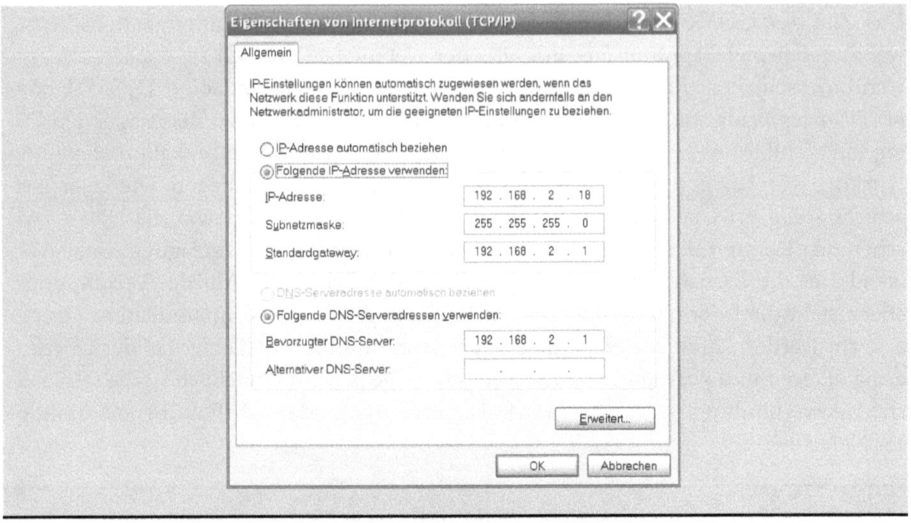

Massen- versus Individualkommunikation

Netze werden dabei grundsätzlich erst einmal hinsichtlich der Interaktion von Sender und Empfänger unterschieden. Bei der Massenkommunikation über ein Verteilnetz werden die Informationen eines Senders an alle Empfänger übermittelt. Die Informationsübertragung erfolgt unidirektional, also nur in diese eine Richtung. Ein Beispiel für ein Verteilnetz ist das Radionetz. Von Individualkommunikation hingegen spricht man, wenn Sender und Empfänger wechselseitig Informationen austauschen können. Die Interaktion in einem Vermittlungsnetz kann dabei 1:1, wie zum Beispiel bei einem Telefongespräch, oder 1:n, wie zum Beispiel bei einer Telefonkonferenz, stattfinden.

Abbildung 3-19: *Massen- versus Individualkommunikation*

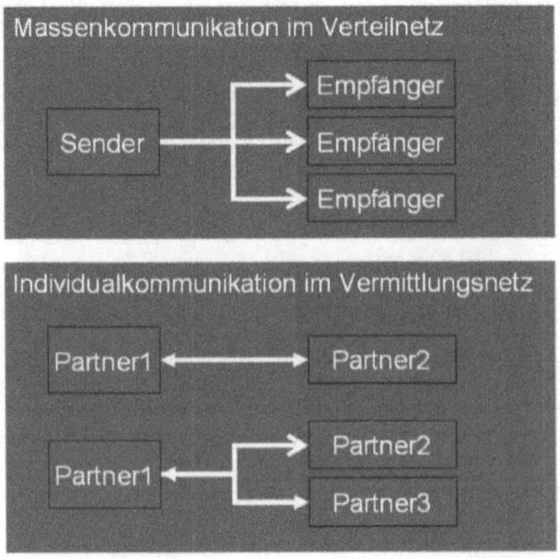

Übertragungsmedien

Hinsichtlich der Übertragungswege unterscheidet man im Wesentlichen zwischen drahtgebundenen und drahtlosen Netzwerken.

Die am weitesten verbreitete Technik bei drahtgebundenen Netzen ist das Ethernet. Es ist leitungsgebunden und wird heute über Kupferkabel in den Ausprägungen 10Base-T, 100Base-T und 1000Base-T benutzt. Dabei bezeichnet die Zahl jeweils die theoretische maximale Übertragungsgeschwindigkeit von 10, 100 oder 1000 Mbit pro Sekunde. T sagt aus, dass es sich um gedrillte Kupferkabel (Twisted Pair) handelt. Wie schnell eine Datenübertragung tatsächlich erfolgen kann, bestimmt die Qualität der verwendeten Kabel. Heute üblich ist es, die Qualität in Kategorien auf einer Skala von 1 bis 7 einzuteilen. Soll beispielsweise eine Übertragung mit 100 Mbit erfolgen, muss mindestens ein Kabel der Kategorie 5 (gebräuchlicher ist hier die Bezeichnung CAT5) verwendet werden.

Beim Übertragen der Daten hört jeder Rechner erst ab, ob die Leitung, der sogenannte Carrier, frei ist. Wenn ja beginnt der Rechner zu senden. Es kann vorkommen, dass ein weiterer Rechner gleichzeitig dasselbe tut, was zu einer Kollision der Datenpakete führt, wodurch diese unbrauchbar werden. Diese Kollision wird erkannt (Collision Detection) und beide Rechner probieren es zu einem zufälligen Zeitpunkt später erneut. Dieses Zugriffsverfahren im Ethernet wird als CSMA/CD (Carrier Sense Multiple Access / Collision Detection) bezeichnet.

Einen anderen Weg der Zugriffskontrolle geht das Token-Ring-Netz, das vor allem für Netze mit speziellen Qualitätsanforderungen benutzt wird. Der Vorteil von Token-Ring-Netzen ist, dass jeder Rechner nach spätestens einer bestimmten Zeit etwas senden kann. Dazu wird ein sogenanntes Token in Form eines kleinen Informationspaketes herumgereicht. Wer das Token hat, darf für eine festgelegte Zeitspanne Daten senden, hört dann wieder auf und gibt das Token weiter. Die Reihenfolge, in der ein Token weitergegeben wird, ist genau festgelegt und ringförmig, wodurch man das Token immer wieder bekommt.

Bei drahtlosen Netzen unterscheidet man zwischen Infrastruktur-Netzen, spontanen Ad-hoc-Netzen oder Bluetooth-Netzwerken. Infrastruktur-Netze sind zum Beispiel Mobilfunknetze wie GSM oder UMTS oder WLANs im Infrastruktur-Modus, das heißt, mit Schnittstelle zu einem drahtgebundenen Netz mittels Wireless Access Points. Spontane Ad-hoc-Netze sind zum Beispiel WLANs im Ad-hoc-Modus, in dem die Geräte des Netzes ohne zusätzliche Infrastruktur kommunizieren können.

Abbildung 3-20: *Physische Übertragungsmedien*

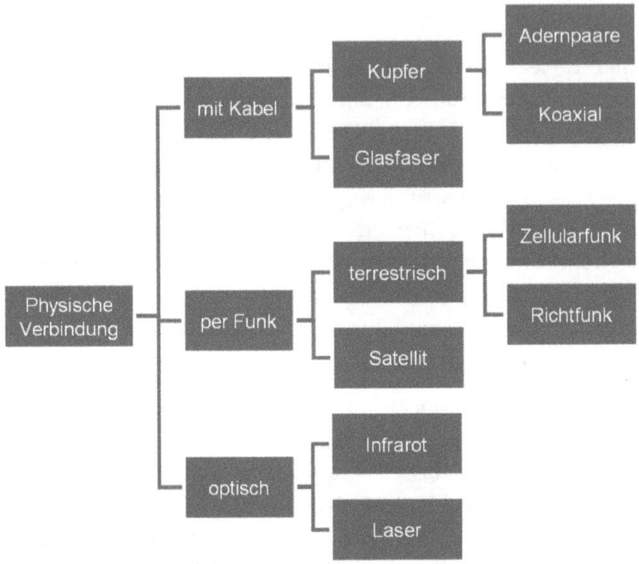

Kommunikationsnetze

Unter Kommunikationsnetzen versteht man in der Nachrichtentechnik die zusammengefassten Merkmale des Nachrichtenverkehrs in einem Nachrichtennetz. Im engeren Sinn ist ein Kommunikationssystem eine Einrichtung beziehungsweise eine Infrastruktur für die Übermittlung von Informationen. Kommunikationssysteme stellen dazu Nachrichtenverbindungen zwischen mehreren Endstellen her.

Abbildung 3-21: *Telekommunikationsnetze*

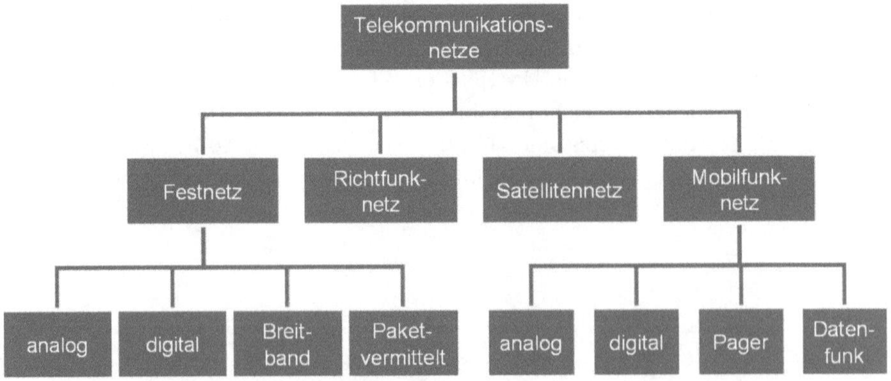

In der Vermittlungstechnik von Kommunikationsnetzen unterscheidet man dabei drei Grundformen:

- **Nachrichtenvermittlung**: Die Nachricht wird über Vermittler komplett zum Empfänger geliefert (zum Beispiel Bote/Brief).
- **Leitungsvermittlung**: Es erfolgt die Schaltung einer exklusiven Leitung zwischen den Kommunikationspartnern (zum Beispiel Telefonnetz).
- **Paketvermittlung**: Die Nachricht wird in Pakete zerlegt und zum Empfänger übermittelt (zum Beispiel Internet).

Außerdem wird unterschieden, ob die Übertragung der Nachricht verbindungsorientiert, das heißt, vor der Nachrichtübermittlung muss eine Nachrichtenverbindung aufgebaut werden, oder verbindungslos erfolgt. Bei verbindungsorientierten Kommunikationssystemen teilt sich die Kommunikation in die drei Phasen Verbindungsaufbau, Nachrichtenübermittlung und Verbindungsabbau. Bei verbindungslosen Diensten entfällt der Verbindungsauf- und -abbau, bei Mehrpunktverbindungen wird die eigentliche Nachricht in einen Umschlag gelegt, auf dem das Ziel der Nachricht verzeichnet ist.

Des Weiteren wird zwischen **bestätigter** und **unbestätigter** Kommunikation unterschieden. Hierbei geht es um die Frage, ob der Sender wissen kann, dass seine Nachricht beim Empfänger korrekt, zum Beispiel innerhalb einer Zeitspanne, eingetroffen ist. Bei der Briefpost ist das der Rückschein. Bei verbindungslosen Netzen wird meistens eine Quittungsnachricht zur Bestätigung zurückgeschickt, und bei verbindungsorientierten Systemen kann in regelmäßigen Abständen eine Leitungsprüfung vorgenommen werden, bei deren Korrektheit eine fehlerfreie Übermittlung der Daten, die zwischenzeitlich übertragen wurden, angenommen wird.

Bei **synchronen** Kommunikationsverbindungen laufen die Endstellen im gleichen Takt, die Informationen kommen über den Übertragungsweg immer zur rechten Zeit an. Bei **asynchronen** Kommunikationssystemen können Nachrichtenteile verschieden lange Zeit unterwegs sein, und bei verschiedenen Wegen auch vertauscht eintreffen.

Je nachdem, ob eine gleichzeitige Übertragung möglich ist oder nicht, wird weiter unterschieden zwischen **simplex / duplex** (halbduplex / vollduplex). Bei simplex kann nur ein Teilnehmer senden. Bei duplex können beide Teilnehmer senden und empfangen. Bei vollduplex können die Teilnehmer gleichzeitig senden und empfangen, bei halbduplex wird abwechselnd gesendet oder empfangen.

Abbildung 3-22: *Panorama - Telekommunikationsnetze sind so alt wie die Menschheit*

Der Begriff Telekommunikation stammt aus dem Griechischen und bezeichnet ganz allgemein jeglichen Austausch von Informationen über eine gewisse Distanz hinweg.

Schon in **prähistorischen Zeiten** benutzen die ersten Menschen Rauchzeichen, um über größere Entfernungen hinweg zu kommunizieren. Im **5. Jhd. v. Chr.** während des Peloponnesischen Krieges kommunizierten die Truppen mit einer ähnlichen Technik wie die Telegraphie, jedoch nicht mit Strom, sondern mit Fackeln. **1816** entwickelte Francis Ronalds in London einen elektrischen Telegraphen, der Nachrichten immerhin über 8 Meilen übertragen hat. Im Jahr **1861** präsentierte der deutsche Lehrer Philipp Reis einen dem heutigen Telefon ähnlichen Apparat zur Sprachübertragung. Schon **1862** überträgt Giovanni Abbate Caselli einfache Zeichnungen per Draht von Amiens nach Paris. **1876** wird dem in den USA lebenden Schotten Alexander Graham Bell das Patent für das erste Telefon erteilt. **1877** wird auf Anordnung des Generalpostmeisters Heinrich von Stephan der erste regelmäßige Fernsprechdienst betrieben. **1881** eröffnet das erste Berliner Fernsprechamt mit immerhin bereits acht Teilnehmern. **1906** wird das erste Untersee-Fernsprechkabel im Bodensee verlegt. Die Deutsche Bundespost wird **1950** mit 1,2 Millionen Telefonkunden gegründet, **1970** ist erstmals eine direkte Durchwahl nach Amerika möglich. ISDN startet **1987** mit 750 Teilnehmern. Seit **2001** können mit einem einzigen Glasfaserkabel mehr als 10 TeraBits pro Sekunde übertragen werden, das entspricht der Leistungsfähigkeit von 15 Millionen parallelen ISDN-Kanälen.

Netzwerktopologien

Eine letzte Unterscheidung bezieht sich auf die Topologie der Netzwerkstruktur. Hierbei geht es um die Organisation der Weiterleitung der Nachrichten. Stellen wir uns vor, dieses Kapitel soll jetzt an die Co-Autoren zum Lesen weitergegeben werden. Wenn es ausgedruckt ist, könnte man es in eine Umlaufmappe geben. Das einfachste Weitergabekonzept wäre es nun, auf die Umlaufmappe der Reihe nach die Namen zu schreiben und die Mappe genau in dieser Reihenfolge weiterzuleiten. Hat der Letzte auf der Liste das Kapitel gelesen, gibt er die Mappe in umgekehrter Reihenfolge zurück. Das ist aus Sicht der Netzwerk-Topologie eine Linienstruktur. Schnell sieht man die Vorteile, wie eine sehr einfache Struktur und kürzester Verbindungsweg, aber auch die Nachteile, wie das Stocken der Kommunikation, wenn einer nicht da ist. Bei einer Ringstruktur könnte man die Mappe, wenn der Nächste, der das Kapitel lesen soll, nicht da ist, an den vorherigen zurückgeben, um zu versuchen, die Mappe sozusagen „von hinten her" an einen weiterzugeben, der den Artikel noch nicht gelesen hat. Noch eleganter wäre eine Sternstruktur. Hier gäbe es eine Person, die weiß, wer heute da ist und den Artikel noch nicht gelesen hat, und ihn dann genau dem bringt. Eigentlich die optimale Lösung, wenn nicht genau der Ausfall des Verteilers das ganze Netz ebenfalls lahm legen würde.

Die Topologie bezeichnet bei einem Computernetz die Struktur der Verbindungen mehrerer Geräte untereinander, um einen gemeinsamen Datenaustausch zu gewährleisten. Sie ist entscheidend für die Ausfallsicherheit des Netzes.

Abbildung 3-23: Netzwerktopologien

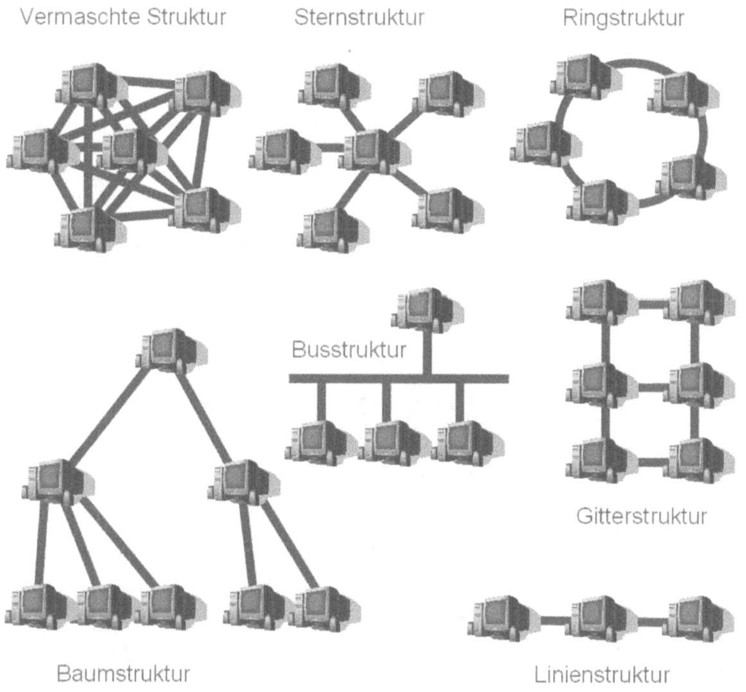

Nur wenn alternative Wege zwischen den Knoten existieren, bleibt bei Ausfällen einzelner Verbindungen die Funktionsfähigkeit erhalten. Dabei wird zwischen physikalischer und logischer Topologie unterschieden. Die physikalische Topologie beschreibt den Aufbau der Netzverkabelung, die logische Topologie den Datenfluss zwischen den Endgeräten.

Abbildung 3-24: *Panorama – Der „Vater" des World Wide Web (WWW)*

Die heute wahrscheinlich bekannteste vermaschte Netzwerkstruktur ist das Internet. Erste Anfänge gab es bereits Ende der 60er Jahre des vergangenen Jahrhunderts als die Advanced Research Projects Agency (ARPA) ein Netzwerk, das ARPANET, entwickelte, das aus nur vier Knoten bestand. Viele der eingeladenen großen Computer- und Telekommunikationsunternehmen lehnten damals eine Beteiligung ab, weil sie das Projekt als nicht realisierbar betrachteten (vgl. [BBN11A]).

Eine erste, heute aus dem Leben vieler Menschen nicht mehr wegzudenkende Anwendung des ARPANET waren zwei Programme zum Senden (SNDMSG) und Lesen (READMAIL) von E-Mails. Die erste E-Mail wurde 1971 von Ray Tomlinson zwischen zwei nebeneinander stehenden Rechnern versendet und informierte die Arbeitsgruppe darüber, dass es jetzt die Möglichkeit zum Versenden von Nachrichten gibt, und was es denn mit dem neu eingeführten @-Zeichen auf sich hat. Auf die Frage warum er die E-Mail erfunden hat, antwortete er: "Mostly because it seemed like a neat idea." ([BBN11B]). Es gab damals noch keine Nachfrage nach einem derartigen Dienst, aber er sah eine Möglichkeit dazu und machte es einfach (vgl. [BBN11B]).

Als der eigentliche „Vater" des World Wide Web gilt aber heute der britische Informatiker Sir Timothy John Berners-Lee. Er erfand 1989 am CERN im schweizerischen Genf HTML, die Hypertext Markup Language, die dem Internet, wie wir es heute kennen, erst zum Durchbruch verhalf. Heute ist er der Direktor des World Wide Web Consortium (W3C) und Professor am Massachusetts Institute of Technology (MIT).

[WM09A]: Tim Berners-Lee at Campus Party Brasil, 2009, Bild von "Silvio Tanaka", Lizenziert unter CC BY 2.0, http://creativecommons.org/licenses/by/2.0/deed.en
[WM08A]: Birthplace of the Web (the computer that Tim Berners-Lee used to invent the World Wide Web), Bild von "Robert Scoble from Half Moon Bay, USA", Lizenziert unter CC BY 2.0, http://creativecommons.org/licenses/by/2.0/deed.fr

Client-Server-Prinzip

Wir haben uns erst mit einzelnen Rechnersystemen, dann mit der technischen und logischen Verbindung der Rechner untereinander beschäftigt. Was jetzt noch fehlt, ist die Klärung der Frage, wie die Inhalte logisch so organisiert werden können, dass jeweils ein „Verantwortlicher" im Netz, genau das weiß, was von den anderen Rechnern im Netz gefragt wird. Hier kommt das sogenannte **Client-Server-Modell** zum Tragen. Die Komponenten Client und Server sind dabei getrennt und auf verschiedene Programme verteilt. Hier unterscheidet es sich vom Peer-to-Peer-Modell, bei dem ein beteiligtes Programm innerhalb des Netzwerkes gleichzeitig Client und Server darstellt und alle Computer im Netzwerk gleichberechtigt sind, das heißt, sowohl Dienste in Anspruch nehmen als auch zur Verfügung stellen können.

Das Client-Server-Modell ist dabei das Standardkonzept für die Verteilung von Aufgaben innerhalb eines Netzwerkes. Aufgaben werden mittels Server auf verschiedene Rechner verteilt und können bei Bedarf von mehreren Clients zur Lösung ihrer eigenen Aufgaben oder Teilen davon angefordert werden. Bei den Aufgaben kann es sich um Standardaufgaben (E-Mail-Versand, E-Mail-Empfang, Web-Zugriff etc.) oder um spezifische Aufgaben einer Software oder eines Programms handeln. Eine Aufgabe wird im Client-Server-Modell als Dienst bezeichnet.

Ein Server ist ein Programm, das einen Dienst (Service) anbietet. Im Rahmen des Client-Server-Konzepts kann ein anderes Programm, der Client, diesen Dienst nutzen. Die Kommunikation zwischen Client und Server ist abhängig vom Dienst, das heißt, der Dienst bestimmt, welche Daten zwischen beiden ausgetauscht werden. Der Server ist in Bereitschaft, um jederzeit auf die Kontaktaufnahme eines Clients reagieren zu können. Im Unterschied zum Client, der aktiv einen Dienst anfordert, verhält sich der Server passiv und wartet auf Anforderungen. Die Regeln der Kommunikation für einen Dienst (Format, Aufruf des Servers und die Bedeutung der zwischen Server und Client ausgetauschten Daten) werden durch ein Protokoll festgelegt. Dieses Protokoll ist spezifisch für den jeweiligen Dienst.

Um Verwirrungen vorzubeugen, natürlich wird auch der Rechner, auf dem das Server-Programm läuft, im allgemeinen Sprachgebrauch als Server bezeichnet.

Abbildung 3-25: *Für die Profis - Server-Programme – welche sind das eigentlich genau?*

Erst einmal die wichtigsten Begriffe:

Server heißt auf Deutsch „Bediener", „Anbieter" oder „Dienstleister" und ist ein Programm, das mit einem anderen Programm oder Prozess kommuniziert, um ihm Zugang zu einem Dienst zu verschaffen.

Client heißt auf Deutsch „Kunde" oder „Dienstnutzer" und ist ein Programm, das einen von einem Server bereitgestellten Dienst nutzt.

Als **Dienst** bezeichnet man dabei die Vereinbarung einer festgelegten Aufgabe, die der Server anbietet und der Client nutzen kann. Die Anfrage eines Clients beim Server wird **Request** genannt, die Antwort des Servers an den Client **Response**.

Was sind nun typische Server-Dienste? Hier einige ausgewählte Beispiele:

- Authentifizierungsserver kennen Benutzer-Logins und Passwörter,
- Chat-Server erlauben eine Online-Unterhaltung,
- Dateiserver halten Dateien für den Abruf bereit,
- Datenbankserver stellen den Zugriff auf Datenbanksysteme her,

- Druckerserver erlauben das Ausdrucken auf Netzwerkdruckern,
- DHCP-Server weisen einem PC im Netzwerk eine passende freie IP-Adresse zu,
- Gameserver ermöglichen die Teilnahme an Online-Spielen,
- Mailserver dienen zum Versenden und Empfangen von E-Mails,
- Name-Server, zum Beispiel der DNS Root Nameserver, können Namen in eine zugehörige IP-Adresse übersetzen,
- Newsserver stellen aktuelle Nachrichten zur Verfügung,
- Proxyserver halten zwischengespeicherte Informationen anderen Computern zur Verfügung,
- Streaming-Server können Multimediainhalte zur Verfügung stellen, zum Beispiel Internetradio ausstrahlen,
- Terminalserver stellen anderen Computern eine emulierte (nachgeahmte) Arbeitsumgebung zur Verfügung,
- Timeserver dienen der Synchronisierung von Rechneruhren,
- Webserver ermöglichen die Anzeige von Websites.

Abbildung 3-26: *Prinzip des Client-Server-Modells*

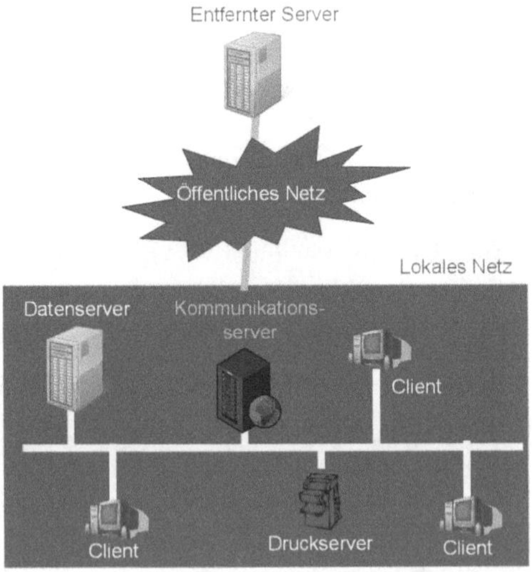

Das Client-Server-Konzept ist das typische Beispiel für eine Zwei-Schichten-Architektur.

Cloud Computing

Cloud Computing als neue Technologie beschreibt einen Paradigmenwechsel bei der Nutzung und Bereitstellung von IT-Ressourcen und -Diensten. Eine endgültige und universale Definition des Begriffs Cloud Computing hat sich bis heute nicht durchgesetzt. Eine sehr populäre Definition liefert das „National Institute of Standards and Technology": Cloud Computing ist ein Ansatz, um den bequemen On-Demand Netzwerk-Zugriff auf einen gemeinsamen Pool konfigurierbarer Rechner-Ressourcen, wie zum Beispiel Netzwerke, Server, Speichersysteme, Anwendungen und Dienstleistungen, zu ermöglichen, die mit geringstem Management-Aufwand oder Eingriff eines Service-Anbieters schnell bereitgestellt und freigegeben werden können (vgl. [NIST10]).

Grundsätzlich geht es also darum, Hardware und Software inklusive Lizenzen nicht selbst zu beziehen, sondern je nach Bedarf diese Dienstleistungen über das Internet einzukaufen. Für den Endbenutzer bedeutet dies, dass er verbrauchsabhängig bezahlt. Cloud Computing baut auf den folgenden fünf Grundkriterien auf:

1. Nutzer können sich über sogenannte Self-Service-Portale ihren spezifischen Bedarf anfordern, der ihnen kurzfristig vom Cloud-Provider zur Verfügung gestellt wird.
2. Der Zugriff auf die Cloud-Dienste kann über jedes browserfähige Endgerät von jedem Ort aus erfolgen.
3. Je nach Auslastung werden Ressourcen (Anwendungen und Infrastruktur) dynamisch hinzugefügt und wieder entfernt, um optimale Skalierbarkeit und Performance zu gewährleisten.
4. Die Bezahlung erfolgt nach dem Prinzip „Pay-per-use", was bedeutet, dass nur tatsächlich genutzte Ressourcen und Dienste in Rechnung gestellt werden.
5. Cloud-Dienste sind mandantenfähig. Rechner- und Speicherressourcen werden zu sogenannten Pools zusammengefasst, aus welchen sich unterschiedliche Konsumenten bedienen. Allerdings müssen die Services in der Cloud so isoliert sein, dass unterschiedliche Anwender nicht auf Daten und Services anderer zugreifen können.

Betracht man die Cloud aus organisatorischer Perspektive, so unterscheidet man zwischen den folgenden drei Formen:

- Die **„private Cloud"** ist eine unternehmensinterne Cloud-Lösung, die Zugriff über das Intranet gewährt. Bei dieser Lösung wird die Hardware weiterhin selbst beschafft und betrieben.

- Die **„public Cloud"** ist eine öffentliche Cloud-Lösung, deren Zugriff über das Internet erfolgt. Im Prinzip handelt es sich um ein Outsourcing über das Internet.
- Bei der **„hybrid Cloud"** werden die beiden anderen Formen vermischt. Das heißt, Dienste werden sowohl aus der öffentlichen als auch aus der privaten Cloud bezogen. Vornehmlich sensitive Daten können somit in-House behalten werden, weniger kritische Daten und Applikationen werden an einen Cloud-Provider abgegeben.

Ebenfalls kann eine Unterscheidung bei der Art der angebotenen Services getroffen werden:

- **Infrastructure-as-a-Service (IaaS)** ist die Bereitstellung von IT-Infrastruktur, also Rechenleistung, Speicher und Netzwerk, über das Internet. Bekannter Vertreter dieser Klasse ist beispielsweise die Amazon Elastic Compute Cloud (Amazon EC2).
- **Platform-as-a-Service (PaaS)** liefert für Systemarchitekten und Anwendungsentwickler eine Anwendungsinfrastruktur in Form von technischen Frameworks (Datenbanken und Middleware).
- **Software-as-a-Service (SaaS)** ist ein Dienstleistungs- und Bereitstellungsmodell, das Kunden ermöglicht, Standard-Software über das Internet zu nutzen, ohne sie auf eigenen Rechnern zu installieren. Des Weiteren wird zwischen SaaS Anwendungen für Privatpersonen, wie zum Beispiel Flickr oder Google Mail, und Geschäftskundenanwendungen, wie zum Beispiel IBM LotusLive Meetings, unterschieden.

Abbildung 3-27: Stimmen aus der Praxis - Beispiel für PaaS

So bietet zum Beispiel Salesforce.com mit seiner „On-Demand" Betriebs- und Entwicklungsplattform Force.com Kunden und Programmieren eine eigene Infrastruktur, auf der sie individuelle Softwaredienste entwickeln, die sie anschließend entweder selbst nutzen oder auf dem Marktplatz AppExchange anbieten können.

Jetzt aber genug der Technik. Schließlich wollen wir uns selbst an die Einleitung halten. Und zum Fahren des Autos reicht dieser kurze Einblick in die Technik der IT sicherlich mehr als aus…

Was haben Sie gelernt?

Im Prinzip versteht ein Computer nur „0" und „1". Daher begann die Speicherung und Verarbeitung solcher Informationen auch mit Lochkarten, in denen ein Loch gestanzt war oder nicht. Durch die Arbeiten von John von Neumann wurde erstmals definiert, wie eine solche Verarbeitung abläuft und welche Komponenten dazu grundsätzlich benötigt werden. Damit die Kommunikation zwischen diesen Komponenten funktioniert, benötigt es bereits im Prozessor, der Hauptkomponente eines Rechnersystems, „Verbindungsleitungen", sogenannte Bus-Systeme.

Wie schnell ein einzelnes Rechnersystem arbeitet, hängt von seinem Aufbau, den einzelnen Komponenten, der realisierten Speicherhierarchie, aber auch von der prinzipiellen Rechnerarchitektur ab.

Mit einem Rechner allein kann ein Unternehmen aber noch nicht viel anfangen. Erst durch eine Vielzahl von Rechnern am Arbeitsplatz, die Zugriff auf Daten haben, die auf gemeinsam genutzten Servern liegen, wird eine sinnvolle Informationsvernetzung und damit auch die Nutzung der Information möglich.

Die Struktur und die Art der Kommunikation bestimmen auch hier wieder Kosten, Ausfallsicherheit und Geschwindigkeit der Verbindungen. Dies gilt für Kommunikations- und Datennetze in gleicher Weise.

Wer heute in einem Unternehmen arbeitet, wird fast immer eine IT-Landschaft vorfinden, die auf den Prinzipien der Client-Server-Architektur aufgebaut ist. Die Abwägung von Performance, Ausfallsicherheit und Kosten ist dabei immer ein wichtiges Thema. Die Kenntnis der einzelnen dabei zum Einsatz kommenden Komponenten, ihrer Leistungsfähigkeit und ihres Zusammenspiels, ermöglicht es, bei Entscheidungen zu neuer Hardware, neuen Anwendungen oder Systemstrukturen qualifiziert mitwirken zu können.

Literaturverzeichnis Kapitel 3

[BBN11A] RAYTHEON BBN TECHNOLOGIES (HRSG.): The Arpanet. Forerunner of Today's Internet, http://www.bbn.com/about/timeline/arpanet, abgerufen am 02.03.2011

[BBN11B] RAYTHEON BBN TECHNOLOGIES (HRSG.): The First Email. "A neat idea.", http://www.bbn.com/about/timeline/email, abgerufen am 02.03.2011

[C'T 10] HEISE ZEITSCHRIFTENVERLAG GMBH & CO. KG (HRSG.): c't Magazin für Computertechnik, Ausgabe 14, Hannover 2010

[DUDE06] CLAUS, V., SCHWILL, A.: Duden Informatik A-Z, Fachlexikon für Studium, Ausbildung und Beruf, 4. Aufl., Bibliographisches Institut, Mannheim 2006

[HANE09] HANSEN, H. R.., NEUMANN, G.: Wirtschaftsinformatik 1, 10. Aufl., Stuttgart 2009

[HEI09] HEISE ONLINE (HRSG.): Wieder einmal: Rootkit im PC-BIOS, erschienen in heise online, 25.03.2009, http://www.heise.de/newsticker/meldung/Wieder-einmal-Rootkit-im-PC-BIOS-209207.html, abgerufen am 14.07.2010

[NIST10] MELL, P. , GRANCE, T.: The NIST Definition of Cloud Computing. Version 15, 10-7-09, http:/csrc.nist.gov/groups/SNS/cloud-computing/cloud-def-v15.doc, abgerufen am 03.02.2011

[STHA05] STAHLKNECHT, P., HASENKAMP, U.: Einführung in die Wirtschaftsinformatik, 11. Aufl., Springer, Berlin, Heidelberg u.a. 2005

[WA10] http://www.wacker.com/cms/de/press_media/pressgallery/gallery_sites/-sites_details_22546.jsp, abgerufen am 14.07.2010

[WI04] KROKER, M.: Wacker/Siltronic Tausend mal reiner, erschienen in wiwo.de, 04.02.2004 http://www.wiwo.de/unternehmen-maerkte/wacker-siltronic-tausendm-al-reiner-338003/, abgerufen am 12.07.2010

[WM92A] http://commons.wikimedia.org/wiki/File: Konrad_Zuse_(1992).jpg, abgerufen am 10.11.2009

[WM08A] http://fr.wikipedia.org/wiki/Fichier: Tim_Berners-Lee%27s_computer_at_CERN.jpg, abgerufen am 02.03.2011

[WM09A] http://commons.wikimedia.org/wiki/File: Tim_Berners-Lee_CP.jpg, abgerufen am 02.03.2011

4 Büroinformationssysteme

Ein Überblick über typische Büroaufgaben und deren Unterstützung durch moderne Büroinformationssysteme

Warum ist das Thema relevant?

Seit dem Jahr 2006 arbeiten erstmals mehr als 50 Prozent aller Arbeitnehmer in der EU mit einem PC. Bei Büroarbeitsplätzen ist die Fähigkeit zum Umgang mit moderner IT heute kaum mehr wegzudenken.

Viele der Büroaufgaben, egal in welcher Branche, ähneln sich dabei sehr. Durch den Einsatz universeller moderner Büroinformationssysteme kann die Erledigung dieser Aufgaben deutlich erleichtert werden. Berücksichtigt man darüber hinaus noch die Unterstützung der Zusammenarbeit mehrerer Mitarbeiter in einem Team, wird klar, dass Büroinformationssysteme mit Workflow-Unterstützung helfen können, Büroabläufe schneller, weniger fehleranfällig, komfortabler und auch kostengünstiger zu gestalten.

Was sollten Sie wissen?

Wenn Sie dieses Kapitel durchgearbeitet haben, sollten Sie wissen,

- welcher Unterschied zwischen Informations- und Anwendungssystem besteht,
- wie Anwendungssoftware einzuordnen ist und unterteilt werden kann,
- welche typischen Arbeitsaufgaben an Büroarbeitsplätzen anfallen und wie Büroinformationssysteme Unterstützung leisten können,
- welche Grundfunktionen typische Office-Pakete aufweisen,
- welche Anbieter am Markt aktiv sind.

Welche Schlüsselbegriffe sollten Sie kennen?

Am Ende dieses Kapitels sollten Sie folgende Begriffe verstanden haben und mit eigenen Worten erklären können, was darunter verstanden wird:

- Informationssystem, Anwendungssystem
- Arten von Software, Betriebliche Anwendungssoftware
- Büroinformationssystem, Office-Programme

Informationssystem versus Anwendungssystem

Beginnen wir mit zwei grundlegenden Begriffen in diesem Zusammenhang: Informationssystem und Anwendungssystem. Was ist der entscheidende Unterschied? Das Anwendungssystem umfasst jede Menge Technik – von der Netzwerkinfrastruktur über den PC, sein Betriebssystem bis hin zur eigentlichen Anwendung, dem Programm, mit dem gearbeitet werden kann. Diese Technik bietet viele Funktionen und Möglichkeiten zum sinnvollen Einsatz im Betrieb. Sie steht zunächst aber nur am Schreibtisch und wird als Anwendungssystem bezeichnet. Erst durch den Menschen, der damit arbeitet, die Anwendung beherrscht, mit der Technik umgehen kann, Daten richtig und vollständig eingibt, entsteht daraus bei sinnvoller Integration in die Prozessabläufe für das Unternehmen ein Nutzen. Dieses „Gesamtpaket" aus Technik und Anwendung wird dann als Informationssystem bezeichnet.

Abbildung 4-1: *Informations- versus Anwendungssystem*

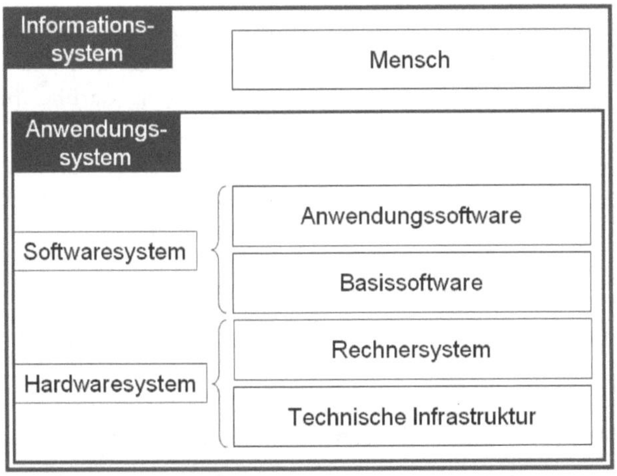

Abbildung 4-2: *Stimmen aus der Praxis - "Technology is easy - people are hard."*

Warum ist diese Unterscheidung in der Praxis so wichtig? Allgemein wird davon ausgegangen, dass hierzulande etwa jedes zweite IT-Projekt scheitert. Aber was sind die Gründe dafür? In den wenigsten Fällen ist es die Technik selbst. Diese wird in der Regel sicher beherrscht und ist gut plan- und projektierbar. Die meisten Projekte scheitern, weil dem Faktor „Mensch" und dem Faktor „Unternehmenskultur" zu wenig Beachtung geschenkt wird. Es wird oft zu wenig in die Bereiche Konfliktmanagement, Change Management und Schulung investiert. Die Technik ist dann fertig, aber die Menschen, die damit arbeiten sollen, können oder wollen sie nicht wie geplant nutzen.

Diese Bedeutung zwischenmenschlicher Probleme hat am treffendsten John Gage von Sun Microsystems auf den Punkt gebracht mit seiner Aussage „Technology is easy – people are hard".

In einer etwas formaleren Definition dient das **Informationssystem** der rechnergestützten Erfassung, Speicherung, Verarbeitung, Pflege, Analyse, Benutzung, Verbreitung, Disposition, Übertragung und Anzeige von Information beziehungsweise Daten. Es besteht aus Hardware (Rechner, Netzwerkinfrastruktur, Drucker usw.), Basissoftware (Betriebssystem, Datenbanken usw.) und der eigentlichen Anwendungssoftware, die vom Anwender wahrgenommen wird. Hardware und Software für sich alleine betrachtet bilden das sogenannte **Anwendungssystem**.

Informationsverarbeitungsprozess

Informationssysteme dienen dabei der Durchführung von Informationsverarbeitungsprozessen, das heißt dem

- Erfassen von Informationen,
- Generieren von „neuen" Informationen,
- Weiterverarbeiten von schon vorhandenen Informationen,
- Verdichten und Bereitstellen von Informationen,
- Verteilen/Übermitteln/Transportieren von Informationen,
- Speichern von Informationen,
- Interpretieren von Informationen,
- Transformieren von Informationen.

Anwendungssoftware versus Systemsoftware

Diejenigen Programme, die der Anwender bewusst beim Arbeiten wahrnimmt, werden als Anwendungsprogramme, kurz „Anwendungen", bezeichnet. **Anwendungssoftware** unterstützt den Benutzer bei der Ausführung seiner Aufgaben und stiftet ihm dadurch erst den eigentlichen, unmittelbaren Nutzen. Aus dem englischen Begriff „Application" hat sich in der Alltagssprache auch die Bezeichnung „Applikation" für Anwendungsprogramm eingebürgert.

Im Gegensatz dazu versteht man unter **Systemsoftware** das Betriebssystem und alle System- und Hilfsprogramme, die „nur" für den Betrieb des Computers benötigt werden, zum Beispiel die Treiber für die verwendete Hardware, wie Grafikkarte oder Drucker. Auch Programmiersprachen und Werkzeuge zur Softwareerstellung sind im engeren Sinne keine Anwendungsprogramme. In der Praxis der Unternehmen gibt es eine Vielzahl von Anwendungssystemen. Man kann diese beispielsweise nach ihrem Verwendungszweck unterscheiden (vgl. Abb. 4-3).

Abbildung 4-3: *Arten von Anwendungen nach Verwendungszweck*

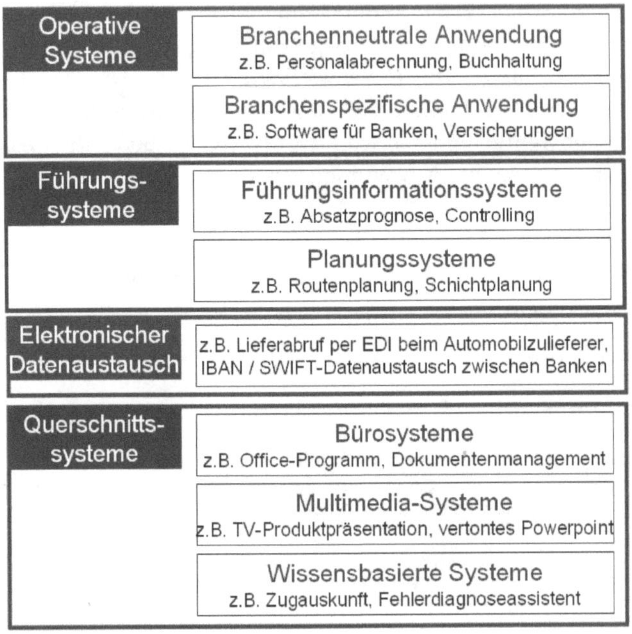

Operative Systeme

Operative Systeme sollen strukturierte, immer gleiche Arbeitsabläufe unterstützen, die Mitarbeiter im Unternehmen täglich ausführen. Man denke dabei zum Beispiel an einen Mitarbeiter in der Rechnungsprüfung, der den ganzen Tag eingehende Rechnungen mit den erteilten Aufträgen, Rahmenabsprachen für Preise und den Meldungen der Wareneingangsprüfung abgleicht und danach die Zahlung der Rechnung zum spätest möglichen Termin aber unter Berücksichtigung von Skontoabzugsmöglichkeiten veranlasst. Das operative System dient dann in diesem Beispiel primär der Rationalisierung, wie Zeit- und damit Kosteneinsparung, wenn zum Beispiel die Überweisung nicht mehr manuell ausgefüllt werden muss, sondern durch Klick auf „ok" automatisch erstellt wird. Weiter ist die Vermeidung von Fehlern, zum Beispiel durch die direkte Übernahme der Daten bereits aus der Bestellung, entscheidend.

Manche Aufgaben, zum Beispiel die Lohn- und Gehaltsabrechnung oder die Buchhaltung, sind dabei unabhängig von der Branche des Unternehmens bei allen Betrieben fast identisch. Bei Programmen, die diese Aufgaben unterstützen, spricht man von **branchenneutralen Anwendungen**.

Andere Routineaufgaben, wie zum Beispiel die Erfassung von Wertpapierorders, gibt es nur im Bankenbereich. In diesem Fall wird ein dafür gemachtes Programm als **branchenspezifische Anwendung** bezeichnet.

Abbildung 4-4: *Panorama - Einsparpotenziale durch operative Systeme*

„München, 02. September 2008 – Eine von den beiden Wirtschaftsprofessoren Dr. Klaus Jamin und Dr. Edmund Raab geleitete Untersuchung des IQM e.V. München zum Thema eBilling und eMahnwesen belegt ein 85%-iges Einsparpotenzial des elektronischen gegenüber dem postalischen Rechnungsversand. Die Studie ergab zudem, dass 72% der befragten Unternehmen nach Einführung des elektronischen Mahnwesens eine deutliche Verbesserung hinsichtlich des Zahlungseinganges konstatieren: Allein Voicemail-Reminder vervierfachen den Eingang ausstehender Zahlungen und verbessern damit das Liquiditätsmanagement in Unternehmen signifikant." [SI08]

Führungssysteme

Bei Führungssystemen geht es in erster Linie darum, schnell und mit geringem Aufwand alle wichtigen Informationen über das Unternehmen zur Verfügung zu haben. Diese Informationen werden als Grundlage einer Entscheidungsfindung verwendet, wenn es um Fragen, wie zum Beispiel „Welcher Vertriebsweg ist für welches Produkt optimal und wie soll der Vertrieb daher künftig strukturiert werden?" geht. Als Grundlage einer optimalen Planung des Einsatzes der betrieblichen Ressourcen sind diese Informationen beispielsweise bei der Optimierung des Personaleinsatzes durch flexible Schichtplanung sinnvoll. Für das Controlling der Zielerreichung sind Fragen wie etwa „Wie hoch war die Liefertreue im letzten Quartal?" wichtig. Führungssysteme beantworten diese Fragen und dienen somit der Lenkung und Steuerung von Unternehmen.

Elektronischer Datenaustausch

Eine weitere Klasse von Anwendungsprogrammen dient dem Austausch von Informationen über Abteilungs- oder Unternehmensgrenzen hinweg.

Abbildung 4-5: *Für die Profis - Datenaustausch mit EDI*

EDI bedeutet „Electronic Data Interchange" und wird zum Beispiel in der Automobilindustrie eingesetzt. Mit Hilfe von EDI-Nachrichten wird dem Lieferanten der Lieferabruf, das heißt die genaue Menge an benötigten Produkten mit Liefertermin mitgeteilt. Ebenfalls können Vorschauzahlen für geplante Liefermengen in den nächsten Wochen oder Monaten übermittelt werden. Der gesamte Bestellprozess (Bestellung –

Auftragsbestätigung – Lieferschein – Rechnung – Zahlung) erfolgt mit EDI in der Regel elektronisch und damit papierlos. Statt der früher üblichen EDI-Nachrichtenstandards ODETTE und VDA wird heute immer öfter EDIFACT verwendet.

Übrigens auch der SWIFT-Code („Society for Worldwide Interbank Financial Telecommunication") bei Überweisungen ist ein weltweiter EDI-Standard für den Informationsaustausch zwischen Banken.

Querschnittsysteme

Als Querschnittsysteme werden schließlich Anwendungsprogramme bezeichnet, die in allen betrieblichen Funktionsbereichen und über alle Branchen hinweg zur Anwendung kommen können, das heißt, die weder aufgaben- noch branchenspezifisch sind. Man unterscheidet hier zwischen Bürosystemen, zum Beispiel die Office-Pakete zum Erstellen von Korrespondenz, zur Durchführung von Berechnungen in Tabellenkalkulationen oder zur Erstellung von Präsentationen, Multimediasystemen, zum Beispiel Kioskanwendungen mit einer multimedialen Firmenpräsentation im Empfangsbereich, und wissensbasierten Systemen, zum Beispiel einer sprachgesteuerten telefonischen Zugauskunft oder einem Assistenzsystem zur Unterstützung der Diagnose bei einem Arzt.

Abbildung 4-6: *Für die Profis - Es gibt (fast) keine eindeutige Klassifikation…*

Im letzten Abschnitt haben wir eine Klassifikation zur Unterteilung von Anwendungssystemen nach Verwendungszweck kennen gelernt. Doch wie oft bei solchen Klassifikationen fällt die Einordnung nicht immer leicht. Nehmen wir als Beispiel das Programm Microsoft Excel:

Excel ist eine Tabellenkalkulation und damit eigentlich ein klassisches Bürosystem.

Jedoch beinhaltet Excel auch die Programmierschnittstelle VBA (Visual Basic für Applikationen), mit deren Hilfe man mächtige Berechnungen und sogar Anwendungen realisieren kann. Damit wäre es zum Beispiel möglich, mit Excel eine Anwendung zur Berechnung, Ausgabe und Weiterleitung der Reisekostenabrechnung zu erstellen. Dieses Excel-Programm wäre dann eher als operatives System einzuordnen. Da Reisekostenabrechnungen für alle Branchen gleich sind, wäre dies eine branchenneutrale Anwendung.

Ebenso könnte man für Mitarbeiter im operativen Bereich einer Lebensmittelhandelskette eine Anwendung zur Abrechnung von Leergut-Pfand erstellen. Dies wäre dann eindeutig als branchenspezifische Lösung einzuordnen.

Aber auch im Umfeld betriebswirtschaftlicher Standardsoftware wird Excel oft als Frontend für die Ausgabe von Tabellen und grafischen Zahlenaufbereitungen benutzt. Bei dieser Verwendung wäre Excel ein Element eines Führungsinformationssystems.

Natürlich lassen sich auch einfache Planungsmodelle, beispielsweise eine Auslastungsplanung für Maschinen, in Excel realisieren. Dies wäre ein typisches Beispiel für Excel als Planungssystem.

Dieses Beispiel soll zeigen, Klassifikationen sind eine wichtige und auch in der IT oft genutzte Methodik, um Struktur in eine ansonsten unübersichtliche Einzelbetrachtung zu bringen. Es ist jedoch in vielen Fällen nicht möglich, hundertprozentig eindeutige Klassen zu bilden.

So wie in unserem Beispiel, bei dem man Excel je nach Anwendungsszenario, das man gerade vor Augen hat, in alle Kategorien dieser Klassifikation einordnen könnte.

Typische Aufgaben im Bürobereich

Was sind nun die Hauptaufgaben, die an Büroarbeitsplätzen in Unternehmen typischerweise anfallen und sich regelmäßig wiederholen?

- Bearbeitung von Eingangspost einschließlich E-Mail und Fax
- Diktat, Schreiben und Korrektur von individueller Korrespondenz, Berichten, Protokollen etc.
- Erstellung von Serienbriefen
- Verteilung individueller Mitteilungen
- Anlage, Bearbeitung, Archivierung von (elektronischen) Akten
- Verwaltung von Fristen und Wiedervorlage von Schriftstücken zu vorgegebenen Terminen
- Planung und Koordination von Terminen und gemeinsamen Ressourcen (zum Beispiel Besprechungszimmer)
- Erfassung und Aktualisierung von Kontaktdaten (Adressen, Ansprechpartner, Telefonnummern)
- Annahme und Führen von Telefongesprächen mit Telefonnotizen
- Anfertigung und Ablage von Fotokopien
- Anlegen und Bearbeitung von Tabellen, ggf. mit einfachen Berechnungen
- Erstellung von Grafiken und Präsentationen
- Beschaffung und Auswertung interner und externer Daten
- Planung, Vorbereitung und Durchführung von Besprechungen
- Planung, Durchführung und Abrechnung von Dienstreisen
- Planung, Organisation und Durchführung von Telefon- oder Videokonferenzen

Wenn man diese typischen Inhalte näher betrachtet, stellt man fest, dass sich diese Tätigkeiten **vier Grundtypen von Aufgaben** zuordnen lassen:

1. Informationsverarbeitung (generieren, verwalten, wiederauffinden, weitergeben, austauschen, archivieren von Informationen / Daten)
2. Dokumentenbearbeitung und -verwaltung
3. Kommunikation (schriftlich, per Telefon, E-Mail oder Fax)
4. Konferieren (Face-to-Face, Telefon- oder Videokonferenz)

Abbildung 4-7: *Die vier Grundtypen von Büroaufgaben*

Zur Unterstützung dieser Bürotätigkeiten werden Anwendungsprogramme angeboten, die meist Werkzeugcharakter haben und entweder als Paketanwendungen (Office-Paket) oder als einzelne Programme gekauft werden können.

Abbildung 4-8: Unterstützung von Büroaufgaben durch entsprechende Werkzeuge

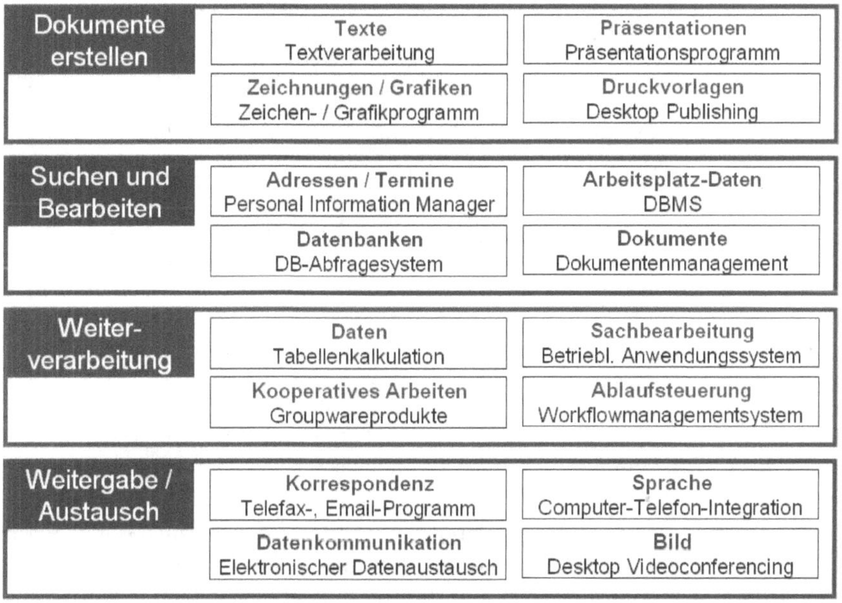

Alle heute am Markt angebotenen Bürosysteme beinhalten folgende Grundfunktionen:

Textverarbeitung

Textverarbeitungsprogramme verfolgen das Ziel, das Schreiben und Formatieren von Texten, zum Beispiel Briefe, Berichte, Studienarbeiten etc., zu erleichtern. Typisch für ein Textverarbeitungsprogramm ist, dass es auch Funktionen zur automatischen Seitennummerierung, Fußnotenverwaltung, Silbentrennung und Rechtschreibprüfung, Serienbrieferstellung u.v.m. anbietet. Bekannte Beispiele für ein Textverarbeitungsprogramm sind Word von Microsoft oder Writer von OpenOffice.

Abbildung 4-9: Panorama - Bill Gates der reichste Mann der Welt (2009)

Beim Thema Büroinformationssysteme denken die meisten Menschen wahrscheinlich an das Office-Paket der Firma Microsoft. Eng verknüpft mit dem Erfolg dieses Unternehmens ist einer der Gründer William „Bill" Henry Gates III. Er stand mit einem Nettovermögen von über 40 Milliarden US-Dollar bereits mehrfach als reichster Mann der Welt an der Spitze der Forbes-Liste (vgl. [FOR09]).

[WM08A]: DAVOS/SWITZERLAND, 25JAN08 - William H. Gates III, Chairman, Microsoft Corporation, USA, captured during a press conference at the Annual Meeting 2008 of the World Economic Forum in Davos, Switzerland, January 25, 2008., Bild von „Andy Mettler", Lizenziert unter CC BY-SA 2.0, http://creativecommons.org/licenses/by-sa/2.0/deed.en

Bill Gates fand bereits in der Schule Interesse daran, mit BASIC zu programmieren, und wurde zur Förderung seiner Interessen teilweise vom Mathematikunterricht freigestellt. Ab 1973 studierte Bill Gates 2 Jahre Jura an der Harvard-Universität. Er verbrachte aber seine meiste Zeit im Computerraum. Dort lernte er auch seinen späteren Geschäftspartner Steve Ballmer kennen. Im Dezember 1974 entwickelte er zusammen mit Paul Allen innerhalb weniger Wochen einen BASIC-Interpreter für den neu auf den Markt kommenden Heimcomputer Altair 8800. 1975 gründete er schließlich mit Ballmer und Allen in einer Garage bei Albuquerque die Firma Microsoft. Der Name Microsoft steht für Microcomputer-Software, ursprünglich hieß die Firma „Micro-Soft". Ein Jahr später zog das Unternehmen mit 16 Mitarbeitern nach Seattle um. In der Überzeugung, dass der Computer in jedem Haushalt ein wertvolles Hilfsmittel sein wird, begannen Gates und seine Mitarbeiter mit der Entwicklung von Home-Software für PCs. Dafür brach Bill Gates auch im Jahr 1975 sein Studium ab, um sich ganz auf die Führung seines Unternehmens konzentrieren zu können. Der große Durchbruch gelang Microsoft schließlich Anfang der 80er Jahre mit dem Betriebssystem MS DOS. Die Textverarbeitung Word gibt es übrigens seit September 1983. Es war die erste Textverarbeitung, die sich großenteils mit einer Maus bedienen ließ. Mit den Jahren wurde das Unternehmen immer erfolgreicher, bis es eine marktbeherrschende Stellung in einigen Bereichen des IT-Marktes einnahm. Die Kehrseite des großen Erfolges waren Vorwürfe wegen der Ausnutzung der Monopolstellung. Am Ende verhängte die EU-Kommission gegen den inzwischen weltgrößten Software-Hersteller im Jahr 2008 ein Rekordbußgeld von 899 Millionen Euro (vgl. [SP08]).

Heute engagiert sich Bill Gates stark sozial. Die gemeinsame Stiftung von Bill Gates und seiner Frau Melinda, die über ein geschätztes Vermögen von über 35 Milliarden US-Dollar verfügt, setzt sich überwiegend für die Bereitstellung von Impfstoffen und weitere Gesundheitsprojekte in Entwicklungsländern in Afrika und Asien ein. Auf dem Weltwirtschaftsforum am 29.01.2010 in Davos gaben Bill und Melinda Gates bekannt, dass sie in den nächsten zehn Jahren 10 Milliarden US-Dollar (ca. 7,1 Mrd. Euro) für die Erforschung, Entwicklung und Bereitstellung von Impfstoffen für die ärmsten Länder der Welt zur Verfügung stellen werden (vgl. [PP10]).

Abbildung 4-10: *Für die Profis – Was bedeutet WYSIWYG?*

WYSIWIG steht für **W**hat **Y**ou **S**ee **I**s **W**hat **Y**ou **G**et und bedeutet, dass ein Dokument während der Bearbeitung am Bildschirm genauso angezeigt wird, wie es bei der Ausgabe über ein anderes Gerät, zum Beispiel einem Drucker, später aussieht.

Der Begriff entstand bereits in den 1970er Jahren am Xerox Palo Alto Research Center. Der erste WYSIWYG-Editor Bravo auf dem Alto war in der Lage, eine ganze Seite Text darzustellen und diese auszudrucken. Die Darstellung von Text auf dem Bildschirm erfolgte mit 72-PPI-Zeichensätzen (PPI bedeutet Pixel pro Quadrat-Inch). Der Ausdruck jedoch erfolgte mit 300 DPI (DPI bedeutet Dots beziehungsweise Druckpunkte pro Quadrat-Inch). Deshalb sieht das Druckergebnis im Detail doch eben ein bisschen anders aus als auf dem Bildschirm. Dieses Problem besteht übrigens in vielen Fällen bis heute noch.

Tabellenkalkulation

Ein Tabellenkalkulationsprogramm stellt Informationen in tabellarischer Form dar, das heißt in Zeilen und Spalten. Einzelne Zellen können sowohl Daten als auch Formeln zu deren Berechnung beinhalten. Fast alle Tabellenkalkulationsprogramme bieten zusätzlich auch die Möglichkeit an, die Daten in grafisch aufbereiteter Form darzustellen. Bekannte Tabellenkalkulationsprogramme sind Lotus 1-2-3, Microsoft Excel oder OpenOffice Calc.

Abbildung 4-11: *Panorama - Auch Computer sind nicht perfekt…*

„Technikärgernis Tabellenkalkulation - So falsch rechnet Excel
Von Konrad Lischka

16-stellige Zahlen überfordern Excel. Ab der 15. Ziffer setzt das Programm Nullen ein - da arbeiten sogar Gratisrechner von Google und aus dem Windows-Zubehör exakter. SPIEGEL ONLINE zeigt die Macken von Microsofts Rechensoftware: vom Phantomschaltjahr bis zum Wochentagschaos.

Millionen Unternehmen, Behörden und Freiberufler auf der Welt kalkulieren ihre Rechnungen, Stundenzettel und Budgetpläne mit Microsofts Tabellenkalkulation Excel. Warum sollten SPIEGEL-ONLINE-Redakteure dann nicht die Lösungen der Kopfrechenmeisterschaft in Leipzig mit Excel ausrechnen? Ganz einfach: weil Excel achtstellige Zahlen nicht fehlerfrei multiplizieren kann. Das haben einige Leser des Rechenwettbewerbs auf SPIEGEL ONLINE bemerkt. Jene wenigen Leser, die im Kopf oder per Elektro-Addierer nachgerechnet haben, fanden den Fehler. Bei der Aufgabe, 29513736 mit 92842033 zu multiplizieren, gab Excel als Ergebnis 2740115251665290 aus. So stand es auch zuerst in der Auflösung auf SPIEGEL ONLINE. Nur: Microsofts Vorzeigeprogramm (Teil des Office-Pakets, Kostenpunkt je nach Lizenz: 100 bis 800 Euro) lag knapp daneben. Excel hat sich verrechnet - das korrekte Ergebnis ist etwas kleiner, nämlich 2740115251665288, also zwei weniger. Der Grund: Die Lösung hat 16 Ziffern - eine zu viel für Microsofts Rechensoftware. Denn Excel kann in diesem Fall nur 15 Ziffern darstellen, setzt ab der 16. Ziffer Nullen ein und rundet. Kurioserweise macht Microsofts Gratistaschenrechner aus dem Windows-Zubehör diesen Fehler nicht. Er liefert das korrekte, 16-stellige Ergebnis. Genauso exakt arbeitet Googles kostenlose Online-Tabellenkalkulation namens Google Spreadsheets.

Microsoft-Zeitrechnung, Geisterschaltjahre und Rundungsfehler - SPIEGEL ONLINE dokumentiert die kuriosesten Excel-Eigenarten" [SO08]

Datenbankmanagement

Unter einem Datenbankmanagementsystem wird ein System zur elektronischen Datenverwaltung verstanden. Die wesentliche Aufgabe eines Datenbanksystems ist es, große Datenmengen effizient, widerspruchsfrei und dauerhaft zu speichern und benötigte Teilmengen in unterschiedlichen, bedarfsgerechten Darstellungsformen für Benutzer und Anwendungsprogramme bereitzustellen. Beispiele für Datenbanksysteme im Bürobereich sind Microsoft Access oder MySQL.

Präsentation

Als Präsentationsgrafik werden Folien bezeichnet, die mit entsprechenden Programmen erstellt und mit einem Beamer auf eine Leinwand geworfen werden können. Meist unterstützen derartige Programme die Umwandlung zahlenbasierter Informationen in Grafiken und Diagramme. So können beispielsweise Umsatzentwicklungen eines Geschäftsbereichs grafisch anschaulich dargestellt werden. Beispiele für Präsentationssoftware sind Microsoft PowerPoint oder OpenOffice Impress.

Abbildung 4-12: Panorama - „PowerPoint is evil!"

Mitte der 1980er Jahre wurde Power-Point 1.0 für Apple-Computer entwickelt. Seit dem Kauf durch Microsoft beherrscht diese Software zunehmend die Besprechungen und Meetings in Unternehmen. Während Parker in einem Artikel in The New Yorker im Jahr 2001 noch von 30 Millionen PowerPoint-Präsentationen spricht, die täglich gehalten werden, wird in einem Buch von Schnettler und Knoblauch aus dem Jahr 2007 bereits von 200 Millionen Präsentationen täglich gesprochen. Es gibt aber auch kritische Stimmen:

„Im Jahr 2003 entbrannte allerdings, wohl aus finalem Verdruss an den vielen von rechts und links ins Bild rollenden Folien, an lustigen Wischeffekten, bunten Animationen, Charts und Bulletpoints, eine wütende Diskussion über die Gefährlichkeit dieser Art von Präsentation für den gesunden Menschenverstand. Viel wird dem offenkundig nicht mehr zugetraut. In seiner Schrift "The cognitive style of PowerPoint" konstatierte Yale-Professor Edward Tufte, dass die vielen fehlerhaft und schlampig gestalteten Präsentationsfolien dem Missverständnis nur Tür und Tor öffneten. Tuftes Fazit: "PowerPoint is evil." [TE07]

Die Kritik Tuftes an Powerpoint besteht vor allem darin, dass es den Denkstil der Menschen bestimme und so insgesamt zu einem Informationsverlust führt. Weiter bekannt wurde er auch mit seiner These, dass schlecht aufbereitete Powerpoint-Präsentationen die Informationen innerhalb der NASA behindert hätten und so für den Absturz der Weltraumfähre Columbia mit ursächlich seien.

Der neueste Trend: Powerpoint-Karaoke, erfunden 2003 von der Zentrale Intelligenz-Agentur in Berlin. 2006 fand die erste Veranstaltung in München statt. Worum geht es? Das Karaoke-Prinzip ist jedem bekannt. Aber falsch singen kann jeder. Für ungeschickte Selbstdarsteller gibt es eine viel bessere Vorlage, nämlich Powerpoint-Präsentation, die sie bis dato nicht gekannt haben. Je komplexer das Thema ist und je unqualifizierter der Referent umso größer ist das Gelächter... (vgl. [SZ07])

Grafikbearbeitung

Zur Grafiksoftware gehören Bildbearbeitungsprogramme, Malprogramme und Vektorgrafikprogramme. Mit Bildbearbeitungsprogrammen kann man Rastergrafiken, auch Pixel-Grafiken oder Bitmap-Grafiken genannt, bearbeiten. Sie dienen der Erstellung, Verbesserung, Veränderung und Manipulation digitaler Bilder. Beispiele für Bildbearbeitungsprogramme im Bürobereich sind Adobe Photoshop, Corel Paint Shop Pro oder Microsoft Paint. Zum Erstellen von Zeichnungen oder Illustrationen werden Vektorgrafikprogramme verwendet, die Funktionen zum Erstellen einfacher geometrischer Formen, wie Rechtecke, Kreise oder Linien, aber auch umfangreichere Funktionen zum Erstellen komplexerer Formen sowie von Farbverläufen und Transparenzeffekten anbieten. Im Gegensatz zu Bildbearbeitungs- oder Malprogrammen werden die Objekte innerhalb einer Zeichnung dabei nicht in Form von Pixeln gespeichert, sondern mathematisch beschrieben und als Vektoren abgelegt. Daher lassen sich Vektorgrafiken auch beliebig ohne Qualitätsverlust vergrößern, verkleinern oder drehen. Beispiele für Vektorgrafikprogramme im Bürobereich sind Adobe Illustrator, Corel Draw oder Macromedia Freehand.

Abbildung 4-13: Für die Profis - Pixel- versus Vektorgrafik

Worin besteht der Unterschied zwischen Pixel- und Vektorgrafik? Im Bild unten sehen wir rechts die Pixelgrafik. Hier wird vereinfacht für jeden Bildschirmpunkt die Information „ausgefüllt" oder „weiß" abgespeichert. Bei der Vektorgrafik links werden die dunklen Umrisslinien gespeichert, die anschließend nur gefüllt werden müssen. Sind die Pixel klein genug, verschwimmen die „Klötzchen" vor unserem Auge und wir sehen bei beiden Bildern fast ein gleiches „b". Der Unterschied wird erst beim Vergrößern richtig sichtbar, denn der Vektor kann ohne Qualitätsverlust beliebig vergrößert werden. Die „Klötzchen" der Pixel-Grafik werden hingegen schnell unansehnlich.

Desktop Publishing

Als Desktop-Publishing-Programme (DTP) werden all jene Anwendungen bezeichnet, die gestaltetes Setzen von Grafiken und Texten sowie die Ausgabe auf Druckmaschinen unterstützen. Fast alle Veröffentlichungen, wie Zeitschriften, technische Handbücher oder Prospekte und Marketing-Unterlagen, werden mit DTP-Programmen erzeugt. Beispiele für DTP-Programme sind Adobe PageMaker oder Microsoft Publisher.

Abbildung 4-14: Für die Profis - Desktop Publishing

Beim Desktop Publishing geht es in erster Linie um die Herstellung hochwertiger Druckerzeugnisse, wie Poster, Broschüren, Flyer, Bücher, Kataloge etc. Die Hauptanwender sind Werbeagenturen und Grafikdesigner, die Gestaltungsentwürfe und Layouts direkt an die Druckereien übertragen. In diesem Markt ist nach wie vor eine überwältigende Dominanz von Apple-Systemen zu beobachten. Nachfolgend eine kurze Übersicht über die am häufigsten eingesetzten Programme:

InDesign von Adobe ist der Nachfolger von FrameMaker und PageMaker, die nicht mehr weiter entwickelt werden. Es wird typischerweise zur Erstellung von Prospekten, Büchern etc. genutzt. Klassische Bürofunktionen, wie zum Beispiel die Erstellung von Serienbriefen, fehlen.

FrameMaker von Adobe ist in erster Linie ein DTP-Programm zur Erstellung von umfangreichen Dokumentationen, insbesondere im technisch-wissenschaftlichen und mathematisch-naturwissenschaftlichen Umfeld. Auch bei diesem Programm fehlen viele typische Bürofunktionen. FrameMaker besitzt einen leistungsfähigen Formeleditor für mathematische Formeln und Matrizen sowie einen Grafikeditor mit umfangreichen Funktionen.

PageMaker von Adobe ist ein im kommerziellen Bereich häufig benutztes DTP-Programm, das zunehmend von InDesign verdrängt wird. Während FrameMaker bei der Gestaltung und Formatierung von (langen) Texten überlegen ist, zeichnet sich PageMaker durch seine Stärken bei der Montage sowie bei der Integration von Text, Grafiken und Fotos aus. Typischer Einsatzzweck: die Erstellung von Prospekten und ähnlichen "kleinen" (und farbigen) Drucksachen.

QuarkXPress von Quark zeichnet sich durch "typographische Schwerpunkte" aus. Es erlaubt das exakte Setzen von Schriftzeichen in Bruchteilen von "Punkten" auch relativ zur "Grundlinie" einer Schriftart.

TeX ist das klassische Satz-Programm im Hochschulbereich zum Erstellen wissenschaftlicher Arbeiten und zum Setzen und Drucken von Formeln u.ä. Die Einarbeitung in TeX ist sehr aufwändig, die Erstellung des Textes geschieht in zwei Phasen: Zunächst wird eine ASCII-Datei erstellt, in der der Text enthalten ist, und alle Formatierungen einschließlich Wahl der Schriftarten mit Hilfe von TeX-Kommandos definiert werden müssen. Der Aufbau dieser Satz-Datei ähnelt im Prinzip der Programmierung einer Webseite in HTML. Diese Text-Datei wird dann von TeX in eine geräteunabhängige "Druckdatei" übersetzt, die in einem weiteren Schritt in eine geräteabhängige, druckfähige Datei, zum Beispiel in Postscript-Format, überführt werden kann. Nachfolgend ein kurzes Beispiel für eine Textdatei zur Erstellung eines Buchs in TeX:

```
\documentclass[a4paper]{book}
\usepackage[T1]{fontenc}
\usepackage[latin1]{inputenc}
\begin{document}
\chapter{...Kapitelüberschrift}
\subsection{ ... }

%% Hier steht der Buchtext

\end{document}
```

E-Mail-Dienste

Die E-Mail, abgeleitet aus dem Englischen von „electronic mail", bezeichnet eine auf elektronischem Weg in Computernetzwerken übertragene, briefartige Nachricht. E-Mail wird – noch vor dem World Wide Web – als wichtigster und meistgenutzter Dienst des Internets angesehen. Allerdings sind seit 2008 bis zu 90 Prozent des weltweiten E-Mail-Aufkommens auf Spam zurückzuführen. Beispiele für E-Mail-Clients im Bürobereich sind Microsoft Outlook oder das Open Source-Projekt Thunderbird.

Abbildung 4-15: Für die Profis - Die zentrale „Drehscheibe" für Kommunikation und Koordination im Büro

Ein E-Mail-Programm dient zunächst einmal nur zum Schreiben, Versenden, Empfangen und Lesen von Nachrichten. Beim Schreiben der Nachricht sendet der Mail-Client mit Hilfe des SMTP-Protokolls (Simple Mail Transfer Protocol) die Nachricht an einen Mail-Relay-Server, der diese dann an den Empfänger zustellt. Der Empfang der Nachrichten erfolgt entweder über das Post Office Protocol (POP3), wobei die Nachrichten vom Mailserver abgerufen werden, oder über das Internet Message Access Protocol (IMAP). In dieser Variante bleiben die Nachrichten auf dem Mailserver und werden dort verwaltet. In modernen Büroumgebungen gehen die Anforderungen aber meist weit über diese einfache Mail-Funktionalität hinaus. Daher ist in vielen Fällen ein Microsoft Exchange-Server installiert, der für eine Arbeitsgruppe folgende zusätzliche Funktionalitäten zur Verfügung stellt:

- Terminverwaltung in eigenen und gemeinsamen Kalendern
- Aufgabenverwaltung
- Verwaltung von Kontakten und Adressen, auch in einem globalen Adressbuch, das alle Anwender gemeinsam sehen und pflegen können
- Verwaltung von Notizen und Dokumenten
- Synchronisierung mit mobilen Geräten, wie z. B. Smartphone oder PocketPC
- Filterung von Spam-Nachrichten
- globale Annahme- und Verweigerungsliste für Nachrichten (Whitelist/ Blacklist)
- Virenprüfung von eingehenden und ausgehenden Nachrichten

Das größte Problem der Kommunikation in unserer heutigen Zeit ist der starke Anstieg von **Spam**: „Im vergangenen Jahr waren 89,88 Prozent aller eingehenden E-Mails in Unternehmen Spam-Nachrichten, die keine geschäftsrelevanten Informationen enthielten. Das geht aus dem aktuellen Spam-Jahresbericht von Panda Security hervor, für den der Sicherheitsanbieter insgesamt 430 Millionen E-Mails überprüft hat. Weitere 1,39 Prozent der elektronischen Nachrichten enthielten einen Schädling, mit dem der PC ohne Zutun des Anwenders infiziert werden konnte. Das Jahr 2008 begann mit einem Spam-Aufkommen von unter 80 Prozent im Januar, steigerte sich im zweiten Quartal auf über 94 Prozent und sank dann zum Ende des Jahres auf etwa 90 Prozent." [ZD09]

Dokumentenmanagementsysteme

Dokumentenmanagement dient der datenbankgestützten Verwaltung ursprünglich meist papiergebundener Dokumente in elektronischen Systemen.

Abbildung 4-16: Für die Profis - Die zentrale „Drehscheibe" für Kommunikation und Koordination im Büro II

Dokumentenmanagement dient der datenbankgestützten Verwaltung elektronischer Dokumente, hierzulande aber auch oft der Verwaltung ursprünglich meist papiergebundener Dokumente in elektronischen Systemen. Das Thema ist sehr komplex und füllt allein ganze Bücher. Daher an dieser Stelle nur ein kurzer Überblick über die wichtigsten Systeme am Markt (Deutschland, Stand Februar 2008, n=206):

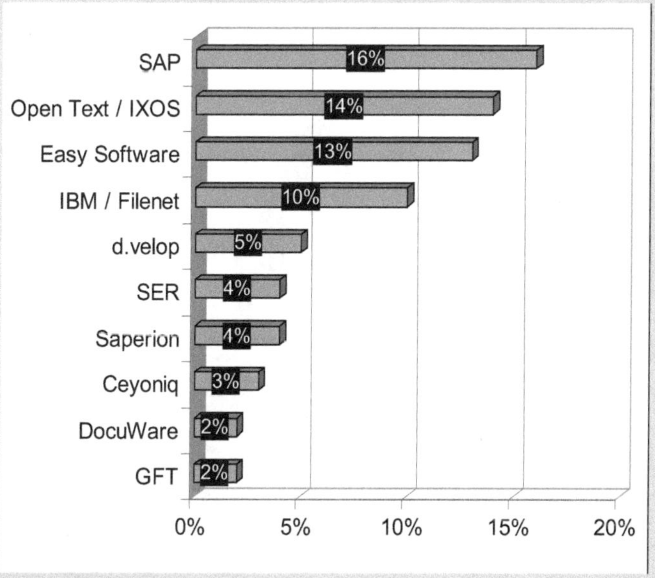

vgl. [CW08]

Workgroup Computing und Workflowmanagementsysteme

Bei Workgroup Computing handelt es sich um eine Teildisziplin des sogenannten Computer Supported Collaborative Work (CSCW). Hierbei steht die Unterstützung von aperiodischer und schwach strukturierter Team- beziehungsweise Gruppenarbeit, die einen hohen Grad an Zusammenarbeit (Kooperation) erfordert, im Vordergrund. Durch Workgroup Computing wird versucht, die Zusammenarbeit durch rechnergestützte, vernetzte Systeme zu erleichtern beziehungsweise erst zu ermöglichen. Die Teammitglieder können dabei geographisch und zeitlich voneinander getrennt sein, zum Beispiel Softwareentwicklung in verschiedenen Zeitzonen oder Kontinenten. Aus diesem Grund gibt es auch ganz unterschiedliche Editoren, die Echtzeit- beziehungsweise zeitversetztes Arbeiten ermöglichen.

Abbildung 4-17: Für die Profis - Änderungen in der Arbeitswelt erfordern neue technische Hilfsmittel

In vielen (insbesondere großen amerikanischen IT-) Unternehmen arbeiten heute Arbeitsgruppen in weltweiten Teams zusammen. Oftmals haben sich die Mitglieder eines Teams noch nie tatsächlich gegenübergestanden und in die Augen sehen können. Die Arbeitsplätze der Teammitglieder liegen oft auf verschiedenen Kontinenten (USA, Europa, Asien) und garantieren damit durch die Verschiebung der Zeitzonen eine 24-Stunden-Erreichbarkeit pro Tag. Ohne technische Unterstützung wäre die Zusammenarbeit solcher Teams undenkbar.

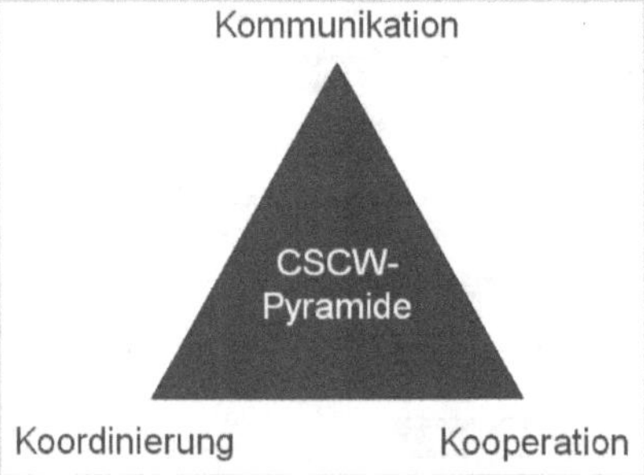

Die wichtigste Aufgabe der technischen Systeme ist es dabei, eine gleiche Dokumentenbasis durch zentrale Datenverwaltung sicherzustellen, Redundanzen und verschiedene Dokumenten-Versionen exakt zu verwalten und synchrone wie asynchrone Kommunikation der Teammitglieder zu ermöglichen. Dazu werden oft folgende Programmbestandteile verwendet:

- Gruppeneditoren (zeitsynchron beziehungsweise asynchron)
- Komponenten zur gemeinsamen Datenhaltung mit Zugriffsmechanismen, die die Datenintegrität bewahren
- Elektronische Sitzungsräume (Möglichkeit zur spontanen Kontaktaufnahme in Form von Telefon- oder Videokonferenzen, auch Internet-basiert)
- Gruppen- und Individualkommunikation
- Personal Information Manager mit Kalender, Terminplanung, Notizfunktion

Abbildung 4-18: Für die Profis - Workflow-Management

Ein Workflow-Management-System dient der aktiven Steuerung arbeitsteiliger Prozesse. Als Workflow wird in diesem Zusammenhang der Teil eines Geschäftsprozesses bezeichnet, der IT-gestützt durchgeführt wird. Ein einfaches Beispiel für einen betrieblichen Workflow ist die Stellung eines Urlaubsantrags:

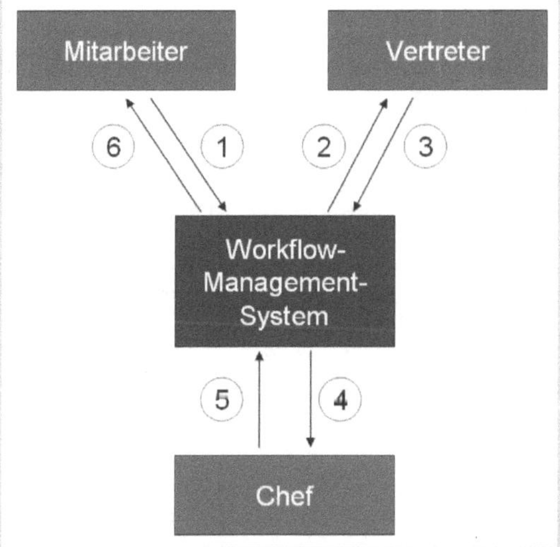

Die obige Abbildung zeigt den typischen, einfachen Workflow bei der Bearbeitung eines Urlaubsantrags. Der Mitarbeiter stellt mit seinem Programm einen Urlaubsantrag (1). Daraufhin prüft das System, ob für den Zeitraum keine Urlaubssperre vorliegt und sendet automatisch eine Nachricht an den Vertreter des Mitarbeiters (2). Wenn dieser zum gewünschten Zeitraum die Vertretung übernehmen kann, bestätigt er die Nachricht mit „ok" (3). Nach Eingang dieser Bestätigung wird der Chef des Mitarbeiters über den Urlaubswunsch und den anwesenden Vertreter informiert (4). Der Chef kann nun wählen, ob er den Urlaubsantrag mit „ja" genehmigt oder mit „nein" ablehnt (5). Danach erhält der Mitarbeiter den genehmigten oder abgelehnten Urlaubsantrag zurück (6).

Ein gutes Workflow-Management-System wird darüber hinaus noch eine Termin- beziehungsweise Fristenüberwachungskomponente beinhalten, die sicherstellt, dass Nachrichten, die zu lange nicht abgerufen werden oder unbeantwortet bleiben, vom System erkannt werden. Danach wird die Nachricht entweder an eine andere Person nochmals versendet oder auf eine Liste zur manuellen Bearbeitung ausgegeben.

Neben vielen positiven Aspekten, wie bessere Prozessqualität, Vereinheitlichung von Abläufen, höhere Transparenz, Reduktion von Bearbeitungszeiten und Kosten etc., birgt die Einführung eines starren Workflow-Managements aber auch Probleme. So kann zum Beispiel auf seltene oder nicht vorhergesehene Ereignisse nicht reagiert werden. Auch ist ein all zu starrer Rahmen oft der Kreativität und Ideenfindung zur weiteren Verbesserung der Geschäftsprozesse eher hinderlich.

Marktmacht für Office-Produkte

Laut einer Studie des Fraunhofer-Instituts für Arbeitswirtschaft und Organisation IAO aus dem Jahr 2005 (vgl. [IAO05]) ist die Office-Lösung aus dem Hause Microsoft mit großem Abstand Weltmarktführer. Der Marktanteil von MS Office beträgt um die 90 Prozent, teilweise werden sogar bis zu 95 Prozent vermutet. Die Marktpräsenz dieses Office-Paketes ist so stark, dass seine Datenformate als de facto Datenaustauschstandards genutzt werden.

Abbildung 4-19: Panorama - Anbieter für Office-Systeme

Wenn heute von Office-Systemen gesprochen wird, denken die meisten an den Marktführer Microsoft Office. Doch es gibt eine ganze Reihe Anbieter mehr:

- **Microsoft Office:** Das Office Professional von Microsoft umfasst die Programme Word (Textverarbeitung), Excel (Tabellenkalkulation), PowerPoint (Präsentationssoftware), Publisher (Desktop Publishing), Outlook mit Business Contact Manager (Adress-, Terminverwaltung und E-Mail-Client) und Access (Datenbank).
- **Microsoft Works:** Ein einfaches Office-Paket mit Textverarbeitung, Tabellenkalkulation, Datenbank und Terminplanung mit im Vergleich zu Office eingeschränktem Funktionsumfang.
- **Open Office:** Die freie Software umfasst die Programme Writer (Textverarbeitung), Math (Formeleditor), Calc (Tabellenkalkulation), Draw (Zeichenprogramm), Impress (Präsentationssoftware) und Base (Datenbank).
- **Oracle Open Office (ehem. StarOffice):** Kommerzielle Variante zu Open Office von Oracle/SUN mit den gleichen Programmen.
- **iWork:** Das Office-Paket von Apple umfasst die Programme Pages (Textverarbeitung), Keynote (Präsentationssoftware) und Numbers (Tabellenkalkulation).
- **RagTime:** Office-Software für Apple-Computer, die Desktop Publishing und Tabellenkalkulation verbindet und hauptsächlich zur Gestaltung von geschäftlichen Publikationen konzipiert ist.
- **WordPerfect Office:** Das Office-Paket von Corel umfasst die Programme WordPerfect (Textverarbeitung), Quattro Pro (Tabellenkalkulation), Presentations (Präsentationssoftware), WordPerfect Mail (E-Mail) und Paradox (Datenbank).
- **Lotus SmartSuite:** Das Office-Paket von IBM umfasst die Programme Lotus Word Pro (Textverarbeitung), Lotus 1-2-3 (Tabellenkalkulation), Lotus Approach (Datenbank), Lotus Freelance Graphics (Präsentationssoftware), Lotus Organizer (Personal Information Manager) und Lotus Fastsite (Konvertierung der SmartSuite-Dateien zu Webseiten).

- **Lotus Symphony:** Freies Office-Paket von IBM basierend auf Open Office.
- **SoftMaker Office:** Das Office-Paket umfasst die Programme TextMaker (Textverarbeitung), PlanMaker (Tabellenkalkulation), Presentations (Präsentationssoftware) und DataMaker (Datenbank).

Neben dieser Auswahl an Office-Paketen, die auf dem Computer lokal installiert werden, gibt es seit wenigen Jahren auch Office-Pakete, die online im Webbrowser gestartet werden, ohne dass lokal auf dem Computer etwas installiert werden müsste:

- **Google Text & Tabellen:** Internet-basierte Anwendung für Textverarbeitung, Tabellenkalkulation und Präsentationserstellung. Die Nutzer können dabei Textdokumente, Tabellen und Präsentationen gemeinsam mit anderen online erstellen und bearbeiten.
- **Microsoft Office Live Workspace:** Auch die Firma Microsoft bietet Webanwendungen von Word, Excel, Powerpoint und OneNote an.

Der oben dargestellte Überblick umfasst die wichtigsten kompletten Office-Pakete, ist aber bei weitem noch nicht vollständig. Dazu kommt noch eine enorme Zahl von einzelnen Programmen für Einzelaufgaben, wie Textverarbeitung, Desktop Publishing, Grafikbearbeitung etc. Ebenfalls nicht vergessen werden sollen an dieser Stelle die vielen kleinen Branchenlösungen, die ebenfalls zum Teil oft eigene Texteditoren, Kalkulationsprogramme für Aufmaß etc. mit an Bord haben.

Kein IT-Profi hat – auch nach vielen Jahren Praxiserfahrung – jemals alle am Markt verfügbaren Programme zur Unterstützung von Büroaufgaben auch nur einmal gesehen...

Was haben Sie gelernt?

Dass die Technik funktioniert, betrachten wir heute eigentlich schon fast als Selbstverständlichkeit. Dennoch scheitern viele Projekte immer noch daran, dass die Menschen, die mit dieser Technik arbeiten sollen, im Vorfeld nicht genügend berücksichtigt wurden.

Dabei haben Mitarbeiter aller Ebenen im Unternehmen mit diesen Systemen zu tun. Von der operativen Ebene eines Sachbearbeiters, der möglichst effizient Routinetätigkeiten abarbeiten soll, über die Ebene der Disponenten, die Hilfestellung bei Planungsaufgaben benötigen, bis hin zur Geschäftsleitung, die umfangreichen Informationsbedarf zur Vorbereitung von Entscheidungen hat. Die „klassische" Arbeit im Büro hat in fast allen Branchen und Unternehmensgrößen ähnliche Grundaufgaben. Diese werden mit Hilfe moderner Büroinformationssysteme unterstützt.

Während früher die Einzelaufgabe eines Mitarbeiters im Vordergrund stand, geht es heute immer mehr um die Zusammenarbeit der Mitarbeiter im Team. Dazu werden die sogenannten „Workflows" durch IT-Systeme unterstützt und Tools zur kooperativen Bearbeitung und Kommunikation zur Verfügung gestellt.

Literaturverzeichnis Kapitel 4

[CW08] RAAD RESEARCH: Die Top 10 Dokumenten-Management-Systeme in Unternehmen, Computerwoche 11/2008, http://www.computerwoche.de/software/bi-ecm/1877994/, abgerufen am 27.11.2011

[FOR09] FORBES MAGAZINE (HRSG.): The World's Billionaires 2009, erschienen in www.forbes.com, 03.11.09, http://www.forbes.com/lists/2009/10/billionaires-2009-richest-people_The-Worlds-Billionaires_Rank.html, abgerufen am 20.07.2010

[IAO05] RENNER, T., VETTER, M., REX, S., KETT, H.: Open Source Software: Einsatzpotenziale und Wirtschaftlichkeit. Eine Studie der Fraunhofer-Gesellschaft, Stuttgart 2005

[PP10] NEWS AKTUELL (HRSG.): Bill und Melinda Gates stellen 10 Milliarden US-Dollar für "Jahrzehnt der Impfstoffe" bereit Pressemitteilung erschienen in www.presseportal.de, 29.01.2010, http://www.presseportal.de/pm/16536/-1552808/bill_melinda_gates_foundation, abgerufen am 20.07.2010

[SI08] SIGLAB E.V. (HRSG.): Studie FH München: 85%-iges Einsparpotenzial durch eBilling, erschienen in siglab.de, 5.9.2008, http://www.siglab.de/studie-fh-muenchen-85-iges-einsparpotenzial-durch-ebilling-326/, abgerufen am 29.01.2011

[SO08] LISCHKA, K.: Technikärgernis Tabellenkalkulation - So falsch rechnet Excel, erschienen in Spiegel Online, 3.7.2008, http://www.spiegel.de/netzwelt/web/0,1518,563637,00.html, abgerufen am 27.01.2011

[SP08] SPIEGEL ONLINE (HRSG.): Auflagen aus Brüssel - EU-Kommission verhängt Rekordbußgeld von 899 Millionen Euro gegen Microsoft, erschienen in Spiegel Online, 27.02.2008, http://www.spiegel.de/wirtschaft/0,1518,538104,00.html, abgerufen am 20.07.2010

[SZ07] HAUCK, M.: Powerpoint-Karaoke - Pointierte Witzelsucht, erschienen in www.sueddeutsche.de, 14.11.2007, http://www.sueddeutsche.de/digital/powerpoint-karaoke-pointierte-witzelsucht-1.356650, abgerufen am 26.01.2011

[TE07] MERSCHMANN, H.: PowerPoint is evil!, erschienen in heise online, 01.01.2007, http://www.heise.de/tp/r4/artikel/24/24346/1.html, abgerufen am 27.01.2011

[WM08A] http://commons.wikimedia.org/wiki/File:Bill_Gates_World_Economic_Forum_-Annual_Meeting_Davos_2008_number2.jpg?uselang=de, abgerufen am 20.07.2010

[ZD09] GREIF, B.: Panda meldet 90 Prozent Spam-Anteil in Unternehmen, erschienen in www.ZDNet.de, 30.01.2009, http://www.zdnet.de/news/wirtschaft_sicherheit_-security_panda_meldet_90_prozent_spam_anteil_in_unternehmen_story-39001024-39201848-1.htm, abgerufen am 17.01.2011

5 Datenbanken

Wie Unternehmen Daten speichern und nutzen

Warum ist das Thema relevant?

Die Menge an Informationen, mit denen wir uns heute auseinandersetzen müssen, kann mit den früher üblichen Karteikarten nicht mehr erfasst und verwaltet werden. Aus diesem Grund wurden die Datenbanken ins Leben gerufen, welche die Erfassung und Verwaltung von Informationen ermöglichen.

In der heutigen IT-lastigen Welt sind wir überall von Datenbanken umgeben, ohne dies zu realisieren. Sei es beim Geld abheben, bei der Reservierung eines Hotels, beim Abruf der Wetterdaten über das Internet, bei der Suche nach einem Kontakt in Ihrem Handy – wir greifen immer auf Datenbanken zu.

Was sollten Sie wissen?

Wenn Sie dieses Kapitel durchgearbeitet haben, sollten Sie

- Aufbau und Aufgabe von Datenbanksystemen beschreiben können,
- die Anforderungen an Datenbankmanagementsysteme verstehen,
- Aufbau und Aufgaben von vernetzten Datenbanken kennen,
- wissen, wie ein Data-Warehouse arbeitet und Daten auswertet.

Welche Schlüsselbegriffe sollten Sie kennen?

Am Ende dieses Kapitels sollten Sie folgende Begriffe verstanden haben und mit eigenen Worten erklären können, was darunter verstanden wird:

- Daten, Datenbank und Datenbanksystem
- Data-, Text- und Web-Mining
- Drei-Ebenen-Architektur
- Data-Warehouse
- Online-Analytical-Processing (OLAP)

∑>∑> Daten

Die Zahl „30" und das Wort „Urlaubstage" sind Daten. Sie bestehen aus einer Reihe von Zeichen, die gespeichert, übertragen und verarbeitet werden können. Die Daten werden auf sogenannten Datenträgern gespeichert und aufbewahrt. Dies kann unter anderem eine CD, DVD oder ein Stick sein.

Ziffern, Buchstaben, Bildpunkte oder Töne werden als Daten bezeichnet, wenn sie konkrete Informationen beinhalten und so aufbereitet sind, dass sie maschinell verarbeitet werden können (vgl. [HANE09]). Hierbei haben formatierte Daten einen fest vereinbarten Aufbau im Gegensatz zu unformatierten Daten, also Text, die nicht verbindlich strukturiert sind. Erscheinungsformen von Daten können Schrift, Ton oder Bild sein. Werden diese Erscheinungsformen integriert verarbeitet, wie beispielsweise bei Computerspielen, so wird von Multimedia gesprochen (vgl. Kap. 2).

Alle Daten werden im Rechner digital verarbeitet. Dies bedeutet technisch, dass eine Folge elektrischer Impulse oder magnetisierte Punkte verwertet und auf einem Datenträger gespeichert werden. Daten können verschiedene Datentypen haben. So gibt es unter anderem die Datentypen ganze Zahl (integer), Datum (date) oder alphanumerische Zeichenkette (char).

Daten können nach ihrem Verwendungszweck in Stammdaten und Bewegungsdaten unterschieden werden. Stammdaten, wie beispielsweise Personalstammdaten mit Namen und Adressen, werden seltener geändert als Bewegungsdaten, wie beispielsweise Lagerzu- und -abgangsbuchungen.

∑>∑> Datenbank

Wir wissen nicht, mit welchen Anwendungssystemen wir in Zukunft arbeiten werden; aber es ist kaum zu bezweifeln, dass Datenbanken auch in Zukunft ein zentraler Bestandteil fast jeder Software sein werden. Sie verwalten Lagerbestände eines Unternehmens, Patienteninformationen in Krankenhäusern, Telefondaten in der Auskunft, Finanztransaktionen in der Bank. Sie stellen somit die Basis und den erfolgskritischen Teil eines jeden Unternehmens dar (vgl. Kap. 1). Von der Verfügbarkeit, Vollständigkeit und Richtigkeit der Daten hängt die Aktionsfähigkeit eines Unternehmens ab. Die vollständige Automatisierung von Lagerbeständen macht eine manuelle Verwaltung heute unmöglich. Der Verlust einer Lagerdatenbank könnte somit das Unternehmen in kurzer Zeit finanziell ruinieren, da georderte Produkte nicht ausgeliefert werden können oder gar die Aufträge selbst verloren sind. Das Thema Datensicherheit ist aus diesem Grund ein wichtiger und auch gesetzlich vorgeschriebener Bestandteil der IT von Unternehmen.

Abbildung 5-1: *Der Mensch und seine Umgebung [BELY08]*

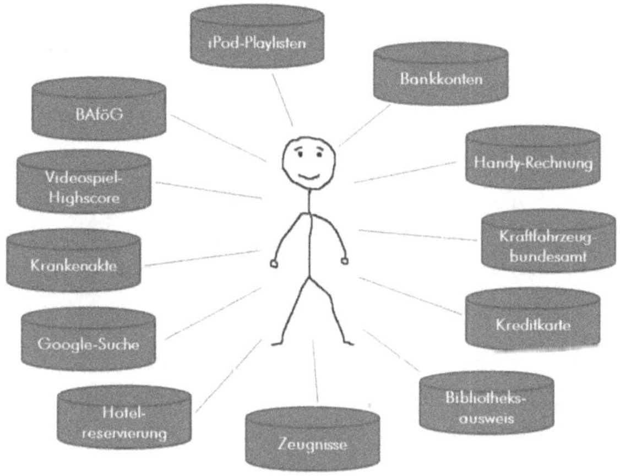

Daten können in Datenbanken gespeichert und verwaltet werden. Die Daten in Datenbanken sind eine Sammlung von zusammengehöriger Daten, die aus der Sicht des Benutzers miteinander in Verbindung stehen. Eine Datenbank kann mit einem Karteikasten oder einem System verbundener Karteikästen verglichen werden, bei dem beispielsweise jeder Mitarbeiter eine Karte mit seinen Urlaubstagen hat und im Karteikasten alle Urlaubstage aller Mitarbeiter zu finden sind.

Ein einzelner Eintrag von zusammengehörigen Daten in einer Datenbank wird als Datensatz bezeichnet. Ein Datensatz kann beispielsweise eine Lieferadresse eines Kunden sein. Die Überschriften über diesen Dateneinträgen, wie Straße oder Stadt, sind die Attribute. Vergleicht man eine Datenbank mit einem Karteikasten, so entspricht ein Datensatz einer Karteikarte. Die Attribute sind die Begriffe, zu denen Einträge auf der Karte vorzunehmen sind, und die Attributswerte oder Datenelemente die Einträge selbst. Jeder Datensatz besteht aus einer festen Anzahl von Datenelementen.

Abbildung 5-2: *Attribute eines Datensatzes*

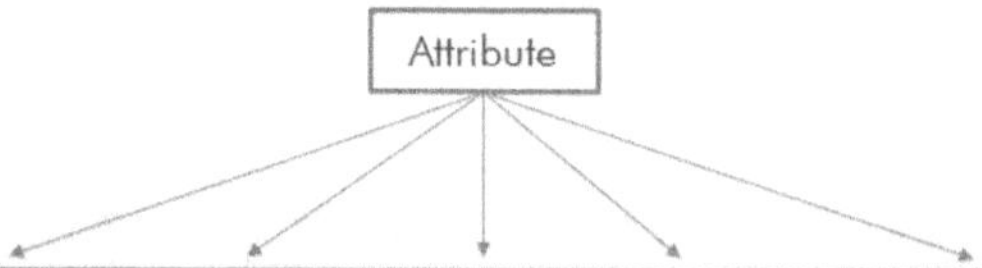

KundenID	Vorname	Nachname	Strasse	Hausnr.
00000101	Helmut	Maier	Wilhelmstraße	12
00000102	Monika	Huber	Rosenweg	25

Datensätze werden in den meisten Datenbanken in einer Tabelle gespeichert. Mehrere Tabellen können wiederum in einer inhaltlichen Beziehung zueinander stehen. So kann eine Tabelle, die Kundendaten speichert, in Zusammenhang mit einer Tabelle von gekauften Produkten stehen. Eine Firma kann damit ermitteln, welcher Kunde welche Produkte gekauft hat.

Datenbanksystem

Ein Datenbanksystem (DBS) besteht aus einer oder mehreren Datenbanken (DB) und einem Datenbankmanagementsystem (DBMS). In den Datenbanken werden die Daten gespeichert. Mit dem Datenbankmanagementsystem können die Datenbanken verwaltet und Zugriffsrechte definiert werden (vgl. Abb. 5-3).

Datenbankmanagementsysteme übernehmen eine wichtige Funktion eines Softwaresystems. Sie stellen einem Datenbankadministrator Werkzeuge zur Verfügung, um den schnellen und dauerhaften Zugriff auf die Daten sowie den Schutz gegen unerlaubten Zugriff und Systemfehler zu gewährleisten. Aus diesem Grund sind Datenbankmanagementsysteme selbst komplexe Softwaresysteme.

Abbildung 5-3: *DBMS + Datenbank = Datenbanksystem*

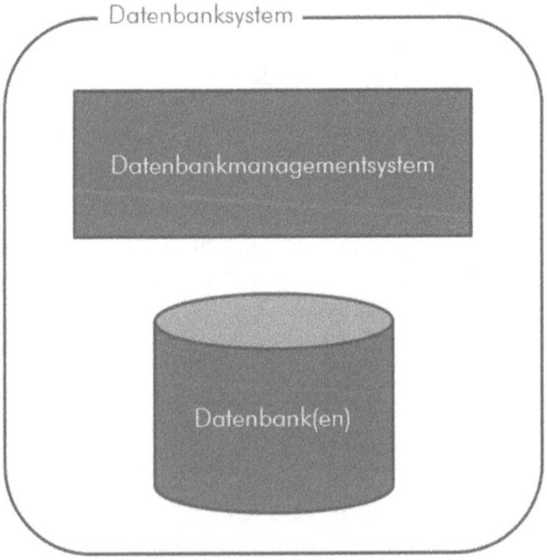

Abbildung 5-4: *Für die Profis – Begriff „Datenbank"*

In der Praxis wird der Begriff „Datenbank" mehrdeutig verwendet. Er kann sowohl die gesamte Anwendung (DBMS, zugehörige Programme und Dateninhalte) im Sinne einer „Daten-Bank" bezeichnen (engl. databank) als auch den reinen Datenspeicher als technische Daten-Basis (engl. database). Ferner verwenden die einzelnen DBMS-Hersteller geringfügig voneinander abweichende Begrifflichkeiten dafür, was genau man unter einer Datenbank versteht, also entweder alle Daten, die von einer DBMS-Installation beziehungsweise -Instanz verwaltet werden, oder nur die jeweils inhaltlich zusammengehörigen Daten.

Aufbau Datenbanksystem

Das Datenbanksystem selbst ist oft ein wesentlicher Bestandteil eines Informationssystems, welches der allgemeinen Durchführung eines Informationsaustausches dient. Es enthält sämtliche Komponenten, die zur Erfüllung dieser Aufgabe notwendig sind, also die eigentlichen Daten, die Datenbank-Software, die Rechnerhardware, die Menschen, welche die Daten nutzen und verwalten, sowie sonstige wichtige Anwendungssoftware.

Bei der Verwendung von Datenbanksystemen wird durch die Unterscheidung zwischen logischen und physischen Informationen eine zunehmende Unabhängigkeit der Anwenderprogramme zu der eigentlichen Speicherform der Daten erreicht. Zusätzlich entsteht ein spezielles System zur Verwaltung der Daten.

Abbildung 5-5: Panorama – Geschichte der Datenbank

Die erste Generation von Datenbanken bestand aus Lochkarten. Ein Nachteil war, dass die Lochkarten hintereinander (sequentiell) gelesen werden mussten, was zur Folge hatte, dass alle Informationen, die vor der gesuchten standen, ausgelesen und verarbeitet werden mussten. Eine ähnliche Verarbeitungsform hatten Magnetbänder, auf denen Daten nur sequentiell gespeichert werden konnten.

Die zweite Generation der Datenbanken wurde ca. 1960 entwickelt. Zu diesem Zeitpunkt begann man die Daten auf Festplatten zu halten. Deren Eigenschaft des wahlfreien Zugriffs führte zu einem erheblichen Performance-Vorteil. Weiterhin erlaubte der Mehrbenutzerbetrieb vielen Benutzern den gleichzeitigen Zugriff auf die Datenbank. Zwischen 1965 und 1975 wurde die dritte Generation der Datenbanken entwickelt. In dieser Zeit entstanden das hierarchische Datenbankmodell und die Netzwerkdatenbank.

Im Gegensatz zu hierarchischen Datenbanken können in Netzwerkdatenbanken die Datensätze auf mehreren Wegen verknüpft sein und nicht nur entlang einfacher Eltern-Kind-Beziehungen. Eine heute noch häufig eingesetzte Netzwerkdatenbank ist IDMS der Firma Computer Associates.

Einen wesentlichen Fortschritt erzielte in den 1960er und 1970er Jahren Edgar F. Codd mit seiner Forschungsarbeit am IBM Almaden Research Center. Codd entwickelte die Grundlagen der ersten experimentellen relationalen Datenbank System R. Die Firma Oracle entwickelte das erste kommerzielle Datenbankmanagementsystem.

Relationale Datenbanken sind heute am weitesten verbreitet. In ihnen werden Daten (Texte, Zahlen und Binärdaten) in Tabellen abgespeichert. Die Bezeichnung relational entstammt dem zugrunde liegenden mathematischen Modell, auf dem diese Datenbanken beruhen, der relationalen Algebra.

Eine neuere Entwicklung sind objektorientierte Datenbanken (OODBMS). Bei relationalen Datenbanken geht es zuerst um die Struktur, in der die jeweiligen Daten gespeichert werden sollen. Objektorientierte Datenbanken dagegen folgen der objektorientierten Programmiermethode, das heißt, es kommen erst die Daten, an denen sich die Datenbankstruktur dann orientiert. Eine hervorgehobene Eigenschaft von OODBMS ist die Möglichkeit, die Objekte der OO-Programmierungswelt mit wenig Programmieraufwand persistent zu machen, also zwischen Programmläufen abzuspeichern. Ein Beispiel für ein objektorientiertes Datenbankverwaltungssystem ist Caché von Intersystems.

Drei-Ebenen-Architektur

Abbildung 5-6: *Drei-Ebenen-Architektur*

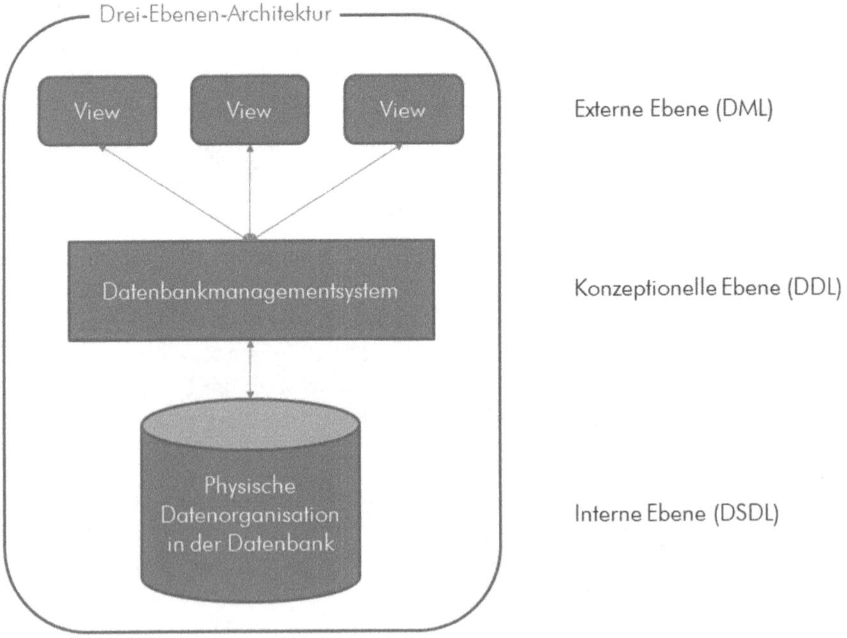

Um den Entwurf einer Datenbank zu erleichtern wurde nach einem Konzept gesucht, mit dessen Hilfe Datenbankarchitekturen standardisiert werden können. Hierzu wurde 1975 von einer Studiengruppe des Standards Planning and Requirements Committee (SPARC) of the American National Standards Institute (ANSI) die sogenannte Drei-Ebenen-Architektur erarbeitet. Daher ist es auch unter dem Namen ANSI/ SPARC-Architekturmodell bekannt. Nach dieser Architektur werden in Datenbanksystemen drei Ebenen unterschieden, denen jeweils ein Schema mit einer formalen Datenbeschreibung zugeordnet wird.

Externe Ebene

Jeder einzelne Benutzer geht mit einer speziellen Zielsetzung an die Datenbank heran. Zum Beispiel sind Adresse und Telefonnummer einer bestimmten Person anzuzeigen oder alle Mitarbeiter, die an einem bestimmten Projekt arbeiten, sollen aufgelistet werden. Daher wird der Benutzer auch nur einen gewissen Teil des Datenmaterials in einer speziellen Zusammenstellung sehen wollen. Im genannten Beispiel wäre dies die gewünschte Telefonnummer und Adresse beziehungsweise die Auflistung der am Projekt beteiligten Personen, weitere Daten sind dabei völlig uninteressant.

Die externe Ebene definiert also die Sicht – auch View genannt – des einzelnen Benutzers beziehungsweise der einzelnen Anwendung auf die Datenbank. Die spezielle benutzerspezifische Sicht bietet dabei eine Teilmenge, die nur einen Ausschnitt aus dem Gesamtbestand aller Daten umfasst. Um beispielsweise eine Abfrage (Query) zu einer solch speziellen Sicht zu formulieren, stehen sogenannte Datenmanipulationssprachen (Data Manipulation Language, DML) wie SQL (vgl. Abb. 5-7) zur Verfügung. Die DML kann auf verschiedene Arten verwendet werden. Es ist dem Benutzer möglich, Befehle zu Anfragen oder Veränderungen, wie beispielsweise Einfügen, Ändern oder Löschen, in der entsprechenden Sprache im direkten Dialog über Kommandozeileneingabe an die Datenbank zu senden. Dies wird als Implementierung einer eigenständigen Dialogsprache bezeichnet.

Im Gegensatz dazu besteht auch die Möglichkeit, dass die DML in eine sogenannte Wirtsprache (Host-Language) eingebettet ist. Als solche Wirtssprachen kommen höhere Programmiersprachen, wie zum Beispiel Cobol, Pascal, C/C++ und Java, in Betracht, mit deren Hilfe Anwenderprogramme, die mächtige und umfangreiche Funktionen zur Verfügung stellen, zur einfachen Handhabung des Datenbanksystems entwickelt werden können. Weiterhin beinhaltet die externe Ebene grafische Benutzerschnittstellen für die Eingabe von Anfragen und Befehlen und zur Anzeige von Resultaten (Sichten, Views) und Meldungen.

Konzeptionelle Ebene

Diese Ebene umfasst die logische Gesamtsicht aller Daten und beschreibt ihre Beziehungen untereinander in einem Schema, das den konzeptionellen Aufbau der Datenbank darstellt. Dieses Schema gibt ausschließlich die Definition des Informationsgehalts der Datenbank an. Damit hier die Umsetzung der physischen Datenunabhängigkeit gegeben ist, wird in diesem Schema nicht auf Struktur- und Zugriffsmöglichkeiten bezüglich der Daten eingegangen. Um genauer formulieren zu können, was in der Datenbank abgelegt werden soll, verwendet diese Ebene die Datendefinitionssprache (Data Definition Language, DDL). Dabei wird auf folgende Aspekte eingegangen:

- Ausführliche Beschreibung aller Datenobjekte
- Erläuterungen aller Beziehungen zwischen diesen Objekten
- Definition aller notwendigen Integritätsbedingungen (Rand-, Nebenbedingungen) zur Wahrung der semantischen Korrektheit
- Festlegungen aller notwendigen Zugriffsberechtigungen

Interne Ebene

Eine Datenbank betrachtet die physisch gespeicherten Daten als Datensätze (Records). Hier unterscheidet sie sich von der Betrachtung als Pages oder Blöcke, wie dies in der Speicherverwaltung eines Rechners geschieht. Diese arbeiten mit einer durch die Rechnerarchitektur und das Betriebssystem festgelegte Anzahl von direkt aufeinanderfolgenden Speicherstellen im logischen Speicherraum.

Die interne Ebene liegt von der Betrachtung her dem physikalischen Speicher dennoch sehr nahe, da in ihrer schematischen Darstellung Informationen darüber festgehalten werden, wie Art und Aufbau der Datenstrukturen (Daten-Definition) festgelegt sind und welche speziellen Zugriffsmöglichkeiten für diese Datenstrukturen zur Verfügung stehen. Ebenso ist die interne Ebene für die Regelung der Datenlokalisierung auf den verwendeten Sekundärspeichermedien, wie beispielsweise Festplatte oder Stick, zuständig. Dabei wird unter Nutzung der Betriebssystemfunktionen die Abbildung des logischen in den physischen Adressraum gewährleistet. Zur Definition der internen Datenbankstrukturen wird hier die Datenabspeicherungssprache (Data Storage Definition Language, DSDL) genutzt.

Abbildung 5-7: Für die Profis – Was ist SQL? [BeBr2000]

SQL ist die Abkürzung für Structured Query Language. Diese zunächst Anfang der siebziger Jahre von der Firma IBM im Rahmen eines Forschungsprojekts entwickelte Abfragesprache für relationale Datenbanksysteme hatte ursprünglich den Namen Structured English Query Language und wurde entsprechend als SEQUEL abgekürzt. Später hat sich dann daraus das Kürzel SQL ergeben. Im englischen und zum Teil auch im deutschen Sprachraum ist davon noch übrig geblieben, dass SQL häufig nicht als EsKuEl, sondern als Siequel ausgesprochen wird. Inhaltlich bedeutsamer ist die Tatsache, dass sich SQL von seiner proprietären IBM-Herkunft zu einem internationalen Standard entwickelt hat. Seit 1982 arbeitet das American National Standards Institute – im Allgemeinen besser als ANSI bekannt und ungefähr dem deutschen DIN vergleichbar – an einer Standardisierung von SQL. Der gegenwärtige ANSI-SQL-Standard wird als SQL2 oder SQL-92 bezeichnet.

In der Regel realisieren kommerzielle RDBMS-Produkte nicht alle Leistungsspezifikationen des ANSI-Standards. Den Kernumfang haben jedoch alle bedeutsamen Anbieter relationaler Datenbanksysteme in den SQL-Sprachumfang ihrer Software aufgenommen. Dies gilt auch für Microsoft Access. Alle auch nur einigermaßen wichtigen Leistungsmerkmale – repräsentiert durch die entsprechenden Sprachelemente – sind in Access verfügbar. Darüber hinaus existieren in Access einige SQL-Sprachelemente, die im ANSI-Standard nicht definiert sind.

Was für Microsoft Access gilt, bieten auch alle verbreiteten anderen RDBMS. Der praktisch bedeutsame Kern des ANSI-SQL ist realisiert. Dies hat die wichtige Konsequenz, dass Datenbanksysteme, zu denen eine ODBC-Verbindung (Open Database Connectivity; standardisierte Datenbankschnittstelle, die SQL als Datenbanksprache verwendet) eingerichtet ist, dieselbe Sprache sprechen wie Access, woraus sich beispielsweise die Möglichkeit ergibt, einem in der Regel leistungsfähigeren SQL-Server eine SQL-Abfrage zu übergeben, diese dort auswerten zu lassen und das Abfrageergebnis zurückzubekommen. Diese Form der Abfragen wird in Access als Pass-Through-Abfragen bezeichnet. Darüber hinaus ist es seit Access 2000 möglich, in einer Access-Anwendung statt der JetEngine (relationale Datenbank-Engine für Windows Betriebssysteme) den Microsoft SQL Server als Datenbank-Maschine einzusetzen. Die Access Anwendung wird dann als Access-Projekt bezeichnet.

SQL kann als eine Sprache sehr hoher Ordnung bezeichnet werden. Dies bedeutet, dass man durch Angabe weniger Schlüsselwörter und Tabellennamen oder anderer benutzerseitiger Informationen eine differenzierte Abfrage formulieren kann. Zumindest einfache Abfragen, die nur auf einer Tabelle basieren, jedoch bereits Kriterien und eine Selektion einzelner Tabellenfelder umfassen, sind auch von bisher mit SQL wenig vertrauten Benutzern leicht zu erstellen – auch ohne die Entwurfsansicht einer Abfrage zu Hilfe zu nehmen. Wenn man jedoch auch diese Hilfe in Anspruch nimmt, kann man leicht auch komplexere Abfragen formulieren. Empfehlenswert ist es, eine Abfrage zunächst so weit wie möglich in der Entwurfsansicht einer Abfrage zu entwerfen und sich dann den SQL-Code in der SQL-Ansicht zu betrachten. Diesen kann man dann bearbeiten. Dazu sind allerdings gewisse minimale SQL-Kenntnisse erforderlich.

Da SQL-Anweisungen stets als Zeichenketten, also als Text, formuliert und übergeben werden, kann man diese mit jedem Text-Generator bearbeiten. Darüber hinaus sind auch alle Formen von Verkettungen von Zeichenfolgen möglich. Dies erlaubt vor allem die Manipulation einer SQL-Anweisung in VBA-Prozeduren.

SQL-Befehle können in drei Klassen eingeteilt werden:

Data Definition Language (DDL)	**Data Control Language (DCL)**	**Data Manipulation Language (DML)**
Datenbank erzeugen	Zugriffsrechte gewähren	Tabelle abfragen

`CREATE DATABASE`	`GRANT`	`SELECT`
Tabelle erzeugen `CREATE TABLE`	Zugriffsrechte entziehen `REVOKE`	Tabellenzeile löschen `DELETE`
Tabellenaufbau ändern `ALTER TABLE`		Tabellenzeile einfügen `INSERT`
Tabelle löschen `DROP TABLE`		Tabellendaten ändern `UPDATE`
Tabelle umbenennen `RENAME`		
Virtuelle Tabelle erzeugen `CREATE VIEW`		

Abbildung 5-8: Für die Profis – Datenbank-Kreuzworträtsel

Waagerecht	Senkrecht
2. Abkürzung der Sprache, die bei der externen Ebene der Drei-Ebenen-Architektur verwendet wird	1. Definiert die Sicht des einzelnen Benutzers auf die Datenbank
5. Abkürzung der Sprache, die bei der internen Ebene der Drei-Ebenen-Architektur verwendet wird	2. Abkürzung für Datenbankmanagementsystem
8. Datentyp, der Datumswerte aufnimmt	3. Datenbankanforderung, welche für die Vollständigkeit und Korrektheit der Daten steht
9. dieser Schlüssel sorgt für eindeutige Werte	4. Abkürzung für Online Analytical Processing
12. Datentyp, der Ganzzahlen aufnehmen kann	6. Abkürzung für Structured Query Language
14. in ihr werden Daten innerhalb der Datenbank erfasst	7. im Data-... werden aggregierte Daten erfasst
15. Access gehört zu den ... Datenbanken	10. Datentyp, der alphanumerische Zeichen aufnimmt
17. Datenbankanforderung, welche gegen den Verlust und die Zerstörung der Daten berücksichtigt werden soll	11. eine der wichtigsten Datenbankarten in der heutigen Zeit
18. Datenbankanforderung, welche sich um die schnelle Anzeige der Daten kümmert	13. kann mit einem Karteikasten verglichen werden
19. besteht aus einem Datenbankmanagementsystem und einer oder mehreren Datenbanken	16. kümmert sich um die physische Datenorganisation in der Datenbank
20. Abkürzung der Sprache, die bei der konzeptionellen Ebene der Drei-Ebenen-Architektur verwendet wird	17. kann man im Rechner digital verarbeiten
21. diese Ebene umfasst die logische Gesamtsicht aller Daten	

Anforderungen an ein Datenbanksystem

Anforderungen an Datenbanksysteme, die Anwender stellen, sind (vgl. [STHA05]):

1. Datenunabhängigkeit:
   Zwischen den Anwenderprogrammen und der eigentlichen Datenspeicherung besteht keine Abhängigkeit mehr. Die Daten werden sozusagen anwendungsneutral gespeichert, da die Anwenderprogramme die Kriterien der Datenspeicherung nicht kennen müssen.

2. Datenintegrität:
   Die Daten sollen vollständig, fehler- und widerspruchsfrei sein. Die Realität, die durch die Daten beschrieben wird, muss genau und fehlerfrei abgebildet werden; diese semantische Korrektheit wird auch Datenkonsistenz genannt. Hierzu müssen oft von der realen Welt vorgegebene Randbedingungen, die sogenannten Integritätsbedingungen, erfüllt sein. Beispielsweise sind Gehälter stets positiv, liegen die laufenden Tage eines Monats zwischen 1 und maximal 31 und ist bei einem Mann die Frage nach einer eventuellen Schwangerschaft unsinnig. Darüber hinaus müssen alle erforderlichen Daten der Anwendung gespeichert sein. Datenintegrität bedeutet also Korrektheit und Vollständigkeit der eingegebenen Daten.

3. Effizienz:
   Die Antwortzeiten für Abfragen sollen möglichst kurz und der Speicherplatzbedarf möglichst gering sein.

4. Mehrbenutzerbetrieb:
   Es müssen mehrere Benutzer gleichzeitig mit den gleichen Daten arbeiten können. Dies ist notwendig für den Teilhaberbetrieb, bei dem alle Anwender auf denselben Datenbestand zugreifen.

5. Datenschutz:
   Daten müssen vor unbefugtem Zugriff geschützt werden können. Hierzu können für jeden Benutzer Berechtigungen für den Zugriff auf Daten definiert und in der Datenbank gespeichert werden. Fragen, die zu beantworten sind, könnten sein, ob der Benutzer überhaupt zugriffsberechtigt ist, nur bestimmte Daten sehen darf, und ob er darüber hinaus die zu sehenden Daten auch ändern darf.

6. Datensicherheit:
   Die Daten müssen dauerhaft sicher sein. Nach Störungen durch Hardware- oder Softwarefehler muss ein korrekter Datenbankzustand wiederhergestellt werden können (Recovery). Hierzu gibt es Programme zur Datensicherung und Zugriffsprotokollierung.

∑>∑> Arten von Datenbanksystemen

Es gibt verschiedene Arten von Datenbanksystemen, wie beispielsweise sequenzielle, hierarchische oder Netzwerkdatenbanksysteme, wobei die relationalen und objektorientierten Datenbanksysteme aktuell die gefragtesten sind.

∑>∑> Relationale Datenbanksysteme

Bei relational strukturierten Datenbanken werden die Daten in Form von Tabellen gesichert. Die Datensätze verschiedener Tabellen sind untereinander über gleichartige Felder verbunden. Eine Tabelle besteht aus Zeilen und Spalten (rows und columns). Alle Einträge einer bestimmten Spalte haben dieselbe Bedeutung. Jede Zeile enthält die Eigenschaft eines einzigen Objektes der Tabelle.

Abbildung 5-9: *Relationale Datenbanken*

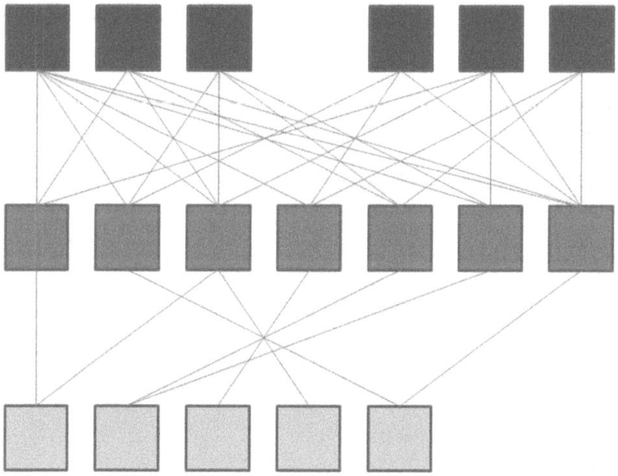

Die Reihenfolge ist bei diesem Modell nicht von Bedeutung. Wichtig ist vielmehr, die Datensätze eindeutig auseinanderhalten zu können. Hierzu werden Primärschlüssel festgelegt, die jeden Datensatz eindeutig identifizieren. Weiter ist die Korrektheit und Vollständigkeit der Daten durch die referenzielle Integrität zu gewährleisten.

Abbildung 5-10: *Für die Profis – Was ist ein Primärschlüssel und was ein Fremdschlüssel?*

Ein **Primärschlüssel** ist ein Feld oder eine Kombination aus mehreren Feldern, deren Werte dazu geeignet sind, den Datensatz eindeutig zu identifizieren. In vielen Fällen wird ein Auto-Wert-Feld als Primärschlüsselfeld definiert. Das ist ein Feld, das eine fortlaufende Nummer enthält, die dem Datenbankmanagementsystem vergeben wird. Man braucht sich hier bei der Erfassung der Datensätze also nicht darum zu kümmern, dass die Daten im Primärschlüsselfeld eindeutig sind. Außerdem hat man so die komplette Kontrolle über das Primärschlüsselfeld, da es außerhalb der Datenbank keine Bedeutung besitzt. Üblicherweise werden Primärschlüsselfelder mit dem Namen ID benannt.

Ein **Fremdschlüssel** ist ein Sekundärschlüssel einer Relation, der in einer anderen Relation Primärschlüssel oder Schlüsselkandidat ist. Er dient als Verweis zwischen zwei Relationen, das heißt, er zeigt an, welche Tupel (geordnete Wertesammlung und Synonym für Datensatz) der Relationen inhaltlich miteinander in Verbindung stehen.

Objektorientierte Datenbanksysteme

Bei objektorientierten Datenbanken werden die Daten nicht mehr in einer einheitlichen Struktur, sondern als separates Objekt verwaltet. Ein Objekt vereinigt Attribute, die statisch sind, mit Methoden, die dynamisch sind. Hintergrund ist, dass Anwendungssysteme, die objektorientiert programmiert werden, nicht direkt mit Daten, sondern mit Objekten arbeiten. Daher sollten dann auch die bisherigen Datenbanksysteme durch objektorientierte Datenbanksysteme (OODBS) abgelöst werden. Mit den OODBS werden nun statt der Daten Objekte persistent, also dauerhaft, gespeichert und anstelle von Tabellen treten sogenannte Klassen auf (vgl. [STHA05]).

Abbildung 5-11: *Objektorientierte Datenbanken*

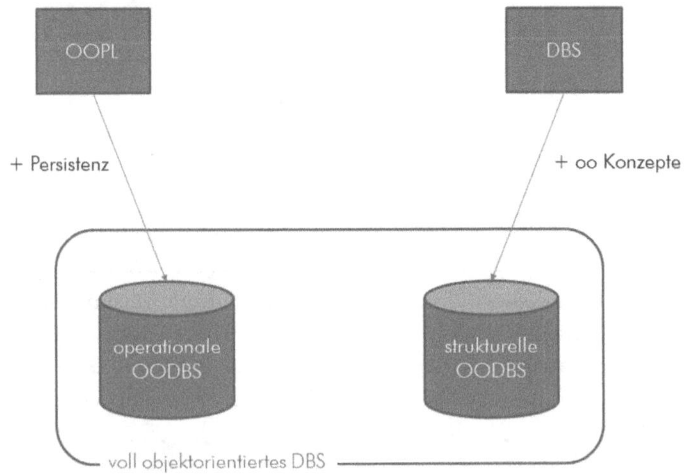

OOPL = Object Oriented Programming Language
DBS = Datenbanksystem
Persistenz = bezeichnet die Fähigkeit, Daten oder Objekte in Datenbanken zu speichern
oo Konzepte = objektorientierte Konzepte
OODBS = objektorientiertes Datenbanksystem

Beziehungsarten

Es gibt drei Arten von Beziehungen, die je nach Art der gespeicherten Information nützlich sind:

- Eine *1:1*-Beziehung verknüpft einen Datensatz einer Tabelle mit genau einem Datensatz einer anderen Tabelle. Dies ist immer dann nützlich, wenn bestimmte Informationsaspekte über ein Entity (Semantische Einheit als Teil der realen Welt) nicht so oft benötigt werden wie andere Aspekte. Die seltenen oder in einem anderen Zusammenhang verwendeten Informationen lassen sich auf diese Weise einfach ausblenden. Beispielsweise könnte eine Tabelle Informationen über angebotene Artikel wie Bezeichnung, Preis und Mehrwertsteuersatz enthalten, eine andere dagegen den Lagerbestand.
- Eine *1:n*-Beziehung oder Eins-zu-viele-Beziehung verbindet einen Datensatz einer Tabelle mit beliebig vielen Datensätzen einer anderen Tabelle. Dies ist der häufigste und nützlichste Verknüpfungstyp, weil er den größten Beitrag zur Vermeidung von Inkonsistenzen leistet. Detailinformationen über Werte, die in einer Spalte einer Tabelle beliebig oft vorkommen können, werden in einer separaten Tabelle erfasst. Die erste Tabelle enthält in dem entsprechenden Feld nur noch einen Verweis auf einen bestimmten Datensatz der zweiten Tabelle.
- Eine *m:n*-Beziehung, auch Viele-zu-viele-Beziehung genannt, kombiniert beliebig viele Vorkommen eines bestimmten Wertes mit beliebig vielen Vorkommen eines anderen. Stellen Sie sich beispielsweise eine Tabelle vor, die eine Liste lieferbarer Waren enthält, und eine weitere Tabelle, in der die Adressen von Kunden erfasst werden. Jeder Artikel kann von beliebig vielen Kunden gekauft werden, und jeder Kunde kann beliebig viele unterschiedliche Artikel kaufen. Das relationale Datenbankmodell verlangt allerdings, dass diese Art von Beziehung indirekt dargestellt wird. Eine dritte Tabelle listet die einzelnen Kaufaktionen auf; jeder Datensatz enthält dabei eine Verknüpfung zu einem bestimmten Kunden und eine weitere zu einem einzelnen Artikel. Jeder dieser beiden Fremdschlüssel für sich bildet eine 1:n-Beziehung; die m:n-Beziehung zwischen Kunden und Artikeln besteht nicht direkt.

Datenbanktypen

Wie bereits ansatzweise deutlich wurde, gibt es zahlreiche Datenbankmanagementsysteme und Datenbankformate. Welches System Sie wählen sollten und welches für Ihre Zwecke optimal ist, hängt aber nicht nur vom Preis ab. Jedes System und Format hat seine Vor- und Nachteile, die Sie vorab kennen und berücksichtigen sollten.

Generell werden folgende Datenbankformate unterschieden:

1. Text- und XML-Datenbanken
2. dateibasierte Datenbanken
3. serverbasierte Datenbanken

Text- und XML-Datenbanken

Die einfachste Form von Datenbanken sind Text-Datenbanken. Sie bestehen aus einer einzelnen oder mehreren verschiedenen Textdateien, die tabellarisch aufgebaut sind. Tabellarisch heißt in diesem Fall, dass in der ersten Zeile die Spaltennamen stehen, in den weiteren Zeilen stehen die Datensätze, die durch das Zeilenendezeichen begrenzt werden. Die einzelnen Spalten werden durch ein definiertes Trennzeichen getrennt, das kann ein Tabulator sein, ein Semikolon oder auch ein anderes Zeichen, das dann jedoch im Inhalt der Felder nicht vorkommen darf. Sollte das doch der Fall sein, besteht die Möglichkeit, die Feldinhalte in Anführungszeichen zu setzen.

Abbildung 5-12: *Textdatei als Datenbank*

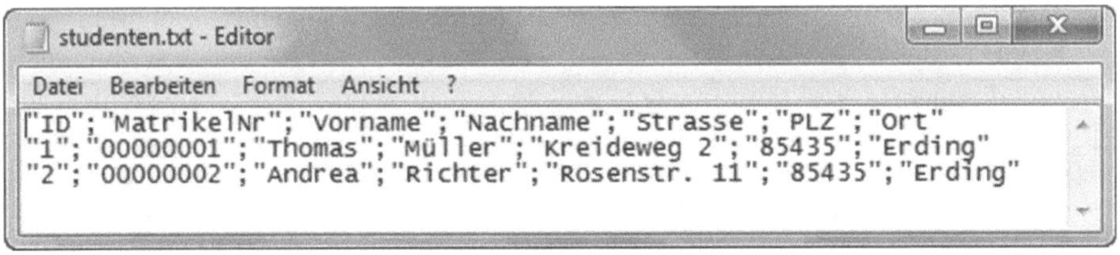

Die Probleme von Textdatenbanken liegen jedoch auf der Hand. Sie können die Typen der Spalten nicht definieren, das heißt, Eingabefehler werden akzeptiert. Darüber hinaus gibt es auch keine Möglichkeiten, Beziehungen zwischen Tabellen zu definieren. Zudem erfordert jede Änderung an der Datenstruktur auch eine Anpassung der Datenbankanwendung.

Alles in allem sind Textdatenbanken kein optimaler Weg. Etwas besser sind da schon XML-Dateien, die man als Datenbank einsetzen kann. Sie sind zwar auch reine Textdateien, aber unter bestimmten Voraussetzungen kann man diese problemlos in einer Anwendung als Datenbanken einsetzen.

Dateibasierte Datenbanken

Bei den dateibasierten Datenbanken handelt es sich um Datenbankformate, die als einzelne Datei vorliegen. Anders als bei XML- und Text-Datenbanken ist dies aber kein offenes Format, das mit jedem beliebigen Editor geöffnet werden kann. Vielmehr handelt es sich um binäre Dateien, die nur mit dem entsprechenden Datenbankmanagementprogramm oder speziellen Treibern und Importfiltern gelesen und geöffnet werden können.

Gerade für kleinere Datenbankanwendungen sind dateibasierten Datenbanken wichtig. Dateibasiert heißt dabei, dass die Datenbank aus einer oder mehreren Dateien besteht, die durch einen einfachen Kopiervorgang von einem Rechner auf einen anderen übertragen werden können.

Zu diesem Datenbanktyp gehören unter anderem:

- Access-Datenbanken
- dBase-Datenbanken
- Paradox-Datenbanken

Serverbasierte Datenbanken

Bei serverbasierten Datenbanken werden die Datenbanken auf einem Datenbankserver verwaltet, der die entsprechenden Werkzeuge für die Verwaltung zur Verfügung stellt. Dieser kann lokal oder in einem Netzwerk installiert sein. Auf einem Datenbankserver können in der Regel beliebig viele Datenbanken verwaltet werden. Beschränkungen in der Größe und Anzahl der Datenbanken sind vom Datenbankserver abhängig.

Die bekanntesten Datenbankserver sind:

- Microsoft SQL-Server
- Oracle
- MySQL
- DB/2

Die Datenbankserver von Microsoft und Oracle sind hauptsächlich für den gewerblichen Betrieb gedacht. Diese sind in der Regel sehr teuer und eignen sich kaum für kleinere Anwendungen und den Einstieg in die Datenbankprogrammierung. Für den privaten Einsatz bieten beide Hersteller auch kostenlose Produkte an. Kostenlos ist auch der MySQL-Server, für gewerbliche Anwendungen ist zwar eine Lizenzgebühr erforderlich, die sich jedoch in Grenzen hält.

Alle vorstehend genannten Datenbankserver nutzen SQL als Datenbankmanagementsprache. Mit Hilfe von SQL können zur Laufzeit der Anwendung, beispielsweise beim ersten Start, die Datenbank und alle erforderlichen Tabellen und Datenbankobjekte erzeugt werden. Das macht SQL-Datenbanken gerade für größere Anwendungen sehr flexibel. Man kann jederzeit die Tabellenstruktur anpassen, Tabellen oder Abfragen und andere Objekte hinzufügen und auch löschen, wenn man sie nicht mehr braucht.

Serverdatenbanken versus dateibasierte Datenbankformate

Soll eine Datenbankanwendung für den Privatgebrauch erstellt werden, so ist ein dateibasiertes Datenbankformat sicherlich optimal. Diese Datenbanken sind recht übersichtlich und einfach zu verstehen und daher auch relativ leicht zu erstellen und zu warten.

Bei SQL-Serverdatenbanken ist dagegen die Verwaltung recht komplex. Allerdings haben serverbasierte Datenbanken auch Vorteile. Sie sind gegenüber dateibasierten Datenbanken sehr viel leistungsfähiger und schneller. Zudem bieten sie Funktionen, die

die Verwaltung sehr großer Datenbanken sehr erleichtern. Beispiele hierfür wären die gespeicherten Prozeduren (engl. stored procedure), die viele einzelne Befehle unter einem Namen zusammenfassen und somit wieder verwendbar machen, oder die Auslöser (engl. Trigger), die Daten um dynamische Abläufe erweitern.

Abbildung 5-13: Panorama – Larry Ellison

Larry Ellison on stage, Bild von „Flickr", Lizenziert unter CC BY-2.0, http://creativecommons.org/licenses/by/2.0/deed.de

Lawrence Joseph Ellison, genannt Larry Ellison, (* 17. August 1944 in der Bronx, New York City) ist Gründer und Präsident (CEO) des US-Softwarekonzerns Oracle und befindet sich zurzeit (Stand: März 2010) auf Platz 6 der Forbes-Liste der reichsten Menschen der Welt.

Seine Firma hatte sich ursprünglich auf Software für Datenverwaltung spezialisiert und bedient mittlerweile auch sehr stark das Marktsegment für Unternehmenslösungen. Hier ist SAP der Hauptwettbewerber.

Ellison ist als Mitbegründer von Oracle bekannt für sein sehr dynamisches Auftreten und gilt in Geschäftskreisen als alles andere als ein „gewöhnlicher" Geschäftsmann. Mike Wilson, der eine Biographie über Ellison schrieb, betitelte sie mit „The Difference Between God and Larry Ellison – Der Unterschied zwischen Gott und Larry Ellison", was ein beredtes Zeugnis für den Ruf ist, den Ellison genießt. Kurzzeitig galt er im Jahr 2000 vor Bill Gates als der reichste Mensch der Welt.

Der Milliardär Ellison wird als ein sehr facettenreicher und exzentrischer Charakter beschrieben. Neben seinem Ruf als Vermarktungsgenie wird er als Playboy und Sportfanatiker bezeichnet. Ellison segelte 2010 bei der ältesten Segelregatta America's Cup und ist Pilot – er besitzt in den USA die Flugerlaubnis für einen italienischen Kampfjet. (vgl. [WIPE10])

Architekturen von Datenbanken

Wie im oberen Teil dieses Kapitels ersichtlich wurde, ist die Unabhängigkeit zwischen den Daten und Anwendungsprogrammen eine der wichtigsten Eigenschaften von Datenbanksystemen. Durch das ANSI/SPARC-Modell, welches das logische Architekturkonzept darstellt, wird sie über die drei unterschiedlichen Abstraktionsebenen erreicht. Bei den physischen Architekturkonzepten können verschiedene Aspekte betrachtet werden. Zum einen wird unterschieden zwischen zentralisierten und verteilten Systemen, zum anderen hat die Weiterentwicklung der Betriebssysteme den Einsatz eines Client-Server-Konzeptes ermöglicht. Zu guter Letzt bietet ebenso die Verwendung von paralleler Hardware einen weiteren Ansatz, verschiedene Systemarchitekturen zu entwickeln.

Zentralisierte Datenbanksysteme

Ein einzelner Rechner, der sämtliche Funktionalitäten aufweist, ist wohl das einfachste Beispiel für ein zentralisiertes Datenbanksystem. Jedoch sind in der heutigen Zeit ebenso zentrale Großrechner üblich, die über ein Kommunikationsnetz mit einzelnen Arbeitsplatzrechnern verbunden sind. Auch dieses Konzept stellt ein zentralisiertes Datenbanksystem dar, da alle Komponenten des DBS auf einem Rechner vereinigt sind, auch wenn die einzelnen Benutzer über räumlich voneinander getrennten Arbeitsstationen darauf zugreifen. Gleichgültig wie dieses Kommunikationsnetz aufgebaut ist und wie sehr die verschiedenen Entfernungen voneinander abweichen, alle Stationen arbeiten direkt mit einem einzigen zentralen Rechner.

Abbildung 5-14: *Zentralrechner/Workstation-Aufbau eines zentralisierten Datenbanksystems*

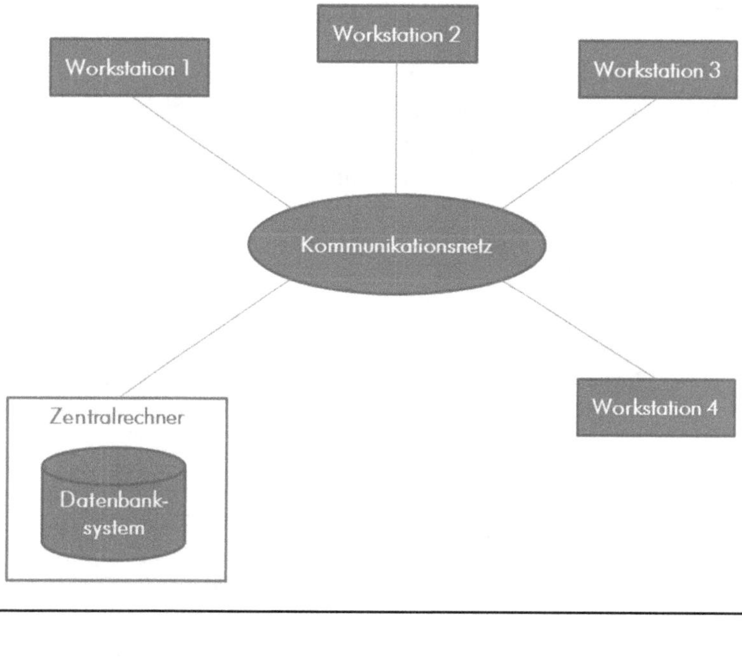

Der Einsatz von paralleler Hardware zählt gleichfalls zu diesem Konzept. Unter Verwendung von mehreren parallel arbeitenden Prozessoren ist die Möglichkeit gegeben, dass die Funktionen des Datenbanksystems aufgeteilt werden. Bei geeignetem Zugriff auf den eventuell gemeinsam genutzten Speicher ist eine Aufteilung der Daten gleichfalls realisierbar. Diese Umsetzung mittels paralleler Hardware ist nicht mit den parallelen Datenbanksystemen zu verwechseln, da hier immer noch mit einem zentralisierten System gearbeitet wird, welchem lediglich durch moderne Hardwaretechnik die parallele Verarbeitung von Datenbankfunktionen ermöglicht wird.

Datenbank-Server

Aus dem Bereich des Internets ist das Client-Server-Konzept bereits seit langem bekannt (vgl. Kap. 3). Ein Client (beispielsweise ein Browser) sendet seine Anfrage über das Netzwerk an einen Server (hier ein Web-Server), der die geforderten Dienste zur Verfügung stellt. Bei dynamisch erzeugten Web-Seiten können serverseitig Skriptausführungen und weitere Prozesse erforderlich werden, um die Anfrage abarbeiten zu können. Im Anschluss wird die Antwort vom Server an den Client zurückgesendet. Dabei geht die Initiative immer vom Client aus – der Server sendet nicht „ungefragt" Daten. Bei dieser Software-Architektur kommunizieren zwei unabhängige und autonome Prozesse miteinander, die sich physisch sowohl auf entfernten Systemen als auch auf einem Rechner befinden können. Die Kommunikation zwischen diesen beiden Prozessen läuft über eine festgelegte Form von Anforderung-Antwort-Paaren ab, die auch „Request-Reply" genannt werden. Falls der Server eine Anfrage erhält, die er nur mit Unterstützung eines anderen Servers bewältigen kann, wird er selbst zum Client. Wir halten fest, dass ein Server mehrere Clients mit Antworten „bedienen" und dass ein Client Anfragen an verschiedene Server senden kann. Dies gilt auch im Zusammenhang mit nur einer Anwendung.

Abbildung 5-15: *Aufbau der Client-Server-Architektur*

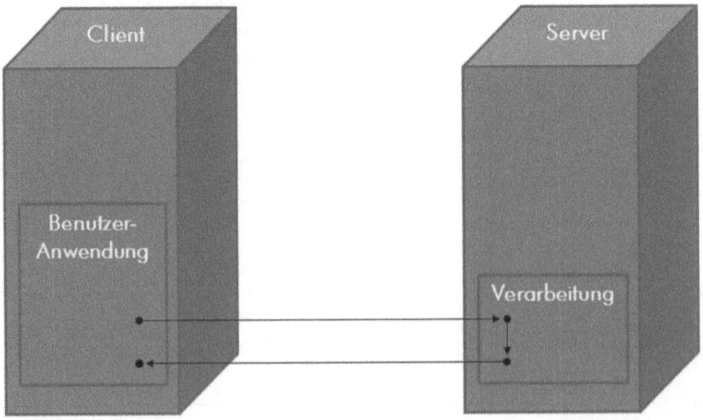

Im Bereich der Datenbanksysteme kommt die Server-Architektur heute häufig zum Einsatz. Dabei werden die Aufgabenbereiche zwischen Client und Server je nach System unterschiedlich verteilt. So wird ebenfalls die Möglichkeit geboten, Prozesse unterschiedlicher Betriebssysteme miteinander zu verknüpfen, zum Beispiel kann das Anwendungsprogramm des Client auf einem Windows-System ablaufen, während der angesprochene Server auf einem UNIX-System implementiert ist.

Verteilte Datenbanksysteme

Um eine kleine Vorstellung davon zu geben, wozu verteilte Datenbanksysteme benötigt werden, wollen wir den Fall einer Firma betrachten, die ihr Warenwirtschaftssystem über eine Datenbank organisiert. Diese Firma hat nun mehrere Filialen, die mit großen Entfernungen zueinander angesiedelt sind. Trotzdem sollen die angebotenen Produkte hinsichtlich ihrer verfügbaren Menge und der Inhalts- und Preisangaben in einem Programm bearbeitet werden. Es ist dabei hinsichtlich der Zugriffszeiten wesentlich effizienter, wenn die zugehörigen Daten an der Stelle verfügbar sind, an der sie häufig benötigt werden. Beispielsweise befasst sich der Firmensitz in Erding mit der Bestimmung der Produktpalette, der Preisfestlegung und der Produktbeschreibung, während andere Firmensitze lediglich den Verkaufsbereich übernehmen.

Abbildung 5-16: *Aufbau einer verteilten Datenbank*

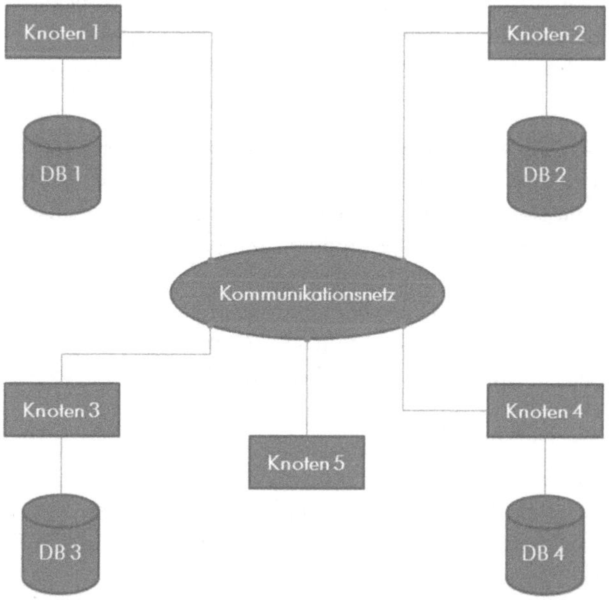

Eine verteilte Datenbank ist nun eine Sammlung mehrerer logisch zusammengehöriger Datenbanken, die über ein Netz verbunden sind. Das heißt, die Daten werden nicht alle zusammen gespeichert, sondern befinden sich an unterschiedlichen Stellen eines Rechnernetzes. Ein verteiltes DBMS ist die Software, welche die Verwaltung einer verteilten Datenbank übernimmt. Es sorgt dafür, dass jeder an seinem lokalen Arbeitsplatz Zugriff auf die Daten des gesamten verteilten Systems hat und erscheint dem Benutzer wie ein zentralisiertes Datenbanksystem, indem es die Datenverteilung nach außen transparent macht. Wie in der oberen Abbildung gezeigt, liegen die Daten und Funktionen an unterschiedlichen Stellen im Netz vor. Jeder angeschlossene Rechnerknoten ist in der Lage auf diese Daten zuzugreifen.

Parallele Datenbanksysteme

Über parallele Datenbanksysteme wird versucht, die Möglichkeiten der Parallelverarbeitung zu nutzen. Dabei ist zu unterscheiden zwischen der Funktions- und der Datenparallelität. Ebenso ist die Realisierung eines solchen Systems von der Architektur des verwendeten Parallelrechnersystems abhängig. Seit einigen Jahren ist das Interesse an der Parallelverarbeitung enorm gestiegen. Dies liegt unter anderem daran, dass die Hardware-Preise ständig fallen und die Rechnerkomponenten immer kompakter und leistungsfähiger werden.

Eine Mehrbenutzer-Datenbank weist bereits einige Elemente der Parallelverarbeitung auf, da Transaktionen zeitlich verzahnt oder für den Fall, dass sie nicht auf gleichen Datenbeständen arbeiten, parallel abgewickelt werden können. Dies stellt eine Parallelverarbeitung im klassischen Sinne dar, da die Umsetzung nicht durch Hardware oder Software erreicht wird, sondern durch sequentielle Algorithmen. Der Entwickler braucht sich darüber keine Gedanken zu machen, da die Funktionalität im System integriert ist.

Betrachten wir die Anwendung paralleler Hardware in Datenbanksystemen. Im Allgemeinen besteht ein paralleles System aus mehreren Prozessoren mit lokalem und/oder globalem Hauptspeicher. Ferner hat es mehrere angeschlossene Platten eines Sekundärspeichers und schnelle Verbindungsleitungen, über die Informationen zwischen den einzelnen Prozessoren transportiert werden. Ein paralleles Datenbanksystem stellt sich so dar, dass die Daten auf mehreren Platten verteilt gespeichert werden. Anfragen und Transaktionen werden nun so zerlegt, dass sie auf mehreren Prozessoren gleichzeitig ausgeführt und so wesentlich schneller verarbeitet werden können.

Data-Warehouse

Selten arbeitet ein Unternehmen nur mit einem einzigen System, vielmehr befinden sich die geschäftsrelevanten Daten auf einer Anzahl unterschiedlicher Informationssysteme. Dies macht eine übergreifende Auswertung schwierig. Ein Data-Warehouse kann da helfen. Es kann als Lagerhaus für Daten verstanden werden, in dem Daten aus unterschiedlichen Systemen und Dateien gesammelt und ausgewertet werden. Ein Data-Warehouse ist ein Führungsinformationssystem, das den Menschen bei Entscheidungen mit fundierten Analysen unterstützen soll. Grundidee ist nicht nur die Integration und Verdichtung von Daten aus unterschiedlichen Quellen, sondern auch die Detailanalyse zu abgegrenzten Sachverhalten. Im Unterschied zu operativen Anwendungssystemen umfasst das Data-Warehouse aggregierte Daten, die teilweise redundant und über einen längeren Zeithorizont vorgehalten werden. So lässt sich Data-Warehouse als themenorientierte, integrierte, zeitbezogene und persistente Sammlung von Daten zur Entscheidungsunterstützung definieren (vgl. [INMO96]).

Im Einzelnen bedeutet dies:

- **Themenorientiert** sagt aus, dass die Daten nach bestimmten Datenobjekten, wie Kunden, Gebiete, Produkte oder Mitarbeiter, gespeichert und ausgewertet werden können.
- **Integrierte** Daten erfordern die Festlegung auf gleiche Datenformate bei der Datenübernahme aus den Quellsystemen, also beispielsweise wie viele Nachkommastellen angezeigt werden, oder ob im Datum das Jahr zwei- oder vierstellig angezeigt wird.
- **Zeitbezogen** sind alle Daten, die ins Data-Warehouse übernommen werden, da sie mit der Übernahme ein Datum erhalten und so die zeitliche Entwicklung analysiert werden kann.
- **Persistent** verdeutlicht, dass die Daten im Data-Warehouse nicht mehr verändert werden können. Sie werden nur noch um weitere ergänzt. Ändert sich beispielsweise der Umsatz eines Mitarbeiters, so wird nicht sein Gesamtumsatz direkt verändert, sondern der neue Umsatz hinzugefügt.

Komponenten eines Data-Warehouses

Abbildung 5-17: *Komponenten eines Data-Warehouse*

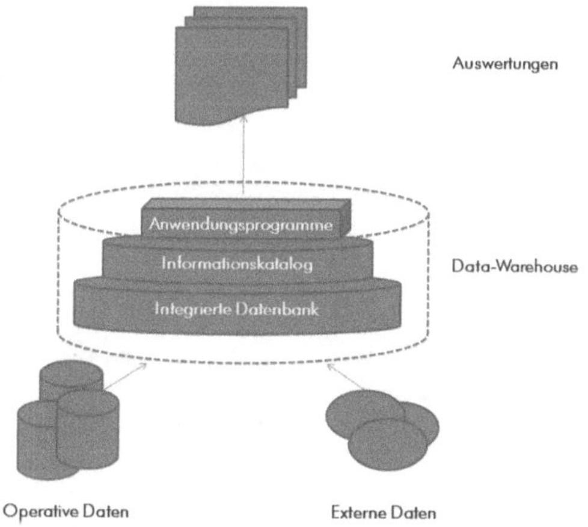

Ein Data-Warehouse kann nicht als fertiges System gekauft werden, sondern muss erst noch nach den Erfordernissen der Unternehmensauswertungen eingerichtet werden.

Die Basis eines Data-Warehouses ist eine integrierte Datenbank, die alle relevanten Informationen eines Unternehmens beinhaltet. Die hierzu erforderlichen Daten müssen zuvor aus den operativen Datenbanken von Anwendungssystemen und/oder externen Quellen hochgeladen werden. Im Data-Warehouse werden die Daten nach sogenannten Dimensionen themenorientiert verdichtet und aufbereitet, um sie sinnvoll auswerten zu können.

Ein Informationskatalog umfasst die Inhalte, Formate und Auswertungsmöglichkeiten des Data-Warehouses und erleichtert den Anwendern den Einstieg. Mit einem Anwendungsprogramm können dann die Daten abgefragt und analysiert werden.

Online-Analytical-Processing

Erst die Auswertung von Daten führt zur Gewinnung entscheidungsrelevanter Informationen. Eine wichtige Technologie für die Auswertung der Daten aus dem Data-Warehouse ist das Online-Analytical-Processing (OLAP). Wenn beispielsweise die Verkaufszahlen eines Quartals von den Dimensionen Produkt, Region und Zeitraum abhängen, dann bilden diese Dimensionen den OLAP-Würfel. Mit Hilfe dieses OLAP-Würfels lässt sich so näher analysieren, welche Produkte in welcher Region und in welcher Saison gekauft wurden. Typische Fragestellungen aus dem Controlling nach Umsätzen in Abhängigkeit von Zeit und Region oder aus dem Produktmanagement nach Produkten in Abhängigkeit von Zeit und Region können betrachtet werden (vgl. Abb. 5-18).

Abbildung 5-18: *Mehrdimensionaler OLAP-Datenwürfel (vgl. [MER+10])*

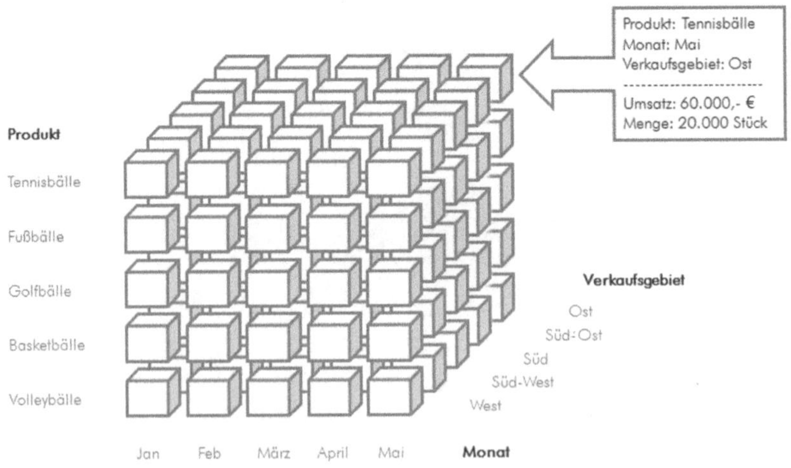

Mit Hilfe eines OLAP-Würfels lassen sich mehrdimensionale Analysen durchführen und Kennzahlen aus unterschiedlichen Blickrichtungen erzeugen. OLAP-Würfel liefern mit dieser Art der Analyse detailliertere Aussagen zu unternehmensrelevanten Fragen als operative Datenbankabfragen dies leisten könnten. Zudem erfolgen die Auswertungen mit kürzeren Antwortzeiten, da Zeiten niedrigerer Belastung genutzt werden, um die in den Würfeln gespeicherten Daten vorab zu erstellen und auszuwerten (vgl. [MER+10]).

Data-Mining

Eine weitere relevante Methode zur Auswertung und Aufbereitung sehr großer Datenbestände ist das Data-Mining. Es beruht auf mathematischen und statistischen Methoden, die das Ziel haben, neue Muster in den Daten zu finden und so zu neuen Erkenntnissen zu gelangen. Das Data-Mining bezog sich ursprünglich auf strukturierte Daten, wie etwa in relationalen Datenbanken. Inzwischen wird diese Methode auch zur Mustererkennung in unstrukturierten Datenbeständen angewandt (vgl. [MER+10]).

Eingesetzt wird Data-Mining beispielsweise für Marktforschungsfragen, wie etwa welche Produkte gemeinsam platziert werden sollten. Beispielsweise könnte die Information hilfreich sein, dass Tennisschuhe zu 70 Prozent gemeinsam mit Socken und Tennisbällen gekauft werden. Aus den gewonnenen Informationen können Produkte umplatziert und so beispielsweise die Tennisschuhe von der Schuhabteilung zur Tennisabteilung wandern. Weiter könnten Zweitplatzierungen vorgenommen werden, wie zum Beispiel Socken zusätzlich direkt beim Schuhregal anzubieten.

Web-Mining

Die Methoden des Data-Mining können ebenso auf das Internet angewendet werden, hier wird dann vom Web-Mining gesprochen. Ziel des Web-Mining ist es, die Daten im Internet so auszuwerten, dass neue Muster gefunden werden, die zu neuen Informationen und Erkenntnissen führen.

Hierzu wird unter anderem analysiert, wie die Anwender das Internet nutzen. So werden Datenspuren der Nutzer, die Internetserver in Log-Dateien bei jedem Zugriff auf eine Internetseite speichern können, ausgewertet und auf interessante Zusammenhänge untersucht. Protokolliert werden können beispielsweise die anfragende Rechneradresse mit Datum und Uhrzeit sowie abgefragte Dateien (vgl. [AbMü09]).

Suchmaschinen

Suchmaschinen, wie beispielsweise Google, ermöglichen es, das Web bei der Recherche wie eine Datenbank zu nutzen. Das Web lässt sich somit auch als verteilte Datenbank interpretieren. Suchmaschinen bestehen aus den Komponenten:

- **Crawler**, ein Softwareprogramm, das das Internet automatisch nach neuen Seiten und URL-Adressen durchsucht. Werden neue URL-Adressen gefunden, so werden diese in der Liste aller URLs ergänzt.
- **Index**, der dazu dient, ein Verzeichnis zu erstellen und die gefundenen Inhalte über Schlagwörter wieder auffindbar zu machen; das gemeinschaftliche Indizieren in sozialen Netzen wird auch Tagging genannt.
- **Query-Server**, der die Ergebnisse der Suche sinnvoll aufbereitet und die gefundenen Treffer in eine geeignete Reihenfolge bringt.

Was haben Sie gelernt?

In der heutigen schnelllebigen und datenüberfluteten Welt kommt man ohne die Datenspeicher – wir reden hier von Datenbanken – nicht zurecht. Fast alle Systeme, mit denen wir konfrontiert werden, sei es innerhalb der Unternehmen, in denen wir arbeiten, oder im privaten Bereich, greifen auf Datenbanken zu. Bevor die Datenbanken als Arbeitsmittel verwendet werden, sollte man wissen, wie die Architektur einer Datenbank aussieht, und welche Anforderungen an die Datenbanken gestellt werden. Bei der Architektur reden wir von der Drei-Ebenen-Architektur, welche sich aus der internen, konzeptionellen und externen Ebene zusammensetzt. Diese drei Ebenen sollten Sie anhand von Beispielen beschreiben können. Die wichtigsten Anforderungen – Datenunabhängigkeit, Datenintegrität, Mehrbenutzerfähigkeit, Datenschutz, Datensicherheit und Effizienz – die an Datenbanken gestellt werden, sollten Sie anhand von Beispielen erklären können. Des Weiteren wurden die Datenbankarten – textbasierte, dateibasierte und serverbasierte Datenbanken – beschrieben und die Unterschiede zwischen diesen Datenbankarten aufgezeigt. Die verschiedenen Datenbanksysteme und ihre Einsatzzwecke in Unternehmen wurden anhand von Beispielen dargestellt.

Das Data-Warehouse und die Auswertungsmöglichkeiten über OLAP runden dieses Kapitel ab.

Abbildung 5-19: Lösung Kreuzworträtsel

Lösung Waagerecht:
2. DML; 5. DSDL; 8. Date; 9. Primaerschluessel; 12. Integer; 14. Tabelle; 15. Dateibasierte; 18. Effizienz; 19. Datenbanksystem; 20. DDL; 21. Konzeptionelle

Lösung Senkrecht:
1. Externe; 2. DBMS; 3. Datenintegritaet; 4. OLAP; 6. SQL; 7. Warehouse; 10. Char; 11. Relationale; 13. Datenbank; 16. Interne; 17. Datensicherung

Literaturverzeichnis Kapitel 5

[ABMÜ09] ABTS, D., MÜLDER, W.: Grundkurs Wirtschaftsinformatik, 5. Aufl., Wiesbaden 2009

[BAST82] BASTIAN, M.: Datenbanksystem, Königstein 1982

[DATE00] DATE, C. J.: An Introduction to Database Systems, 7. Aufl., reading 2000

[EBNE02] EBNER, M.: SQL lernen, Addision-Wesley 2002

[GEBR02] BROSIUS, G.: Access 2002 professionell, Addison-Wesley 2002

[GEPP02] GEPPERT, A.: Objektrelationale und objektorientierte Datenbankkonzepte und -systeme, dpunkt.verlag 2002

[INMO96] INMON, W. H.: Building the Data Warehouse, 2. Aufl., New York 1996

[KEEI04] KEMPLER, A., EICKLER, K.: Datenbanksysteme, Oldenbourg Wissenschaftsverlag GmbH 2004

[LODI04] LOCKEMANN, P. C., DITTRICH, K. R.: Architektur von Datenbanksystemen, dpunkt.verlag 2004

[MER+10] MERTENS, P., BODENHOF, F., KÖNIG, W., PICOT, A., SCHUMANN, M., HESS, T.: Grundzüge der Wirtschaftsinformatik, 10. Aufl., Berlin 2010

[STHA05] STAHLKNECHT, P., HASENKAMP, U.: Einführung in die Wirtschaftsinformatik, 11. Aufl., Springer, Berlin, Heidelberg u.a. 2005

[VOSS00] VOSSEN, G.: Datenmodelle, Datenbanksprachen und Datenbankmanagementsysteme, Oldenbourg Wissenschaftsverlag GmbH 2000

6 Unified Modeling Language (UML)

Eine realitätsnahe Methode der Softwareentwicklung

Warum ist das Thema relevant?

Modellierungstechniken und Werkzeuge bilden als Methoden der Softwareentwicklung eine wesentliche Grundlage der Wirtschaftsinformatik. Bei der Entwicklung von Softwaresystemen handelt es sich nicht nur um die Realisierung von einzelnen Programmen für ein konkretes Anwendungsgebiet, sondern um die Entwicklung eines Organisationsmodells. Dieses Organisationsmodell hat unter anderem die Aufgabe, die Einbettung des Systems in die betrieblichen Abläufe zu beschreiben. Am Beginn eines jeden Softwareentwicklungsprozesses sollte daher die Modellierung stehen.

Was sollten Sie wissen?

Wenn Sie dieses Kapitel durchgearbeitet haben, sollten Sie

- die wichtigsten Prinzipien der Objektorientierung kennen,
- Ziele und Aufgaben von UML beschreiben können,
- Klassen-, Anwendungsfall- und Sequenzdiagramme kennen,
- Systemstruktur und dynamisches Systemverhalten unterscheiden können.

Welche Schlüsselbegriffe sollten Sie kennen?

Am Ende dieses Kapitels sollten Sie folgende Begriffe verstanden haben und mit eigenen Worten erklären können, was darunter verstanden wird:

- Unified Modeling Language (UML)
- Objektorientierung und Klassifizierung
- Abstraktion, Vererbung, Polymorphie, Kapselung
- Klasse, Attribut, Attributtyp und Operation
- Assoziation und Kardinalität
- Generalisierung und Realisierung
- Aggregation und Komposition

Softwareprojekte

In Bereichen, in denen Standardsoftware nicht ausreicht, eine Aufgabe im Unternehmen zu lösen, wird häufig eigene Software für diese Aufgabe entwickelt. Große Unternehmen betreiben eigene Abteilungen für die Entwicklung solcher Individualsoftware. Meist aber wird die Entwicklung an externe Dienstleister ausgelagert.

Softwarekrise

Die Softwarekrise bezeichnet ein Mitte der 1960er Jahre auftretendes Phänomen: Erstmalig überstiegen die Kosten für die Software die Kosten für die Hardware. In der Folge kam es zu den ersten großen gescheiterten Softwareprojekten.

Softwareprojekte werden immer komplexer. Mit größeren technischen Möglichkeiten steigen auch die Ansprüche der Kunden an neue Systeme. Auf der anderen Seite steigt auch der Zeit- und Kostendruck bei der Durchführung der Projekte.

„Die Hauptursache für die Softwarekrise liegt darin begründet, dass die Maschinen um einige Größenordnungen mächtiger geworden sind! Um es ziemlich einfach auszudrücken: Solange es keine Maschinen gab, stellte die Programmierung kein Problem dar; als wir ein paar schwache Computer hatten, wurde Programmierung zu einem kleineren Problem und nun da wir gigantische Computer haben, ist die Programmierung ein ebenso gigantisches Problem." [DIED72]

Die Techniken der Softwareentwicklung konnten mit diesen gesteigerten Anforderungen nicht mehr Schritt halten. Auf einer NATO-Tagung 1968 in Garmisch-Partenkirchen, Deutschland, wurde das Problem diskutiert und als Reaktion der Begriff des Software Engineering geprägt.

Damit wurde die Softwareentwicklung zu einer Ingenieurdisziplin erhoben mit Arbeitsweisen und Methoden wie sie beispielsweise aus dem Maschinenbau bekannt und erprobt waren.

Obwohl die Softwarekrise nun schon seit 40 Jahren ein Thema ist, ist sie bei weitem noch nicht vorüber. Die Standish Group International, Inc. (http://www.standishgroup.com) führt seit den 90er Jahren regelmäßige Erhebungen durch, in denen gefragt wird, wie erfolgreich Software-Projekte abgewickelt werden.

Das Ergebnis ist erschreckend (vgl. [STAN04]):

- 31% aller Softwareprojekte werden abgebrochen
- 53% sind nicht im Zeit- und Kostenrahmen, im Schnitt um 189 % teurer
- 28% sind im Zeit und Kostenrahmen

Als Gründe für die Misserfolge werden folgende Faktoren festgestellt (vgl. [STAN95]):

- Unvollständige/ungenaue Anforderungen 13,1%
- Mangelnde Einbeziehung der Beteiligten 12,4%
- Ressourcenmangel 10,6%
- Unrealistische Erwartungen 9,9%
- Mangelnde Unterstützung vom Management 9,3%
- Sich häufig ändernde Anforderungen/Spezifikationen 8,7%
- Mangelhafte Planung 8,1%
- Wird nicht mehr benötigt 7,5%
- Mangelndes IT-Management 6,2%
- Mangelndes Technologiewissen 4,3%

Abbildung 6-1: *Panorama - Komplexität von Software*

Kennzahlen des Systems R/3 (ERP-Standardsoftware der SAP AG) (vgl. [BALZ02]):

- ca. 7.000.000 Zeilen Quellcode
- ca. 100.000 Funktionsaufrufe
- ca. 20.000 unterschiedliche Funktionen
- ca. 21.000 Reports
- ca. 17.000 Menüleisten
- ca. 14.000 Funktionsbausteine

Abbildung 6-2: *Panorama – Berühmt gewordene Beispiele für das Scheitern großer Projekte*

Beispiele für das Scheitern wichtiger Projekte gibt es viele, einige erreichen sogar eine besondere Aufmerksamkeit in den Medien:

1. Einführung der LKW-Maut auf deutschen Autobahnen:

- Auftragsvergabe an TollCollect, TollCollect wurde im März 2002 als Joint Venture der Deutschen Telekom, Daimler AG und der französischen Cofiroute gegründet.
- Geplanter und vertraglich zugesicherter Fertigstellungstermin des gesamten Systems war der 31.08.2003.

- Letztlich wurde der Betrieb erst Anfang 2006 aufgenommen.
- Der entstandene Schaden, insbesondere durch Einnahmeausfälle ging in die Milliarden.

2. Entwicklung eines Systems zur Gepäckbeförderung am neuen Flughafen in Denver:

- Ab 1988 Bau eines neuen Flughafens für Denver (Denver International Airport, DIA)
- Geplante Eröffnung war am 31.10.1993.
- Flughafen stand zum geplanten Termin, nur die Software lief nicht.
- Genauer, ein System zur automatischen Gepäckabfertigung war nicht fertig, ohne die der Flughafen nicht funktionieren konnte.
- Es entstanden Mehrkosten von 33.000.000 $ im Monat.
- Teileröffnung von DIA in 1995.
- 2005 musste das nie wirklich funktionierende System durch ein manuelles System ersetzt werden, Kosten weitere 71 Mio. US$, die Herstellerfirma war am Ende pleite.

Somit stellt sich die dringende Frage, was man tun kann, um solche teuren und extrem imageschädigenden Fehler zu vermeiden. Wichtige Erfolgsfaktoren in komplexen Softwareprojekten sind:

- starke Projektleitung,
- Einbindung aller Beteiligten,
- genaue Abgrenzung des Anwendungsrahmens und Spezifikation der Funktionalität (was soll das System leisten, was soll es NICHT leisten),
- realistische Planungen / Aufwandschätzungen.

Das große Problem dabei besteht aber meist in der Kommunikation zwischen den einzelnen Projektbeteiligten:

- Techniker auf Seiten des Auftragnehmers,
- Fachleute auf Seiten des Auftraggebers sowie
- Anwender der Software.

Die Softwareingenieure befinden sich meist in einer nicht optimalen Ausgangsposition. Sie sollen eine Software liefern, die exakt zu den Geschäftsprozessen des Kunden passt. Meist haben sie aber schon vom allgemeinen Geschäft des Kunden wenig Ahnung, geschweige denn von den spezifischen Prozessen. Ingenieure in anderen Bereichen haben diese Probleme bei weitem nicht in diesem Maße, ein Bauingenieur beispielsweise arbeitet fast immer über einen Architekten mit dem Kunden, ein Maschinenbauingenieur hat meistens eine genaue Idee von der Maschine, die er bauen soll.

Objektorientierung

Nötig erscheint also, dass alle Projektbeteiligten eine gemeinsame Sicht auf die Problemstellung finden. Softwareentwickler denken häufig zu technisch und zu sehr in Programmcodes und Strukturen. Die Fachleute auf Seiten des Kunden hingegen sind oft nicht in der Lage, Prozesse und Anforderungen exakt zu spezifizieren. Die späteren Anwender haben meist noch ganz andere Erwartungen und Anforderungen als die Experten.

Als Lösungsansatz bietet es sich an, die Methoden der Softwareentwicklung möglichst dicht an die reale Welt heranzubringen.

Menschen neigen dazu, sich die reale Welt zu ordnen, indem sie Objekte der realen Welt klassifizieren. Wenn jemand eine Straße überqueren möchte, stellt er fest, dass von links ein Auto kommt. Er stellt nicht fest, dass da konkret der rote BMW 316i, Baujahr 2003, mit dem amtlichen Kennzeichen AB-CD-123 kommt, sondern etwas vom Typ „Auto". Also bleibt er erst einmal stehen.

Durch eine solche Klassifizierung wird die reale Welt greifbarer, Komplexität wird verringert. Das menschliche Gehirn erstellt diese Kategorisierungen automatisch, basierend auf Erfahrungen.

Klassifizierung erfolgt stets anhand von gemeinsamen Merkmalen und Verhalten.

Abbildung 6-3: Panorama – Beispiel zur Klassifizierung

Ein Gegenstand, der dazu dient, Menschen oder Dinge zu transportieren, und eine Form von Antrieb hat, nennt man ein Fahrzeug.

Je nach dem Einsatzgebiet unterscheidet man Fahrzeuge nach Luft-, Land- und Wasserfahrzeugen:

- ein Landfahrzeug mit einem Motor nennt man Kraftfahrzeug
- ein Kraftfahrzeug mit vier Rädern und Sitzplätzen für wenige Passagiere nennt man PKW
- einen PKW, bei dem man das Dach öffnen kann, nennt man ein Cabrio usw.

Wichtig ist dabei, dass Dinge nicht nur wegen ihrer Eigenschaften, sondern auch wegen ihres Verhaltens klassifiziert werden. Ein Fahrzeug ist ohne das Verhalten „fahren" nicht denkbar.

Solche Klassifizierungen bleiben immer abstrakte Konstrukte, konkrete Dinge gehören zu solchen Klassen. Es gibt in der Realität kein allgemeines „Fahrzeug", es gibt nur das konkrete Cabrio von Lise Müller. Allerdings IST es ein Cabrio, es IST ein PKW, es IST ein Kraftfahrzeug und es IST ein Fahrzeug.

Abbildung 6-4: *Klassifizierung [GACO11]*

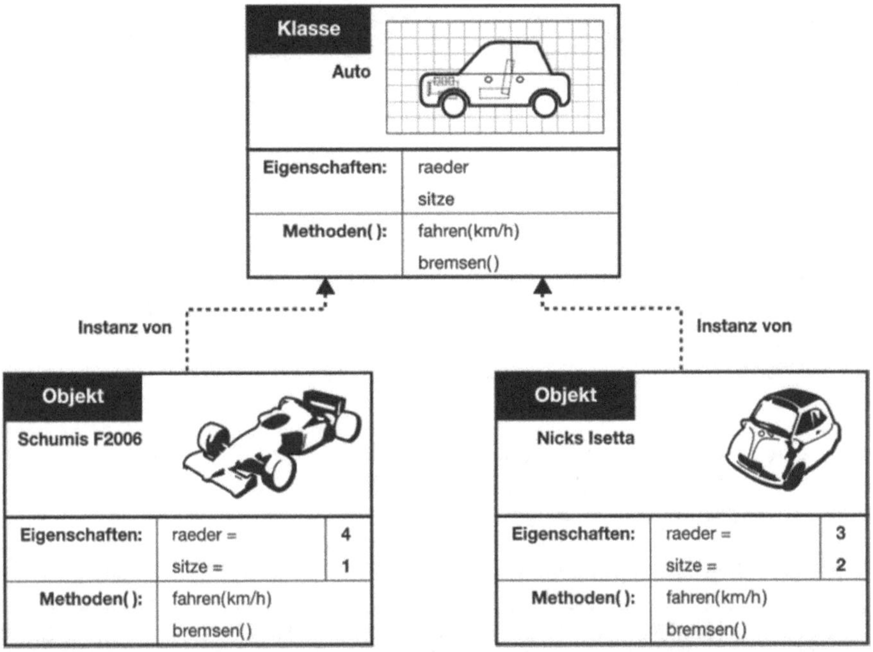

Die konkreten Ausprägungen solcher Klassifizierungen nennt man Objekte. Objekte in der realen Welt können verschiedenste Dinge sein, wie beispielsweise

- fassbare Objekte, wie Buch, Produkt oder Maschine,
- Personen, wie Kunde, Mitarbeiter oder Lieferant,
- Transaktionen, wie Lieferung, Überweisung oder Zahlung,
- Prozesse, wie Datenabfrage oder Qualitätskontrolle.

In der Softwareentwicklung hat man aus dieser Denkweise das Paradigma der Objektorientierung entwickelt. Die Objektorientierung, kurz OO, ist ein Ansatz zur Entwicklung von Software, der darauf beruht, die zu verarbeitenden Daten anhand ihrer Eigenschaften und der möglichen Operationen zu klassifizieren. Die Eigenschaften nennt man Attribute, Verhaltensweisen nennt man Methoden. In der klassischen Programmierung galt hingegen immer eine strikte Trennung zwischen den Daten und den Abläufen in einem System.

Die Klassifizierungen nennt man in der OO Klassen. Eine Klasse ist eine Menge von Objekten, die eine gemeinsame Struktur und ein gemeinsames Verhalten aufweisen. Zu diesen Klassen können dann konkrete Objekte erzeugt werden, die bestimmte Eigenschaften und ein Verhalten haben. Ein Objekt weist einen Status, ein wohldefiniertes Verhalten und eine eindeutige Identität auf. Wir unterscheiden zwischen internen und externen Objekten. Ein externes Objekt ist ein Modell eines Gegenstandes aus der Anwendung, wogegen ein internes Objekt eine geeignete Repräsentation des externen Objektes auf Rechnerebene darstellt (vgl. [BOOC94]).

Prinzipien der Klassen

Dabei gelten folgende Prinzipien:

- **Abstraktion** bedeutet, dass nur das in Klassen erfasst wird, was für die konkrete Anwendung von Bedeutung ist. Ein Kunde in einem Onlineshop ist zwar ein Mensch, wird aber auf bestimmte Eigenschaften reduziert. Sein Name und seine Adresse sind von Interesse, seine Schuhgröße hingegen nicht, außer man möchte ihm Schuhe verkaufen. Andererseits weist man ihm weitere Eigenschaften hinzu, wie zum Beispiel eine Kundennummer. Auch sein Verhalten wird auf das Wesentliche reduziert. Der Kunde bestellt und bezahlt. Ob er raucht, trinkt oder Marathon läuft, interessiert im Sinne der Klassifizierung nicht.

- **Vererbung** bedeutet, dass Klassen von anderen Klassen abgeleitet werden können. Dabei „erbt" die abgeleitete Klasse alle Eigenschaften und Methoden der übergeordneten Klassen. So kann man beispielsweise den Kunden weiter spezialisieren, als Geschäftskunde und als Privatkunde. Beides sind Kunden, haben also einen Namen, eine Kundennummer, etc. Beide haben auch die gleichen Methoden, wie „bestellen" und „bezahlen". Der Geschäftskunde kann nun aber beispielsweise weitere Eigenschaften haben, wie zum Beispiel einen direkten Key-Account-Manager oder eine Rabattklasse. Dennoch ist und bleibt er ein Kunde.

- **Polymorphie** (Vielgestaltigkeit) heißt, dass konkrete Objekte einer Klasse sehr unterschiedlich sein können, aber dennoch immer noch einer gemeinsamen Klasse angehören. In einem Onlineshop können die unterschiedlichsten Artikel verkauft werden, aber jeder konkrete Artikel gehört zu der Klasse „Artikel" und hat somit beispielsweise einen Preis und eine Artikelnummer. Wird nun eine Rechnung erstellt, ist klar, dass die einzelnen Posten auf der Rechnung Artikel sind, deren Preise man für den Gesamtbetrag addieren kann. Es ist dann nicht von Bedeutung, ob auf der Rechnung eine Waschmaschine und ein Buch oder ein Fahrrad und eine CD auftauchen, im Sinne der Rechnung sind es Artikel.

- **Kapselung** heißt, dass über die interne Implementierung eines Objektes nach außen nichts bekannt sein sollte. Der Zugriff auf Attribute und Methoden erfolgt nur über explizit definierte Schnittstellen. Ist beispielsweise zu einem Kunden das Geburtsdatum erforderlich, so macht es Sinn, dieses nicht direkt zu erfassen, sondern es vor dem Eintragen erst auf Plausibilität zu prüfen. Auch bei der Abfrage sollte man eine Schnittstelle schaffen. Das eigentliche Datum ist meist gar nicht so interessant, wichtig wäre beispielsweise, ob der Kunde zu einer bestimmten Altersgruppe gehört, ob er also das Spiel ab 18 kaufen darf. Außerdem könnte man an eine Schnittstelle des Kunden denken, die automatisch eine Woche vor seinem Geburtstag den Versand informiert, diesem Kunden ein Geschenk zu schicken.

Die Softwareentwicklung muss unter dem Paradigma der Objektorientierung also zunächst zu einer realen Problemstellung die beteiligten Klassen von Objekten mit ihren relevanten Eigenschaften identifizieren und deren Verhalten beschreiben. Wichtig ist außerdem die Interaktion zwischen diesen Klassen.

Ein solches Modell ist wesentlich näher an der realen Welt, als reiner Programmcode. Vor allem ist ein solches Modell auch für den Nicht-Softwareentwickler zu verstehen. Es kann somit dazu dienen, über diese Modellierung zu diskutieren.

Seit Mitte der 80er sind objektorientierte Programmiersprachen im breiten Einsatz, Beispiele sind C++, C# und JAVA. Für die meisten Problembereiche ist die objektorientierte Softwareentwicklung zum Standard geworden.

Modellierung mit UML

Seit den 90er Jahren wurden Methoden gesucht und entwickelt, diese objektorientierte Programmierung zu unterstützen. Das heißt konkret, die nötigen relevanten Objekte zu identifizieren und ihr Verhalten und die Kommunikation zu beschreiben.

Die Softwareentwicklung verlagert sich also von der reinen Programmierung zur Analyse des Problems und dem Entwurf einer Lösung basierend auf den Prinzipien der Objektorientierung.

- Der Schwerpunkt bei der Analyse liegt bei der Frage: „Was soll das System leisten?"
- Der Schwerpunkt beim Entwurf liegt bei der Frage: „Wie soll das System die Anforderungen erfüllen?"

Abbildung 6-5: Panorama – UML-Erfinder

Grady Booch, Ivar Jacobson und James Rumbaugh (genannt „die drei Amigos") entwickelten die „Unified Modeling Language (UML)". Seit 1997 ist diese Sprache standardisiert und wird von der OMG (Object Management Group, ein internationales Konsortium, das Standards für die objektorientierte Programmierung entwickelt) gepflegt und weiterentwickelt. Aktuell ist die Version 2.2 als Beta Version.

Aufgabe der UML

Mit Hilfe der UML kann man ein Softwaresystem

- visualisieren,
- spezifizieren,
- konstruieren,
- dokumentieren.

Die UML ist eine grafische Modellierungssprache. Man kann sich in dieser Sprache natürlich nicht einfach unterhalten, die Elemente der Sprache sind keine Wörter, sondern geometrische Formen. Eine Klasse wird beispielsweise als ein Rechteck dargestellt. Wie in einer echten Sprache kann man diese Formen zusammensetzen. Man erhält dadurch „Sätze" in Form von Diagrammen. Die UML definiert dazu eine Grammatik, die bestimmt, wie die einzelnen Wörter sinnvoll kombiniert werden können. Aussagen der UML liegen also in Form von Grafiken und Diagrammen vor. So wie in natürlichen Sprachen werden dann wiederum verschiedene Sätze, also Diagramme, zu einer Gesamtaussage kombiniert.

Gemäß dem Prinzip „ein Bild sagt mehr als 1000 Worte" lassen sich diese Diagramme wesentlich leichter verstehen als rein textuelle Beschreibungen. Vor allem können nicht nur Softwareentwickler diese Diagramme lesen, sondern auch die Fachleute, die wissen, wozu sie das System wirklich nutzen wollen. Anhand der Diagramme kann die Software genau spezifiziert werden, die Fachleute können Abläufe und Strukturen prüfen und freigeben, die Entwickler können diese Spezifikationen dann exakt implementieren. Es gibt etliche Tools, die bei der Verwendung der UML unterstützen. Die hier verwendeten Diagramme wurden mit Microsoft Office Visio erstellt. Zu erwähnen sind das Open Source Tool ArgoUML (http://argouml.tigris.org/) und die Community Edition des Tools Visual Paradigm for UML (http://www.visual-paradigm.com). Visual Paradigm for UML ist für den nicht kommerziellen Gebrauch kostenlos und bietet eine komplette Unterstützung für alle Diagrammtypen der aktuellsten UML-Version.

Abbildung 6-6: *Anwendungsfalldiagramm mit ArgoUML*

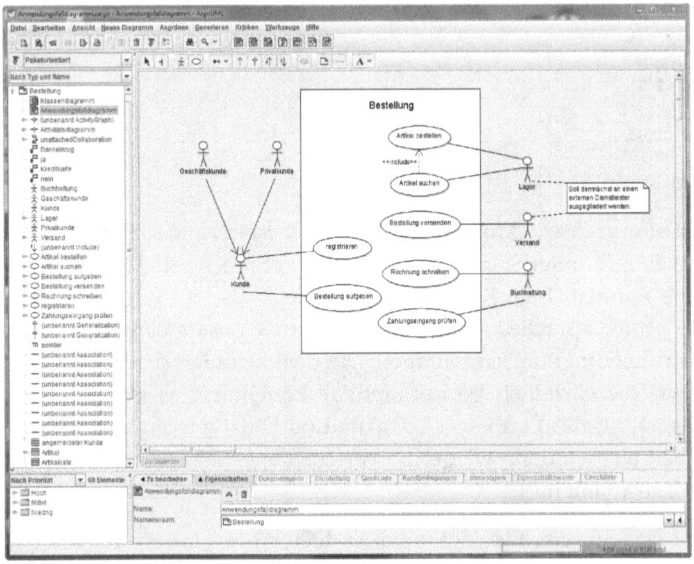

Abbildung 6-7: *Visual Paradigm for UML*

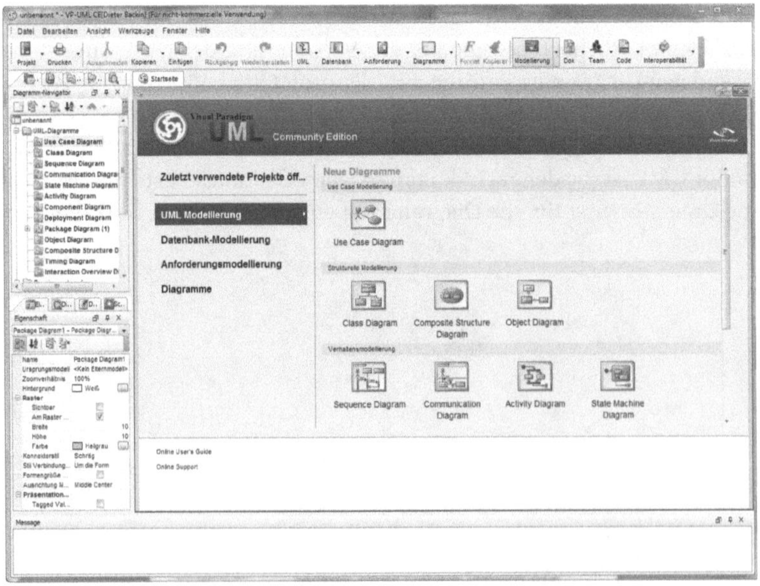

Statische Struktur und dynamisches Systemverhalten

Die UML kennt zurzeit 13 unterschiedliche Diagrammtypen, um ein Softwaresystem umfassend zu beschreiben. Die Abbildung 6-8 zeigt davon 8 Diagramme. Unterschieden wird dabei zwischen der statischen Struktur des Systems und dem Verhalten der einzelnen Komponenten. Im weiteren Verlauf wird auf die wichtigsten Diagrammtypen eingegangen.

Abbildung 6-8: *Statische Struktur und dynamisches Systemverhalten*

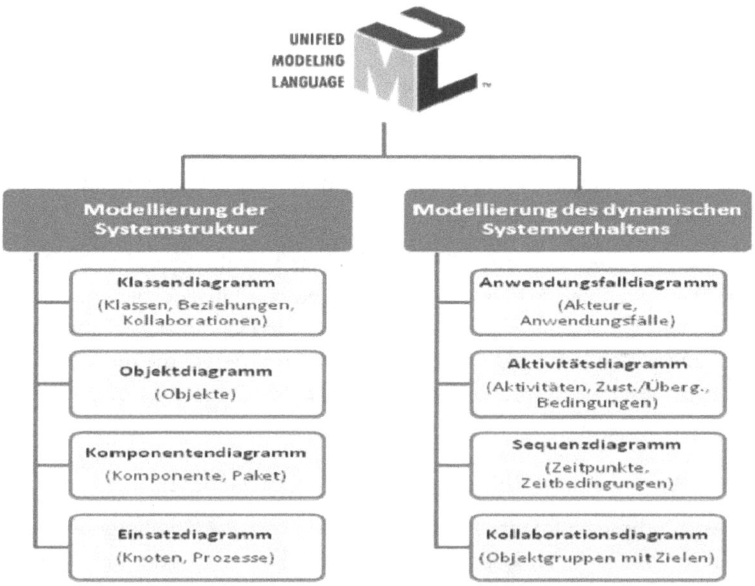

Diagramme, die die statische Struktur des Systems beschreiben, sind unter anderem

- Klassendiagramm, es zeigt die Struktur von Klassen und deren Beziehungen,
- Objektdiagramm, es zeigt die konkreten Objekte, die zu einem bestimmten Zeitpunkt im System existieren,
- Komponentendiagramm, es zeigt die Komponenten des Systems mit ihren Schnittstellen,
- Einsatzdiagramm, es zeigt, welche Komponenten und Objekte auf welchen Knoten ausgeführt werden, sowie ihre Kommunikationsbeziehungen.

Diagramme, die das dynamische Verhalten des Systems beschreiben, sind unter anderem

- Anwendungsfalldiagramm (auch Use-Case oder Nutzfalldiagramm genannt), es zeigt die Anwendungsfälle im System und die beteiligten Akteuren,
- Aktivitätsdiagramm, es zeigt den zeitlichen Ablauf von Aktivitäten,
- Sequenzdiagramm, es zeigt, wie einzelne Objekte Nachrichten austauschen,
- Kollaborationsdiagramm, es beschreibt die Zusammenarbeit der Objekte bei der Erfüllung einer Aufgabe und hebt so die strukturelle Organisation der Objekte hervor.

Die einzelnen Diagramme bauen aufeinander auf und können sehr komplex werden. Viele Sachverhalte lassen sich mit unterschiedlichen Diagrammen unterschiedlich beschreiben. Die UML bietet zu jedem Diagrammtyp eine Menge von Elementen. Letztlich soll es möglich sein, direkt aus den Diagrammen den Programmcode vollkommen automatisch erzeugen zu lassen.

In diesem Rahmen kann es natürlich nicht möglich sein alle Elemente der UML zu beschreiben. Die Spezifikation der UML umfasst etliche tausend Seiten. Vieles ist von rein technischem Interesse und dient der tatsächlichen Codegenerierung. Wir werden uns hier exemplarisch auf die Diagrammtypen konzentrieren, die für die Kommunikation zwischen Entwicklern und Anwendern von besonderem Interesse sind. Diese Beschreibungen werden wir bewusst einfach halten.

Anwendungsfalldiagramm oder Use-Case-Diagram

In einem Anwendungsfalldiagramm wird definiert, welche Beteiligten im System welche Anwendungsfälle (auch Use Case) auslösen können. Es geht dabei um die Sicht von außen auf das System. Dies wird für die erste Konzeption einer Softwareidee bis hin zu dem abschließenden Test eingesetzt. Die Beteiligten können entweder tatsächliche Personen oder auch andere Systeme sein. Ein Anwendungsfall ist jeweils ein kompletter Arbeitsschritt. Ein Use Case beschreibt eine abgeschlossene, ununterbrochene Abfolge von Aktionen eines Akteurs am System mit Ergebnis von fachlichem Wert.

Anwendungsfalldiagramme bestehen aus Akteuren, die als Strichmännchen dargestellt werden, aus Anwendungsfällen, die jeweils in einem Oval stehen, und aus Kollaborationen, die in einem gestrichelten Oval stehen. Die Systemgrenze wird durch ein Rechteck symbolisiert.

Abbildung 6-9: *Elemente des Anwendungsfalldiagramms*

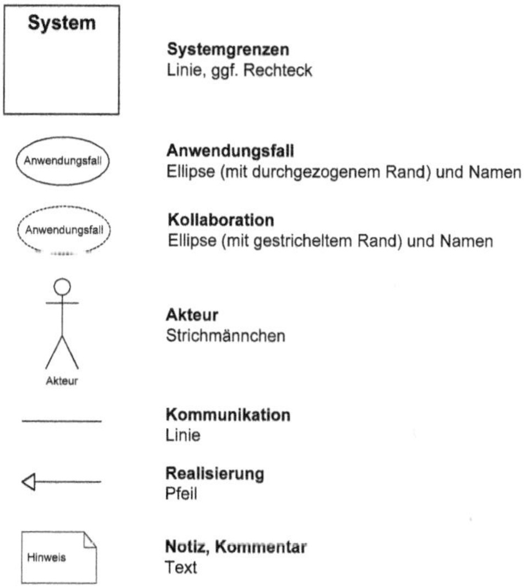

Abbildung 6-10: *Anwendungsfalldiagramm*

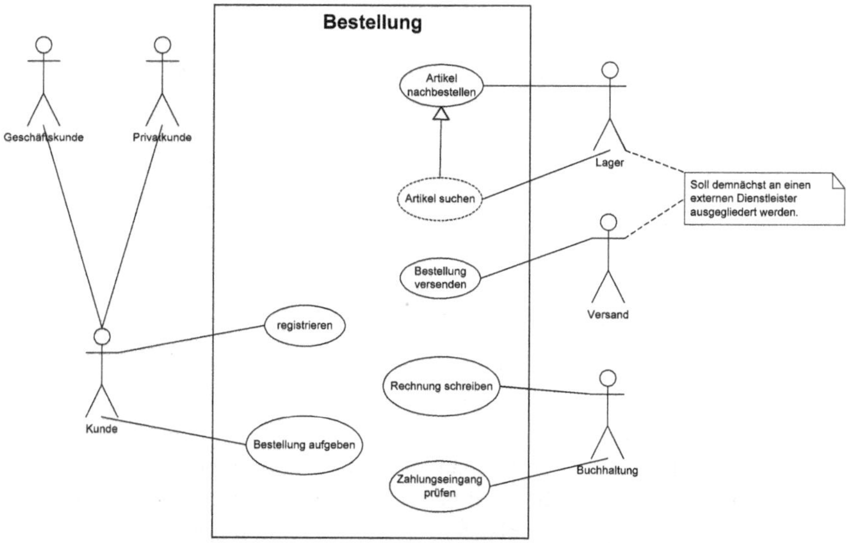

In diesem Beispiel kann ein Kunde in einem Shop eine Bestellung aufgeben. Ein Kunde kann dabei ein Geschäfts- oder ein Privatkunde sein. Das Lager sucht die bestellten

Artikel zusammen, ggf. muss es dazu einen oder mehrere Artikel nachbestellen. Der Versand versendet die Bestellung. Die Buchhaltung schreibt eine Rechnung und prüft, ob der Kunde schon bezahlt hat.

Anwendungsfalldiagramme sind oft die ersten Diagramme, die in einem Projekt entworfen werden. Der Inhalt ergibt sich meist aus dem Fachkonzept. Wichtig ist, dass nur Anwendungsfälle modelliert werden. Wie diese später ablaufen, ist hier noch nicht von Interesse. Das Anwendungsfalldiagramm muss immer so komplett wie möglich sein und beschreibt dann den grundlegenden Leistungsumfang der Software.

Anwendungsfalldiagramme werden meist in mehreren Stufen erstellt. Am Anfang steht eine grobe Sicht auf das System. Die einzelnen Anwendungsfälle lassen sich dann wiederum durch detaillierte Diagramme spezifizieren.

Aus dem Anwendungsfalldiagramm lässt sich recht gut ableiten, welche Klassen später benötigt werden. Grundsätzlich gilt, dass alle Hauptwörter in den Anwendungsfällen schon mal Kandidaten für Klassen sind.

Grundsätzlich können in allen Diagrammen der UML zu allen Elementen Notizen hinzugefügt werden, die kein festes Format haben müssen, aber bestimmte Aspekte genauer beschreiben können.

Klassendiagramm

Das Klassendiagramm ist ein Strukturdiagramm. In ihm wird definiert, welche Klassen es im System gibt, und welche Beziehungen diese Klassen zueinander haben.

Ausgehend von den verbalen Anforderungen des Fachkonzeptes werden beim Klassendiagramm folgende sechs Schritte durchgeführt (vgl. [LARM98] und [BALZ99]):

1. *Klassen identifizieren*

   Eine **Klasse** ist eine Beschreibung einer Menge von Objekten, die dieselben Attribute, Operationen, Bezeichnungen und semantischen Eigenschaften haben. Grafisch wird eine Klasse als Rechteck, in der Regel mit Namen, Attributen und Operationen, dargestellt.

2. *Assoziationen identifizieren*

   Eine **Assoziation** ist eine Strukturbeziehung, die eine Menge von Klassen oder Objektbeziehungen beschreibt. Grafisch wird eine Assoziation als durchgezogene Linie wiedergegeben, die gerichtet sein kann (Pfeilspitze), manchmal eine Beschriftung und oft noch weitere Details wie Rollennamen oder Kardinalität (Multiplizität) besitzt. Die **Kardinalität** beschreibt das zwischen Objekten der Klassen mögliche Zuordnungsverhältnis. Beispiel: „0..*“ heißt null, eine oder viele Zuordnungen.

3. *Attribute identifizieren*

   Attribute sind benannte Eigenschaften von Klassen, die einen Datenwert beschreiben, den jedes Objekt der Klasse besitzt. So haben beispielsweise alle Produkte eine Produktnummer und einen Preis.

4. *Vererbungsstrukturen identifizieren*

   Oberklassen können sich in Struktur und Verhalten auf Unterklassen vererben. So ist beispielsweise die Klasse „Kunde" eine Generalisierung der Unterklassen „Geschäftskunde" und „Privatkunde". Eine **Generalisierung** ist eine Beziehung zwischen dem Allgemeinen und dem Speziellen. Die Oberklasse/Unterklasse-Beziehung einer Generalisierung wird als Pfeil abgebildet.

5. *Assoziationen verfeinern*

   Die **Aggregation** ist beispielsweise eine Sonderform der Assoziation; sie repräsentiert eine strukturelle Ganzes-/Teil-Beziehung. Bei der Aggregation kann das Teil in mehreren Ganzen enthalten sein. Aggregationen werden durch eine Raute am Ende der Beziehung gekennzeichnet.

6. *Attribute spezifizieren*

   Kommentare dienen dazu, ein Element in einem Modell näher zu beschreiben oder zu erklären. Grafisch wird ein Kommentar als Rechteck mit Eselsohr wiedergegeben.

Abbildung 6-11: *Elemente des Klassendiagramms*

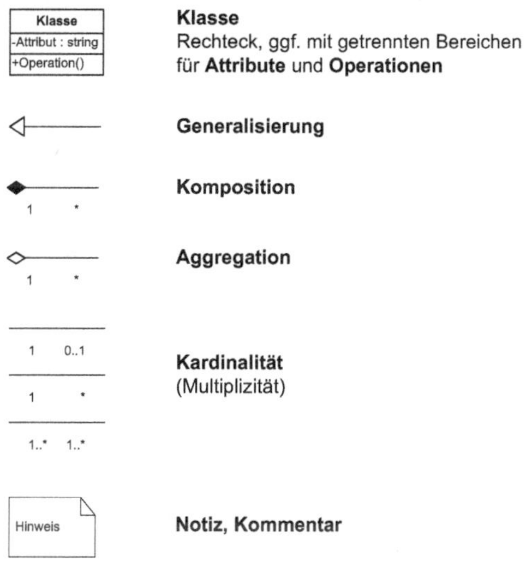

Abbildung 6-12: *Klassendiagramm*

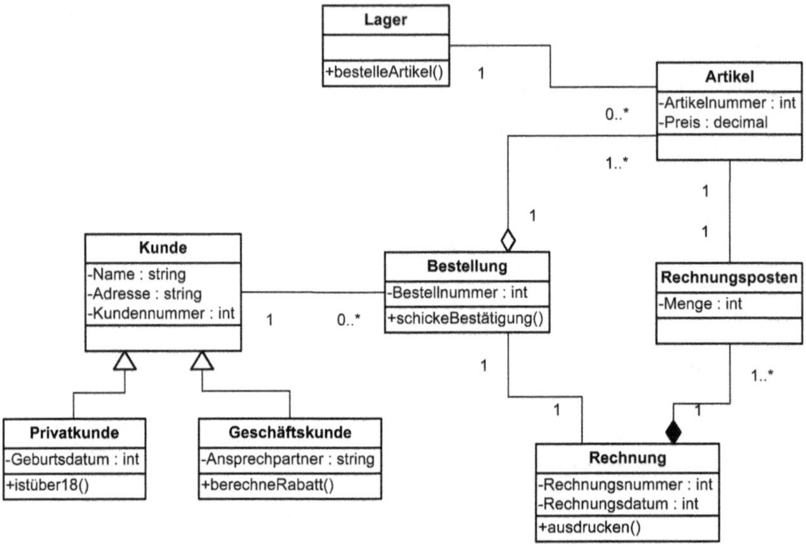

In diesem Beispiel sind Kunde, Bestellung, Rechnung, etc. Klassen. Zur jeder Klasse sind die Attribute und Methoden definiert. So hat beispielsweise eine Rechnung ein Attribut „Rechnungsnummer" und eine Methode „ausdrucken".

Auch die Vererbungen werden gezeigt, Geschäfts- und Privatkunde erben jeweils von Kunde, haben also automatisch auch einen Namen und eine Adresse. Weiterhin werden sogenannte Assoziationen gezeigt. Assoziationen sind Beziehungen zwischen Klassen im Sinne von „A gehört zu B".

Abbildung 6-13: *Assoziationen zwischen zwei Klassen*

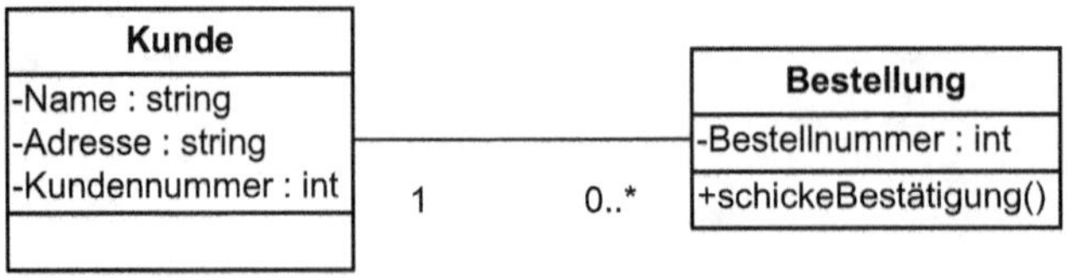

Eine Bestellung gehört zu einem Kunden, ein Kunde kann offene Bestellungen haben.

Diese Beziehung kann durch die Angaben der sogenannten Kardinalität noch verfeinert werden. Kardinalitäten zeigen, wie viele Elemente an einer solchen Beziehung beteiligt sind.

Jede Bestellung gehört zu genau einem Kunden. Ohne Kunde kann keine Bestellung existieren, eine Bestellung kann nicht zwei Kunden zugeordnet sein. Als Kardinalität schreibt man dann „1". Ein Kunde kann beliebig viele offene Bestellungen im System haben. Auch wenn er zurzeit gar keine Bestellung aufgegeben hat, kann der Kunde weiter existieren. Als Kardinalität schreibt man dann „0..*".

Besondere Formen der Assoziation sind die Aggregation (vgl. Abb. 6-14) und die Komposition (vgl. Abb. 6-15).

Abbildung 6-14: *Aggregation zwischen zwei Klassen*

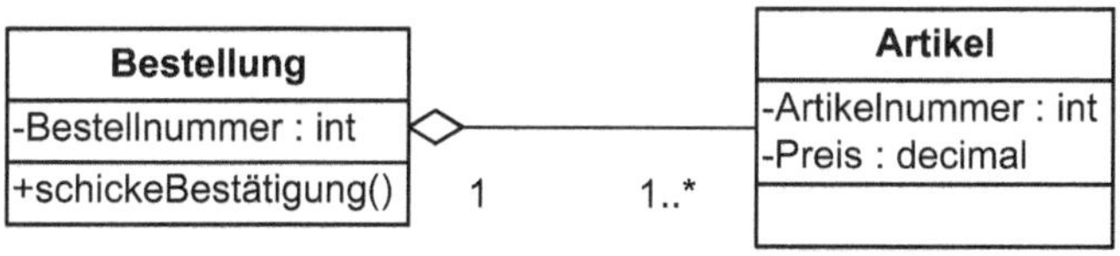

Eine Aggregation liegt vor, wenn es eine „Ganzes-Teile-Beziehung" gibt. So besteht eine Bestellung aus ein bis mehreren Artikeln. Eine Bestellung ohne Artikel ist nicht möglich.

Abbildung 6-15: *Komposition zwischen zwei Klassen*

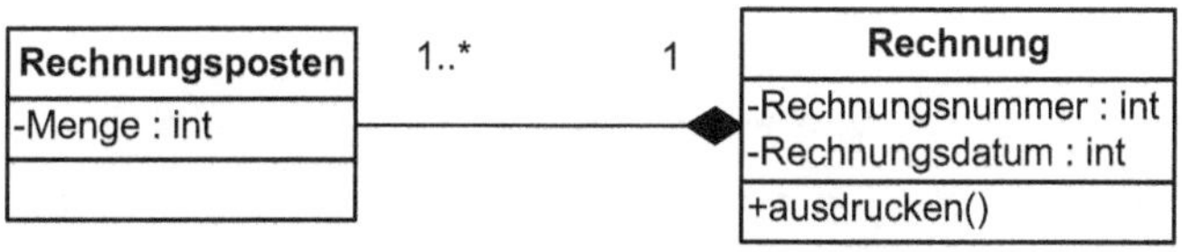

Die Komposition ist eine noch schärfere Form der Aggregation. Sie wird verwendet, wenn die Einzelteile ohne das Ganze nicht existieren können. Beispielsweise kann es die Rechnungsposition nur in Verbindung mit einer Rechnung geben. Im Gegensatz dazu gibt es Artikel, auch wenn diese gerade nicht bestellt sind.

Abbildung 6-16: *Für die Profis - C#-Code für die Klasse „Rechnung"*

Aus den erstellten UML-Diagrammen ist es möglich, Programmiercode für die unterschiedlichen Entwicklungssprachen (C++, C#, Visual Basic, Java, ...) zu erzeugen. Im Folgenden wurde der C#-Programmiercode für die weiter oben behandelte Klasse „Rechnung" erzeugt, welcher mit geringem Aufwand im Entwicklungsprojekt verwendet werden kann.

```
using System.Collections;

// In this section you can add your own using directives
    // section -84-19-79-0-5373b383:12e33117399:-8000:0000000000001027 begin
    // section -84-19-79-0-5373b383:12e33117399:-8000:0000000000001027 end

/// <summary>
    ///  A class that represents ...
    ///
    ///  @see OtherClasses
    ///  @author your_name_here
     /// </summary>
public class Rechnung
{
    // Attributes

    public Integer Rechnungsnummer;

    public Integer Rechnungsdatum;

    // Associations

     @element-type Rechnungsposten
     */
    public Rechnungsposten  myRechnungsposten;

    /// <summary>
    /// </summary>
    public ArrayList  myBestellung;

    // Operations

    /// <summary>
    ///  An operation that does...
    ///
    ///  @param firstParam a description of this parameter
    /// </summary>
    /// <returns>
    /// </returns>
    public  void ausdrucken()
    {
    // section -84-19-79-0-5373b383:12e33117399:-8000:000000000000102B begin
    // section -84-19-79-0-5373b383:12e33117399:-8000:000000000000102B end

    }
} /* end class Rechnung */

using System.Collections;

// In this section you can add your own using directives
    // section -84-19-79-0-5373b383:12e33117399:-8000:0000000000001027 begin
    // section -84-19-79-0-5373b383:12e33117399:-8000:0000000000001027 end

/// <summary>
    ///  A class that represents ...
    ///
    ///  @see OtherClasses
    ///  @author your_name_here
     /// </summary>
public class Rechnung
{
    // Attributes

    public Integer Rechnungsnummer;

    public Integer Rechnungsdatum;

    // Associations

     @element-type Rechnungsposten
     */
    public Rechnungsposten  myRechnungsposten;

    /// <summary>
    /// </summary>
    public ArrayList  myBestellung;

    // Operations

    /// <summary>
    ///  An operation that does...
    ///
    ///  @param firstParam a description of this parameter
    /// </summary>
    /// <returns>
```

```
    /// </returns>
    public  void ausdrucken()
    {
    // section -84-19-79-0-5373b383:12e33117399:-8000:000000000000102B begin
    // section -84-19-79-0-5373b383:12e33117399:-8000:000000000000102B end
    }
} /* end class Rechnung */
```

Sequenzdiagramm

Das Sequenzdiagramm zeigt, wie bestimmte Objekte Nachrichten untereinander austauschen. Sequenzdiagramme enthalten die Bestandteile Objekt, Lebenslinie und Kontrollfluss des Objektes sowie Nachrichten und Rückgabenachrichten:

- Die **Objektlebenslinie** ist eine senkrechte gestrichelte Linie, welche die Existenz eines Objekts während eines Zeitraums darstellt. Objekte können während einer Interaktion erzeugt oder zerstört werden.
- Der **Kontrollfokus** ist ein langes, schmales Rechteck, das den Zeitraum zeigt, in dem ein Objekt eine Aktion ausführt, entweder direkt oder durch ein nachgeordnetes Objekt. Die Oberkante des Rechtecks kennzeichnet den Anfang der Aktion, die Unterkante kennzeichnet das Ende der Aktion.
- Eine **Nachricht** überbringt einem Objekt die Information darüber, welche Aktivität von ihm erwartet wird. Die Nachricht besteht aus einem Namen und geht genau an einen Empfänger. Am Ende einer Aktion kann eine Rückgabenachricht erfolgen.

Abbildung 6-17: *Elemente des Sequenzdiagramms*

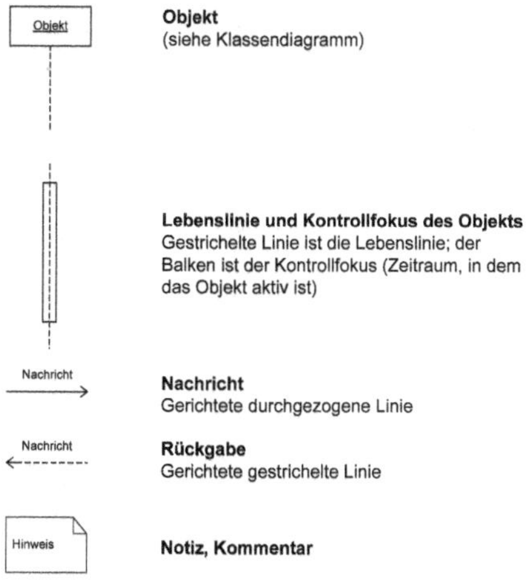

Abbildung 6-18: Sequenzdiagramm

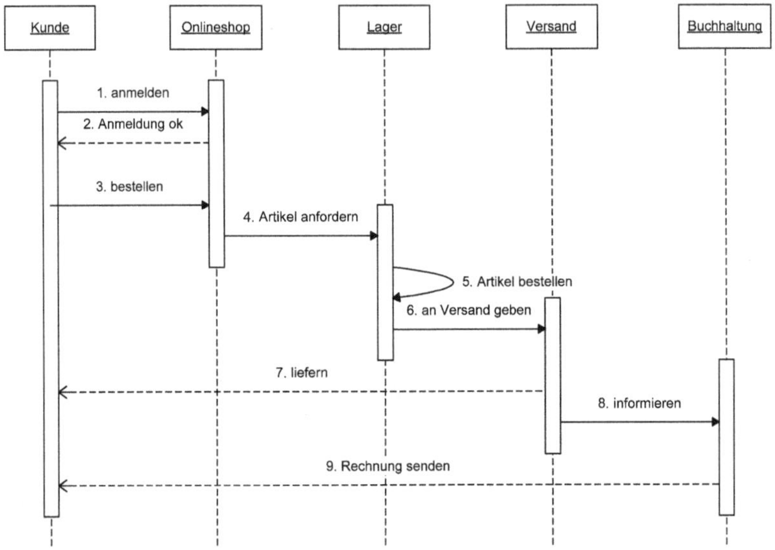

Die Objekte werden dabei als Kästchen dargestellt. Darunter zeigen sich die Lebenslinien des Objektes, an der man erkennen kann, wann welches Objekt aktiv ist. Nur ein aktives Objekt kann von sich aus Nachrichten schicken und damit andere Objekte aktivieren. Objekte können auch Nachrichten an sich selbst schicken.

Im Rahmen der Objektorientierung heißt „Nachricht schicken" im allgemeinen Fall „eine Methode aufrufen".

Weitere Techniken und neue Entwicklungen

Nach über 10 Jahren ist die UML ein sehr akzeptiertes Werkzeug in der Softwareentwicklung geworden. Dennoch ist es auch mit ihrer Hilfe noch nicht gelungen, die Softwarekrise wirklich zu meistern.

Es gibt einige neuere Ansätze, um den Prozess der Softwareentwicklung weiter zu beschleunigen und für eine bessere Qualität von Software zu sorgen.

Model Driven-Architecture (MDA)

Wie oben schon erwähnt kann man durch die UML das Softwaresystem sehr detailliert spezifizieren. Je genauer die Spezifikation ist, desto einfacher können die Softwareentwickler daraus ein Programm erstellen, das genau das leistet, was spezifiziert wurde.

Ein wünschenswertes Ziel wäre es, direkt aus den Modellen, die in der UML definiert wurden, die fertige Software zu erstellen, und zwar ohne weitere Schritte der Programmierung.

Dieses Ziel wird durch die Model Driven-Architecture verfolgt. Aus den Modellen soll durch Generatoren automatisch Programmcode erzeugt werden. Um die konkrete Programmierung muss sich der Entwickler dann gar nicht mehr kümmern. Seine Aufgabe ist es, genaue Modelle zu entwerfen.

Um das zu erreichen, entwickelt man die Modelle in mehreren Stufen. Zunächst erstellt man in Zusammenarbeit mit dem Auftraggeber ein recht allgemeines Modell des Systems, das in der MDA „Computation Independent Model" genannt wird. Dieses verzichtet auf sämtliche technischen Details, ist aber auch für die Nicht-Techniker auf Seiten des Auftraggebers klar verständlich. Daraus wird dann das „Platform Independent Model" abgeleitet, das die einzelnen Geschäftsprozesse auch technisch schon detailliert beschreibt, ohne aber auf die konkrete Implementierung einzugehen, beispielsweise auf welchen Betriebssystemen die Software später laufen wird. Diese konkrete Implementierung wird dann in der nächsten Stufe mit dem „Platform Specific Model" erreicht, bei dem dann auch beispielsweise festgelegt wird, auf welchen Betriebssystemen die Software laufen soll und welche Server zum Einsatz kommen sollen. Aus diesem letzten Modell kann dann tatsächlich eine lauffähige Version der Software automatisch generiert werden.

Service Oriented Architecture (SOA)

Die Idee hinter der Service Oriented Architecture besteht darin, eine Software nicht mehr als ein großes Programm zu betrachten, sondern als eine Ansammlung kleiner Funktionseinheiten, die miteinander kommunizieren können. Eine solche Funktionseinheit nennt man in der SOA einen „Dienst".

Ein Dienst muss folgende Eigenschaften haben:

- ist in sich abgeschlossen und kann eigenständig genutzt werden
- ist in einem Netzwerk verfügbar
- hat eine veröffentlichte Schnittstelle, wobei es für die Nutzung reicht, die Schnittstelle zu kennen, Kenntnisse über die Details der Implementierung sind hingegen nicht erforderlich
- ist plattformunabhängig, das heißt, Anbieter und Nutzer eines Dienstes können in unterschiedlichen Programmiersprachen auf verschiedenen Plattformen realisiert sein
- ist in einem Verzeichnis registriert

Abbildung 6-19: Stimmen aus der Praxis - Beispiel zu Service Oriented Architecture

In dem Beispiel des Onlineshops könnte man die Logistik, also die Lagerhaltung und den Versand, aus dem eigentlichen System ausgliedern und diese Aufgaben an einen externen Dienstleister auslagern. Das hat den großen Vorteil, dass man sich dann um die eigentliche Logistik nicht mehr kümmern muss, sondern das den Experten überlassen kann. Auch in der Entwicklung des Softwaresystems muss dieser Bereich dann nicht mehr detailliert betrachtet werden.

Wichtig dabei wäre aber, genaue Schnittstellen zu den Systemen dieses Dienstleisters zu haben. In unserem Fall müsste es eine Schnittstelle geben, an der die Bestellung eines Kunden übergeben wird, also die bestellten Artikel mit einer Mengenangabe und die Adresse, an die geliefert werden soll. Weiterhin muss es eine Schnittstelle geben, über die der Dienstleister der Buchhaltung mitteilen kann, wann geliefert wurde und was exakt die Lieferung beinhaltete.

Wie der Dienstleister seine internen Systeme organisiert hat, kann uns egal sein. Es wäre so auch möglich, einfach einen anderen Dienstleister zu nutzen, solange auch dieser diese beiden Schnittstellen zur Verfügung stellt.

Andere Bespiele für Dienste wären eine automatische Sendungsverfolgung nach Lieferung, so dass der Kunde direkt im Onlineshop nachvollziehen kann, wo seine Lieferung gerade ist.

Die meisten Logistikdienstleister bieten schon heute genau diese Schnittstellen an, meist mangelt es aber an Standards, so dass die einzelnen Diensteanbieter nicht einfach austauschbar sind.

Was haben Sie gelernt?

Am Anfang dieses Kapitels wurden ein paar gescheiterte Projekte dargestellt, welche durch ein gutes Projektmanagement und durch die Verwendung von Modellierungstechniken und Werkzeuge mit Sicherheit erfolgreich abgeschlossen hätten werden können. In der System- und Softwareentwicklung ist UML unerlässlich, wenn man Systeme und Software nachhaltig aufbauen beziehungsweise entwickeln möchte.

Des Weiteren wurde ein Überblick über die wichtigsten Diagramme – Anwendungsfall-, Klassen-, Sequenzdiagramm – gegeben. Zudem wurden die Elemente, welche bei den unterschiedlichen Diagrammarten zum Einsatz kommen, anhand von Beispielen erklärt und dargestellt.

Literaturverzeichnis Kapitel 6

[BALZ99] BALZERT, H.: Lehrbuch der Objektmodellierung, Berlin 1999

[BALZ02] BALZERT, H.: Lehrbuch der Softwaretechnik 1, Spektrum Akademischer Verlag, 2002

[BOOC94] BOOCH, G.: Objektorientierte Analyse und Design: Mit praktischen Anwendungsbeispielen, Bonn 1994

[BOOC99] BOOC, G., RAMBOUGH, J., JACOBSON, I.: The Unified Modeling Language User Guide, Boston 1999

[DIED72] DIJKSTRA, E.: The Humble Programmer, 1972

[GACO11] GALILEOCOMPUTING: Einführung in ActionScript, http://openbook.galileocomputing.de-/actionscript_einstieg/bilder/klasse_objekt.gif, abgerufen am 18.02.2011

[KECH09] KECHER, C.: UML 2: Das umfassende Handbuch, 3. Auflage, Galileo Press, Bonn 2009

[LARM98] LARMAN, C.: Applying UML and Patterns, Ipper Saddle River 1998

[SCHA11] SCHÄLING, B.: Der moderne Softwareentwicklungsprozess mit UML, http://www.highscore.de/uml/index.html, abgerufen am 18.02.2011

[STAN95] Standish Group International, Inc.: Chaos Report 1995

[STAN04] Standish Group International, Inc.: Chaos Report 2

7 ERP-Systeme

Wie sich die Zusammenarbeit in Unternehmen gestalten lässt

Warum ist das Thema relevant?

In Unternehmen arbeiten Abteilungen nicht isoliert. Es gibt vorgelagerte und nachgelagerte Arbeitsschritte, die es erforderlich machen, mit Personen anderer Abteilungen zusammenzuarbeiten. Sie arbeiten vernetzt, um Geschäftsprozesse, wie etwa die Bestellabwicklung oder Auftragsbearbeitung, optimal durchführen zu können. Bei der Gestaltung dieser Geschäftsprozesse kann ein Enterprise-Resource-Planning-System (ERP-System) Sie unterstützen, integriert und effektiv zu arbeiten. Denn wenn es Ihnen gelingt, ihre Geschäftsprozesse, schneller, transparenter und fehlerfreier abzuwickeln als der Wettbewerb seine, so erhöht dies die Kundenzufriedenheit und sichert Ihren Unternehmenserfolg.

Was sollten Sie wissen?

Wenn Sie dieses Kapitel durchgearbeitet haben, sollten Sie

- wissen, was ein ERP-System ist und wodurch es sich auszeichnet,
- den Integrationsgedanken von ERP-Systemen verstehen,
- beschreiben können, welche Einsatzmöglichkeiten es für Anwendungssysteme in Unternehmen gibt sowie
- die wesentlichen Aufgaben der Module beschreiben können.

Welche Schlüsselbegriffe sollten Sie kennen?

Am Ende dieses Kapitels sollten Sie folgende Begriffe verstanden haben und mit eigenen Worten erklären können, was darunter verstanden wird:

- Enterprise-Resource-Planning-System (ERP-System)
- Anwendungskomponenten Vertrieb, Materialwirtschaft und Produktion
- Anwendungskomponenten Finanz- und Rechnungswesen
- Anwendungskomponente Personalwirtschaft

Einführung

Wie arbeiten Unternehmen? Was sind die wesentlichen Hilfsmittel? Warum werden hier Computer eingesetzt? Wann reichen Word und Excel nicht mehr aus, um ein Unternehmen zu steuern? Was ist dann erforderlich?

Sollten Sie sich die eine oder andere Frage auch schon einmal gestellt haben und neugierig geworden sein, so hoffen wir nun, Ihnen interessante Antworten bieten zu können. Unser Ziel ist es, Ihnen einen Einblick in die vielfältigen Einsatzmöglichkeiten von Anwendungssystemen innerhalb eines Unternehmens zu geben.

Wir konzentrieren uns zunächst auf die Anwendungssysteme, welche die Mitarbeiter in einem Unternehmen bewusst beim Arbeiten wahrnehmen. Diese Anwendungssysteme zählen zu den operativen Anwendungssystemen und werden beispielsweise eingesetzt, um Schrauben für die Fertigung zu bestellen oder Gehälter inklusive Boni zu zahlen (vgl. Kap. 4). Bei diesen operativen Anwendungssystemen macht es einen Unterschied, ob jede Abteilung auf eine eigene Anwendung mit isolierten Geschäftsprozessen und eigenen Daten zurückgreift oder eine gemeinsame Datenbank mit all den Vorteilen, wie etwa Vermeidung von Mehrfacherfassungen oder bessere Informationsversorgung, nutzt (vgl. Kap. 5). Systeme mit einer gemeinsamen Datenbank und aufeinander abgestimmten Geschäftsprozessen werden als integrierte betriebliche Systeme oder Enterprise-Resource-Planning-System (ERP-System) bezeichnet.

Abbildung 7-1: Stimmen aus der Praxis - Ein Handy für die Insel

Sie kaufen sich ein Handy –
Welche internen Prozesse stecken für den Anbieter dahinter?

Welche drei Dinge würden Sie auf eine einsame Insel mitnehmen? Ist Ihr Handy dabei? Dann nehmen Sie sich doch etwas Zeit für das gute Stück und versetzen sich einmal in die Lage des Anbieters. Welche internen Prozesse sind erforderlich, damit Handys hergestellt und verkauft werden können, und wie werden diese Prozesse ideal mit Software unterstützt?

Handys werden über Geschäfte und Internet vertrieben. Wenn Sie ein Handy kaufen, so braucht der Verkäufer Ihren Namen und Adresse. Zusammen mit dem Artikel, der Mengen sowie dem Verkaufspreis stehen diese Angaben später auf der Rechnung und sind im Computersystem des Verkäufers hinterlegt. Bei Serviceanfragen sieht der Verkäufer dann gleich diese Informationen und muss so beispielsweise nicht noch einmal Ihre Anschrift erfassen.

Für den Hersteller bedeutet die Produktion eines Handys, dass er Teile herstellt und auch verschiedene Materialien von anderen Firmen, den Lieferanten, kauft und zusammenmontiert. Diese Teile, wie etwa das Gehäuse, werden nach der Lieferung in ein Lager gelegt und müssen auch wieder auffindbar sein. Zur Herstellung sind eine Stückliste mit den benötigten Materialien und ein Arbeitsplan mit der Reihenfolge und den Planzeiten der Arbeitsschritte erforderlich. Der Hersteller muss die Leistungen seiner Mitarbeiten erfassen und entlohnen sowie ihre Entwicklung fördern. Um die Gewinne zu ermitteln und sauber die Steuern zu zahlen, ist zudem eine exakte Buchhaltung notwendig. Darüber hinaus kann es sinnvoll sein, genauer zu wissen, wo die einzelnen Kosten anfallen, und welche Produkte oder Regionen besonders rentabel sind.

Welche Software kann nun all diese Prozesse unterstützen? Natürlich eine ERP-Software, sonst hätten wir dieses Beispiel nicht an dieser Stelle gebracht;-)

Was ist ein ERP-System?

Ein Enterprise-Resource-Planning-System (ERP-System) ist ein Anwendungssystem, das die betrieblichen Prozesse in einem Unternehmen unterstützt. Grundprinzip ist hierbei eine integrierte Arbeitsweise. Integriert werden die Geschäftsprozesse durch die Nutzung einer zentralen Datenbank, auf die je nach Anwendung mit verschiedenen Sichten zugegriffen wird. ERP-Systeme zählen hauptsächlich zu den operativen Systemen (vgl. Kap. 4, Arten von Anwendungssystemen), da mit ihnen die alltäglichen betrieblichen Leistungsprozesse auf der ausführenden Seite bearbeitet werden.

Die operativen Geschäfte eines Unternehmens umfassen alle Tätigkeiten, die

- dem eigentlichen Zweck des Unternehmens entsprechen sowie
- unternehmerischen Zielen dienen.

Beispielsweise würden bei einem Schuhhersteller Gewinne aus Aktienspekulationen nicht zu den operativen Geschäften zählen, da diese nicht aus dem eigentlichen Tätigkeitsfeld stammen. Die Herstellung und der Verkauf der Schuhe zählen dagegen zu den operativen Geschäften.

Abbildung 7-2: *Panorama – Mit ERP-Software reich geworden*

[SAP82]: SAP founders: Klaus Tschira, Hasso Plattner, Dietmar Hopp (left to right), © SAP AG
[WM09A]: Dietmar Hopp bei der Eröffnung der Rhein-Neckar-Arena, Bild von „JohnnyB", lizenziert unter CC BY-SA 3.0, http://creativecommons.org/licenses/by-sa/3.0/deed.de

Fünf ehemalige Kollegen der Firma IBM, Dietmar Hopp, Hasso Plattner, Claus Wellenreuther, Hans-Werner Hector und Klaus Tschira, gründeten 1972 das Softwareunternehmen Systemanalyse und Programmentwicklung. Ihre Vision einer integrierten betrieblichen Standardsoftware im Echtzeitbetrieb ("Real Time") konnten sie zuvor bei IBM nicht durchsetzen. Da sie aber von dem Erfolg einer solchen Software überzeugt waren, starteten sie ihre eigene Firma. Sie entwickelten Programme, die Lohnabrechnung und Buchhaltung per Großrechner ermöglichten. Neu war, dass die Software als Standardsoftware konzipiert wurde und so auch weiteren Interessenten angeboten werden konnte. Erstmals wurde ein gemeinsames System für alle Aufgaben in Unternehmen geschaffen, so gehen etwa die Daten der Materialwirtschaft wertmäßig direkt in die Finanzbuchhaltung ein. [SAP11]

Die Software wurde ein durchschlagender Erfolg. Seit 1988 heißt die Firma SAP, und ihre Gründer zählen mit Vermögen in Milliardenhöhe zu den reichsten und erfolgreichsten Personen Deutschlands.

Anwendungskomponenten

ERP-Systeme sind nach typischen Anwendungsbereichen in Unternehmen, in sogenannten Anwendungskomponenten, gegliedert. Dies sind oft Materialwirtschaft, Vertrieb, Produktion, Personalwirtschaft, Finanz- und Rechnungswesen (vgl. Abb. 7-3). Diese Anwendungskomponenten werden auch als Module bezeichnet. Sie bilden in sich geschlossene unabhängige Einheiten, die eng in einem Verbund zusammenarbeiten. Die Module wickeln die Aufgaben und Geschäftsprozesse der Unternehmen integriert ab. Die Anwender werden über die Module durch die Geschäftsprozesse geführt und erhalten dort gezielt für die einzelnen Aufgaben aufbereitete Daten.

Abbildung 7-3: *Anwendungskomponenten von ERP-Systemen*

Ziele von ERP-Systemen

Ziel des Einsatzes von ERP-Systemen ist es, die betrieblichen Aufgaben möglichst sinnvoll zu automatisieren und zu verbinden. ERP-Systeme ermöglichen es, dass verschiedene Abteilungen in einem Unternehmen auf die gleichen Informationen zurückgreifen können. Dies verhindert unnötige Verzögerungen, da Informationen von einer Abteilung nicht erst angefragt werden müssen.

Die Daten werden meist nur einmal eingegeben, und zwar genau dort, wo sie entstehen. Sie sind dann für alle sichtbar, die die Daten aufgrund ihrer Aufgabe im Unternehmen sehen dürfen (vgl. Kap. 11, Datenschutz). Diese Transparenz fördert die Zusammenarbeit der einzelnen Abteilungen und hilft, effektiv in einem Unternehmen zu arbeiten.

Beispielsweise werden bei der Buchung eines Wareneinganges in der Materialwirtschaft ohne Zusatzaufwand gleichzeitig auch die Konten der Finanzbuchhaltung wertmäßig fortgeschrieben. Werden also 1.000 Handygehäuse bei der Fertigung eines Handys zugekauft, so werden bei der eingehenden Lieferung sowohl die Mengen als auch die Kosten erfasst. Durch die Integration der Anwendungen gehen die Daten der Materialwirtschaft wertmäßig direkt in die Finanzbuchhaltung ein. Waren- und Wertefluss laufen somit synchron.

Ein weiteres Beispiel wäre, dass bei der Rückmeldung von vier Arbeitsstunden für die Montage nicht nur die reine Stundenzahl, sondern auch die damit verbundenen Kosten im System erfasst werden. Durch die Hinterlegung von Tarifen in den Fertigungsaufträgen können die Kosten der Fertigung dann im Controlling ausgewertet werden.

Die Daten, die ein Unternehmen in einem ERP-System speichert, können in relativ dynamische Bewegungsdaten, wie etwa Bestellungen oder Lieferungen, und in relativ statische Stammdaten, wie etwa Kunden- und Artikelstammsätze, unterschieden werden.

Ein ERP-System besitzt in der Regel eine Client-Server-Architektur (vgl. Kap. 3 und Kap. 5, Drei-Ebenen-Architektur). Durch diese Architektur ist das Unternehmen sowohl bei der Wahl der Hardware als auch bei der Wahl des Betriebssystems unabhängig. Ebenso erlauben ERP-Systeme meist den Einsatz unterschiedlicher Datenbanksysteme. Ein ERP-System besteht neben dem Datenbanksystem und der Benutzeroberfläche aus einem Basissystem sowie aus den bereits erwähnten Anwendungskomponenten (vgl. Abb. 7-4).

Abbildung 7-4: *Aufbau eines ERP-Systems*

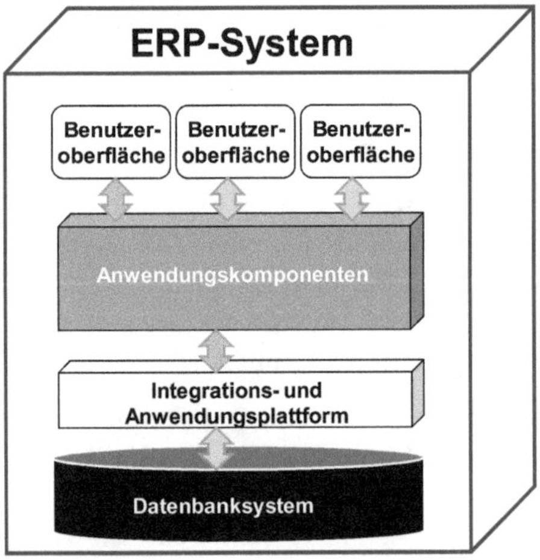

Die Integrations- und Anwendungsplattform verbindet die Anwendungskomponenten mit dem Datenbanksystem und bildet die Infrastruktur für die Anwendungskomponenten [HANE09]. Hier werden die grundlegenden Einstellungen für die Geschäftsprozesse festgelegt. Die Anpassung an die betrieblichen Gegebenheiten erfolgt durch Parametereinstellungen im sogenannten Customizing. Bei speziellen Anforderungen, die extra zu programmieren sind, kann über Programmierschnittstellen gezielt eingegriffen werden. In der Integrations- und Anwendungsplattform können zudem die Daten vor unbefugtem Zugriff geschützt werden. Dies erfolgt über ein rollenbasiertes Berechtigungssystem, welches dem einzelnen Anwender je nach seiner Funktion im Unternehmen Aktionen im ERP-System erlaubt. So darf beispielsweise ein Lagermitarbeiter eher selten den Zahllauf starten, um die offenen Rechnungen der Lieferanten zu begleichen, und Gehaltserhöhungen im System vorzunehmen, wird auch nur wenigen Personen erlaubt sein.

Abbildung 7-5: Stimmern aus der Praxis - Wer ist der Marktführer?

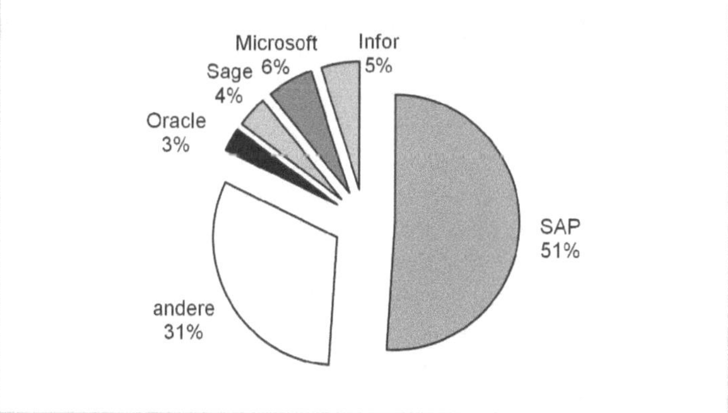

ERP-Marktanteile in Deutschland 2008 (vgl. [COMP09])
Über den reinen ERP-Markt hinaus bieten die Lünendonk-Listen einen Überblick über die Top 25 der Standard-Software-Unternehmen in Deutschland. (vgl. [Luen11])
„Durchschnittlich investieren Unternehmen **402.525 Euro** in ihr neues ERP-System." [KONR09]

Integration der Komponenten im System

Bei ERP-Systemen ist die Integration ein entscheidendes Erfolgskriterium. Beispielsweise nutzt ein Mitarbeiter in der Abteilung Vertrieb die ERP-Komponente "Vertrieb" zur Erstellung eines Angebots für einen Kunden. In der Auftragsposition trägt er den Artikel ein, den der Kunde kaufen möchte, und mit der sogenannten Verfügbarkeitsprüfung kann er gleich feststellen, ob der bestellte Artikel im Lager ist und der gewünschte Liefertermin eingehalten werden kann. Der Datenaustausch zwischen den Abteilungen Vertrieb und Lager funktioniert also direkt ohne Systemwechsel und ohne Zeitverzug. Die Artikel müssen hierzu auch nicht für den Vertrieb und für die Materialwirtschaft doppelt (redundant) gespeichert werden. Vielmehr wird nur ein Materialstammsatz als gemeinsame Datenbasis angelegt. Über die verschiedenen Sichten im Materialstammsatz werden dann die Verkaufs- und Lagerbelange berücksichtigt.

Die Integration der Komponenten kann abhängig vom jeweiligen Geschäftsprozess unterschiedlich stark automatisiert werden. Ein Anwendungssystem kann Prozesse vollautomatisch verketten und so mit dem Ende eines Prozessschrittes automatisch ein anderes Programm anstoßen. Beispielsweise könnte bei Erreichen eines Mindestlagerbestandes automatisch eine neue Bestellung erzeugt werden. Bei einer teilautomatischen Verkettung wirken Mensch und Anwendungssystem im Dialog zusammen. Hier würde bei Erreichen eines Mindestlagerbestandes beispielsweise von fünf Motoren automatisch ein neuer Bestellvorschlag generiert werden. Dieser Vorschlag kann vor der Bestellung dann noch von einem Einkäufer geprüft und geändert oder gleich bestätigt werden (vgl. [ABMÜ04]).

Integration anderer Systeme

In der Unternehmenspraxis kommt es allerdings so gut wie nie vor, dass nur mit einem einzigen ERP-System eines Herstellers gearbeitet wird. Für einen reibungslosen Unternehmensablauf ist es wichtig, Softwareprodukte anderer Hersteller oder individuell entwickelte Software zu integrieren. Eine Möglichkeit der Integration besteht darin, die unterschiedlichen eigenständigen Anwendungen über Schnittstellen miteinander zu verbinden, damit die Daten von einem System zum anderen weitergegeben werden können. Besser noch wird die Zusammenarbeit unterschiedlicher Softwareprodukte über eine sogenannte Middleware gelöst, die den Datenaustausch verschiedener Anwendungen meist über ein Netzwerk steuert und in der Integrations- und Anwendungsplattform eines ERP-Systems zu finden ist (vgl. Abb. 7-6). Softwareentwickler anderer Hersteller nutzen diese Middleware, damit ihre Daten weiterverarbeitet werden oder sie selbst mit den Daten eines anderen Systems arbeiten können. Der Vorteil besteht darin, dass für jede Anwendung die am besten geeignete Lösung genutzt werden kann, ohne auf die Vorteile einer Integration zu verzichten. Die Kommunikation zwischen den Prozessen wird damit vereinfacht. So sucht ein Autohersteller vielleicht für die Buchhaltung eine Standardlösung, aber für die Logistik eine Branchenlösung im Bereich Automotiv aus. Beide Systeme werden miteinander vernetzt, und zwar auch, wenn es sich um Software verschiedener Hersteller handelt.

Abbildung 7-6: *Integrierte Anwendungssysteme*

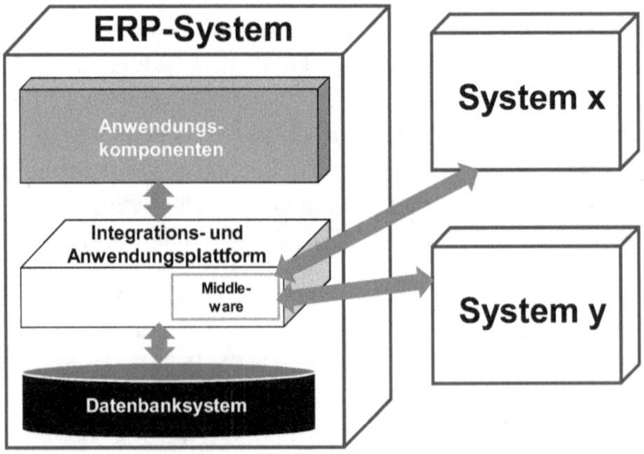

7.1 Anwendungskomponente Vertrieb

Der Vertrieb (engl. sales and distribution) ist das Herz der meisten Unternehmen. Ohne den Verkauf von Produkten und Dienstleistungen wird in der Regel in Unternehmen wenig produziert, eingekauft, ausgerechnet und gebucht. Zu den Prozessen im Vertrieb gehört es, dass Kundenanfragen erfasst, Kundenangebote und Kundenaufträge erstellt, Ware versendet und fakturiert sowie schließlich Zahlungseingänge gebucht werden (vgl. Abb. 7-8). Die Absatzgrobplanung ermittelt die Prognosewerte für zukünftige Kundenaufträge, dies wird im Abschnitt *Absatz- und Produktionsgrobplanung* behandelt.

Abbildung 7-7: *Verkaufsabwicklung im Modul Vertrieb*

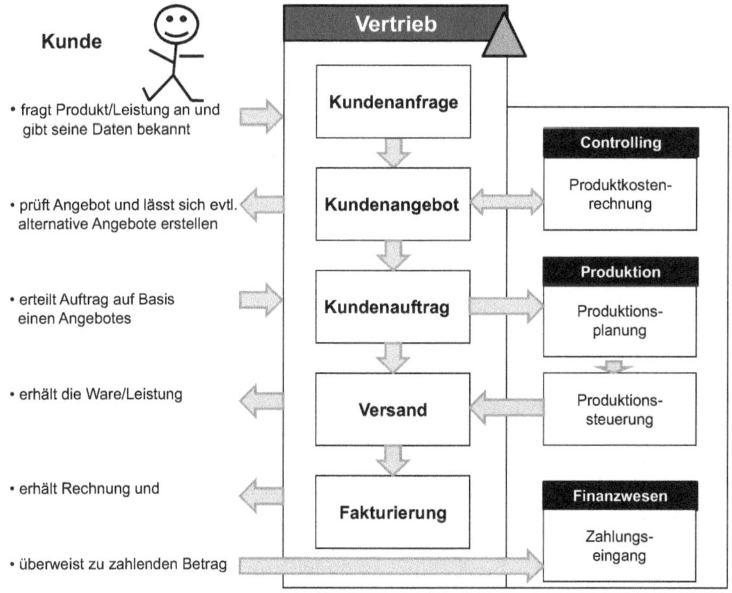

Kundenanfrage

Abbildung 7-8: *Stimmen aus der Praxis – Wie eine Kundenanfrage nicht laufen sollte*

"Wir Vertriebler der Firma Trix sind über ganz Deutschland verteilt. Die besten Geschäfte lassen sich bei einem Glas Bier machen und da schreibt man die nötigen Adressen einfach auf einen Bierdeckel. Zudem ist es eh „mein Kunde" und die anderen müssen ja nicht gleich wissen, mit wem ich was ausgemacht habe. Hauptsache der Umsatz stimmt."

„Bei den technischen Anforderungen und Fragen des Kunden, geht erst mal alles, hat der Kunde dann zugesagt, kann das Produktmanagement immer noch die eine oder andere Einschränkung bekannt geben."

Eine Kundenanfrage ist für Unternehmen immer sehr interessant. Selbst wenn aus der Anfrage kein konkreter Auftrag entstehen sollte, erfährt das angefragte Unternehmen, wer sich für welche Angebote und Produkte interessiert. Ansprechpartner und Adresse, aber auch mögliche Anwendungen können festgehalten und für spätere Kontakte genutzt werden.

Die Daten einer Kundenanfrage werden immer wieder gebraucht. Von der ersten Anfrage, über die Angebote, den Kundenauftrag, den Lieferschein bis hin zur Rechnung handelt es sich zum Teil wiederholt um dieselben Daten. Daher ist es günstig, wenn diese Daten auch einmalig hinterlegt und von allen genutzt werden können. So können Fehler vermieden und die Arbeit effizient gestaltet werden.

Von Interesse sind unter anderem folgende Fragen:

- Wann hatten wir zuletzt Kontakt?
- Worüber hatten wir uns unterhalten?
- Woran hatte der Kunde Interesse?
- Hatten wir Informationen versprochen oder zukommen lassen?
- Wann hatten wir vereinbart, das nächste Mal zu telefonieren?

In einem ERP-System können mit Hilfe eines elektronischen Produktkataloges zu den Anfragen des Kunden die Produkte (Erzeugnisse) angezeigt werden. Welche Anforderungen zusammenpassen und wo es Einschränkungen gibt, kann mit einem Variantenkonfigurator geprüft werden. Beispielsweise könnte es Autos mit dem kleinsten Dieselmotor nicht mit Sportausstattung oder nur in den Farben schwarz oder weiß geben. Das System stellt mit der Variantenkonfiguration sicher, dass die vom Kunden verlangten technischen Leistungen erbracht werden und die ausgewählten Komponenten auch zusammenpassen.

Abbildung 7-9: *Stimmen aus der Praxis – Wie Preisfindung und Kundenangebot nicht laufen sollten*

"Die Preise rechne ich mir in Excel zusammen. Es ist schon ärgerlich, wenn der Chef jährlich eine neue Preisliste herausgibt und ich meine schöne Liste wieder neu machen muss. Aber so bin ich flexibel und kann die Preise für die Kunden so berechnen, wie ich es brauche und auch mal einen versteckten Zuschlag einbauen".

"Angebote kann ich doch auch in Word schreiben und die in Excel kalkulierten Preise übernehmen."

Die Preise, die ein Kunde für die angefragten Produkte oder Dienstleistungen genannt bekommt, sollten nachvollziehbar sein. Erhält ein Kunde verschiedene Aussagen, je nachdem wen er im Unternehmen nach einem Preis fragt, so ist dies nicht vertrauensbildend.

Mit dem Modul Vertrieb eines ERP-Systems können grundsätzlich die Preise für die Produkte oder Dienstleistungen, wie sie in der Preisliste festgesetzt wurden, als Basis herangezogen werden. Preise werden in den Stammdaten, und zwar im Modul Materialwirtschaft, einmalig hinterlegt und mit der Auswahl der Produkte automatisch in das Angebot beziehungsweise den Kundenauftrag übernommen. Abhängig von der Absatzmenge oder dem Kunden können dann etwa Rabatte oder Frachtkosten herangezogen werden.

Beispielsweise kostet ein Turnschuh 100 €, ab einer Bestellung von 200 Turnschuhen erhält der Kunde 20% Rabatt und muss keine Frachtkosten zahlen. Im System wird dann automatisch der Preis von 16.000 € angezeigt.

Kundenangebot

Sicher können Angebote auch mit Hilfe von Word und Excel erfasst werden, nur ab dem wievielten Angebot und der wievielten Änderung zum Angebot verliert man den Überblick? Oft ändert sich ein Angebot mehrfach, weil der Kunde doch die eine oder andere Position anders haben möchte. Was ist nun gültig?

In einem Modul Vertrieb können die Daten der Kundenanfrage automatisch in das Kundenangebot übernommen werden. Eine lästige und fehleranfällige Mehrfacherfassung fällt somit weg. Die Angebote erhalten eine Versionierung, und damit kann auch eine alte Version wieder aktiviert werden, wenn beispielsweise von den 200 Turnschuhen doch 100 und nicht 50 in der aktuellen Modefarbe geliefert werden sollen.

Kundenauftrag

Abbildung 7-10: Stimmen aus der Praxis – Wie der Kundenauftrag nicht laufen sollte

"Wenn der Kunde die Bestellung aufgibt, verspreche ich immer, dass wir in 4 Wochen liefern, genaueres sieht man dann. Es kann passieren, dass ein Kunde nur noch Waren gegen Vorkasse erhält, wenn er eh schon in Zahlungsverzug ist. Aber woher soll ich immer wissen, wer das gerade ist?"

Wenn ein Kunde auf Basis eines Angebots eine Bestellung vornimmt, erhält er eine Auftragsbestätigung, und es wird ein Kundenauftrag angelegt. Der Kundenauftrag umfasst die bestellten Produkte mit den vereinbarten Preisen und den geplanten Lieferterminen. Die Anlage eines Kundenauftrags im Vertriebsmodul kann durch direkte Eingabe oder Umwandlung des aktuellen Angebots erfolgen. Im Angebot und im Auftrag sowie später auch im Lieferschein und in der Rechnung steht zu einem großen Teil immer wieder der gleiche Inhalt. Daher ist es effizient, wenn die Daten nur einmalig anlegt werden müssen und in die anderen Dokumente durch Umwandlung des vorherigen Dokuments übernommen werden können.

Bei der Anlage eines Kundenauftrags in der Komponente Vertrieb können verschiedene Prüfungen angestoßen werden. So wird sichergestellt, dass möglichst korrekte Daten aufgenommen werden. Die Bonitätsprüfung prüft hierbei, ob der Kunde kein Kreditlimit überschreitet oder gar schon gesperrt ist, und etwa Ware nur noch gegen Vorkasse erhalten darf. Die technische Prüfung ermittelt, ob die gewünschte Variante geliefert werden kann. Beispielsweise mag für ein medizinisches Gerät, das für den Export in die USA bestimmt ist, ein Netzteil vorgesehen sein, das zwar zum deutschen, aber nicht zum amerikanischen Stromnetz passt. Die Verfügbarkeitsprüfung meldet, ob die benötigten Teile im Lager verfügbar sind oder noch gefertigt oder bestellt werden müssen. Erst nach der Verfügbarkeitsprüfung kann vom System das O.K. für einen Wunschliefertermin des Kunden gegeben werden. Wenn alle Daten zum Kundenauftrag erfasst sind, dann wird er gespeichert, und das System meldet automatisch die Kundenauftragsnummer. Anhand dieser Nummer sind alle Informationen zu diesem Auftrag zu finden.

Liefer-/Fakturaplan und Versand

Abbildung 7-11: *Stimmen aus der Praxis – Wie Liefer-/Fakturaplan und Versand nicht laufen sollten*

"Wir machen immer die Teile für den Kunden fertig, der sich am lautesten beschwert, irgendwo muss man ja anfangen. Die Buchhaltung ist da schneller, sie stellt schon mal Rechnungen für Dinge, die wir noch nicht geliefert haben."

„Spätestens einen Schritt weiter wird es noch komplizierter, nämlich, wenn man wissen möchte, welche Teile zum Angebot vielleicht schon bestellt wurden. Herr Maier hat vier Zahnräder bestellt, Herr Schmidt war gerade da, als die Lieferung ins Haus kam und hat sich gefreut, da er ein Zahnrad gerade gut für seine Maschine gebrauchen konnte, die anderen drei hat er einfach in das freie Regal hinter sich gelegt."

In einem Kundenauftrag eines SD-Moduls werden die Liefer- und Fakturapläne genau festgelegt und können auch an Freigaben gekoppelt werden. Beispielsweise werden die 200 Turnschuhe Weihnachten geliefert und müssen bis Silvester bezahlt werden.

Die Produkte, die der Kundenauftrag enthält, werden anschließend entweder produziert oder im Lager zusammengestellt und kommissioniert. Bei einer speziellen Fertigung für einen Kunden können die Produkte im System über eine sogenannte Kundeneinzelfertigung speziell für einen Kundenauftrag reserviert werden. Sind alle Produkte für den Kundenauftrag kommissioniert, so wird der Warenausgang gebucht und der Lieferschein gedruckt. Mengen- und wertmäßig werden diese Produkte dann nicht mehr im System geführt.

Die anschließende Versandabwicklung umfasst die auftragsgemäße Durchführung der Lieferungen, aber auch die Abwicklung von Retouren sowie Umlagerungen. Zur Lieferdurchführung selbst gehören die Terminverfolgung, das Erstellen von Lieferungen, das Kommissionieren im Lager, das Verpacken der Lieferung, der Warenausgang und der Transport. Die Steuerung und Überwachung dieser Vorgänge erfolgt im System wiederum mittels entsprechender Belege, wie beispielsweise Kommissionier- und Lieferscheine, Verpackungsbelege, Ladelisten oder Warenausgangsbelege.

Rechnung

Abbildung 7-12: Stimmen aus der Praxis – Wie die Rechnung nicht laufen sollte

"Für die Rechnungsstellung kopieren wir dann das Angebot in ein neues Word Dokument, aber leider kommen hier immer wieder die Rechnungsnummern durcheinander, weil ja mehrere Leute im Unternehmen Rechnungen stellen. Auch muss ich immer prüfen, zu welchen Aufträgen ich eine Rechnung schreiben kann und wann ich wen mahnen muss."

Zu jedem Kundenauftrag wird dem Kunden eine Rechnung gestellt. Die Rechnungsnummern werden vom System automatisch vergeben. Dies ist sehr wichtig, da die Rechnungsnummern laut Gesetzgeber fortlaufend sein müssen und auch nicht gelöscht werden dürfen. Zudem wird so sichergestellt, dass keine Rechnung vergessen wird.

Im System wird die Erstellung von Rechnungen durch einen Fakturalauf angestoßen. Hier werden beispielsweise aus allen Kundenaufträgen im Modul Vertrieb, die Kundenaufträge mit dem Status „geliefert" ausgelesen und Rechnungen generiert. Mit der Rechnungserstellung über den Ausdruck der Rechnungsformulare oder durch die Übermittlung per elektronischen Datenaustausch werden zugleich die Forderungen an den Kunden festgeschrieben und an die Debitorenbuchhaltung weitergeleitet. Die Kostenrechnung wird unter anderem über die Erlöse, Rabattbeträge und Frachtkosten informiert. Für verschiedene Liefervorgänge und Zahlungsbedingungen gibt es jeweils entsprechende Fakturabelege, wie etwa Fakturen zum Auftrag oder zu Ratenzahlungen. Der Zahlungseingang des Kunden beendet abschließend den Vertriebsprozess.

Struktur des Moduls Vertrieb

Damit die Prozesse Verkauf, Versand und Faktura im Modul Vertrieb optimal durchlaufen, ist eine durchdachte Struktur erforderlich. Organisationseinheiten und Stammdaten bilden hier die Grundlage, auf die die Prozesse aufbauen. Und nur so gut wie diese Grundstruktur ist, so gut können auch die Geschäftsprozesse sein. Die Beschreibung der Organisationsstruktur im Vertrieb erfolgt über einen Vertriebsbereichsschlüssel, in dem folgende Ebenen unterschieden werden:

- Verkaufsorganisation (zum Beispiel Deutschland oder Japan)
- Vertriebsweg (zum Beispiel Filiale oder Web-Shop)
- Sparte (zum Beispiel Schuhe oder Sportgeräte)

Abbildung 7-13: *Struktur des Moduls Vertrieb*

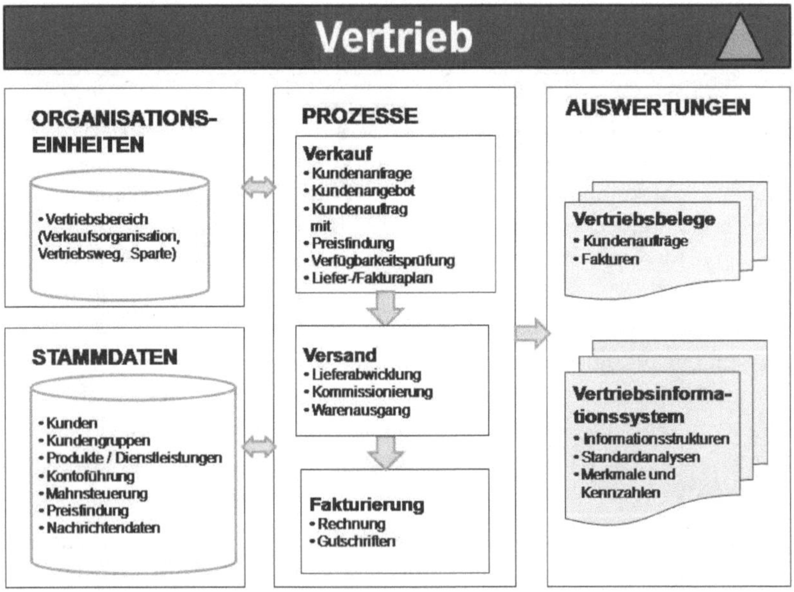

Aufbauend auf den Stammdaten werden die Geschäftsvorfälle im Vertrieb abgewickelt. Die wichtigsten Stammdaten im Vertrieb sind die Kunden und die Produkte. Im Kundenstamm werden zu den Kunden folgende Daten festgehalten:

- allgemeine Daten, wie Anschriften oder Ansprechpartner
- Buchhaltungsdaten, wie Kontoführung
- vertriebsbereichsbezogene Daten, wie organisatorische Zuordnung, Kundengruppe oder Preisfindung

Die Produkte und Dienstleistungen, die verkauft werden sollen, werden in der Vertriebssicht des Materialstamms im ERP-System definiert und dann im Kundenauftrag übernommen. Zu den Materialstammdaten, die vom Vertrieb gepflegt werden, gehören unteren anderem die Artikelnummern und -bezeichnung, Preise und Rabatte. Mit dem Vertriebsinformationssystem können Informationsstrukturen, Merkmale und Kennzahlen flexibel ausgewertet und berichtet werden.

Abbildung 7-14: *Beispiel eines Kundenauftrages*

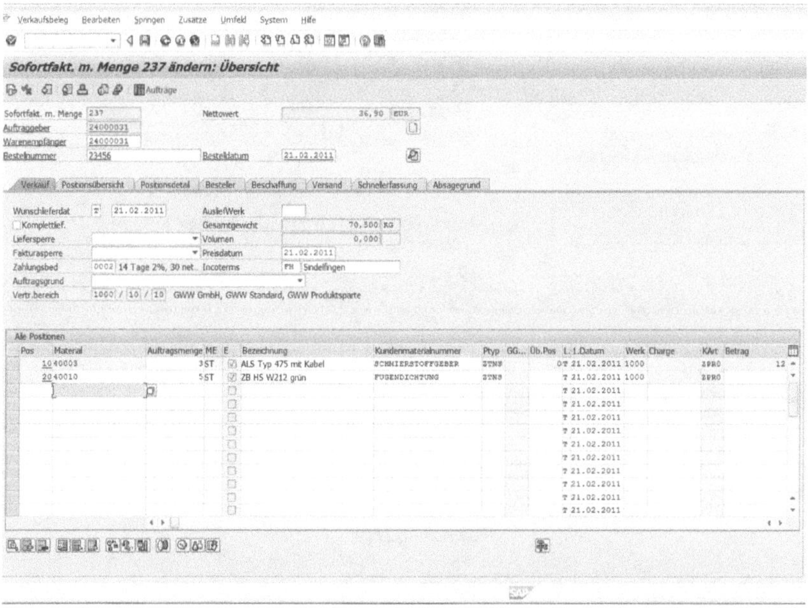

7.2 Anwendungskomponente Materialwirtschaft

Jedes Unternehmen hat eine Materialwirtschaft (engl. materials management), auch wenn diese unterschiedlich stark ausgeprägt ist. In Dienstleistungsunternehmen, wie beispielsweise einer Unternehmensberatung, wird sich die Materialwirtschaft eher auf Büroartikel, Prospekte und vielleicht noch Firmenwagen beschränken. In Industrieunternehmen umfasst die Materialwirtschaft zusätzlich das Management von Materialien, die für die Herstellung ihrer Produkte gebraucht werden, also beispielsweise von Rohstoffen, Zulieferteilen und Betriebsmitteln. Die größte Rolle spielt die Materialwirtschaft im Handel, da das Kerngeschäft der Wiederverkauf von eingekauften Produkten ist. Hier spricht man auch von der Warenwirtschaft.

Zu den Prozessen der Materialwirtschaft gehört die Ermittlung, welche Materialien im Unternehmen wo und wann gebraucht werden. Es sind die passenden Lieferanten auszuwählen, dann ihre Angebote zu vergleichen und für das passende Angebot eine Bestellung auszuführen. Trifft die bestellte Ware ein, so ist hierzu der Wareneingang zu buchen, die erhaltene Rechnung zu prüfen und schließlich die Rechnung zu zahlen und zu verbuchen (vgl. Abb. 7-15).

Abbildung 7-15: *Prozessschritte im Einkauf*

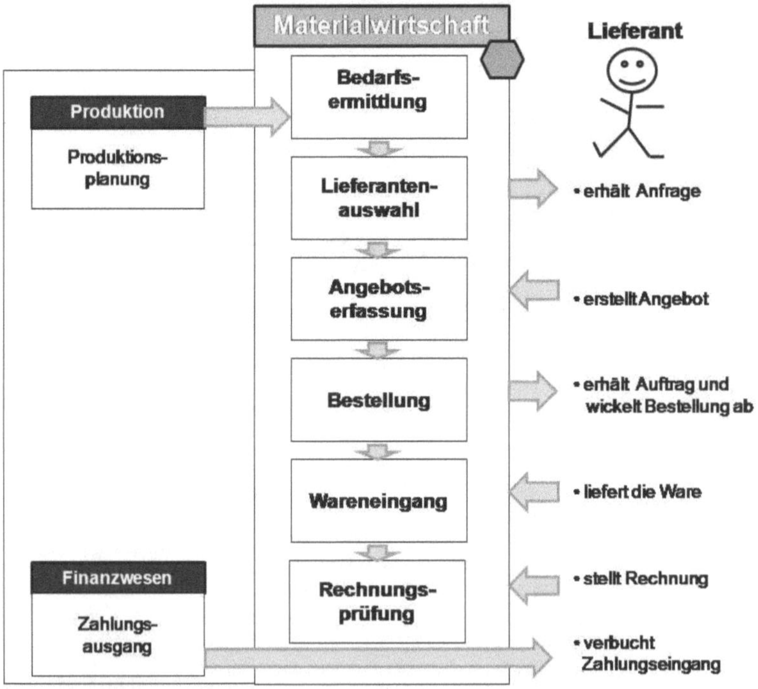

Für die Beschaffung wird in einem ERP-System die Komponente Materialwirtschaft eingesetzt. Bei einigen Herstellern findet man an Stelle des Begriffs Materialwirtschaft auch den Begriff Beschaffung.

Diese Komponente umfasst folgende Funktionen (vgl. [ABMÜ09]):

- Stammdatenpflege von Lieferanten und Materialien
- Angebotseinholung, Auftragsvergabe, Wareneingangs- und Qualitätsprüfung
- Zusammenarbeit mit Lieferanten und Vergleich von Einkaufspreisen
- lückenlose Verfolgung des jeweils aktuellen Bestellstatus

- Mindestbestandsbestellung einrichten
- Bestandsbewegungen managen, wie etwa die Warenein- und -ausgänge der Lager

Bedarfsermittlung

Abbildung 7-16: Stimmen aus der Praxis – Wie die Bedarfsermittlung und Bestandsführung nicht laufen sollten

„Bei uns in der Firma Durofit informieren wir Frau Mayer, wenn etwas ausgeht und wir neue Sachen bestellen müssen. Manchmal vergessen wir es oder wir denken, jemand anderes hat schon gemeldet, dass wir bald keine M8 Schrauben mehr haben. Es ist natürlich ärgerlich, wenn man eine leere Schachtel aus dem Regal zieht."

Im Rahmen der Bedarfsermittlung hat die Bestelldisposition die Aufgabe, die Lagerbestände zu überwachen und eine Vorplanung der Bestände zu treffen. Materialien, die nicht selbst im Unternehmen hergestellt werden, müssen von externen Lieferanten zugekauft werden. Sie haben im Materialstamm die Beschaffungsart „Fremdbeschaffung" eingetragen. Bei der Bedarfsermittlung werden diese in Form einer Bestellanforderung (BANF) ermittelt. Bestellanforderungen können manuell angelegt oder aber automatisch als Ergebnis der Produktionsplanung generiert werden.

Durch die Bestelldisposition im Einkaufsmodul werden Bestellzeitpunkt und -menge der einzelnen Materialien bestimmt. Hierzu werden im System die Sicherheitsbestände festgelegt, die nicht unterschritten werden dürfen. Die Meldemenge errechnet sich aus dem erwarteten Bedarf während der Wiederbeschaffungszeit und dem geplanten Sicherheitsbestand. Die den jeweiligen Materialien entsprechenden Melde- und Sicherheitsbestände werden im Materialstamm festgelegt. Wenn der Lagerbestand die kritische Höhe unterschreitet, wird mit der Mindestbestandsbestellung ein Bestellvorschlag mit einer zuvor definierten Bestellmenge (Losgröße) ausgelöst.

Für die Vorhersage von Lagerabgängen wird zwischen Programmsteuerung und Bedarfssteuerung unterschieden. Bei der programmgesteuerten Ermittlung wird der Bedarf an Baugruppen und Teilen in Abhängigkeit vom geplanten Absatz- und Produktionsprogramm abgeleitet. Bei der bedarfsgesteuerten Vorhersage beobachtet das System den Lagerabgang und zieht daraus Schlüsse für den künftigen Bedarf.

Bestandsführung

Die Aufgabe einer Bestandsführung ist die wert- und mengenmäßige Erfassung aller Materialbestände und -bewegungen. Im Materialstamm sind die Parameter für die Bestandsführung festgelegt. Der Wert eines Materials wird grundsätzlich aus dem Produkt aus Bestandsmenge und Materialpreis ermittelt. Die Bewertung erfolgt bewegungsbezogen beim Wareneingang in das Lager oder Warenausgang aus dem Lager und findet Verwendung in der Bilanz.

Grundsätzlich werden interne und externe Bewegungsarten unterschieden. Zu den externen Warenbewegungen zählen der Einkauf von Waren beim Lieferanten und der Verkauf von Waren an den Kunden. Beide Vorgänge verändern den Bestand. Im Gegensatz zu externen Warenbewegungen ändern die internen Warenbewegungen den Gesamtbestand nicht, es erfolgen Verschiebungen in den Beständen. Ein Beispiel für eine interne Warenbewegung ist die Umlagerung eines Materials von einem Lagerort zum anderen innerhalb des Betriebs. Laut Gesetz ist jeder Kaufmann im Rahmen der ordnungsmäßigen Buchführung einmal jährlich zur Inventur verpflichtet. Bei der Inventur werden alle Bestände erfasst, um die tatsächlich vorhandenen Materialien mit den Beständen im System abzustimmen. Ziel der Inventur ist es, Vermögenswerte und Schulden eines Unternehmens zu einem bestimmten Stichtag nach Art, Menge und Wert aufzuführen.

Lieferantenauswahl und Angebotserfassung

Abbildung 7-17: Stimmen aus der Praxis – Wie die Lieferantenauswahl nicht laufen sollte

„Frau Mayer weiß genau, bei wem sie welche Dinge am günstigsten bestellt. In der Praxis wird dies nicht selten der Lieferant mit den besten Weihnachtsgeschenken. Unser Weihnachtswichteln ist immer lustig!"

Die Aufgabe der Beschaffung ist es, für das Unternehmen geeignete Lieferquellen zu erfassen und zu sichern. Unter Kosten-, Zeit- und Qualitätsaspekten sollen die besten Lieferanten gewonnen werden. Um dieses Ziel zu erreichen, ist es wichtig, die Beziehungen zu den Lieferanten zu pflegen, den Beschaffungsmarkt zu beobachten, aber auch Abhängigkeiten zu vermeiden (vgl. [FESI06]).

Für den Fall, dass mehr als ein Lieferant für ein Material als Bezugsquelle in Frage kommt, gibt es die Möglichkeit, dass eine Person im Einkauf die Entscheidung trifft oder das System die Lieferquelle automatisch bestimmt. Für diese Art der Beurteilung der Lieferanten können selbstgewählte Kriterien im System erfasst werden. Zur Ermittlung der zu einem bestimmten Zeitpunkt geltenden Bezugsquelle dient das sogenannte Orderbuch. Es enthält die für ein Material vorgesehenen Bezugsquellen und die Zeiträume, in denen die Beschaffung über diese Bezugsquellen möglich ist.

Angaben über Konditionen werden nicht über das Orderbuch geführt, sondern sind im Materialstamm hinterlegt. Sind für das einzukaufende Material noch keine Preise ausgehandelt, so werden von den in Frage kommenden Lieferanten Angebote eingeholt und im System erfasst. Der Einkäufer kann bei gleichartigen Angeboten von unterschiedlichen Lieferanten diese dann in Form eines strukturierten Preisspiegels vergleichen.

Bestellung

Abbildung 7-18: Stimmen aus der Praxis – Wie die Bestellung nicht laufen sollte

„Fehlt ein Material dringend, so rufen wir schnell bei unserem Lieferanten an und nehmen nicht den aufwendigen Weg, die Bestellung erst in unserem System einzugeben. Wenn die Lieferung dann nicht wie geplant läuft und wir lange auf unsere Bestellung warten, muss jemand bei unserem Lieferanten anrufen, wo die Bestellung bleibt. Weiß man meistens noch, bei welchem Lieferanten man beispielsweise die Schrauben bestellt hat, so wird es schwierig, wenn der Lieferant uns nach der Bestellnummer fragt."

Ist der Lieferant ausgewählt, so wird die Bestellanforderung in eine Bestellung umgesetzt. Dabei werden alle Angaben der Bestellanforderung im System in die Bestellung kopiert. In der Bestellung wird entweder ein Lieferant vom System automatisch ermittelt oder durch die Einkaufssachbearbeitung ausgewählt. Die Einkaufssachbearbeitung prüft die Bestellung zum Beispiel auf Einkaufsbudget oder Losgröße und gibt sie dann im System frei. Zur Einhaltung des Vier-Augen-Prinzips können mehrstufige Freigabeverfahren für Bestellungen definiert werden. Die Bestellung wird nach Freigabe an den Lieferanten weitergeleitet. Bestellungen sind im Gegensatz zur Bestellanforderung feste Elemente mit verbindlichem Charakter. Bestellungen werden daher durch Belege dokumentiert. Bestellungen können auf konventionellem Postweg, per Fax oder auf elektronischem Weg mittels EDI zu den Lieferanten übermittelt werden.

Wareneingang

Abbildung 7-19: Stimmen aus der Praxis – Wie Wareneingang und Rechnungsprüfung nicht laufen sollten

„Es kommt immer wieder vor, dass wir Teile, die wir dringend brauchen, gleich verbauen, wenn sie geliefert werden und nicht erst im System erfassen. Dafür haben wir einfach nicht immer Zeit. Ärger gibt es dann mit dem Einkauf. Er hat ein Problem, wenn Bestellungen nicht dokumentiert und die Wareneingänge nicht auf dem vorgesehenen Weg erfolgen, denn er kann die eingehenden Rechnungen so lange nicht prüfen und bezahlen, bis die Details der Beschaffung ausfindig gemacht und die Korrektheit der Rechnung sichergestellt ist. Das kostet manchmal Zeit und wir verlieren so hin und wieder die Möglichkeit, Skonto abzuziehen."

Wird das bestellte Material geliefert, so erfolgt zunächst mit der Wareneingangskontrolle die Prüfung, ob das richtige Material in der passenden Stückzahl und ausreichenden Qualität geliefert wurde. Die Wareneingangsprüfung stellt fest, ob die Lieferung überhaupt bestellt war, und ob die gelieferte mit der bestellten Menge übereinstimmt. Durch die anschließende Wareneingangsbuchung wird das gelieferte Material im entsprechenden Lager aufgenommen. Somit ist das Material mit seinem Wert und seiner Menge im System erfasst.

Rechnungsprüfung

Die Rechnungsprüfung bildet die Schnittstelle zwischen den Modulen Materialwirtschaft und Rechnungswesen. Die Erfassung der Eingangsrechnungen durch die Rechnungsprüfung erfolgt mit Bezug auf eine vorhandene Bestellung oder einen gebuchten Wareneingang. Dadurch kann die Datenerfassung auf die allgemeinen Rechnungsdaten, den Endbetrag und die Vorsteuer beschränkt werden. Die Prüfung der sachlichen Richtigkeit wird so weitgehend automatisiert.

Werden bei der Rechnungsprüfung Abweichungen der Preise, Mengen oder Termine festgestellt, Qualitätsmängel gemeldet oder Budgetgrenzen überschritten, so wird die Rechnung gesperrt. Nach Bereinigung der Sperrgründe wird die Rechnung zur Bezahlung freigegeben

Abbildung 7-20: *Struktur eines Materialwirtschaftsmoduls*

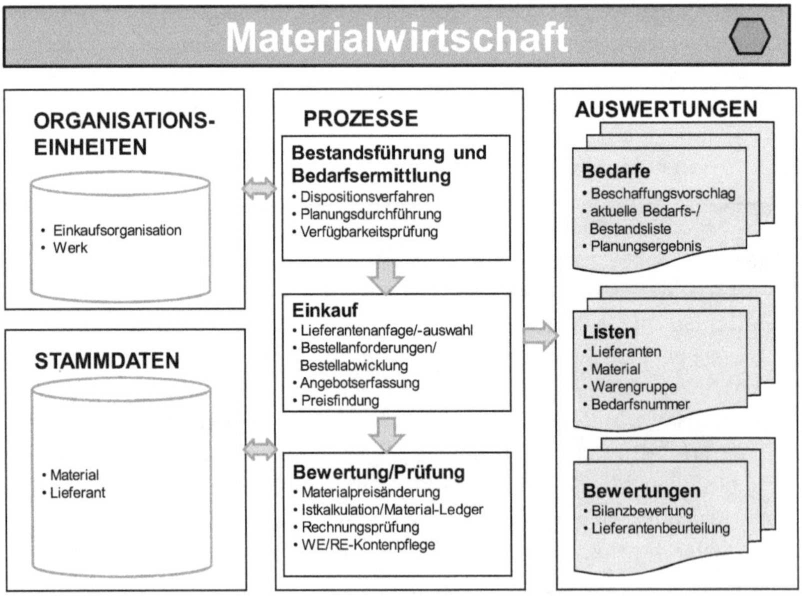

Die Festlegung der Organisationsstruktur im Bereich Materialwirtschaft erfolgt über die Einkaufsorganisation und die Werke (vgl. Abb. 7-20). In der Materialstammdatenverwaltung werden die Materialien eines Unternehmens mit ihren relevanten Eigenschaften als Datensatz angelegt. Die Zusammensetzung der Materialien nach Stücklisten und Baugruppen spielt hierbei ebenso eine Rolle wie die unterschiedlichen Verwendungszwecke.

Die Datenmenge für den Materialstamm ist umfangreich und wird daher in mehrere Sichten unterteilt. Dies ermöglicht, die Daten leichter handhabbar zu machen und die Bearbeitung der Daten zwischen verschiedenen Abteilungen aufzuteilen. Zu den Grunddaten, die für alle Werke gleich sind, werden unter anderem Beschreibung, Basismengeneinheit, Europäische Artikelnummer (EAN) und Konstruktionszeichnung erfasst. Die weiteren Sichten zur Datenerfassung werden auf Werksebene gepflegt und können so pro Werk unterschiedlich sein. Vordefiniert sind beispielsweise die Sichten für Einkauf, Disposition, Prognose, Qualitätsmanagement, Buchhaltung, Kalkulation und Arbeitsvorbereitung.

Die Materialart ist ein wichtiges Merkmal im Materialstamm. Die Funktion der Materialart kann mit der Funktion der Kontengruppe in der Finanzbuchhaltung verglichen werden. Ähnlich wie die Kontengruppe können die Konten näher definiert, so bestimmt die Materialart unter anderem die verfügbaren Materialsichten und die zu pflegenden Daten. Es können verschiedene Materialarten; wie Rohstoffe, Fertigerzeugnisse, Handelswaren, Nicht-Lagermaterial oder Dienstleistungen, unterschieden werden. Zusätzlich werden die Beschaffungsart und die Bestandsführung des Materials erfasst. Die Beschaffungsart sagt aus, ob das Material von einem Lieferanten bezogen oder selbst gefertigt wird. Die Bestandsführung gibt die Menge und den Wert des Materials an.

7.3 Anwendungskomponente Produktionsplanung und -steuerung

Unternehmen, die Produkte selbst herstellen und verkaufen, sind bestrebt, diese in der gewünschten Qualität möglichst kostengünstig zu produzieren und so ihren Gewinn zu mehren. Entscheidend sind hierbei unter anderem eine möglichst hohe Arbeitsauslastung der Mitarbeiter und geringe Stillstandzeiten der Maschinen. Eine hohe Kapazitätsauslastung wird erreicht, wenn durchgehend gearbeitet wird und die Rüstzeiten niedrig sind. Weiter tragen geringe Lager- und Liegezeiten zu einer kostengünstigen Produktion bei, da sich hierdurch das gebundene Kapital verringert.

Die Anwendungskomponente Produktionsplanung und -steuerung (engl. produktion planning) unterstützt Unternehmen bei den Prozessen in der Fertigung, die erforderlich sind, um Produkte herzustellen. Der Einsatz der Ressourcen ist hierbei zu planen und zu steuern. Die Herstellung der neuen Produkte wird in Forschungs- und Entwicklungsabteilungen geplant. In der Produktion selbst werden die beschafften Materialien bearbeitet, umgeformt und die einzelnen Teile anschließend montiert. Bei Fließgütern, wie beispielsweise Kopfschmerztabletten, werden Verfahrensprozesse angewendet.

In der Produktion arbeiten die Menschen an und mit Maschinen, wobei nicht selten ein hoher Automatisierungsgrad herrscht und menschliche Arbeitsleistungen durch Maschinen ersetzt werden. Dies führt oft dazu, dass sich der Einsatzbereich für die Menschen in der Produktion von der Herstellung zur Überwachung und Wiederherstellung der Funktionsfähigkeit bei Anlagenstörungen verlagert. Eine Folge daraus ist, dass sich der Einsatzbereich der Menschen zunehmend auf den Umgang mit Informationssystemen konzentriert (vgl. [FESI06]).

Abbildung 7-21: *Prozesse im Produktionsmodul*

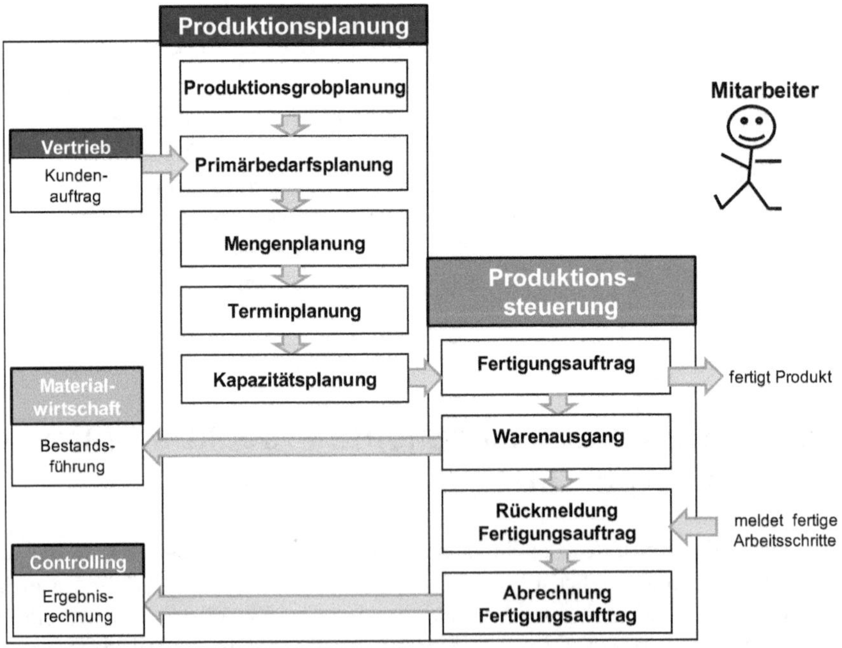

Abbildung 7-22: *Stimmen aus der Praxis – Wie die Produktionsgrobplanung nicht laufen sollte*

„Bei der Produktionsplanung nehmen wir den Absatz vom letzen Jahr und schlagen noch mal 10% drauf. Leider liegen wir da nicht immer richtig mit unsere Planung, aber alles andere ist aufwendiger Bürokram und hält uns von unseren eigentlichen Aufgaben ab."

Planung in der Produktion

Damit in der Produktion die Ressourcen optimal eingesetzt werden können, ist eine gute Planung erforderlich. Der Produktionsablauf ist von verschiedenen Faktoren, wie etwa der zu fertigenden Menge oder Produktionsreihenfolge, abhängig. Bei der Planung hat sich in Informationssystemen eine bestimmte Abarbeitungsreihenfolge herausgebildet (vgl. [MER+10]). Diese beginnt mit der Produktionsgrobplanung und wird von der Primärbedarfs-, der Mengen-, der Termin- und schließlich der Kapazitätsplanung gefolgt.

Die meisten Anwendungssysteme arbeiten bei der Fertigungsplanung mit einer Sukzessivplanung, bei der die Ergebnisse nach und nach ermittelt werden. Diese Planungsmethode basiert auf einer Weiterentwicklung des in den 50er Jahren in Nordamerika entstandenen Manufacturing Resource Planning (MRP) Konzeptes. Hierbei werden von übergeordneten Planungsstufen nachgeordnete Planungsstufen abgeleitet und immer detaillierter.

Absatz- und Produktionsgrobplanung

Die Absatz- und Produktionsgrobplanung (engl. sales and operations planning) führt lang- und mittelfristige Bedarfsplanungen mit Hilfe von Prognosen durch, um einen Überblick zu gewinnen, welche Produkte in Zukunft in welcher Menge gebraucht werden. Grundlage der Planung sind die zu erwarteten Kundenaufträge, aus denen sich die Produkte grob vorplanen lassen. Berücksichtig werden hierbei Daten aus der Vergangenheit, aktuelle Daten sowie für die Zukunft geschätzte Daten. Die Planungsergebnisse fließen in die Geschäftsplanung ein und beeinflussen das künftige, eventuell sogar das aktuelle Produktionsprogramm.

Primärbedarfsplanung

Die Primärbedarfsplanung plant auf Basis der vorliegenden Kundenaufträge und Absatzprognosen, welche Produkte, in welcher Menge und zu welchem Termin benötigt werden. Hier wird auch von der Produktionsprogrammplanung gesprochen. Basis dieser Planung sind nicht mehr die geschätzten, sondern ausschließlich die konkreten Kundenaufträge. Planungsebene sind die verkaufsfähigen Produkte, allerdings noch nicht die Materialien, die zu ihrer Herstellung benötigt werden.

Materialbedarfsplanung

In der anschließenden Materialbedarfsplanung wird erst geplant, welche Materialien zur Herstellung der zu verkaufenden Produkte zur Verfügung stehen sollten. Unternehmen führen ihre innerbetrieblichen Leistungen in der Regel über Aufträge aus. Das Ergebnis einer Bedarfsplanung sind so auch Planaufträge, die einplanen, wann welches Material in welcher Menge zur Produktion gebraucht wird. Hierzu wird für die zu fertigenden Produkte eine Stückliste aufgelöst, die angibt, aus welchen Materialien das Produkt besteht. So lässt sich beispielsweise das zu verkaufende Produkt Schuh in die beiden Teile Schaft und Boden aufgliedern.

Planaufträge dienen als unverbindliche Beschaffungsvorschläge. Sie können aber in der nächsten Planungsstufe in verbindliche Fertigungsaufträge für selbst zu fertigende Teile oder in Bestellanforderungen für Kaufteile umgesetzt werden.

Terminplanung

In der anschließenden Terminplanung wird ermittelt, wann die Produkte herzustellen sind. Grundlage hierzu sind die Arbeitspläne, die es zu jedem zu fertigenden Produkt genauso wie die Stücklisten gibt und die Teil eines jeden Planauftrags sind. Die Arbeitspläne enthalten die einzelnen Arbeitsgänge mit Planzeiten. In der Terminplanung werden auf Basis der Planzeiten die Beginn- und Endtermine von Arbeitsgängen ermittelt, damit die Aufträge termingerecht bearbeitet werden können.

Kapazitätsplanung

Im Anschluss an die Durchlaufterminierung erfolgt die Kapazitätsplanung. Die in der Terminplanung ermittelten Start- und Endtermine haben nur eine vorläufige Gültigkeit, weil die verfügbaren Produktionskapazitäten in Form von Arbeitskräften und Maschinen noch nicht berücksichtigt wurden. Der sogenannte Kapazitätsabgleich stellt erforderliche und vorhandene Kapazitäten gegenüber und ermittelt Unter- beziehungsweise Überlastungen. Bei Engpässen können Terminverschiebungen vorgenommen, Überstunden geleistet oder auch Fremdaufträge vergeben werden.

Fertigungsauftrag

Die mit der Planung angelegten Planaufträge können in Fertigungsaufträge umgewandelt werden. Dies ist vergleichbar mit der Umwandlung eines Angebots in einen Kundenauftrag im Modul Vertreib. Fertigungsaufträge können ebenso manuell durch einen Benutzer angelegt werden. Ein Fertigungsauftrag legt fest, welches Material an welcher Stelle mit welcher Leistung zu welchem Termin gefertigt werden soll. Er legt zusätzlich fest, welche Ressourcen eingesetzt werden müssen, und wie die Auftragskosten zu verrechnen sind. In der Reihenfolgeplanung wird dann kurzfristig die zeitliche Reihenfolge der abzuarbeitenden Fertigungsaufträge bestimmt.

Abbildung 7-23: Für die Profis – Status im Fertigungsauftrag

Wenn ein Fertigungsauftrag eröffnet wird, werden folgende Aktionen ausgeführt [SAP10A]:

- Ein Arbeitsplan wird ausgewählt, seine Vorgänge (Arbeitsschritte) werden in den Auftrag übernommen.

- Die Stückliste wird aufgelöst, und die Stücklistenpositionen werden in den Auftrag übernommen.
- Für lagerhaltige Stücklistenpositionen werden Reservierungen erzeugt.
- Die Plankosten für den Auftrag werden ermittelt.
- Die Kapazitätsbedarfe für die Arbeitsplätze werden erzeugt.
- Für Nichtlagerkomponenten und fremdbearbeitete Vorgänge werden Bestellanforderungen erzeugt.

Damit ein Fertigungsauftrag bearbeitet werden kann, muss er freigegeben werden. Die Freigabe des Auftrags ermöglicht folgende Aktionen [SAP10B]:

- Rückmeldungen für den Auftrag können durchgeführt werden.
- Auftragspapiere können gedruckt werden.
- Lagerbewegungen können für den Auftrag durchgeführt werden.

Warenausgang

Um mit der Fertigung eines Materials beginnen zu können, müssen die benötigten Materialkomponenten zunächst über Warenausgänge aus dem Lager entnommen werden.

Diese Warenbewegung löst im System folgende Vorgänge aus:

- Materialbeleg wird als Nachweis für die Bewegung erzeugt
- Bestandsmengen des Materials werden fortgeschrieben
- Bestandswerte im Materialstammsatz werden fortgeschrieben
- Bestands-/Verbrauchskonten werden fortgeschrieben

Rückmeldung Fertigungsauftrag

Eine Rückmeldung dokumentiert den Stand der Bearbeitung von Aufträgen beziehungsweise Vorgängen und ist somit ein Instrument der Auftragsüberwachung. Die Rückmeldung geschieht größtenteils automatisch durch ein IT- gestütztes System zur Betriebsdatenerfassung (BDE-System).

Über die Rückmeldung können unter anderem die Auftragsdaten, wie etwa Leistungen und Termine, aktualisiert, ein automatischer Wareneingang des gefertigten Materials gebucht, oder die Kosten aufgrund der rückgemeldeten Daten im Fertigungsauftrag fortgeschrieben werden.

Abrechnung Fertigungsauftrag

Sind alle im Kundenauftrag vorgesehenen Positionen gefertigt oder im Lager, so kann die Lieferung an die im Auftragskopf hinterlegte Lieferadresse erfolgen und der Auftrag fakturiert werden. Der Kunde erhält dann die Rechnung mit den im Kundenauftrag festgelegten Konditionen.

Bei der Abrechnung werden die auf dem Fertigungsauftrag angefallenen Istkosten an ein oder mehrere Empfängerobjekte abgerechnet. Ein Ergebnisobjekt kann das zu fertigende Material oder der Kundenauftrag sein. Mit der Abrechnung werden automatisch Gegenbuchungen zur Entlastung des Fertigungsauftrags erzeugt.

Abbildung 7-24: *Struktur des Moduls Produktionsplanung und -steuerung*

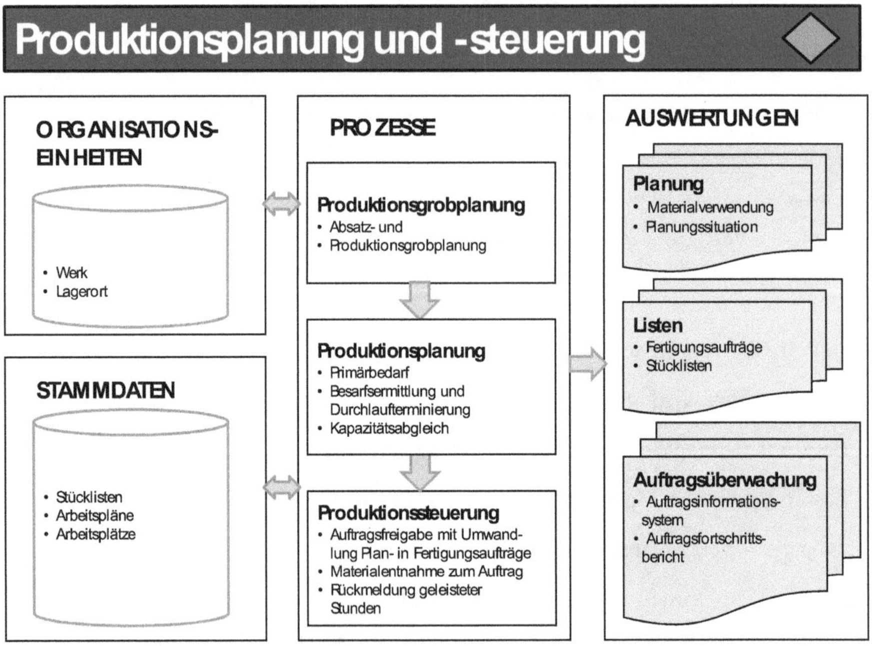

Stücklisten

Für eine integrierte Fertigungssteuerung gehören Stücklisten und Arbeitspläne zu den wesentlichen Stammdaten (vgl. Abb. 7-25). Die Stückliste ist ein für den jeweiligen Zweck vollständiges, formal aufgebautes Verzeichnis für einen Gegenstand, das alle zugehörenden Gegenstände unter Angabe von Bezeichnung, Sachnummer, Menge und Einheit enthält [DIN199].

Stücklisten sind in den unterschiedlichsten Formen überall dort anzutreffen, wo Endprodukte aus mehreren Ausgangsteilen oder -stoffen zusammengesetzt werden; je nach Branche heißen sie auch Rezepturliste oder Zutatenliste.

Abbildung 7-25: *Teile eines Rechners, die in eine Stückliste übernommen werden*

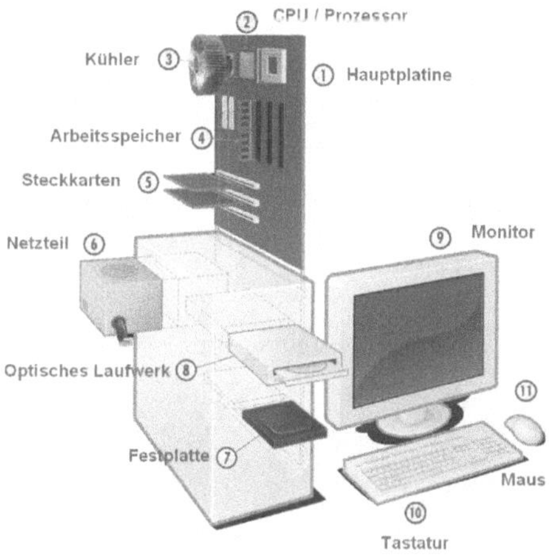

Position	Bezeichnung	Sachnummer	Menge	Einheit
1	Hauptplatine	MB1	1	ST
2	CPU / Prozessor	INTEL3	1	ST
3	Kühler	FRID4	1	ST
4	Arbeitsspeicher	RAM5	1	ST
5	Steckkarte	GAPH2	2	ST
6	Netzteil	ADAP1	1	ST
7	Festplatte	SPH1	1	ST
8	Optisches Laufwerk	CD1	1	ST
9	Monitor	LCD2	1	ST
10	Tastatur	KEY1	1	ST
11	Maus	LOG2	1	ST

(vgl. Kapitel 2)

Arbeitspläne

Arbeitspläne dienen dazu, die Fertigung von Materialien zu planen, hier wird auch von Erzeugnissen gesprochen. Wie die Teile der Stückliste nun montiert werden, welcher Arbeitsplatz dies ausführt und wie lange jeder Schritt dauern und kosten sollte, ist in den Arbeitsplänen festgehalten.

Arbeitspläne werden als Vorlage für Fertigungs- und Serienaufträge sowie als Grundlage für die Erzeugniskalkulation verwendet. Ein Arbeitsplan beschreibt, welche Arbeitsschritte (Vorgänge) bei der Fertigung eines Erzeugnisses ausgeführt werden. Neben Angaben über die auszuführenden Vorgänge und ihre Reihenfolge enthält ein Arbeitsplan Informationen über die Arbeitsplätze, an denen die einzelnen Vorgänge ausgeführt werden sowie über notwendige Fertigungshilfsmittel, wie beispielsweise

Werkzeuge und Vorrichtungen. Außerdem sind im Arbeitsplan die Vorgabewerte (Planwerte) für die Ausführung der einzelnen Vorgänge hinterlegt.

Abbildung 7-26: Für die Profis – Mögliche Fertigungsverfahren in der Produktion

Folgende produktionstypenorientierte Lösungen werden unterschieden:

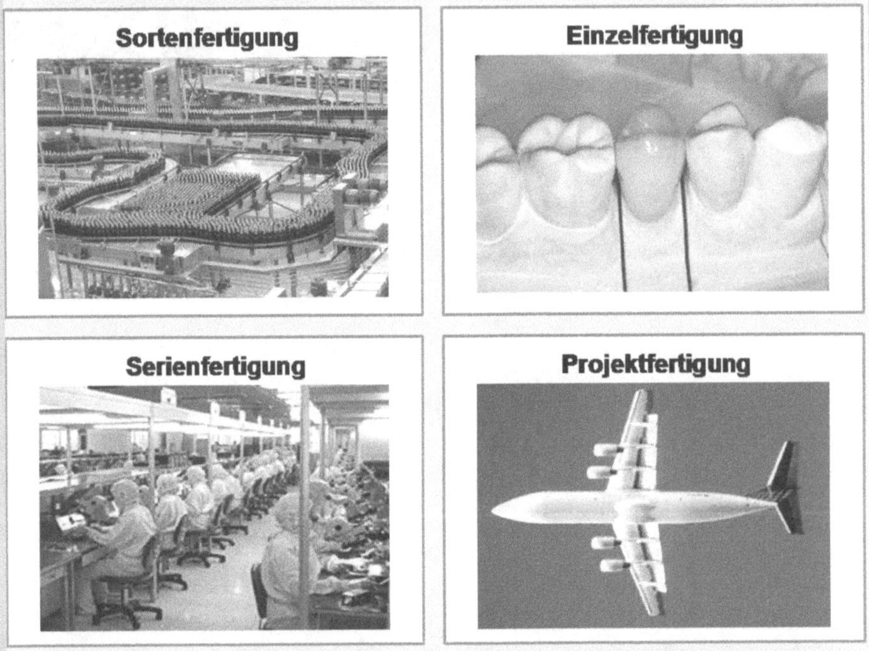

[WM09B]: Krostitzer Brauerei – Abfüllung, Bild von „ChristianBier", Quelle: Enno Kramer, [WM06A]: BAe 146 over Friedrichshafen, Bild von „Michael Meding„ lizenziert unter CC BY-SA 3.0, http://creativecommons.org/licenses/by-sa/3.0/deed.de; [WM06B]: Fertigung von optischen Systemen in China, Bild von „Steve Jurvetson", lizenziert unter CC BY 2.0 „http://creativecommons.org/licenses/by/2.0/deed.de

- Die **Sortenfertigung** (Losfertigung) ist typisch für die chemische und pharmazeutische Industrie. Sortenfertigung liegt vor, wenn Produkte aus gleichen oder ähnlichen Grundstoffen auf den gleichen Produktionsanlagen nacheinander in Losgrößen oder Chargen erstellt werden. Von Sorten spricht man zum Beispiel bei Bieren unterschiedlicher Geschmacksrichtung.

- Die **Einzelfertigung** ist typisch für die Maschinenbauindustrie. Einzelfertigung liegt vor, wenn von einem Erzeugnis nur eine Einheit erstellt wird. Keines der erzeugten Güter gleicht bei diesem Verfahren dem anderen, wie zum Beispiel im Großmaschinenbau oder bei einem Gebiss. Bei der Einzelfertigung wird zu einem bestimmten Kundenauftrag gefertigt.

- Die **Serienfertigung** ist typisch für die Konsumgüter- und die Elektronikindustrie. Serienfertigung liegt vor, wenn nacheinander auf den gleichen Produktionsanlagen mehrere unterschiedliche Produkte hergestellt werden. Nach Erstellung einer bestimmten Stückzahl wird eine neue Artikelserie aufgelegt. Die Kosten können nicht direkt Kundeaufträgen zugeordnet werden, sondern werden zunächst auf Kostensammlern gesammelt.

- Die **Projektfertigung** dient zur Planung und Durchführung komplexer Vorhaben, wie zum Beispiel Flugzeug- oder Kraftwerksbau. Die Kosten werden in einem Projektstrukturplan gesammelt und die Termine über einen Netzplan gesteuert. Oft dienen die Strukturplanelemente der Projekte als Kostensammler für die Positionen im Kundenauftrag.

Die Art der Produktion beeinflusst die Aufgaben des Vertriebsbereichs. Bei der kundenauftragsorientierten Produktion ist der Vertrieb die erste Kontaktstelle zum Kunden, der die spezifischen Wünsche an die Produktion weiterleitet. Das gewünschte Produkt ist nicht als fertiges Erzeugnis am Lager, sondern muss speziell für den jeweiligen Kundenauftrag hergestellt oder beschafft werden. Bei der Produktion auf Lager orientiert sich die zu fertigende Losgröße, unter Berücksichtigung von Rüst- und Lagerkosten, an Umsatzstatistiken und artikelspezifische Prognosen.

7.4 Anwendungskomponenten Finanz- und Rechnungswesen

Jedes Unternehmen ist verpflichtet, seine Geschäftsvorfälle durch eine Buchführung exakt zu verfolgen. Das schreiben allein schon die gesetzlichen Vorschriften vor. Schließlich ist die Buchführung die Basis für die betriebswirtschaftliche Erfolgsermittlung und auf Grundlage der Unternehmensgewinne werden die Steuern für die Unternehmen erhoben. Die Buchführung wird auch als „externes Rechnungswesen" bezeichnet, da es der Berichtserstattung „nach außen" dient. Die Buchführung muss für sachverständige Dritte in einer angemessenen Zeit nachvollziehbar sein.

Die Komponente Finanzwesen (engl. financial accounting) eines Anwendungssystems zeichnet alle finanziellen Geschäftsvorfälle auf. Die Geschäftsvorfälle werden sachlich geordnet auf Konten dargestellt und stellen so einen Überblick über die Vermögens- und Ertragslage sicher.

Abbildung 7-27: Stimmen aus der Praxis –Wie die Belegverarbeitung nicht laufen sollte

„Wir senden jeden Monat alle unsere Belege für eingekaufte Ware oder Restaurantbesuche sowie die gestellten Rechnungen zu unserem Steuerberater. Dort werden die Belege dann eingebucht und uns wieder die Auswertungen gesendet."

Oberstes Prinzip sind die „Grundsätze ordnungsgemäßer Buchführung" sowie die Maxime „keine Buchung ohne Beleg". Jeder Geschäftsvorfall wird durch ein spezielles Formular, dem Beleg, im System erfasst. Ein Beleg besteht aus einem Belegkopf mit zum Beispiel Belegart und Datum sowie den einzelnen Belegpositionen mit zum Beispiel Buchungsschlüssel und Betrag. Zur Belegbearbeitung gehören die Eingabe, Prüfung und Buchung aller für die Buchhaltung relevanten Belege.

Das Modul Finanzwesen (engl. finance) unterstützt die Verwaltung und Darstellung aller buchhalterischer Daten. Die Aufzeichnung aller Geschäftsvorfälle erfolgt nach dem Belegprinzip. So werden für alle logistischen Prozesse zusätzlich zu den Belegen des Prozesses automatisch Buchhaltungsbelege erzeugt. Die Buchhaltungsbelege sind Ergebnis der Geschäftsvorfälle und müssen nicht separat erfasst werden. Die Daten anderer Module werden somit automatisch fortgeschrieben. Das bedeutet beispielsweise, wenn in einem Fakturierungslauf alle Rechnungen für die Kunden erstellt werden oder Ware über eine Bestellung eingekauft wird, werden automatisch auch Buchhaltungsbelege erzeugt.

Belege werden unter anderem bei folgenden Prozessen erzeugt:

- Rechnungsein- und -ausgängen
- Gutschriften und Belastungen
- Zahlungsein- und -ausgängen

Hauptanwendungen in der Finanzbuchhaltung sind die Hauptbuchhaltung mit Erfolgs- und Bestandskonten und die Nebenbuchhaltung mit Debitoren- und Kreditorenkonten.

Hauptbuch- und Nebenbuchhaltung

Die Hauptbuchhaltung hat die Aufgabe, alle Buchungen zusammenzuführen und das externe Rechnungswesen im Gesamten darzustellen. Es dient dem ganzheitlichen Nachweis aller Geschäftsvorfälle und ist somit die zentrale Komponente der Rechnungslegung. Der Nachweis der einzelnen Vorgänge kann beispielsweise über Belege der Kontenführung oder Auswertungen der Bilanz oder der Gewinn- und Verlustsrechnung (GuV) erfolgen. Die Gewinn- und Verlustsrechnung resultiert aus den Buchungen der Erfolgskonten, die Bilanz aus den Buchungen der Bestandskonten.

Nebenbücher haben die Aufgabe, die detaillierte Verrechnung wichtiger Vermögenswerte darzustellen. Die Nebenbuchhaltung umfasst die Debitoren-, Kreditoren und Anlagenbuchhaltung.

Debitorenbuchhaltung

Die Debitorenbuchhaltung hat die Aufgabe, die Buchungen zu allen Kunden zu erfassen und zu verwalten. Relevant sind vor allem die Buchungen, die fehlen. Das sind die Fälle, in denen der Kunde bereits die Leistung samt Rechnung erhalten, aber noch nicht gezahlt hat. Die fehlenden Zahlungseingangsbuchungen von Kunden sind die Forderungen. Die Daten der Debitorenbuchhaltung ergeben sich aus den Prozessen im Vertrieb. Sie ist somit integraler Bestandteil des Vertriebscontrollings.

Die Buchungen in der Debitorenbuchhaltung werden automatisch auch im Hauptbuch erfasst. Abhängig vom Vorgang, ob es sich etwa um eine Forderung oder Anzahlung handelt, wird auf unterschiedliche Sachkonten gebucht. Eine Übersicht über die noch ausstehenden Zahlungseingänge bietet eine Offene Postenliste. Über ein Mahnwesen können diese automatisch eingefordert werden.

Kreditorenbuchhaltung

Die Kreditorenbuchhaltung hat die Aufgabe, die buchhalterischen Daten aller Lieferanten zu erfassen und zu verwalten. Die noch zu leistenden Zahlungen an Lieferanten sind die Verbindlichkeiten. Die Eingangsrechnungen für empfangene Leistungen sind zu erfassen und zu begleichen. Bei pünktlichen Zahlungen besteht die Chance, Skonto abzuziehen und so günstiger einzukaufen. Die Daten der Kreditorenbuchhaltung ergeben sich aus den Prozessen im Einkauf. Sie ist somit integraler Bestandteil des Einkaufsystems.

Im Anwendungssystem werden Lieferungen und Rechnungen pro Lieferant geführt und die Verbindlichkeiten durch ein Zahlungsprogramm automatisch reguliert. Die Buchungen in der Kreditorenbuchhaltung werden über ein Abstimmkonto zugleich im Hauptbuch geführt.

Struktur im Finanzwesen

Die Struktur im Finanzwesen wird über die Organisationseinheiten Mandant und Buchungskreis abgebildet. Der Buchungskreis ist die kleinste organisatorische Einheit des externen Rechnungswesens, das heißt, ein Unternehmen kann pro eingerichteten Buchungskreis eine vollständige, in sich abgeschlossene Buchhaltung führen und einen gesetzlichen Einzelabschluss mit Bilanz und Gewinn- und Verlustrechnungen machen.

Hat ein Unternehmen mehrere selbstständige Firmen, so ist der Kostenrechnungskreis, der zu den Organisationseinheiten des Controllings zählt, das verbindende Element. Einem Kostenrechnungskreis können mehrere Buchungskreise zugeordnet werden. So hat ein Unternehmen die Möglichkeit, für beispielsweise mehrere selbstständig bilanzierende Tochtergesellschaften mit unterschiedlichen Währungen eine gemeinsame Kostenrechnung und interne Verrechnungen über verschiedene Buchungskreise durchzuführen.

Oberhalb des Kostenrechnungskreises steht als alles verbindende Klammer der Mandant. Der Mandant ist die oberste Ordnungsinstanz im Anwendungssystem und stellt dort datentechnisch und organisatorisch eine abgeschlossene Einheit dar.

Der Kontenplan ist ein Verzeichnis aller Konten eines Unternehmens und wird von der Finanzbuchhaltung und der Kostenrechnung gemeinsam genutzt. Jedem Buchungskreis wird ein Kontenplan zugeordnet, der über den Bezug von Buchungskreis zu Kostenrechnungskreis auch einen eindeutigen Kostenrechnungskreis hat. Die Positionen eines Kontenplans können somit gleichzeitig Aufwands- beziehungsweise Ertragskonto in der Finanzbuchhaltung und Kosten- beziehungsweise Erlösart in der Kostenrechnung sein.

Abbildung 7-28: *Struktur eines Finanzmoduls*

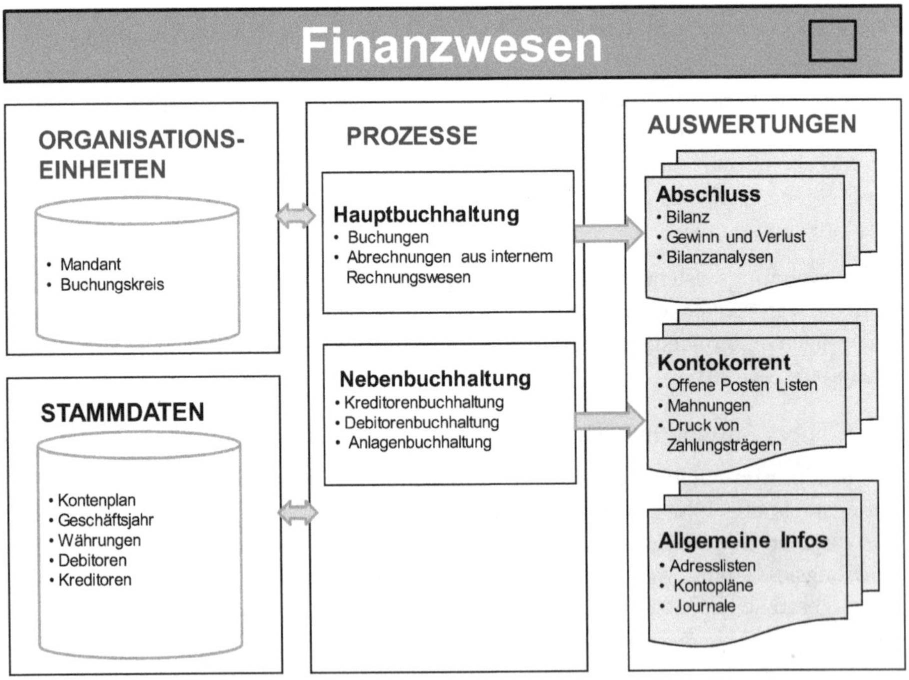

(vgl. [ABMÜ09])

Rechungswesen

Das Rechnungswesen (engl. controlling) bereitet Informationen über die Wirtschaftlichkeit eines Unternehmens für das Management auf. Ziel ist es, die Wirtschaftlichkeit eines Unternehmens zu kontrollieren und zu steuern. Beim Controlling wird von der „internen Sicht" gesprochen, da jedes Unternehmen selbst entscheiden kann, ob und wie es seine Wirtschaftlichkeit ermittelt.

Das Controlling arbeitet mit Rechnungswesenbelegen. Diese werden genau wie die Buchungsbelege bei Geschäftsprozessen, wie beispielsweise einer Warenausgangsbuchung, erzeugt und basieren auf Istdaten. Die Istdaten werden mit den zuvor erfassten Plandaten verglichen und Abweichungen auf Handlungsbedarfe analysiert. Dies ist sehr wichtig, denn wenn Sie heute feststellen, dass Sie gestern schon pleite waren, haben Sie keine Chance mehr zu handeln. Zudem machen Sie sich wegen Konkursverschleppung strafbar.

Alle relevanten Daten der Finanzbuchhaltung werden automatisch vom System in das Controlling übernommen. Dabei werden die Kosten und Erlöse kostenrelevanten Objekten, wie beispielsweise Kostenstellen oder Aufträgen, zugeordnet. Nach diesen Objekten kann im Controlling dann wiederum ausgewertet und berichtet werden.

Abbildung 7-29: *Struktur eines Rechnungswesenmoduls*

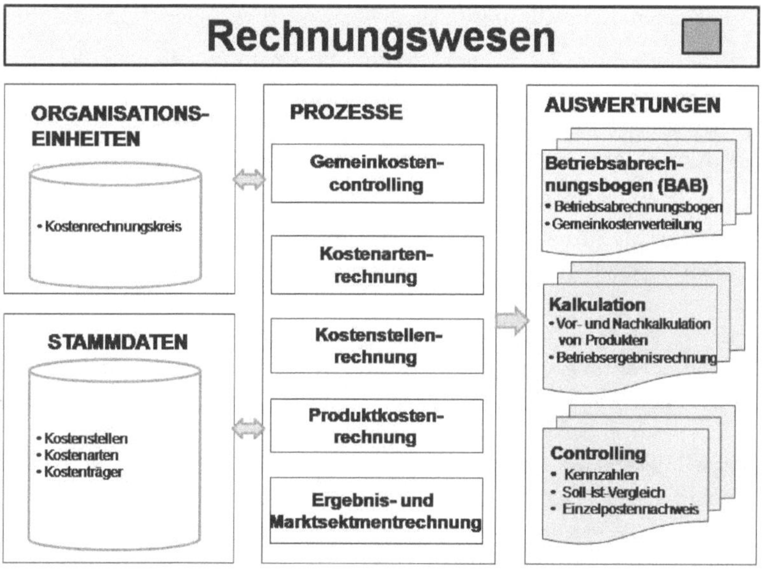

(vgl. [ABMÜ09])

Abbildung 7-30: Stimmen aus der Praxis – Wie die Kosten- und Leistungsrechnung nicht laufen sollte

„Wir führen bei uns keine Kosten- und Leistungsrechnung durch, dies müssen wir ja auch laut Gesetzbuch nicht. Was zählt ist die Erfolgsrechnung, also wie viel Gewinn wir machen."

Die Kostenstellenrechnung gibt Auskunft, wo im Unternehmen welche Kosten angefallen sind, und wer für welche Kosten verantwortlich ist.

Gemeinkostencontrolling

Die Gemeinkosten umfassen in einem Unternehmen die Kosten, die nicht direkt einem Produkt oder einer Leistung zugeordnet werden können. Das kann beispielsweise die Miete für die Bürogebäude, das Gehalt des Geschäftsführers oder der Internetauftritt sein. Das Gemeinkostencontrolling ist relevant für die Bewertung der innerbetrieblichen Leistungen. Erst wenn Sie auch Ihre Gemeinkosten kennen und richtig zuordnen, können Sie für Ihre Produkte und Leistungen bei der Produktkostenrechnung die richtigen Preise festlegen. In einem ERP-System unterstützt das Gemeinkostencontrolling die Planung, Verrechnung und Steuerung der Gemeinkosten. So können die Gemeinkosten zum Beispiel verursachungsgerecht den Kostenstellen zugeordnet werden, auf denen sie anfallen.

Kostenartenrechnung

Die Kostenartenrechnung ist Teil einer Kosten- und Leistungsrechnung. Sie erfasst die Kosten einer Periode und zeigt auf, welche Arten von Kosten angefallen sind. Das können beispielsweise Personal- oder Materialkosten sein. Aufwendungen, wie etwa Spenden, werden in der Kostenartenrechnung nicht berücksichtigt.

Es lassen sich primäre und sekundäre Kostenarten unterscheiden. Die primären Kostenarten umfassen die Kosten, die ein Unternehmen direkt für die Produktion ausgeben muss, also beispielsweise Kosten für Materialien, die gekauft werden. Primäre Kostenarten werden im ERP-System aus der Personalverrechnung, Finanzbuchhaltung oder Materialwirtschaft in die Kostenrechnung übernommen. Sekundäre Kostenarten werden für die Bewertung von innerbetrieblichen Leistungen und für Abrechnungsvorgänge benötigt. Diese Kostenarten haben keinen Bezug zu den anderen Modulen, sondern werden nur in der Kostenrechnung angelegt. Sekundäre Kostenarten können beispielsweise Umlagekostenarten oder Kostenarten für die innerbetriebliche Leistungsverrechnung sein.

Kostenstellenrechnung

Die Gemeinkosten sind in einem Unternehmen nicht immer leicht zuzuordnen. Die Kostenstellenrechnung hilft zu analysieren, wo im Unternehmen welche Gemeinkosten angefallen sind.

Durch die Gliederung eines Unternehmens in Kostenstellen und der Zuordnung von Verantwortlichkeiten, wie etwa Abteilung oder Gruppe, können die Kosten besser geplant und kontrolliert werden. Durch diese Erfassung und Zuordnung der Kosten zu Kostenstellen wird es möglich, die Wirtschaftlichkeit nach Verantwortungsbereichen zu prüfen. Wenn die Gemeinkosten möglichst genau den einzelnen Produkten oder Leistungen zugeordnet werden sollen, können diese an andere Kostenstellen weiterverrechnet werden. Dies ist für das Produktkostencontrolling und die Ergebnisrechnung relevant.

Produktkostenrechnung

Die Produktkostenrechnung ermittelt die Kosten eines Produkts oder einer Leistung, also die Stückkosten. Ziel ist es, die Kosten zu kennen, um einen wirtschaftlichen Preis für die Produkte festlegen zu können. Die Kosten eines Produkts werden mit der Deckungsbeitragsrechnung ermittelt, die fixe und variable Kosten umfasst.

In einem ERP-System kann die Produktkostenrechnung mit parallelen Wertansätzen arbeiten und gleichzeitig aus legaler Sicht für die Buchhaltung und aus Konzernbewertungssicht bewerten. Die kann beispielsweise für die Bewertung des Lagerbestandes sinnvoll sein.

Ergebnis- und Marktsegmentrechnung

Die Ergebnis- und Marktsegmentrechnung analysiert, wie wirtschaftlich einzelne Produkte, Kunden oder Aufträge in einer Periode waren. Diese Auswertungen können in beliebigen Verdichtungsstufen, wie etwa nach Verkaufsorganisation oder Geschäftsbereich, vorgenommen werden.

Hierzu werden im ERP-System die Stammdaten festgelegt, die für eine Ergebnisrechnung wichtig sind. Das sind dann die Merkmale, nach denen ausgewertet wird, es können aber auch selbstdefinierte Merkmale bestimmt werden. Die wichtigste Datenquelle für die Ergebnisrechnung sind die Istbuchungen aus Kundenaufträgen oder Fakturen aus dem Vertriebsmodul.

7.5 Anwendungskomponente Personalwirtschaft

Die Personalwirtschaft (engl. human capital management) befasst sich mit den Mitarbeitern im Unternehmen. Ziel ist es, die richtigen Mitarbeiter am richtigen Arbeitsplatz einzusetzen und zu gewährleisten, dass die im Unternehmen anstehenden Arbeiten optimal erledigt werden.

In einem ERP-System können mit dem Modul Personalwirtschaft die Stammdaten verwaltet, die Arbeitszeiten erfasst und kontrolliert sowie Gehaltsabrechnungen durchgeführt werden. Über die reine Verwaltung hinaus sind Themen wie etwa die Personalplanung, -beschaffung und -entwicklung wichtig, um ein Unternehmen erfolgreich zu führen.

Abbildung 7-31: *Struktur eines Personalwirtschaftsmoduls*

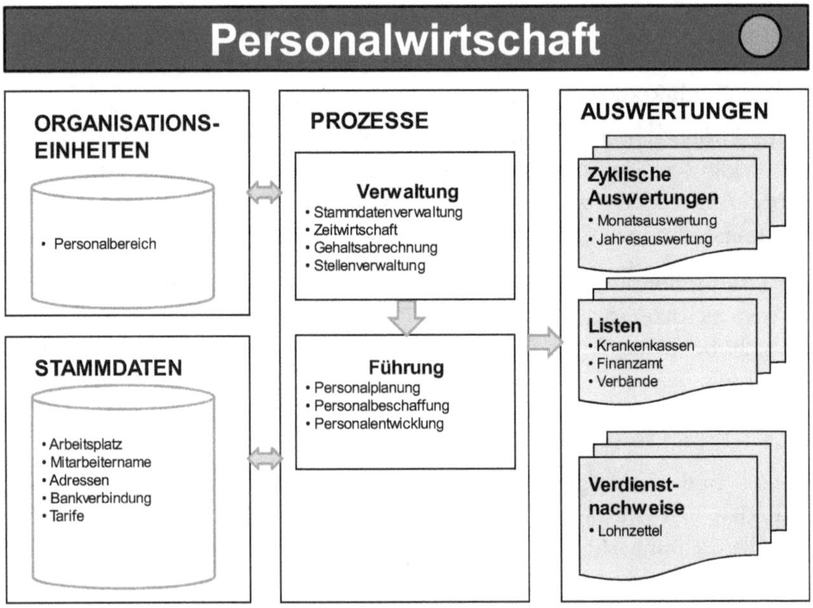

Verwaltung

Im Personalbereich ändern sich die gesetzlichen Bestimmungen und Regelungen regelmäßig. Themen, wie zum Beispiel das Steuerrecht, die Tarifverträge und die innerbetrieblichen Vorschriften, sind immer aktuell zu berücksichtigen. Dies bedeutet, dass Informationssysteme im Personalbereich sehr häufig von Änderungen betroffen sind. Anbieter von Standardsoftware berücksichtigen diese Änderungen und bieten regelmäßig Support Packages an, die eingespielt werden können, um diese Aktualisierungen im Anwendungssystem softwareseitig umsetzen (vgl.[SCKR10]).

In der Stammdatenverwaltung des Moduls Personalwirtschaft werden die Daten der Mitarbeiter, wie zum Beispiel Name, Adresse oder Bankverbindung, gepflegt. Zudem werden Daten zur Ausbildung, wie etwa Schule, Studium und Weiterbildung, sowie zur Qualifikation, wie etwa Branchenkenntnisse, Sprach- oder PC-Kenntnisse, geführt. Diese personenbezogenen Daten sind sensibel und daher vor unbefugter Einsicht und Verteilung zu schützen. Eine Software im Bereich Personalwirtschaft hat daher die gesetzlichen Vorschriften zum Datenschutz unbedingt genau umzusetzen.

Wichtig für die Abrechnung und das Berichtswesen ist es, die Mitarbeiter im System organisatorisch richtig zuzuordnen. Jeder Mitarbeiter wird einem bestimmten Personalbereich und Buchungskreis zugeordnet. Eine Integration zum Rechnungswesen über den Buchungskreis und Konten ist im ERP-System für die Gehaltsabrechnung erforderlich. Zur Durchführung der Gehaltsabrechnung werden die Stammdaten der Mitarbeiter, wie etwa Steuerklasse und Bankverbindung, gelesen sowie die relevanten Bewegungsdaten ermittelt, wie etwa die Daten aus der Zeiterfassung oder die Ist-Zeiten rückgemeldeter Fertigungsaufträge. Auf Grundlage dieser Daten kann dann die monatliche Brutto- und Nettolohnermittlung durchgeführt werden.

Die Zeiterfassung kann automatisiert mit sofortiger Buchung auf das Arbeitszeitkonto erfolgen. Durch Zeiterfassungsgeräte, wie etwa der maschinenlesbare Werksausweis, kann die Personalnummer entnommen und zusammen mit der Uhrzeit gespeichert werden. Dabei prüft das Anwendungssystem die „Kommt-„ und „Gehtzeiten" und macht gegebenenfalls auf Unstimmigkeiten aufmerksam, wenn beispielsweise am Vortag vergessen wurde „auszustempeln".

Die Stellenverwaltung bietet eine Übersicht der im Unternehmen vorhandenen Arbeitsplätze mit Aufgaben und Anforderungen sowie organisatorischer Zuordnung und Befugnissen. Die Verwaltung der Stellen im ERP-System ermöglicht es, schnell und systematisch auf neue Personalbedarfe zu reagieren und auf Basis der vorhandenen Stellenbeschreibungen die richtigen Stellenausschreibungen zu formulieren.

Führung

Die Prozesse rund um die Führung unterstützen die Geschäftsleitung und die Personalabteilung bei der Planung und strategischen Entscheidungen im Personalbereich. Sie umfassen die Personalplanung, -beschaffung und -entwicklungsplanung.

Zur Personalplanung gehört die Planung der zukünftigen Personalkosten. Hierzu werden die erwarteten Entwicklungen der Löhne und Gehälter der Mitarbeiter und die Personalnebenkosten, wie beispielsweise die Sozialversicherungskosten, berücksichtigt. Zur besseren Einschätzung können verschiedene Planungsszenarien mit unterschiedlichen Annahmen simuliert werden.

Das Modul Personalwirtschaft unterstützt die Personalbeschaffung mit Funktionen zur Erfassung und Strukturierung von Bewerberdaten und zur Auswahl der passenden Bewerber. Stellenausschreibungen und Bewerbungen werden meist in elektronischer Form, teilweise durch vorgegebene Formulare, über das Internet abgewickelt. Die eingehenden Bewerbungen werden erfasst und den offenen Stellen zugeordnet. Bei der internen Personalbeschaffung innerhalb eines Unternehmens können durch einen automatischen Abgleich die Anforderungskriterien der zu besetzenden Stelle aus der Stellenbeschreibung mit den Qualifikationen der vorhandenen Mitarbeiter aus den Personalstammdaten abgeglichen und so passende Kandidaten vorselektiert werden.

Das Modul Personalwirtschaft unterstützt die Weiterbildung der Mitarbeiter mit Funktionen zur Erfassung der Qualifikationen der Mitarbeiter in Profilen und Planung der Schulungsbedarfe und Weiterbildungsprogramme. Zu berücksichtigen sind die Arbeitsanforderungen, die vorhandenen Qualifikationen und die Wünsche der Mitarbeiter zu ihrer Entwicklung. Wichtig sind hier auch die Personalbeurteilungen, die neben der Informationsbeschaffung zur Erfolgskontrolle durchgeführter personalwirtschaftlicher Maßnahmen dienen können.

Abbildung 7-322: *Stimmen aus der Praxis – Nicht nur große Fische*

Neben den großen ERP-Anbietern gibt es auf dem ERP-Markt in jeder Branche noch viele erfolgreiche kleine und mittlere Anbieter von Spezialsoftware. Sie bieten Lösungen für den Getränkehandel, kommunale Verwaltungen, Vereinsverwaltungen, Bäckereien und vielen anderen Beispielen an. Ein innovatives Unternehmen wäre hier beispielsweise die Patentanwaltssoftware KPW-PAT von KPW-IT [KPW11].

ΣΣ Was haben Sie gelernt?

Ein Enterprise-Resource-Planning-System (ERP-System) ist ein Informationssystem, das die betrieblichen Prozesse in einem Unternehmen unterstützt. Integriert werden die Geschäftsprozesse und Aufgaben über die einzelnen Abteilungen und Gruppen in einem Unternehmen, und zwar durch eine zentrale Datenbank.

Das Modul Vertrieb unterstützt die Prozesse Kundenanfragen, Erstellung von Kundenangeboten und -aufträgen, Warenversand, Faktura und Zahlungseingang. Es umfasst eine automatische Preisfindung, Verfügbarkeitskontrolle und Terminfindung.

Zu den Prozessen der Materialwirtschaft gehören die Ermittlung der benötigten Materialien und passenden Lieferanten und die Ausführung einer Bestellung für das passende Angebot. Trifft die bestellte Ware ein, so ist hierzu der Wareneingang zu buchen, die erhaltene Rechnung zu prüfen und schließlich die Rechnung zu zahlen und zu verbuchen.

Zu den Prozessen der Produktion gehören die Produktionsplanung und -steuerung. Es werden die Bedarfe, Termine und Kapazitäten ermittelt und optimal geplant. Dies reduziert die Lagerzeiten und ermöglicht eine hohe Kapazitätsauslastung der Maschinen und Arbeitskräfte.

Das Modul Finanzwesen unterstützt die Verwaltung der buchhalterischen Daten, Aufzeichnung aller Geschäftsvorfälle sowie den sicheren Datenfluss zwischen der Finanzbuchhaltung und den anderen Komponenten des Systems.

Die Kostenrechnung dient mit der Gemeinkosten-, Produktkosten-, Kostenarten- und Kostenstellenrechnung vor allem der Entscheidungsunterstützung in Unternehmen.

Die Personalwirtschaft unterstützt die Verwaltung der Mitarbeiterdaten mit Stammdaten- und Stellenverwaltung sowie der Zeitwirtschaft und Gehaltsabrechnung. Ziel ist die Bereitstellung und der zielgerichtete Einsatz von Mitarbeitern in Unternehmen. Personalplanung, -beschaffung und -entwicklung sind so Kernkomponenten dieses Moduls.

Literaturverzeichnis Kapitel 7

[ABMÜ04] ABTS, D., MÜLDER, W.: Grundkurs Wirtschaftsinformatik, 5. Aufl., Wiesbaden 2004

[ABMÜ09] ABTS, D., MÜLDER, W.: Grundkurs Wirtschaftsinformatik, 6. Aufl., Wiesbaden 2009

[COMP09] COMPUTERWOCHE: Der deutsche ERP-Markt bleibt zersplittert, in Computerwoche am 12.08.09, http://www.computerwoche.de/heft-archiv/2009/34/1227784-/index.html, http://www.computerwoche.de/heftarchiv/2009/34/1227784/, abgerufen am 22.02.2011

[DIN199] DEUTSCHES INSTITUT FÜR NORMUNG: DIN 199, Teil 2, Nr. 51, 1977

[FESI06] FERSTL, O., SINZ, E.: Grundlagen der Wirtschaftsinformatik, 5. Aufl., München 2006

[HANE09] HANSEN, H., NEUMANN, G.: Wirtschaftsinformatik, Grundlagen und Anwendungen, Bd. 1, 10. Aufl., Stuttgart 2009

[KONR09] KONRADIN-MEDIENGRUPPE: http://www.abas-it.de/download/studien-/konradinfolder09.pdf, abgerufen am 02.01.2011

[KPW11] KPW-IT: http://www.kpw-pat.de/, abgerufen am 20.05.2011

[LUEN11] LÜNENDONK: http://www.luenendonk.de/standard_software.php, abgerufen am 20.05.2011

[MER+10] MERTENS, P., BODENHOF, F., KÖNIG, W., PICOT, A., SCHUMANN, M., HESS, T.: Grundzüge der Wirtschaftsinformatik, 10. Aufl., Berlin 2010

[SAP82] http://www.sap-tv.com/stockfootage/#/History/Founders/, abgerufen am 05.02.2011

[SAP10A] SAP HELP PORTAL: PP-Fertigungsaufträge, http://help.sap.com-/saphelp_40b/helpdata/de/b1/c03ed1439a11d189410000e829fbbd/content.htm, abgerufen am 20.12.2010

[SAP10B] SAP HELP PORTAL: Auftragsfreigabe, http://help.sap.com-/saphelp_dimp50/helpdata/DE/b1/c048ac439a11d189410000e829fbbd/content.htm, abgerufen am 20.12.2010

[SAP11] SAP DEUTSCHLAND: Geschichte der SAP, http://www.sap.com-/germany/about/company/geschichte/geschichte_1.epx, abgerufen am 04.02.2011

[SCKR10] SCHWARZER, B., KRCMAR, H.: Grundlagen Betriebswirtschaftlicher Informationssysteme, 2010

[WM09A] http://commons.wikimedia.org/wiki/File:Dietmar_Hopp_Sinsheim.jpg, abgerufen am 04.02.2011

[WM09B] http://commons.wikimedia.org/wiki/File:Krostitzer_Brauerei_-_Abfuellung.jpg, abgerufen am 25.02.2011

[WM06A] http://commons.wikimedia.org/wiki/File:Flugzeug_BAe146.jpg, abgerufen am 25.02.2011

[WM06B] http://upload.wikimedia.org/wikipedia/commons/b/b2/Fiber_optics_testing.jpg, abgerufen am 25.02.2011

[WM07] http://commons.wikimedia.org/wiki/File:250px-Gebissrekonstruk-tion-ok-uk-festsitzend.jpg, abgerufen am 04.02.2011

8 E-Business-Systeme

Wie Unternehmen vernetzt mit anderen Unternehmen arbeiten

Warum ist das Thema relevant?

Unternehmen arbeiten nicht in einem luftleeren Raum. Es gibt vor- und nachgelagerte Prozesse, die eine Zusammenarbeit mit anderen Unternehmen erforderlich machen. Die Optimierung von Geschäftsprozessen sollte daher auch nicht an den Unternehmensgrenzen halt machen. Durch die Nutzung des Internets können Unternehmen mit anderen Unternehmen vernetzt arbeiten und die Schnittstellen eines Unternehmens mit der Außenwelt möglichst reibungslos gestalten. Wer in der Lage ist, mit Lieferanten und Kunden effektiv zusammenzuarbeiten, hat eindeutig einen Wettbewerbsvorteil. Mit E-Business können Geschäftsprozesse schneller durchlaufen und Entscheidungen auf transparenteren Informationen getroffen werden.

Was sollten Sie wissen?

Wenn Sie dieses Kapitel durchgearbeitet haben, sollten Sie

- wissen, was unter einem E-Business-System zu verstehen ist,
- die Gestaltung der Beziehungen zu Kunden mit einem CRM-System kennen,
- die Gestaltung der Beschaffung und Lieferantenbeziehungen mit einem SRM-System verstehen und
- die Lieferkettenoptierung mit SCM-Systemen beschreiben und einordnen können.

Welche Schlüsselbegriffe sollten Sie kennen?

Am Ende dieses Kapitels sollten Sie folgende Begriffe verstanden haben und mit eigenen Worten erklären können, was darunter verstanden wird:

- E-Business, Business-to-Business (B2B), Business-to-Consumer (B2C)
- Customer Relationship Management (CRM)
- Supply Chain Management (SCM)
- Supplier Relationship Management (SRM)

Unternehmensübergreifende Integration

Bei der Gestaltung von E-Business-Systemen geht es um die Idee, Geschäftsprozesse und Aufgaben über die Unternehmensgrenzen hinweg zu integrieren. Mit Kunden und Lieferanten soll sehr direkt und schnell zusammengearbeitet werden können. Das Internet bietet hierzu die technische Plattform. Über das Internet können Waren gekauft und verkauft sowie unternehmensübergreifende Geschäftsprozesse gesteuert werden (vgl. [LAU+10]).

Der Integrationsgedanke der ERP-Systeme wird so seit Ende der 90er Jahre mit den E-Business-Systemen weiterentwickelt. Ziel ist es, über die Zusammenarbeit in einem Unternehmen hinauszudenken und auch übergreifend mit anderen Unternehmen optimiert zusammenzuarbeiten. Ein Mittel sind hierbei möglichst automatisierte Geschäftsprozesse, die einen schnellen und transparenten Durchlauf für die Kunden gewährleisten, und zwar von der ersten Anfrage bis zur Lieferung des Auftrags und dem anschließenden Service.

Die Möglichkeit des elektronischen Datenaustausches nutzten Unternehmen allerdings bereits vor der Verbreitung des E-Business. Der Datenaustausch konzentrierte sich darauf, Daten über festgelegte Schnittstellen nach einem festgelegtem Format ein- und auszulesen. Die jeweiligen Arbeitsschritte vor und nach der Datenübergabe wurden aber selten integriert betrachtet. E-Business-Systeme gehen weit über den elektronischen Datenaustausch hinaus. Sie unterstützen die unternehmensübergreifende Kooperation mit Kunden und Lieferanten, indem Sie die Möglichkeiten des Internets nutzen. Eine unternehmensübergreifende Integration wird erreicht, wenn Geschäftspartner gemeinsame Daten untereinander vereinbaren, standardisieren und per Netz austauschen, etwa indem ein Autohersteller seinen Kunden Artikelstammdaten in einem elektronischen Katalog zur Verfügung stellt und über das Internet Bestellungen entgegennimmt. Die Daten können dann von der Anwendungssoftware des empfangenden Unternehmens direkt, ohne zusätzliche manuelle Eingriffe, weiterverarbeitet werden.

Abbildung 8-1: *Panorama - Soziale Netze werden zur Marktmacht*

Soziale Netze, wie Facebook, StudiVZ, Xing oder Twitter, sind nicht nur relevant, um soziale Kontakte aufzubauen, wiederzufinden und zu pflegen, sondern bieten darüber hinaus ganz neue Marketingmöglichkeiten. Hier sind so viele persönliche Daten hinterlegt, dass es leicht fällt, zielguppenorientierte Werbung zu betreiben. Die Zielgruppe kann vom werbenden Unternehmen nach Ort, Alter und Interessen ausgewählt werden. Es kann aber auch für die eigene Seite geworben und mit dem Button "Gefällt mir" der Einfluss der eigenen Werbeanzeige erhöht werden. Wichtig für Unternehmen sind hier die virtuelle Gemeinschaft und die Gewinnung von einflussreichen „Fans", deren Konsumverhalten von möglichst vielen „Freunden" übernommen wird.

Wie weit oben eine Internetseite (Ranking) beispielsweise bei der Suchmaschine Google landet, hängt unter anderem von der Zahl der Verlinkungen und Nennungen

(Backlinks) auf anderen Internetseiten ab. Unternehmen gehen vermehrt dazu über, Beiträge im Netz zu verfassen mit dem Ziel, Verlinkungen auf ihre eigene Unternehmensseite zu bekommen, um besser gefunden zu werden.

Zudem kann im Internet jeder seine Meinung über Produkte und Dienstleistungen von Firmen kundtun. Unternehmen ist dies bewusst, und sie fürchten nichts mehr als ein schlechtes Image. Daher sind sie interessiert, auch über die Sozialen Netze für ein gutes Unternehmensbild zu werben. Der Markt wird auf diese Weise zunehmend kundenorientiert.

Was ist ein E-Business-System?

Unter E-Business-Systemen sind betriebliche Informationssysteme zu verstehen, die auf Basis der Internet-Technik arbeiten. Sie unterstützen die betriebsübergreifende Koordination und Kooperation in Unternehmen. Der direkte Zugang von Mitarbeitern, Kunden und Lieferanten wird durch Internetportale ermöglicht (vgl. [HANE09]).

E-Business umfasst alle Arten von Geschäftsprozessen, die auf elektronischem Wege abgewickelt werden. Dies betrifft unterschiedliche unternehmerische Aufgabenfelder, wie beispielsweise Werbung, Geschäftsanbahnung und -abwicklung, Kundenservice oder Online-Banking.

Es gibt verschiedene Informationssysteme, die die zwischenbetriebliche Vernetzung umsetzen. Customer Relationship Management-Systeme (CRM-Systeme) optimieren die Kontakte und Beziehungen zu den Kunden eines Unternehmens. Sie leisten hierzu eine koordinierte und einheitliche Kundenbetreuung über alle Verkaufskanäle, wie beispielsweise Internet oder Telefon, hinweg. Die Prozesse des Moduls Vertrieb eines ERP-Systems werden in einem CRM-System so auf unternehmensübergreifende Anwendungen erweitert (vgl. Abb. 8-2).

Supplier Relationship Management-Systeme (SRM-Systeme) unterstützen den webbasierten Einkauf und die Lieferantenbetreuung. Als Basis hierzu kann das Modul Materialwirtschaft eines ERP-Systems gesehen werden.

Durch Supply Chain Management-Systeme (SCM-Systeme) wird die optimale Gestaltung der gesamten Lieferkette über mehrere Wertschöpfungsstufen und Unternehmen hinweg möglich. Hier werden nicht mehr nur die Prozesse in einem Unternehmen, wie im Modul Produktionsplanung und -steuerung optimiert, sondern es findet eine Optimierung der Prozesse mit vor- und nachgelagerten Unternehmen statt.

Abbildung 8-2: *Komponenten von E-Business-Systemen*

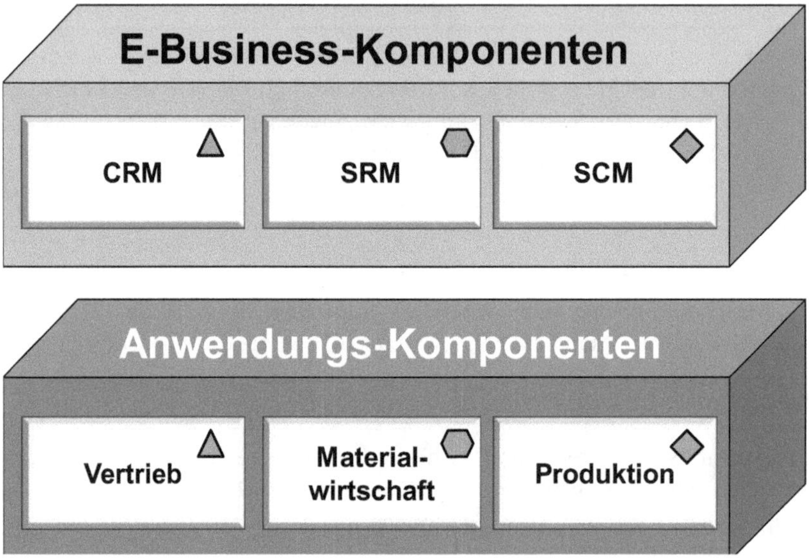

Integrations- und Anwendungsplattform als technische Basis

E-Business-Systeme können sowohl Anwendungskomponenten von E-Business als auch von ERP umfassen. Damit dies möglich ist, wird als Grundlage eine gemeinsame Integrations- und Anwendungsplattform eingesetzt. Bei E-Business-Anwendungen kommt neben den Plattformkomponenten eines ERP-Systems (vgl. Kap. 7) noch die Komponente Portal hinzu. Das Portal realisiert die Integration mit der Umwelt und macht so ein unternehmensübergreifendes Arbeiten möglich.

Die Integrations- und Anwendungsplattform ermöglicht es, die Anwendungskomponenten eines ERP-Systems und die E-Business-Komponenten zu verbinden. Es bildet die Bahnen zwischen der Datenbank, in der die Daten gespeichert sind, und der Benutzeroberfläche, die der Anwender sieht. Hier werden unter anderem die rollenbasierten Berechtigungen festgelegt, die sicherstellen, dass nur befugte Personen die Daten sehen. Zudem werden mit der Integrations- und Anwendungsplattform auch die Einstellung und Anpassung der Systeme über ein Customizing möglich. Definierte Einstiege zum Erweitern und Anpassen der Systeme durch Programmieren und Integration der Daten und Programme über Schnittstellen sind weitere Grundlagen.

Bei E-Business-Systemen handelt es sich oft um Systeme, die zu unterschiedlichen Unternehmenseinheiten an unterschiedlichen Standorten gehören. Damit ein integriertes Arbeiten möglich ist, wird hier mit einer serviceorientierten Architektur (SOA) gearbeitet. Die serviceorientierte Architektur ist eine Form einer verteilten Informationssystemarchitektur, mit der lose gekoppelte, verteilte Anwendungssysteme realisiert werden können (vgl. [HANE09]). Der einzelne Nutzer sieht hierbei nicht, dass es sich um unterschiedliche Systeme handelt, sondern nimmt seine Arbeit als einen einheitlichen Prozess in einem einheitlichen System wahr. Technisch möglich wird dies durch die sogenannten Web-Services, die Softwaredienste über offene Protokolle und standardisierte Formate über das Internet anbieten. Praktisch wird hier meist XML (Extensible Markup Language) genutzt, um hierarchisch strukturierte Daten in Form von Textdaten darzustellen.

Abbildung 8-3: Für die Profis – NetWeaver von SAP

Die Integrations- und Anwendungsplattform NetWeaver von SAP beinhaltet beispielsweise folgende Komponenten:

- Der **Application Server** stellt eine komplette Entwicklungsinfrastruktur mit Programmierschnittstellen zur Verfügung, um plattformunabhängige Web-Services und Business-Anwendungen zu entwickeln, zu verteilen und auszuführen. Der Web Application Server (Web AS) als Anwendungskern ist ein Anwendungsserver zur Unterstützung von Internetdiensten, Geschäftsanwendungen und der Entwicklung von Zusatzprogrammen.
- Die Komponente **Information Integration** stellt strukturierte und unstrukturierte Daten zur Verfügung, die auf Konsistenz geprüft sind. Sie umfasst die Komponenten Business Integration (BI), die zur Entscheidungsunterstützung mit Hilfe von Datenanalyse- und Data-Mining-Methoden in einem Data-Warehouse arbeitet, Master Data Management (MDM), die der Konsolidierung, Harmonisierung und zentralen Pflege der Stammdaten aus ursprünglich verschiedenen Systemen dient, und Knowledge Management, das den gemeinsamen Zugriff auf unstrukturierte Informationen und Dokumente in einer verteilten Ablagelandschaft ermöglicht.
- Die Komponente **Exchange Infrastructure** (XI) dient zur Unterstützung einer prozessbezogenen Zusammenarbeit heterogener Systeme. Eingesetzt wird hierzu ein XML-basierter Nachrichtenaustausch. Die Komponente XI umfasst unter anderem die Steuerung von Geschäftsprozessen über Workflows.
- Die Komponente **Portal** bietet einen personalisierten und rollenbasierten Benutzerzugriff auf die heterogene IT-Umgebung eines Unternehmens. Die Komponente Collaboration fördert die Zusammenarbeit der Mitarbeiter und Marktpartner über das Internet unter anderem durch virtuelle Teamräume oder Echtzeitkommunikation über Chat und Application Sharing. Die Komponente Multi Chanel Access bietet die Möglichkeit, über Internet-, Sprach-, Mobil-, Funk- und Messaging-Technologien auf das System zuzugreifen.

[SAP01]: Aufbau von NetWeaver © Copyright 2010. SAP AG. Alle Rechte vorbehalten.

Traditioneller Vertrieb

Vertriebsmitarbeiter pflegen üblicherweise Kontakte zu vielen verschiedenen Kunden über unterschiedliche Medien, sie mailen, telefonieren und besuchen die Kunden direkt. Auch innerhalb eines Unternehmens hat der Vertrieb viele Stellen und Personen, mit denen er über die Kunden und Aufträge spricht. So sind bei komplexen, riskanten und wichtigen Aufträgen weitere Personen im Unternehmen, wie beispielsweise Produktmanager, Risikomanager oder Geschäftsleitung, mit einzubeziehen. Sie stellen sicher, dass der Auftrag verlässlich und wirtschaftlich abgewickelt werden kann. Dies bedeutet für die Prozesse rund um den Vertrieb einen gewissen Aufwand an Zeit und Kosten. Dieser Aufwand kann durch Informationssysteme erleichtert und professionalisiert werden.

Abbildung 8-4: Stimmern aus der Praxis - Der Vertrieb holt das Geld rein

Der Vertrieb nimmt in jedem Unternehmen eine bedeutende Stellung ein, denn alle noch so perfekten Produkte und Dienstleistungen müssen erst Kunden haben, die diese kaufen und somit Geld in die Kasse bringen. Die Stellung des Vertriebs wird auch an ihrer relativ guten Bezahlung deutlich.

Einige Unternehmen arbeiten mit dezentralen Informationen über Kunden. In manchen Fällen ist nur ein Mitarbeiter über einen Kunden und den verbundenen Aktionen informiert. Informationen werden nach dem Motto: „Macht ist, wenn man Wissen für sich behält.", oft nicht mit Kollegen im Unternehmen geteilt. Verlässt so ein Mitarbeiter das Unternehmen, gehen nicht selten wertvolle Informationen verloren.

E-Commerce

Der reine Handel und Verkauf über das Internet wird als E-Commerce bezeichnet. Beim E-Commerce nutzen Unternehmen die Möglichkeiten des Internets. Kunden können auf Webseiten und Online-Shops von Unternehmen zu jeder Zeit und von beliebigen Orten aus zugreifen und Kontakt zum Unternehmen aufnehmen. Kunden können im Internet per Mausklick einfach und kostensparend Produkte und Dienstleistungen suchen und sich über technische Daten und Preise informieren. Dies eröffnet den Unternehmen, die über Suchmaschinen schnell gefunden werden und gute Beurteilungen von bestehenden Kunden erhalten, einen Markt für neue Kunden. Die bestehenden Kundenbeziehungen können zudem durch einen einfachen und schnellen Direktvertrieb über das Internet sowie einer großen Transparenz gehalten und ausgebaut werden.

Abbildung 8-5: Panorama – Erste Verurteilung wegen virtuellem Diebstahls

Im Oktober 2010 wurde in Deutschland zum ersten Mal eine Person wegen eines virtuellen Diebstahls verurteilt. Der Beschuldigte hatte sich in einem Computerspiel die Rüstung, die sich andere Spieler mühsam erspielt hatten, angeeignet und verkauft. Möglich wurde dies, weil die Geschädigten ihr Passwort an den Beschuldigten weitergegeben hatten. Als diese das nächste Mal weiterspielen wollten, stellten sie fest, dass ihre Figuren ausgezogen waren. Der Beschuldigte wurde wegen "unbefugter Datenveränderung" verurteilt und musste den Schaden von 1.000 Euro mit 80 Stunden gemeinnütziger Arbeit begleichen - natürlich in der realen Welt (vgl. [SeBo10]).

Ist der elektronische Vertrieb an die innerbetrieblichen Informationssysteme angeschlossen, können die Geschäftsprozesse um den Vertrieb schnell und kostensparend gestaltet werden. Ein Verkäufer kann beispielsweise vor Vertragsabschluss unkompliziert elektronisch aus dem Arbeitsablauf im System heraus mit vordefinierten Arbeitsschritten die Genehmigung zu einem besonders hohen Rabatt von seiner Führungskraft einholen. Diese effiziente Gestaltung kann einen wesentlichen Vorteil gegenüber anderen Markteilnehmern darstellen. Grundlage für E-Commerce kann ein internetbasiertes Shopsystem sein, über die Firmen und Privatkunden Informationen abrufen, Bestellungen aufnehmen und bezahlen.

Bei E-Commerce wird zwischen den Kontakten mit Unternehmen und Endkunden unterschieden. Bei Geschäften von Unternehmen untereinander wird beispielsweise von Business-to-Business (B2B), bei Geschäften von Unternehmen zu Privatkunden von Business-to-Consumer (B2C) und bei Geschäften von Privatkunden zu Privatkunden von Consumer–to-Consumer (C2C) gesprochen.

Portale, Online-Shops und Marktplätze

Ein Portal ist zunächst ein zentraler Eintritt zu Informationen und Angeboten durch eine Webseite im Internet. Für Unternehmen dient ein Portal als Webauftritt im Internet. Es bietet den Kunden eine zentrale Anlaufstelle und Zugang zu den angebotenen Informationen und Produkten des Unternehmens.

Viele Unternehmen binden auf ihrer Unternehmenswebseite ein Shopsystem ein und verkaufen ihre Produkte und Leistungen direkt über einen Online-Shop (vgl. Abb. 8-6). Diese können so vom Kunden im Internet angesehen, per Maus in den sogenannten Warenkorb gelegt und dann elektronisch bezahlt werden. Ein Online-Shop kann für Unternehmen ein zusätzlicher Vertriebskanal oder das eigentliche Kerngeschäft bedeuten. Verkauft werden reale Güter, wie etwa Wein oder Kleidung, Dienstleistungen, wie beispielsweise Reisen oder Konzertkarten, und digitale Produkte, wie beispielsweise Musikdateien oder Software.

Abbildung 8-6: Stimmern aus der Praxis – Shopbeispiel

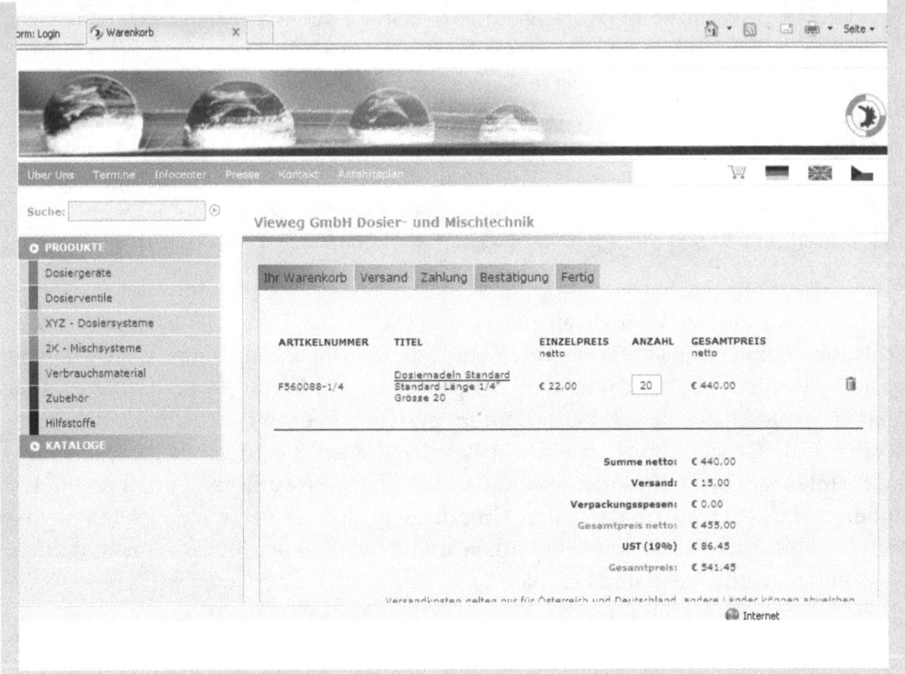

Sehr wichtig wird bei den Unternehmensportalen auch der Austausch von Informationen und Meinungen zwischen den Benutzern. Wenn Kunden beispielsweise Reiseberichte oder Produktbewertungen und technische Hilfen direkt über einen Chat auf der Unternehmenshomepage eingeben können, kann dies die Kundenbindung erhöhen und auch neue Kunden bringen. Denn so können Unternehmen ihre Kunden mit ihren Bedürfnissen besser kennenlernen und direkte Rückmeldung zu ihren Leistungen erhalten. Wer dies nutzt, hat einen Wettbewerbsvorteil.

Bei benutzerzentrierten Portalen, wie beispielsweise einer Lernplattform, bei der alle Studentinnen und Studenten nur die Kurse sehen, für die sie sich angemeldet haben, kann das Informationsangebot auf den einzelnen Benutzer angepasst zur Verfügung gestellt werden (vgl. Abb. 8-7).

Abbildung 8-7: Stimmern aus der Praxis – Lernportal der FHAM

Unternehmensportale oder Dienstportale, die Anbieter und Nachfrager von Produkten und Dienstleistungen zusammenführen, um diese zu verkaufen oder zu kaufen, werden als Marktplätze bezeichnet. Die Betreiber von Marktplätzen im Internet sind für die technische Abwicklung der Geschäfte verantwortlich. Sie unterstützen die Angebotsbereitstellung, die Suche nach Angeboten, die Preisvereinbarungen sowie die Liefer- und Zahlungsabwicklung zwischen Anbietern und Nachfragern.

Marktplätze können unterschiedliche Ausrichtungen haben, auch wenn die Grenzen oft fließend sind und nicht alles so privat ist, wie es scheint. Marktplätze von Kunden für Kunden, wie beispielsweise Ebay, werden vorwiegend von Privatpersonen genutzt (C2C), andere Marktplätze, gerade in der Automobilindustrie, arbeiten ausschließlich mit Unternehmen (B2B). Hier werden teilweise von mehreren Herstellern Markplätze gemeinsam betrieben.

Effekte von Marktplätzen sind, dass die Preise sehr transparent werden, aber auch dass um Preise wie auf einem Basar gefeilscht werden kann. Auktionssysteme machen technisch die Abwicklung dieser Verhandlungen möglich. Preise für Produkte und Leistungen bilden sich hierbei auf Grundlage von den Geboten der Teilnehmer. Dies kann unterschiedliche Formen annehmen, so gibt es offene und verdeckte Auktionen mit aufsteigenden oder absteigenden Geboten.

Abbildung 8-8: Stimmern aus der Praxis – Der Kunde bestimmt den Preis

Das Internet bietet den Kunden ganz neue Chancen, den besten Preis für ein gewünschtes Produkt zu erzielen. Eine Möglichkeit ist so beispielsweise bei einer Auktion, ähnlich wie es größere Unternehmen bei Ausschreibungen praktizieren, anzugeben, was man genau wünscht und welchen Preis man höchstens bereit ist zu zahlen. Schlägt ein Unternehmen zu, so ist das Angebot für den Kunden dann aber auch verbindlich und der Preis wird gleich per Kreditkarte abgezogen. Ein Beispiel ist Priceline, die mit Hotel- und Flugangeboten nach diesem Verfahren groß geworden sind. Ein Kunde kann hier beispielsweise anbieten, dass er für Preis x am 1. Mai nach y fliegen möchte. Eine Fluggesellschaft, die noch Plätze frei hat, kann dann entscheiden, ob sie den Anbieter für den Preis x nach y fliegt oder sie den Platz lieber leer lässt (vgl. [COLE10]).

Customer Relationship Management-Systeme (CRM-Systeme)

Wer erfolgreich im Geschäft sein möchte, hat schon immer den Satz: „Spreche mit deinen Kunden" befolgt. Nur wer weiß, was seine Kunden wünschen, was sie gut und was sie weniger gut finden, kann die richtigen Produkte und Dienstleistungen anbieten und einen guten Preis für seine Leistungen erzielen. In einer vernetzten Welt gibt es sehr viele verschiedene Möglichkeiten, mit den Kunden zu sprechen. Diese gilt es zu nutzen und zu bündeln. Kunden zu kennen und Stammkunden zu gewinnen ist für Unternehmen sehr effizient, da die Gewinnung von Neukunden meist einen wesentlich höheren Aufwand bedeutet als die Pflege vorhandener Kundenbeziehungen.

Hier kommen Customer Relationship Management-Systeme (CRM-Systeme) zum Einsatz. Sie unterstützen Unternehmen bei ihrem Kundenbeziehungsmanagement und bieten erweiterte Möglichkeiten im Marketing. CRM-Systeme werden so auch als beziehungsorientiertes, von einem Betrieb hierarchisch gesteuertes Marketinginformationssystem bezeichnet (vgl. [HANE09]).

Beziehungen zu Kunden können von Unternehmen mit Hilfe von durchdachten Konzepten, die Marketing, Vertrieb und Service umfassen, strategisch aufgebaut und gefestigt werden. Die Kundenkontakte können beispielsweise innerhalb des Unternehmens unabhängig von Abteilungen und geographischen Gebieten übergreifend koordiniert werden. Kunden können direkt über die unterschiedlichsten Kanäle mit Ansprechpartnern im Unternehmen kommunizieren. Neben den traditionellen persönlichen Kontakten werden in einem CRM-System auch elektronische Kontakte, wie die Bestellung von Produkten über einen Internetshop, E-Mail oder Call-Center, integriert. Unternehmen wollen hiermit den Kunden über alle ihre Bereiche ein einheitliches Bild bieten; sie sprechen hier gerne von „one face to the customer".

Soll die Kundenbeziehung effizient gestaltet werden, so ist es wichtig, die Außenkontakte zum Kunden mit allen internen Geschäftsprozessen eines Unternehmens möglichst reibungslos zu verbinden. In einem CRM-System werden beispielsweise sämtliche Kundenkontakte zentral in einer Datenbank gespeichert. Die Integration mit der Angebotsbearbeitung eines ERP-Systems ermöglicht es so, die zum Teil über verschiedene Systeme abgedeckten Lösungen für Vorverkaufs-, Verkaufs-, und Sevicephase zu integrieren und Prozessschritte zu automatisieren.

Der Aufbau von CRM-Systemen lässt sich in die Komponenten Kollaboratives CRM, Operatives CRM und Analytisches CRM untergliedern (vgl. Abb. 8-9).

Abbildung 8-9: *Aufbau eines CRM-Systems*

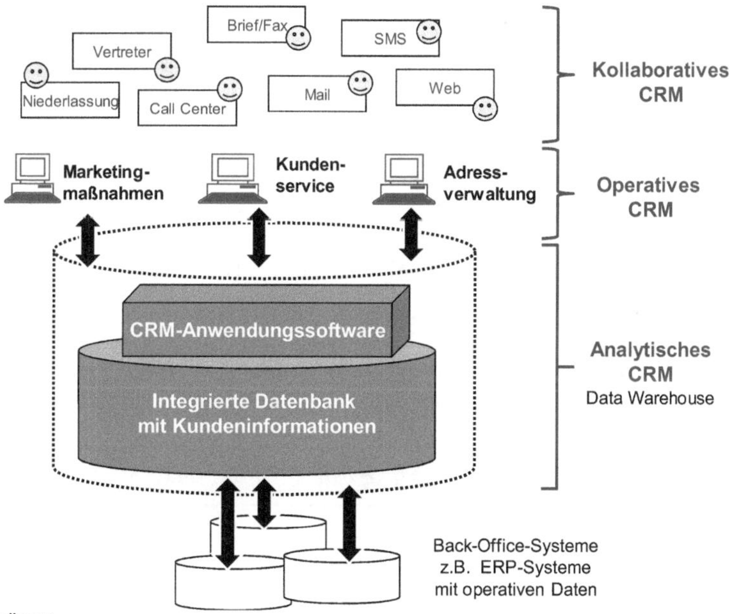

(vgl. [ABMÜ09])

Kollaboratives CRM

Ein Kunde kann heute mit dem Vertreter eines Unternehmens ein Beratungsgespräch haben, morgen etwas über den Internet-Shop einkaufen und übermorgen im Call-Center anrufen oder eine E-Mail schreiben. All diese Kontakte können mit einem CRM-System gebündelt werden. Das kollaborative CRM stellt hierbei sicher, dass der Kunde dieselbe Antwort erhält, egal ob er beispielsweise anruft oder eine Mail schreibt. Das kollaborative CRM umfasst alle Schnittstellen zum Kunden und stellt die Zusammenarbeit mit dem Kunden sicher. Alle persönlichen und elektronischen Kontakte werden zentral festgehalten, bearbeitet und weitergeleitet. Es umfasst die Informationen über den Kunden und die Koordination von kundenbezogenen Aktivitäten.

Operatives CRM

Das operative CRM unterstützt die Automatisierung von Marketingmaßnahmen, um die Kunden möglichst gezielt anzusprechen und so zusätzliche Produkte zu verkaufen. Ein Beispiel wäre ein Buchhändler, der den Kunden auf Basis der gekauften Titel neue Buchvorschläge unterbreitet. Die Adressverwaltung und der Kundenservice werden ebenso durch das operative CRM abgedeckt. Beispielsweise können die Mitarbeiter, die in einem Call-Center einer Internetapotheke arbeiten, sämtliche Informationen zu einem Kunden abrufen und so zum Beispiel auf gefährliche Wechselwirkungen mit einem Medikament hinweisen, welches der Kunde eine Woche zuvor gekauft hat.

Analytisches CRM

Das analytische CRM dient der Auswertung der über die Kunden gewonnenen Daten. Daraus lassen sich Schlüsse über das Kundenverhalten und entsprechende Konsequenzen ableiten. Das analytische CRM kann so als Basis für Aktionen, wie beispielsweise Kampagnen im operativen CRM dienen. Ziel ist es, die relevanten Kundeninformationen zu analysieren, Kunden zu gruppieren und zu klassifizieren und Prognosen für die Trendentwicklung zu gewinnen. Das analytische CRM arbeitet dabei mit den im Data-Warehouse gespeicherten Kundendaten, die mit Methoden, wie Data-Mining, nach Zusammenhängen und Trends analysiert werden (vgl. Kapitel 5).

Geschäftsprozesse in CRM

Ein Beispiel für Geschäftsprozesse in einem CRM-System ist die Unterstützung der Serviceabwicklung in einem Call-Center (vgl. Abb. 8-10).

Abbildung 8-10: *Call-Center Ablauf für Information Helpdesk in CRM*

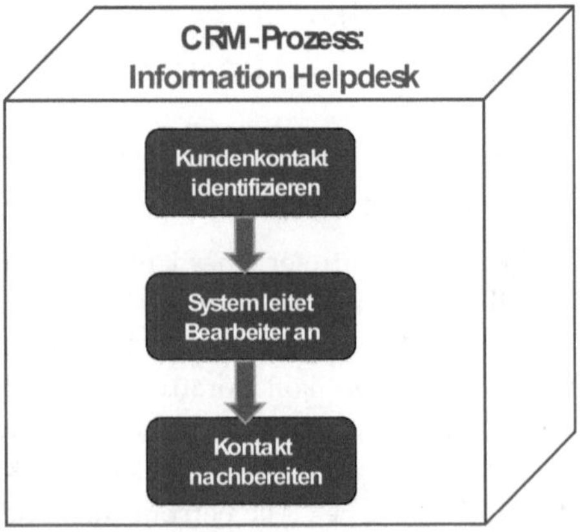

Hierbei bietet ein sogenannter Information Helpdesk die Möglichkeit, Kunden bei der Bedienung, Konfiguration oder Reparatur technischer oder komplexer Produkte zu unterstützen.

Abbildung 8-11: Stimmen aus der Praxis – Online-Apotheke

Im Information Helpdesk einer Internetapotheke werden beispielsweise die folgenden Geschäftsprozessschritte durchlaufen:

- **Kundenkontakt identifizieren:** Wenn der Kundenkontakt bereits vorhanden ist, kann das CRM-System den Kontakt automatisch anhand der Telefonnummer oder E-Mail-Adresse des Kunden identifizieren. Ist der Kontakt noch nicht im System vorhanden, so wird er angelegt. Wenn der Bearbeiter den Kontakt oder das Produkt bestätigt, zeigt das System alle relevanten Informationen an, wie zum Beispiel die Adresse, die bereits bestellten Medikamente, offene Aufträge oder frühere Kontakte. Im System kann der Bearbeiter sich Notizen machen, falls der Kunde beispielsweise Interesse an zusätzlichen Informationen zu einem Medikament hat.
- **System leitet Bearbeiter an:** Der Bearbeiter wird vom System durch den Prozess geleitet. Wenn der Kunde beispielsweise ein Kunde mit sehr hohem Fachwissen ist, kann der Bearbeiter vom System darauf hingewiesen werden. Einer Kampagne oder einer Anrufliste kann ein Skript mit geführten Fragen zugeordnet sein. Der Bearbeiter liest dann dem Kunden zum Beispiel die Fragen zu einer Krankheit vor und hält die Antworten des Kunden fest. Im weiteren Verlauf wird jeweils auf Grundlage der vorausgegangenen Antwort zur nächsten Frage geführt.
- **Kontakt nachbereiten:** Nachdem das Gespräch beendet ist, gibt der Bearbeiter alle wichtigen Daten in die Kontaktdaten ein, wie beispielsweise die speziellen Anforderungen des Kunden und den Status des Gesprächs sowie eventuell vereinbarte Termine. Wenn zum Beispiel dem Kunden ein Arztbesuch empfohlen wurde, kann er einen Anruf für die folgende Woche einplanen, um nachzufragen, ob der Kunde zufrieden war. Diese Informationen können anschließend verwendet werden, um nachfolgende Kontakte mit dem Kunden zu optimieren.

CRM, CEM und Soziale Netze

Die Anwender von CRM-Systemen betrachten hauptsächlich das Verhältnis des Unternehmens zu ihren Kunden oder Kundengruppen. Die Kundendaten und der zentrale Zugang auf diese Daten von unterschiedlichen Kommunikationsmedien sind hierbei ausschlaggebend.

Die tatsächlichen Vorlieben der einzelnen Kunden und ihre Erwartungen werden eher in Customer Experience Management-Systemen (CEM-Systemen) gepflegt. Positive Erfahrungen der Kunden sollen helfen, eine Beziehung der Kunden zum Unternehmen aufzubauen und diese emotional an ein Unternehmen oder eine Marke zu binden. Ziel ist es, zufriedene Kunden zu gewinnen, die im Laufe der Zeit zu loyal eingestellten Kunden werden und durch ihre Begeisterung neue Kunden werben. Unternehmen nutzen hier das wirkungsvolle „Mund zu Mund Propaganda" gezielt durch den Einsatz von Software. Bei Produkten oder Dienstleistungen, die in ihrer Leistung relativ gleich sind, wie beispielsweise Kommunikations- oder Finanzdienstleistungen, ist der Einsatz von CEM-Systemen ein Mittel, sich mit zufriedenen Kunden vom Wettbewerb absetzen.

Die Kommunikation der Kunden untereinander gewinnt an Bedeutung. Hierzu bietet das Internet mit seinen Bewertungsportalen oder Chats auf Unternehmensportalen, aber auch vor allem Soziale Netze die technische Möglichkeit. Unternehmen können so mit Zielgruppen direkt in Kontakt treten und viel genauer die Vorstellungen und Beurteilungen der Kunden erfahren. Gerade Soziale Netze eröffnen Unternehmen neue Wege im Marketing und im Vertrieb. Ihre Daten können mit Analyse-Software ausgewertet und zur Gewinnung neuer Kunden genutzt werden. Beliebt sind auch Empfehlungsprogramme, so ist in Familien- und Freundeskreisen auch die virtuelle Kommunikation besonders hoch und das nutzen Unternehmen, um neue Kunden zu gewinnen. Bekannt aus der realen Welt ist hier beispielsweise Tupperware, deren Vertrieb über private Partys organisiert wird.

Abbildung 8-12: Panorama – Mark Zuckerberg

[WM2010]: Mark Zuckerberg, Bild von „Scewing", lizenziert unter CC BY-SA 2.0, http://creativecommons.org/licenses/by/2.0/deed.de

Genau wie Bill Gates (Microsoft) und Steve Jobs (Apple) hat Mark Zuckerberg sein Studium nicht abgeschlossen, weil ihn eine Idee so beschäftigte, dass er sich ihr voll widmete. Als Gründer und Vorstandsvorsitzender des Online-Netzwerkes Facebook ist er in kürzester Zeit sehr bekannt und reich geworden. Allerdings sieht er sich auch mit Vorwürfen konfrontiert, seine Kollegen ausmanövriert zu haben und den Datenschutz zu lasch zu handhaben.

Kunden, die zufrieden sind, sind für ein Unternehmen sehr wichtig. Besonders interessant sind hierbei Kunden, die darüber hinaus über ein großes persönliches soziales

Netzwerk verfügen. Denn Personen, zu denen ein persönlicher Bezug besteht, sind einfach glaubhafter als jeder Vertreter eines Unternehmens. Diese Beziehungen der Kunden haben Unternehmen früher kaum erfahren und höchstens Programme wie „Kunden werben Kunden“ auflegen können. Mit den Sozialen Netzen im Internet sind die Beziehungen der Kunden erstmals im großen Umfang digital auswertbar und nutzbar (vgl. [COLE10], [GERN11]).

Traditionelle Beschaffung

Die Beschaffung erfordert bei vielen Unternehmen Einzelschritte von unterschiedlichen Personen. Diese sind nicht immer optimal verbunden und Medienbrüche in der Kommunikation können den gesamten Prozess verzögern. So kann es sein, dass jede Stelle eigene Formulare benutzt, die immer wieder von Hand ausgefüllt werden müssen. Werden zudem die Bestellungen einzeln vergeben und nicht zu einem Lieferanten gebündelt, können beispielsweise Mengenrabatte nicht genutzt werden.

Die elektronische Beschaffung über das Internet (E-Procurement) bietet hier neue Möglichkeiten, besonders wenn sie direkt mit dem ERP-System eines Unternehmens verbunden ist, und der gesamte Beschaffungsprozess direkt und integriert abgewickelt werden kann. Wichtig ist beim Einkauf, sich nicht allein vom Preis leiten zu lassen, sondern unter anderem auch Themen wie Produktqualität und Zuverlässigkeit der Lieferanten zu berücksichtigen.

Abbildung 8-13: Stimmen aus der Praxis – Der Gewinn liegt im Einkauf

Die meisten Unternehmen verwenden einen großen Teil ihres Umsatzes für den Einkauf von Produkten und Dienstleistungen. Können beispielsweise die Einkaufskosten um 10% gesenkt werden, so kann dies den gleichen Effekt beim Gewinn haben, wie eine Umsatzsteigerung von 15%.

Dies verdeutlicht auch der Spruch: „Der Gewinn liegt im Einkauf.“

Woher diese alte Kaufmannsregel stammt, darüber streiten die Gelehrten. Manche schreiben sie Jakob Fugger (1459-1525) zu, der die gleichnamige Augsburger Handelsfamilie mit großem unternehmerischem Geschick zu einem der ersten Unternehmen mit Weltgeltung ausbaute. Die Fugger waren in ihrer Zeit die erfolgreichsten Kaufleute und hatten schon damals klar erkannt, dass der Ertrag im kaufmännischen Handeln wesentlich von den Einkaufsbedingungen der zu handelnden Ware abhängt! Dabei ist es bis heute geblieben. [TSYS09]

Supplier Relationship Management (SRM)

Supplier Relationship Management (SRM) unterstützt Unternehmen darin, ihre Beziehung zu den Lieferanten strategisch geschickt zu managen. SRM-Systeme werden so eingesetzt, um Lieferanten an das Unternehmen zu binden und den Beschaffungsprozess zu erleichtern, indem sie ihn durchgängig elektronisch abwickeln. So ist mit einem SRM-System beispielsweise ein Gesamtüberblick über den Bedarf an Produkten und Dienstleistungen über das gesamte Unternehmen möglich. Dies gilt für unterschiedliche Sparten, Regionen und Ländern, und zwar über unterschiedliche ERP-Systeme hinweg. Ebenso lassen sich Ausschreibungsprozesse, die Verfolgung des Bestellstatus und Zahlungen zentral steuern und transparent gestalten. Dieser genaue Überblick stärkt die eigene Position, wenn es darum geht, Rahmenverträge mit den möglichen Lieferanten zu verhandeln.

Lieferantenportal

Die Lieferanten können über ein Portal an die unternehmensinternen Prozesse angebunden werden. Die Kapazitäten der Lieferanten können geprüft, und es kann der geeignete Lieferant ermittelt werden. Zur Regelung des Dokumentenverkehrs erhalten die Lieferanten eines Unternehmens einen Zugriff über ein Lieferantenportal.

Mit der Funktion Supplier Registration können sich Lieferanten über einen Link auf der Homepage eines Unternehmens selbst registrieren, wenn sie ein neuer Geschäftspartner werden wollen. Nachdem sich ein Lieferant registriert hat, sendet ihm das Registrierungssystem einen Fragebogen zu. Damit stehen dem Einkäufer zusätzliche Informationen zu potenziellen Lieferanten zur Verfügung. Nachdem der Einkäufer die Lieferanten als potenzielle Geschäftspartner akzeptiert hat, können diese über eine definierte Schnittstelle in das produktive Einkaufssystem übernommen werden, etwa als gewünschter Teilnehmer einer Ausschreibung oder als Teil einer Lieferantenliste. Darüber hinaus kann der Einkäufer entscheiden, ob der Lieferant berechtigt sein soll, selbstständig seine Daten zu ändern und weitere Folgebelege, wie beispielsweise Rechnungen, anlegen darf.

Self-Service Procurement

Mit der Funktion Self-Service Procurement können die Mitarbeiter eines Unternehmens elektronische Sammelbestellungen im Internet vornehmen. Sie können zunächst die eigenen Bestellvorgänge selbst anlegen und verwalten. Durch die Bündelung der dezentralen Bestellvorschläge der einzelnen Mitarbeiter zu einer zentralen Bestellung, können mit den Lieferanten dann günstige Einkaufskonditionen ausgehandelt werden. Besonders leicht geht dies mit den sogenannten C-Gütern, die nicht eigens im Materialstamm eines ERP-Systems angelegt werden müssen, wie beispielsweise Büromaterial, Werkzeuge oder Hygieneartikel. Bei den katalogbasierten Bestellungen verwalten Unternehmen Katalogdaten als Stammdaten in einem eigenen zentralen Verzeichnis. Dieses wird in die zentralen Anwendungsprozesse der ERP-Systeme integriert und ermöglicht so die übergreifende Anwendung.

Abbildung 8-14: SRM-Prozess Self-Service Procurement

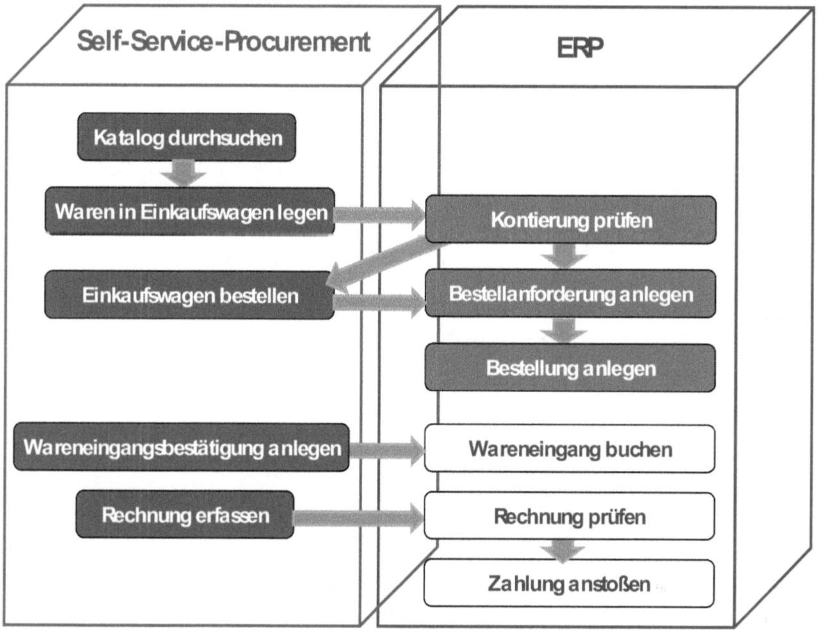

Das Zusammenspiel von SRM und ERP-System kann beim Self-Service Procurement folgendermaßen ablaufen (vgl. Abb. 8-15):

- **Bearbeitung:** Im SRM-System wählen die Mitarbeiter selbst ihre Waren aus einem Katalog aus und legen diese in einen elektronischen Einkaufswagen. Durch ein integriertes ERP-System kann anschließend die Kontierung geprüft werden. Stimmt diese, so kann der Einkaufswagen bestellt, die Bestellanforderung angelegt und nach Freigabe in eine Bestellung umgewandelt werden.
- **Wareneingang:** Der Mitarbeiter, der die Ware bestellt hat, kann auch die Bestätigung des Wareneingangs im SRM-System erfassen. Anschließend wird der Wareneingang im ERP-System gebucht.
- **Rechnung:** Alle Rechnungen, die ein Lieferant im SRM-System erfasst, müssen von einem internen Mitarbeiter genehmigt werden. Mit der Rechnungsprüfung werden Eingangsrechnungen auf Inhalt, Preise und rechnerische Richtigkeit geprüft. Wenn die Zahlung angestoßen und die Rechnung gebucht wird, werden die Rechnungsdaten im ERP-System fortgeschrieben.

Abbildung 8-15: Für die Profis – Geschäftsdaten elektronisch austauschen

Für den elektronischen Austausch strukturierter Daten wird zunehmend XML (Extensible Markup Language) genutzt. XML-Frameworks stellen hierzu die Infrastruktur bereit, um beliebige Geschäftsdokumente auf der Basis von XML auszutauschen. Sie beschreiben außerdem den gesamten Kommunikationsprozess. Als Beispiele seien hier Microsoft BizTalk und OASIS Electronic Business XML (ebXML) genannt.

XML-Dokument für eine Adresse:

```
<?xml version="1.0" encoding="UTF-8"?>
<Kunde>
        <Kundennummer>1001</Kundennummer>
        <Name>Hofbräuhaus</Name>
        <Adresse>
                <Strasse>Platzl 9</Strasse>
                <PLZ>80331</PLZ>
                <Ort>Muenchen</Ort>
        </Adresse>
<Kunde>
```

Logistiksysteme sind in der Lage, den Zustand der Lieferkette fast in Echtzeit darzustellen. Die Daten werden hierzu entlang der Lieferkette an sogenannten Übergabepunkten mit Hilfe von Betriebsdatenerfassungssystemen (BDE-Systemen) aufgenommen. Technisch geht dies, indem ein Barcode mit Scannern eingelesen wird. Eine moderne Möglichkeit ist, die Produkte mit RFID-Chips (Radio Frequency Identification) auszustatten und so die Daten berührungslos über Funk zu erfassen.

Traditionelle Logistik

Die klassische Logistik beschäftigt sich mit der Optimierung der Warenströme in einem Unternehmen. Also beispielsweise wann welche Materialien an einem Arbeitsplatz zur Montage von Fahrrädern gebraucht werden. Im Vordergrund stehen operative Vorgänge, die für die tägliche Arbeit gebraucht werden. Betrachtet werden die Waren- und Informationsflüsse innerhalb des Unternehmens. Oft werden die zugehörigen Werteflüsse, beispielsweise wie hoch die Lagerkosten der Pedale des Fahrrades sind, nicht explizit betrachtet.

Supply Chain Management

Eine Lösungsmöglichkeit, die über die klassische Logistik hinausgeht, ist das Supply Chain Management (Lieferkettenmanagement). Das Supply Chain Management (SCM) bezeichnet ein Netzwerk von verschiedenen Unternehmen, die an der Herstellung und dem Verkauf eines Produkts beteiligt sind. Die Lieferkette kann von der Rohstofferzeugung bis zur Entsorgung reichen. Entscheidend für den Erfolg ist ein kooperatives und abgestimmtes Verhalten zwischen den Mitgliedern/Unternehmen der Kette.

In SCM-Systemen werden neben den Materialflüssen auch die Finanz- und Informationsflüsse betrachtet. So erfolgt eine starke Integration mit anderen betrieblichen Funktionen, wie beispielsweise Marketing, Verkauf und Produktgestaltung.

Eine transparente Gestaltung über Unternehmensgrenzen hinweg kann den beteiligten Unternehmen Wettbewerbsvorteile bringen. So können bei einem erfolgreichen SCM-Einsatz die Lagerbestände und Transaktionskosten gesenkt und Fehlbestände reduziert werden. Beispielsweise wird bei einer isolierten Terminverfolgung nur der bestätigte Liefertermin betrachtet und vom Unternehmen alles in die Wege geleitet, um pünktlich auszuliefern, obwohl eventuell das nachfolgende Unternehmen die bestellte Ware selbst noch bis zur weiteren Verwendung lagern muss. Durch die Transparenz der Lieferkette werden derartige Probleme aufgedeckt, so dass optimiert und damit kostensparend gearbeitet werden kann.

Der SCM-Einsatz birgt auch Risiken. Durch die starke Verkettung der Unternehmen entsteht eine nicht zu vernachlässigende Abhängigkeit. Probleme an einer Stelle können sich sehr schnell auf die gesamte Kette auswirken. So kann es passieren, dass bei einer nicht rechtzeitig erfolgten Lieferung einer Ware die Produktion der Folgeunternehmen steht. Ein weiterer Punkt ist, dass die an der Logistikkette beteiligten Unternehmen über passende Software und Schnittstellen verfügen müssen, und dies kann für kleine Lieferanten schnell zu kostenaufwändig sein. Der Nutzen von SCM ist zwischen den Unternehmen nicht ausgewogen, größere Unternehmen erreichen für sich aus der Kette oft stärkeren Nutzen als kleinere Unternehmen (vgl. [KNO+00]).

Supply Chain Operational Reference (SCOR)

Um die Prozesse in SCM zu beschreiben, wurde ein Standard-Referenzmodell entwickelt, das sogenannte Supply Chain Operational Reference (SCOR) Modell. SCOR betrachtet die erweiterte Logistikkette als Serie von verketteten Prozessen (vgl. Abb. 8-17). Die Prozesse Planung, Beschaffung, Produktion und Lieferung werden ausgehend vom Lieferanten des Lieferanten über den Lieferanten, das eigentliche Unternehmen, dessen Kunden bis zu den Kunden des Kunden geplant und gesteuert. Das Modell definiert unternehmensübergreifende Prozesse und vergleicht sie mit den besten in der Praxis üblichen Verfahren.

Folgende Kernprozesse werden in SCOR unterschieden:

- **Planung:** Dieser Prozess umfasst alle vorbereitenden Aktivitäten, wie beispielsweise den Bestand oder die Nachfrage planen.
- **Beschaffung:** Dieser Prozess beschreibt den Eingang, Erhalt, Prüfung und Ausgabe der Güter.

- **Herstellung:** Dieser Prozess stellt die eigentliche Produktion dar und gibt an, wie die Produkte hergestellt und verpackt werden.
- **Lieferung:** Dieser Prozess beinhaltet die Auftragsabwicklung, Lagerhaltung und das Transportmanagement sowie die Fakturierung.
- **Retoure:** Dieser Prozess beschreibt alle Waren- und Informationsflüsse, die im Zusammenhang mit der Retourenabwicklung stehen.

Abbildung 8-16: *Das durch SCM erweiterte Unternehmen*

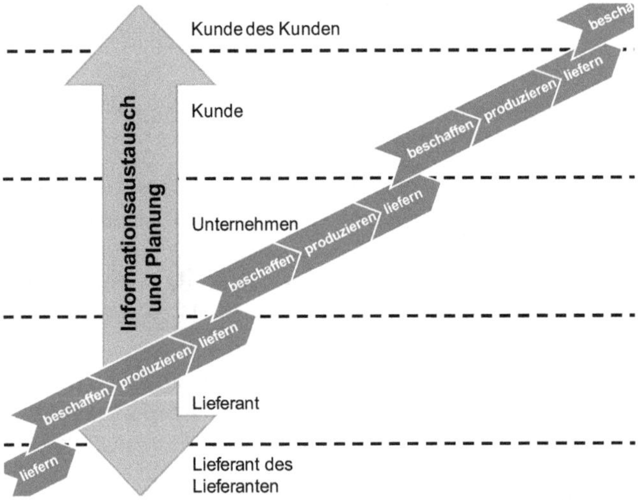

Abbildung 8-17: *Stimmen aus der Praxis – Bull-Whip-Effekt (Peitscheneffekt)*

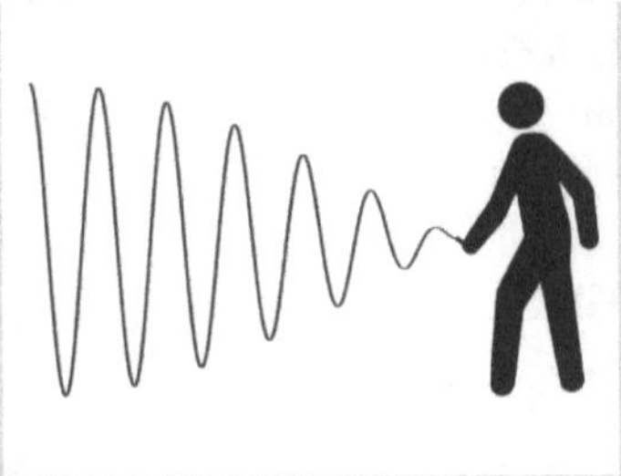

[WM11]: Peitscheneffekt, Bild von „Stern", lizenziert unter CC BY-SA 3.0, http://creativecommons.org/licenses/by-sa/3.0/deed.de

Eine interessante Beobachtung stammt von Procter & Gamble:

Dem Unternehmen Procter & Gamble fielen bei den Bestellungen für Windeln Schwankungen im Einzelhandel auf. Noch stärkere Schwankungen stellten sie im Großhandel fest. Am stärksten setzten sich diese Schwankungen zu den Rohstofflieferanten der Windeln fort. Dies ist verwunderlich, da eigentlich jedes Baby einen relativ konstanten Verbrauch an Windeln hat und auch die Zahl der Babys über einen längeren Zeitraum relativ vorhersehbar ist. Dieses Aufschaukeln von Bestellschwankungen in der Lieferkette wird als Bull-Whip-Effekt bezeichnet. Der Ausschlag ist umso stärker, je weiter ein Unternehmen in der Logistikreihe vom Endabnehmer entfernt ist.

Ursache für den Bull-Whip-Effekt kann sein, dass die beobachtete Nachfrage als Signal für die zukünftige Nachfrage aufgefasst wird, was aber oft jedoch nicht der Fall ist. So kann es beispielsweise zu Prognoseproblemen kommen, wenn Unternehmen Aufträge bündeln, da dies für sie wirtschaftlicher ist und die Lieferanten dies als Erhöhung der Nachfrage interpretieren. Oder Abnehmer erwarten steigende Preise und steigern die aktuelle Nachfrage, um Vorräte anzulegen, und die Abnehmer erkennen dies nicht. Um dem entgegenzuwirken, ist es wichtig, den zeitnahen Informationsaustausch beispielsweise durch SCM-Systeme sicherzustellen (vgl. [GAD10]).

Was haben Sie gelernt?

E-Business-Systeme sind Informationssysteme, die auf Basis des Internets die elektronische Abwicklung von Geschäftsprozessen ermöglichen. Sie unterstützen die betriebsübergreifende Zusammenarbeit von Unternehmen.

E-Business-Systeme werden eingesetzt, um die Kontakte und Beziehungen zu den Kunden eines Unternehmens zu optimieren und das Marketing zu vereinheitlichen. Weitere Einsatzziele sind, den webbasierten Einkauf sowie die gesamte Lieferkette von Produkten zu optimieren. Besonders effektiv arbeiten sie, wenn die Geschäftsprozesse mit den Kunden und Lieferanten reibungslos an die internen Informationssysteme angebunden sind.

Es gibt verschiedene E-Business-Anwendungen. Customer Relationship Management-Systeme (CRM-Systeme) unterstützen das Kundenbeziehungsmanagement, Supplier Relationship Management-Systeme (SRM-Systeme) den webbasierten Einkauf sowie die Lieferantenbetreuung und Supply Chain Management-Systeme (SCM-Systeme) ermöglichen die optimale Gestaltung der gesamten Lieferkette über mehrere Wertschöpfungsstufen und Unternehmen hinweg.

Literaturverzeichnis Kapitel 8

[AbMü09] Abts, D., Mülder, W.: Grundkurs Wirtschaftsinformatik, 6. Aufl., Wiesbaden 2009

[Cole10] Cole, T.: Unternehmen 2020, München 2010

[GAD10] Gadatsch, A.: Grundkurs Geschäftsprozessmanagement – Methoden und Werkzeuge für die IT-Praxis, 6. Aufl., Wiesbaden 2010

[Gern11] Gerngross, P.: Soziale Netze und CRM, in Computerwoche, am 01.02.2011, http://www.computerwoche.de/software/crm/2362961/, abgerufen am 12.2.2011

[FHAM11] Fachhochschule für angewandtes Management: Lernplattform, http://elearning.fham.de/moodle/login/index.php, abgerufen am 18.01.2011

[Kno+00] Knolmayer, G., Mertens, P., Zeier, A.: Supply Chain Management auf Basis von SAP-Systemen, Berlin 2000

[HaNe09] Hansen, H., Neumann, G.: Wirtschaftsinformatik, Grundlagen und Anwendungen, Bd. 1, 10. Aufl., Stuttgart 2009

[Lau+10] Laudon, K. C., Laudon, J. P., Schoder, D.: Wirtschaftsinformatik, Eine Einführung, 2. Aufl., München 2010

[SAP10] SAP Help Portal: http://help.sap.com/, abgerufen am 18.08.2010

[SeBo10] Seibold, K., Borowski, S.: Echter Dieb klaut virtuelle Kleider, Augsburger Allgemeine, http://www.augsburger-allgemeine.de-/panorama/Prozess-in-Augsburg-Echter-Dieb-klaut-virtuelle-Klei-der-id8649366.html, abgerufen am 01.03.2011

[TSys09] T-Systems: http://www.t-systems-mms.com/ecommerce/de/e-procurement/E_Procurement.html, abgerufen am 08.02.2011

[View11] http://www.dosieren.de/shop/produkte/waren-korb.html, abgerufen am 01.02.2011

[WM11] http://upload.wikimedia.org/wikipedia/commons/7/7f/Bullwhip_effect.png, abgerufen am 18.01.2011

9 Projekte

Wie Informationssysteme erfolgreich eingeführt werden

Warum ist das Thema relevant?

Anwendungssysteme so einzuführen, dass sie zu erfolgreich laufenden Informationssystemen werden, mit denen die Mitarbeiter gerne und effektiv arbeiten, ist keine einfache Aufgabe. Die Anforderungen müssen definiert, die richtige Software muss ausgewählt und durch Parametereinstellungen und/oder Programmierungen für das Unternehmen passend gestaltet werden. Diese Aufgaben sind in der Regel in einem begrenzten Termin- und Budgetrahmen mit einem heterogenen Team zu erfüllen, wobei die Qualität exzellent sein muss. All diese Bedingungen sprechen dafür, dies in Form von Projekten abzuwickeln. Wichtig ist es, typische Vorgehensweisen, Meilensteine, Projektorganisationen und Risiken in Softwareeinführungsprojekten kennen zu lernen, um in der Praxis angemessen und erfolgreich handeln zu können und Informationssysteme sicher und erfolgreich einzuführen.

Was sollten Sie wissen?

Wenn Sie dieses Kapitel durchgearbeitet haben, sollten Sie:

- die Vorgehensweisen bei der Softwareauswahl kennen,
- wissen, was ein Projekt ist und wie eine Projektorganisation aufgebaut wird,
- die Projektphasen für Anwendungssoftwareprojekte einteilen können sowie
- die Erfolgskriterien und Risiken in Softwareprojekten einschätzen können.

Welche Schlüsselbegriffe sollten Sie kennen?

Am Ende dieses Kapitels sollten Sie folgende Begriffe verstanden haben und mit eigenen Worten erklären können, was darunter verstanden wird:

- Geschäftsprozessanalyse, Einsatzuntersuchung
- Lastenheft, Wirtschaftlichkeitsanalyse
- Projekt, Projektrollen
- Projektorganisation, -vorgehensmodell und -steuerung

Bewertungs- und Auswahlverfahren

Für alle beruflichen Aufgaben und Prozesse stellt sich immer mal wieder die Frage, ob es in Ordnung ist, wie diese durch Anwendungssysteme unterstützt werden, oder ob es sinnvoll ist, diese mit Hilfe neuer Anwendungssysteme zu verbessern. Unternehmen müssen bewerten, welche Erwartungen sie an eine neue Software haben und auswählen, welches Produkt ihren Anforderungen am besten genügt. Aufgaben, Abläufe und Anforderungen ändern sich in Unternehmen und auch Softwarefirmen bringen regelmäßig neue Releasestände und Produkte mit neuen Möglichkeiten heraus, deren Potenziale und Chancen es zu prüfen gilt.

Nicht selten wird mit der neu einzuführenden Anwendungssoftware auch die bis dahin eingesetzte Hardware ersetzt, weil die neue Software höhere Anforderungen an die Hardware stellt. Insgesamt sind diese Vorhaben so kostenaufwändig, dass es sich lohnt, eine Einführung genau zu prüfen. Dazu zählt beispielsweise die Untersuchung, ob die neue Version des bestehenden Anbieters reicht, oder die Softwarelösung eines neuen Anbieters besser zu den Anforderungen des Unternehmens passt. Mit der Auswahl ist es allerdings nicht getan, die Software muss auch erfolgreich eingeführt werden. Damit sie sich im laufenden Betrieb bewährt und Fehler schnell behoben werden, sind zudem regelmäßig Wartungen und neue Releasestände nötig (vgl. Abb. 9-1).

Abbildung 9-1: *Lebenszyklus von Anwendungssoftware*

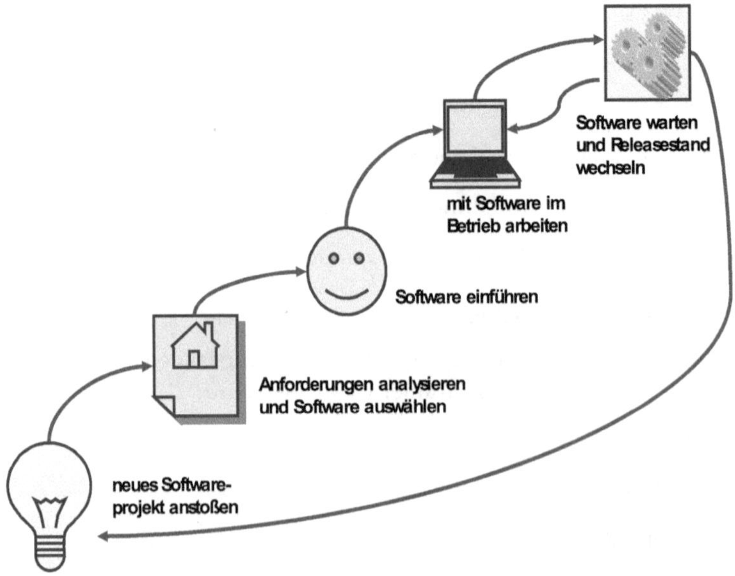

Prozessanalyse

Bevor entschieden wird, welche neue Software beispielsweise für den Personalbereich eingesetzt wird, ist es wichtig zu wissen, wo die Stärken und Schwächen der bisherigen Lösung liegen. Die Dinge, die bisher nicht so gut laufen, sollen schließlich verbessert werden und gleichzeitig die Dinge, die gut laufen, auch weiterhin gut laufen und beibehalten werden. Eine „Verschlimmbesserung" ist also zu vermeiden.

Wie sieht nun so ein Geschäftsprozess, beispielsweise für die Personalbeschaffung, aus? Ein Geschäftsprozess besteht aus verschiedenen Aufgaben, die von mehreren Personen in einer gewissen Abfolge bearbeitet werden. Jeder Prozessschritt hat hierzu einen Anfang und ein Ende sowie definierte Übergaben, die entweder automatisch im System angestoßen werden oder direkt von Mensch zu Mensch erfolgen. Ein Geschäftsprozess kann sich hierbei über mehrere Abteilungen erstrecken. So wird beispielsweise die Personalabteilung erst die eingehenden Bewerbungen prüfen und die besten Bewerbungen an die Fachabteilung weiterleiten, die weniger geeigneten erhalten eine Absage. Hat die Fachabteilung gemeldet, wen sie von dieser Auswahl gerne einladen würde, kann die Personalabteilung wiederum einen Gesprächstermin organisieren (vgl. Abb. 9-2).

Abbildung 9-2: *Geschäftsprozess Personalauswahl*

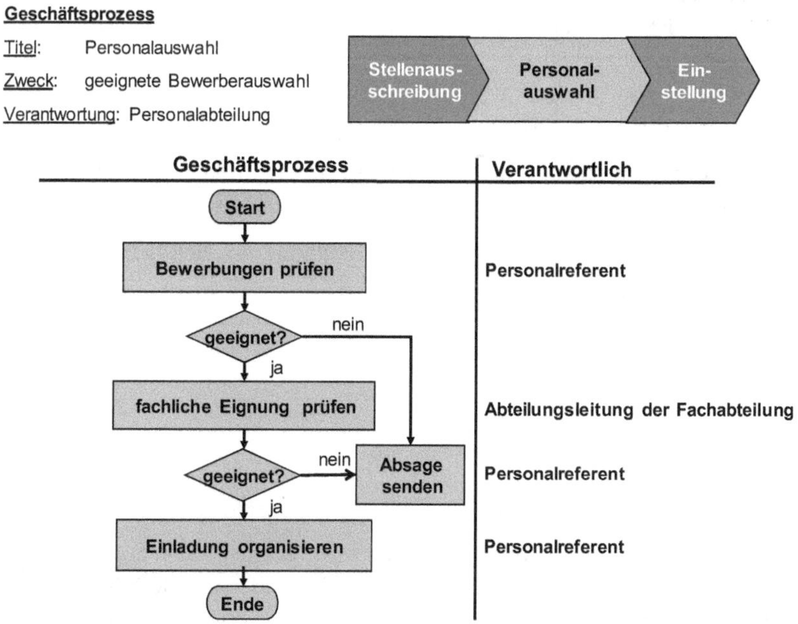

Soll ein Geschäftsprozess analysiert werden, so ist es erforderlich, jeden Prozessschritt detailliert zu untersuchen. Interessant ist es zu wissen, wer welche Aufgaben erfüllt, welche Prozessschritte folgen und wie die nächsten Prozessschritte übergeben werden, also welche Informationen mit welchen Belegen oder Formularen weitergegeben werden.

Als Ergebnis einer Geschäftsprozessanalyse sollte ein Dokument stehen, das alle Stärken und Schwächen des Prozesses umfasst. Typische Stärken liegen oft in speziell den Unternehmen angepassten Lösungen, wie beispielsweise Berechnungen, Formulare und Auswertungen. Schwächen liegen oft in ineffizienter Datenerfassung und Medienbrüchen, zum Beispiel Ausdruck auf Papier und erneute Eingabe in ein anderes System.

Prozessoptimierung

Wenn bekannt ist, was gut und was schlecht läuft, liegen in der Regel auch die Anhaltspunkte auf der Hand, was zu tun ist. Stockt beispielsweise der Informationsfluss, weil ein Dokument erst ausgedruckt und unterschrieben werden muss, bevor es per Hauspost weitergeleitet wird, kann zum Beispiel ein Workflow eingeplant werden, um diesen Prozessschritt zu optimieren.

Die Prozessoptimierung verbessert den gesamten Prozess Schritt für Schritt. Ziel der Prozessoptimierung ist es, effektive und einheitliche Geschäftsprozesse zu gestalten. Dies bedeutet meist, die bisherigen Kosten und Bearbeitungszeiten zu senken. Vereinheitlichte Geschäftsprozesse haben zudem den Vorteil, dass leichter Standardlösungen eingesetzt werden können. So sind nicht selten zusätzliche Programmierungen Preistreiber in Projekten zur Einführung von Anwendungssystemen.

Die Ergebnisse der Prozessoptimierung werden in einem Fachkonzept festgehalten. Das Fachkonzept beschreibt, was das neue System leisten soll.

Mit Abschluss dieser Phase sind folgende Entscheidungen zu treffen (vgl. [ABMÜ09]):

- Standard- oder Individualsoftware?
- Lizenz- oder Open-Source-Software?
- Integrierte oder Stand-Alone-Lösung?
- Eigenbetrieb oder Outsourcing?

Anforderungsdefinition

Das Unternehmen, das einen Auftrag zur Einführung einer neuen Software vergeben möchte, muss seine Vorstellungen und Anforderungen so genau definieren, dass mögliche Auftragnehmer diese prüfen und qualifizierte Angebote abgeben können. Diese Beschreibung erfolgt in einem sogenannten Lastenheft. Das Lastenheft beschreibt die

„vom Auftraggeber festgelegte Gesamtheit der Forderungen an die Lieferungen und Leistungen eines Auftragnehmers innerhalb eines Auftrages" [DIN69901].

Ein Lastenheft sollte für Dritte eindeutig zu verstehen und übersichtlich sein. Die wichtigsten Punkte (vgl. Abb. 9-3) werden daher möglichst knapp formuliert. Für detailliertere Beschreibungen werden Tabellen und Modellierungen genutzt (vgl. Kap. 6). Das Lastenheft kann der Auftraggeber nutzen, um ein Projekt auszuschreiben und so von möglichen Auftragnehmern ein Angebot und konkrete Beschreibungen zu erhalten, wie sie die Anforderungen des Lastenheftes umsetzen wollen. Dies ist dann das Pflichtenheft.

Ist die Software später eingeführt, werden am Ende bei der Abnahme die Ergebnisse mit den im Pflichtenheft definierten Anforderungen verglichen. Deshalb ist es entscheidend, dass alle wichtigen Punkte enthalten und die beschriebenen Funktionen auch umsetzbar sind. Den Softwareanbieter schützt das Pflichtenheft vor Überraschungen durch zusätzliche, nicht vereinbarte Anforderungen. Es ist sogar so, dass viele Anbieter bei dem ersten Angebot mit sehr geringen Margen kalkulieren und ihr Geld mit den zusätzlichen Anforderungen verdienen, die im Laufe der Zeit aufkommen und der Auftraggeber nicht gleich gesehen hat.

Abbildung 9-3: *Struktur eines Lastenheftes für Anwendungssoftware*

Lastenheft für Anwendungssoftware

1. Vorstellung des Unternehmens
- 1.1 Ersteller und Ansprechpartner
- 1.2 Unternehmensstruktur
- 1.3 Kunden-/Lieferantenstruktur

2. Ausgangssituation
- 2.1 Anwendungsbereiche
- 2.2 Terminvorstellungen
- 2.3 Kostenrahmen

3. Ziele
- 3.1 Verpflichtende Ziele
- 3.2 Wünschenswerte Ziele

4. Leistungsumfang der Software
- 5.1 Geschäftsprozesse
- 5.2 Erforderliche Einzelfunktionen
- 5.3 Schnittstellen
- 5.4 Anwendungsbeispiele

5. Informationstechnische Anforderungen
- 5.1 Hardware und Systemsoftware
- 5.2 Sicherheit

6. Randbedingungen
- 6.1 Mengengerüst
- 6.2 Performance
- 6.3 Systemverfügbarkeit
- 6.4 Gesetzliche Vorschriften
- 6.5 Gewährleistung

(vgl. [ABMÜ09])

Abbildung 9-4: Stimmen aus der Praxis – „Nicht auf das Lastenheft verzichten"

CRM-Auswahltipps für mittelständische Unternehmen

...Auf keinen Fall sollte das Unternehmen auf ein Lastenheft verzichten, auch wenn dies aufwändig ist. Ohne eine solche Festlegung würde am Ende ein System herauskommen, das keine Verbesserungen bringt, sondern lediglich den unbefriedigenden Ist-Zustand in der Software abbildet.

Anwender müssen sich neben dem daraus resultierenden Risiko darüber im Klaren sein, dass ein CRM-Anbieter spätestens bei der Einführung der Software die Anforderungen seines Kunden kennen muss. Ergo wird immer ein Lastenheft erstellt - entweder durch den Anwender ein firmenspezifisches als Grundlage für die CRM-Auswahl oder gemeinsam mit dem CRM-Lieferanten ein meist anbieterspezifisches als Basis für die Einführung. Es leuchtet ein, dass die zweite Alternative mit großer Wahrscheinlichkeit zu einer stark vom Hersteller geprägten Lösung führt. [SCSO08]

Markterhebung

Um einen genauen Vergleich zwischen mehreren Softwarepaketen durchführen zu können, ist für Unternehmen eine Vorselektion empfehlenswert. Hierzu werden Anforderungen aufgestellt, die unbedingt erfüllt sein müssen. So sollten schon mal die Voraussetzungen des Lastenheftes erfüllt werden. Zudem können K.O.-Kriterien aufgestellt werden, die zum Ausschluss von Anbietern führen. Dies dient zur frühzeitigen Reduzierung der gesamten Software-Angebote auf eine überschaubare Anzahl. Wichtig kann auch sein, die Reputation der Softwareanbieter zu berücksichtigen. Schließlich bedeutet die Auswahl einer Anwendungssoftware eine gewisse Bindung für die Zukunft. Üblich ist es in diesem Zusammenhang auch, mit Referenzkunden der Anbieter zu sprechen und sich Lösungen zeigen zu lassen.

Machbarkeitsstudie

Gemeinsam mit dem Softwareanbieter eine Machbarkeitsstudie (engl. feasibility study) durchzuführen, ist sicher für die Entscheidung hilfreich. Sie dient der Klärung, ob und wie die ermittelten Anforderungen in einem Informationssystem realisiert werden können. Ziel ist es, für eine Aufgabenstellung einen ersten Lösungsansatz zu finden. Dies kann durch den Aufbau eines Prototyps erfolgen. Im Prototyp werden besonders wichtige und/oder besonders schwierige Geschäftsprozesse an einem konkreten Beispiel demonstriert. Die Machbarkeitsstudie dient als Entscheidungsgrundlage, ob ein Projekt wie geplant durchgeführt werden kann oder nicht. Daher sind bereits auch in dieser Phase mögliche Risiken zu ermitteln, zu bewerten und Maßnahmen vorzuschlagen.

Ein weiterer wichtiger Faktor für die Entscheidung zugunsten einer konkreten Software ist der Wirtschaftlichkeitsnachweis. Die Ermittlung der Wirtschaftlichkeit zeigt an, wie effizient der Einsatz eines neuen Anwendungssystems sein kann. Der Einsatz einer Software ist effizient, wenn der Gesamtnutzen über die Lebensdauer größer ist als die Gesamtkosten.

Den Nutzen zu messen, ist hierbei nicht immer so einfach. Es reicht nicht, den Nutzen in Form von Kosteneinsparungen zu ermitteln, wie beispielsweise Reduzierung von Personalkosten oder verringerte Raumkosten. Damit wäre nur der monetär bewertbare Nutzen ermittelt, der nicht monetär bewertbare Nutzen, wie etwa der schnellere Durchlauf des Prozesses Beschwerdemanagement, würde fehlen. Auch der nicht quantifizierbare Nutzen, wie eine höhere Kundenzufriedenheit, wäre noch nicht berücksichtigt. (vgl. Abb. 9-6) Bei der Auswahl zwischen verschiedenen Softwareanbietern können die Kriterien des Lastenheftes als Grundlage genommen werden, um zu bewerten, wie die einzelnen Anbieter diese erfüllen.

Abbildung 9-5: *Wirtschaftlichkeitsanalyse*

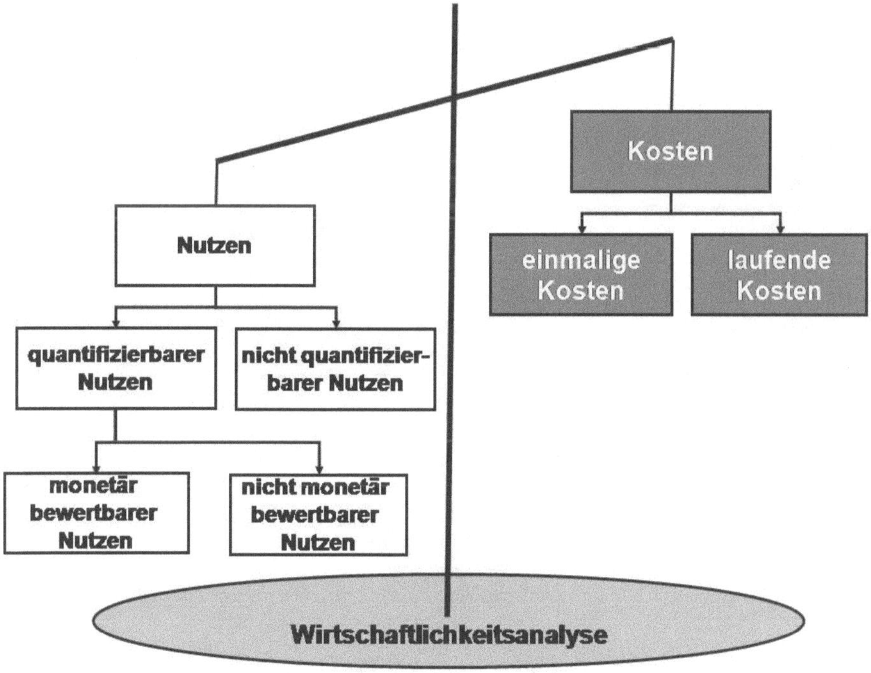

(vgl. [ABMÜ09])

Abbildung 9-6: Stimmern aus der Praxis – Videokonferenzsystem

Bei der Durchführung von Vorlesungen an einer Universität könnte über die Bereitstellung von Videokonferenzsystemen nachgedacht werden. So könnten Dozenten von einem zentralen Standort aus auch an entfernten Campusstandorten unterrichten.

Kosten/Nutzen	Beispiel
einmalige Kosten	Anschaffung der Konferenzsystem-Hardware
laufende Kosten	Leitungskosten für die Übertragung während der Konferenz, Wartung, Support
monetär bewertbarer Nutzen	Einsparung von Reisekosten der Dozenten
quantifizierbarer, aber nicht unmittelbar monetär bewertbarer Nutzen	Zeiteinsparung der Dozenten durch reduzierten Reiseaufwand
nicht quantifizierbarer Nutzen	Komfortgewinn der Dozenten

Projekt zur Softwareeinführung

Nach der Entscheidung für eine bestimmte Software beginnt die eigentliche Arbeit. Eine Software in einem Unternehmen einzuführen ist nicht selten ein millionenschweres Projekt. Was bedeutet dies genau?

Abbildung 9-7: Panorama - Schaukelprojekt

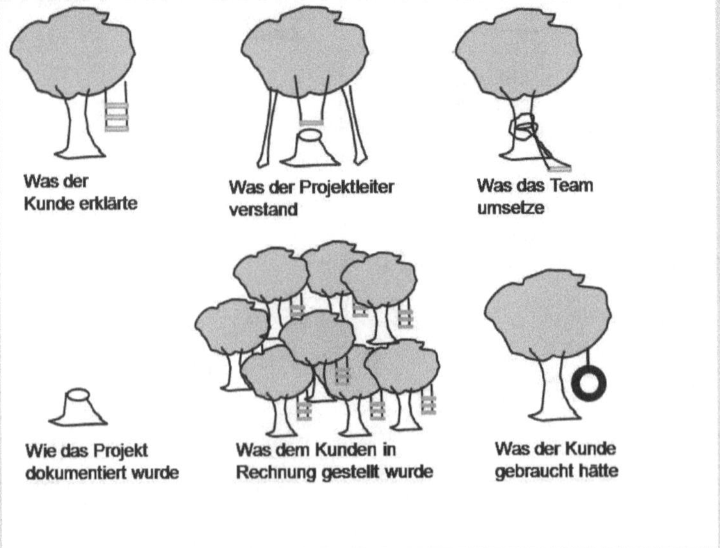

Ein Projekt ist nach der DIN-Norm für Projektmanagement ein Vorhaben, das „im Wesentlichen durch die Einmaligkeit der Bedingungen in ihrer Gesamtheit gekennzeichnet ist", wie beispielsweise

- Zielvorgabe,
- zeitliche, finanzielle und personelle Begrenzungen,
- Abgrenzung gegenüber anderen Vorhaben sowie
- projektspezifische Organisation. [DIN69901]

Projekte haben eine eigene für die Projektdauer befristete Organisationsform, bei der Mitarbeiter aus verschiedenen Abteilungen und Hierarchiestufen in einer neuen Form zusammenarbeiten. Die Zusammenhänge in der Arbeit mit anderen Abteilungen sollen verstanden und neue Lösungswege gefunden werden. Ideal für die Projektarbeit ist es, wenn die Mitarbeiter für die Zeit der Projektarbeit auch in eigens für das Projekt bereitgestellten Räumen zusammenarbeiten können. Softwareprojekte werden selten allein von den Mitarbeitern des Unternehmens, das die Software einführen möchte, gestemmt, sondern Berater und Programmierer arbeiten mit den zukünftigen Anwendern in einem Projekt zusammen.

Ein klar formuliertes Projektziel ist für den Projekterfolg entscheidend. Besonders wichtig ist es, dass das Projektziel den übergeordneten Zielen der Organisation nicht zuwiderläuft. Ändern sich die Rahmenbedingungen der Zielfestlegung, so sind auch die Projektziele entsprechend anzupassen (vgl. [Krcm09]).

Zur Erreichung des Ziels stehen naturgemäß nicht unbeschränkte Mittel und Zeit zur Verfügung. Vielmehr ist das Projektziel mit einer bestimmten Qualität, in einem begrenztem Zeitraum und Aufwand in Form von Geld und Arbeitskraft zu erreichen. Da sich diese Faktoren gegenseitig beeinflussen, wird hier vom „Magischen Dreieck" (vgl. Abb. 9-8) gesprochen (vgl. [ANGE11]).

Abbildung 9-8: *Das Magische Dreieck*

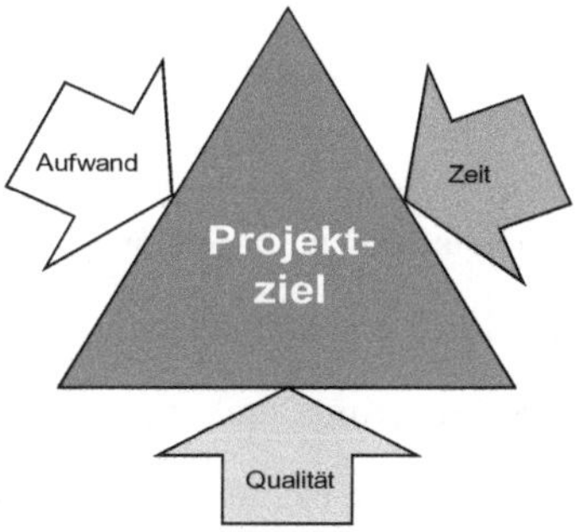

Ein Beispiel wäre, dass es in einem Projekt zeitlich kritisch wird, den geplanten Einführungstermin für ein Anwendungssystem zu halten, weil noch nicht alle Tests abgeschlossen sind. Als Lösung könnten beispielsweise mehr Personen zum Testen eingeplant werden, was den Aufwand erhöht, oder auf Tests verzichtet werden, was zu Lasten der Qualität ginge. Zu Beginn eines Projekts ist nicht klar, ob es erfolgreich wird. Projekte sind Aufgaben, die mit einem hohen Risiko behaftet sind, und nicht wenige Projekte scheitern auch oder werden wesentlich teurer, dauern länger oder erreichen nicht die gewünschte Qualität.

Einführung von Anwendungssystemen

Ein Projekt beginnt üblicherweise mit einem Projektauftrag. Der Projektauftrag wird schriftlich festgehalten und umfasst folgende Themen:

- Auftraggeber
- Projektbezeichnung und Begründung des Projekts
- Ziele und erwarteter Nutzen
- Projektorganisation
- erforderliche Fremdleistungen
- Auswirkungen auf andere Bereiche
- geschätzte Kosten und Endtermin

In einer projekteröffnenden Sitzung (Kick-Off-Meeting) wird das Projekt und sein geplanter Verlauf den beteiligten Personen vorgestellt. Sie dient auch dem Kennenlernen der einzelnen Mitarbeiter untereinander.

Die Richtung, die der Auftraggeber in dieser Phase vorgibt, hat großen Einfluss auf den Projektumfang, die Qualität sowie die Zeit und die Kosten. Für ein erfolgreiches Projekt ist es entscheidend, dass diese Vorgaben möglichst stabil bleiben. Allerdings ist auch zu beachten, dass Änderungen ein nicht zu umgehender Bestandteil von Projekten sind und deshalb die Kalkulation der Kosten zu diesem Zeitpunkt häufig zu niedrig ist (vgl. [LITK96]).

Erfolgsfaktoren

Wie gelingt ein Projekt? Soll ein Softwareprojekt gelingen, so ist es wichtig, unter anderem folgende kritische Erfolgsfaktoren zu beachten:

- Unterstützung von „Oben" durch das Management
- qualifiziertes Team, Projektleitung und Beratung
- eindeutige Ziele und Strategie zur Erreichung sowie Messung der Ziele
- klare Projektsteuerung mit Meilensteinen und Messung des Projektfortschritts

- Change Management inklusive Einbeziehung und Schulung späterer Anwender
- Minimierung der individuellen Anpassungen

Darüber hinaus sind eine intensive und persönliche Kommunikation innerhalb des Teams, aber auch zur Außenwelt hin im Sinne eines Projektmarketings für den Erfolg unabdingbar. Die Entscheidungsbefugnisse des Projektleiters und die Integration des Teams in Entscheidungsprozesse wirken sich ebenso direkt auf den Projekterfolg aus. Nur wer entscheiden darf, übernimmt auch Verantwortung.

Abbildung 9-9: Stimmen aus der Praxis – Die Regel für erfolgreiche Projekte

Antoine de Saint-Exupery aus dem Werk: Die Stadt in der Wüste / Citadelle

„Wenn Du ein Schiff bauen willst, dann trommle nicht Männer zusammen um Holz zu beschaffen, Aufgaben zu vergeben und die Arbeit einzuteilen, sondern lehre die Männer die Sehnsucht nach dem weiten, endlosen Meer."

Rollen in Anwendungssoftwareprojekten

Die Personen, die in einem Projekt arbeiten, erhalten innerhalb des Projekts definierte Funktionen, sogenannte Rollen, die ihre Bedeutung im Projekt beschreiben [PMI09]. So gibt es in Anwendungssoftwareprojekten Auftraggeber, Lenkungsausschuss, Projektleitung, Teammitglieder und Fachkreismitglieder (vgl. Abb. 9-10).

Der **Auftraggeber** beauftragt die Durchführung des Projekts. Er bildet mit dem Lenkungsausschuss ein Entscheidungsgremium zur Überwachung des Projekts. Der Lenkungsausschuss setzt sich aus den Führungskräften zusammen, die vom Projekt betroffen sind. Der Auftraggeber sollte idealerweise selbst auch Mitglied des Lenkungsausschusses sein und diesen leiten.

Der **Lenkungsausschuss** ernennt den Projektleiter und hat die Aufgabe, die Mitglieder des Projektteams zur Verfügung zu stellen sowie das Projekt zu finanzieren. Zudem hat sich der Lenkungsausschuss über den Projektfortschritt permanent zu informieren, Prioritäten zu setzen und Entscheidungen zu fällen, die über die Kompetenzen des Projektleiters hinausgehen. Der Lenkungsausschuss stellt eine Kontrollinstanz dar, die das Projekt überwacht und Ergebnisse einfordert. Zudem entlastet der Lenkungsausschuss die Projektleitung, da er beispielsweise Entscheidungen mit hohem Risiko mitträgt.

Abbildung 9-10: *Organigramm – Rollen in einem Anwendungssoftwareprojekt*

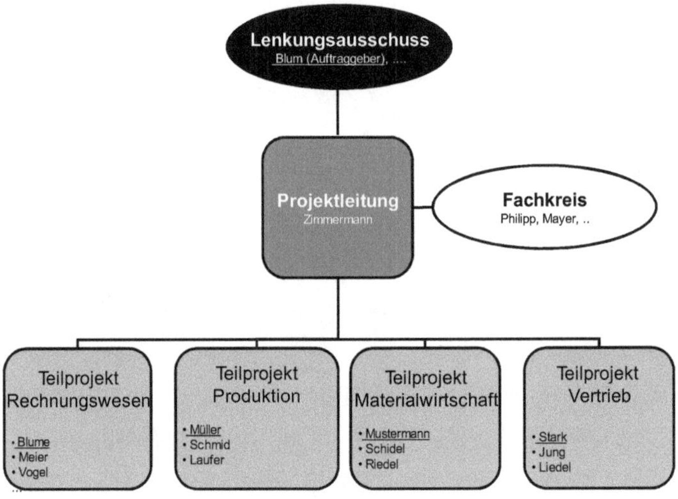

Die **Projektleitung** ist persönlich für die Erreichung der Projektziele verantwortlich. Grundlegende Aufgabe der Projektleitung ist die Schaffung der Rahmenbedingungen für die Planung und Durchführung des Projekts. Sie steuert und überwacht das Projektteam in sachlicher, personeller, terminlicher und budgetmäßiger Hinsicht. Zudem ist sie für das Marketing und die Kommunikation des Projekts innerhalb des Unternehmens verantwortlich. Die Projektleitung berichtet an den Lenkungsausschuss, treibt Entscheidungsfindungen voran und ist zuständig für die Bewältigung von Konfliktsituationen und Hindernissen.

Die **Teilprojektleitung** hat die fachliche Verantwortung innerhalb der ihr übertragenen Aufgaben. Sie identifiziert die erforderlichen Ressourcen und legt die Einsatzplanung ihrer Teammitglieder fest. Die Teilprojektleitung berichtet regelmäßig den Status des Teilprojekts sowie Probleme an die Projektleitung. Eine weitere wichtige Aufgabe ist die Sicherung der Akzeptanz der Lösung bei den Anwendern.

Die **Projektteammitglieder** setzen sich abhängig von den Projektzielen aus mehreren Funktionsbereichen des Unternehmens zusammen. Insbesondere sind dies die späteren Nutzer der Software aus den Fachabteilungen, aber auch IT-Spezialisten, Systemanalytiker und Programmierer. Projektteammitglieder sind für die Durchführung von Detailaufgaben bei der Entwicklung und für die Konfiguration der Geschäftsprozesse im System verantwortlich. Sie bringen ihr Wissen ein und verdeutlichen standort- und funktionsspezifische Anforderungen an Prozesse und Funktionen. Sie übernehmen aktiv die Verantwortung für die ihnen zugeteilten Arbeitspakete.

Die **Fachkreismitglieder** unterstützen das Projekt in fachlichen und methodischen Fragestellungen. Sie prüfen und verabschieden die wesentlichen im Projekt erarbeiteten Lösungen, wie das Fachkonzept und die Prototypen. Zudem unterstützen sie die Qualitätssicherung.

Projekte strukturieren

Um die Komplexität von Projekten zu beherrschen, wird die Gesamtaufgabe in planbare und kontrollierbare Teilaufgaben gegliedert. Es gibt verschiedene Möglichkeiten, ein Anwendungssoftwareprojekt in überschaubare Einheiten zu strukturieren:

- Es kann eine Unterteilung nach den einzuführenden Anwendungskomponenten des Systems erfolgen, wie beispielsweise Rechnungswesen, Produktion und Materialwirtschaft.
- Das Projekt kann aber auch nach den einzuführenden Prozessen gegliedert werden, wie zum Beispiel Projektgeschäft, Standardgeschäft und Service.
- Eine weitere Gliederungsmöglichkeit sind die einzelnen Unternehmensbereiche oder Niederlassungen.

In der Praxis kommen diese Alternativen häufig in einer Mischform vor. Auch kann es sein, dass ein Projekt zu Beginn zunächst in die einzelnen Anwendungsmodule gegliedert wird und kurz vor der Einführung modulübergreifende Arbeitskreise zu den Prozessen gebildet werden.

Meilensteine

Zu einer adäquaten Überwachung der kritischen Aktivitäten ist es sinnvoll, Projekte durch Meilensteine zu strukturieren. Diese Unterteilung in „Unterziele" mindert die Komplexität und erhellt den Projektalltag, wenn ein Meilenstein erreicht ist.

Mit einer Meilensteinanalyse kann der Projektfortschritt ausgewertet werden, und zwar nach Abarbeitungsgrad, Kosten und Zeit. Ein realistisches und ehrliches Reporting des Projektfortschritts ist für ein erfolgreiches Projektmanagement unabdingbar. Nur so besteht die Möglichkeit, rechtzeitig bei Problemen und Engpässen gegenzusteuern und die richtigen Maßnahmen zu ergreifen. In der Praxis ist nicht selten zu beobachten, dass für ein Arbeitspaket beispielsweise ein Fertigstellungsgrad von 90% gemeldet wird und in den folgenden Wochen der Fertigstellungsgrad sich dann im Schneckentempo um einzelne Prozentpunkte erhöht oder ganz zum Stillstand kommt.

Abbildung 9-11: Panorama - Meilensteine in der Praxis

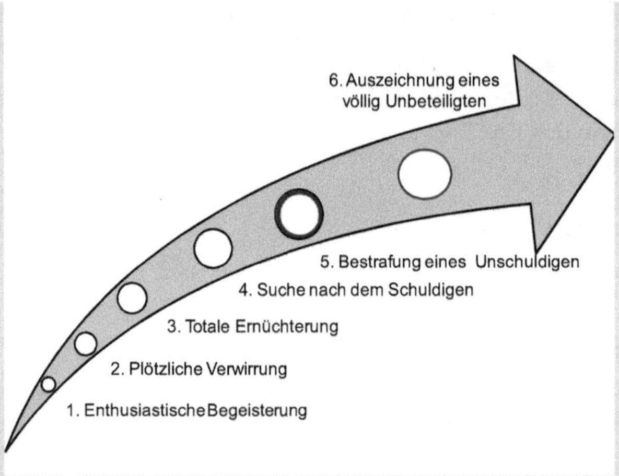

Vorgehensmodell

Zwischen den Meilensteinen befinden sich die Projektphasen. Das Vorgehensmodell beginnt hier mit der Planung des Projekts, setzt sich mit der schriftlichen Niederlegung im Fachkonzept, der Umsetzung durch Parametereinstellungen und Datenaufbau fort und schließt mit den Phasen Test und Einführung zum Produktivbetrieb ab. Alle Phasen sollten durch eine Qualitätsprüfung abgeschlossen und vom Lenkungsausschuss abgenommen werden.

Abbildung 9-12: Projektphasen

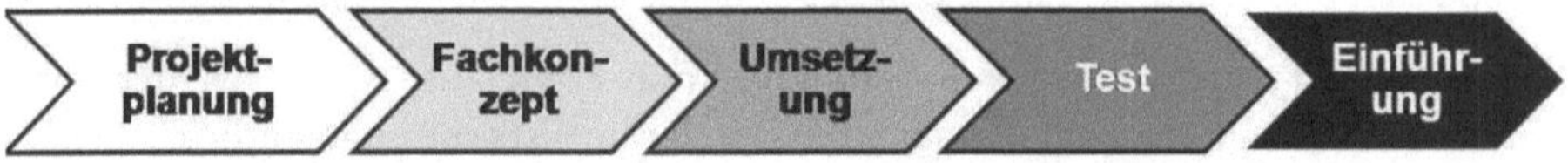

Phase Projektplanung

Die Phase Projektplanung dient der Planung und Vorbereitung des Projekts. Es werden die Projektorganisation und Standards festgelegt sowie der Projektauftrag erstellt. Zur Planung des Projekts gehören unter anderem die Festlegung der Ziele, des Projektumfangs und der Einführungsstrategie.

Bei der Planung der Ziele sind neben der Qualität des Endprodukts beziehungsweise der Leistung die Kosten und Termine zu berücksichtigen. Die Ziele sind im Sinnes des magischen Dreiecks zu priorisieren und festzulegen, ob beispielsweise Qualitätsziele wichtiger als Budget- oder Zeitziele sind. Nach der Zielplanung erfolgt mit der Projektumfangsplanung die Planung der Tätigkeiten, die zur Erreichung der Ziele durchzuführen sind. Die Beschreibung der Tätigkeiten sollte bereits in dieser Phase eine möglichst konkrete Form annehmen. Die Einführung von Anwendungssoftware kann auf verschiedene Weise erfolgen, und daher ist vorab eine Strategie zur Einführung zu planen. Möglich ist, mit allen betroffenen Geschäftsprozessen (big bang) zu einem Stichtag unter Ablösung der alten Systeme auf eine neue Anwendungssoftware zu wechseln. Es kann aber auch stufenweise für die einzelnen Geschäftsprozesse oder für einzelne Unternehmensbereiche vorgegangen werden.

Bei der Terminplanung werden zunächst für die einzelnen Tätigkeiten Zeiträume festgelegt. Zusammen mit den ermittelten Abhängigkeiten der Tätigkeiten und den Zuordnungen zu Mitarbeitern wird dann ein Gesamtterminplan erstellt. Die Terminplanung richtet sich in der Regel nach dem geplanten Fertigstellungstermin.

Die Planung der Ressourcen bedeutet, dass für jede Tätigkeit ermittelt wird, welche Kenntnisse, Erfahrungen und Fähigkeiten erforderlich sind. Das so ermittelte Anforderungsprofil wird in der Personaleinsatzplanung auf konkrete Personen bezogen.

Zu klären sind hierbei folgende Fragen:

- Findet sich ein geeigneter Mitarbeiter im Unternehmen?
- Ist er für das Projekt abkömmlich und ist er ersetzbar?
- Besteht ein Ausbildungsbedarf?

Die Planung der Kosten berücksichtigt den gesamten Ressourceneinsatz, also das interne und externe Personal und die Sachmittel. Die Kostenplanung führt zu einem Projektbudget, das mit übergeordneten Budgets abzustimmen ist. Weiterhin ist die Finanzierung des Projekts sicherzustellen.

Die Teilplanungen müssen untereinander und mit den Betroffenen abgestimmt werden. Die Planung erfolgt idealerweise mit Softwareunterstützung. So kann der Projektstrukturplan die Tätigkeitsplanung unterstützen und Balkendiagramme und Netzpläne die Terminplanung. Die Ergebnisse der Planung werden im Kick-Off-Meeting vorgestellt.

Die Richtung, die der Auftraggeber in dieser Phase vorgibt, hat großen Einfluss auf den Projektumfang, die Qualität sowie die Zeit und die Kosten. Für ein erfolgreiches Projekt ist es wichtig, dass diese Vorgaben möglichst stabil bleiben. Allerdings ist auch zu beachten, dass Änderungen ein nicht zu umgehender Bestandteil von Projekten sind.

Phase Fachkonzept

Zweck der Phase Fachkonzept ist es, eine genaue Beschreibung der Vorhaben zu erstellen und durch die Fachabteilungen abnehmen zu lassen. Im Fachkonzept werden die Geschäftsprozessanforderungen des Unternehmens dokumentiert. Auf dieser Grundlage soll ein gemeinsames Verständnis dafür erzielt werden, wie das Unternehmen seine betriebswirtschaftlichen Abläufe im System abbilden möchte.

Bereits in dieser Phase ist es sinnvoll, die Erstellung eines ersten Prototyps begleitend vorzunehmen. Dies ist hilfreich, um das System kennenzulernen, Funktionen zu prüfen und so in der Lage zu sein, ein Fachkonzept zu schreiben, das als Grundlage zur Systemeinstellung dient. Spätestens jedoch in der Phase Realisierung werden Prototypen für funktionale Tests und letztendlich auch Integrationstests vorgenommen.

Phase Umsetzung

Zweck der Phase Umsetzung ist es, die Geschäfts- und Prozessanforderungen des Fachkonzepts im System einzurichten. Ziele sind die abschließende Einführung in das System, ein übergreifender Test und die Freigabe des Systems für den Produktivbetrieb.

Im Rahmen der Grundkonfiguration wird die Einrichtung der Unternehmensstruktur, der Stammdaten und der operativen Kernprozesse im System vorgenommen. Die endgültige Festlegung des Systems erfolgt dann mit der Detailkonfiguration. Die Detailkonfiguration ist ein iterativer Prozess, der in Zyklen vollzogen wird.

Die Aufgaben der Systemadministration in dieser Phase umfassen die Überwachung der Anforderungen an die Produktivinfrastruktur und die Bestimmung der für die Systemverwaltung erforderlichen Aktivitäten. In dieser Phase werden Programmentwicklungen, wie beispielsweise Systemerweiterungen, Datenübernahme- und Schnittstellenprogramme, sowie Reports und Formulare realisiert.

Der abschließende Integrationstest ist eine Simulation des tatsächlichen Betriebs. Der Test umfasst die Überprüfung der Abhängigkeiten der Geschäftsprozesse von der Wertschöpfungskette sowie den Schnittstellen, den Erweiterungen und der Berechtigungsprüfung. Die Abnahme der Geschäftsszenarien nach dem abschließenden Integrationstest ist das Ergebnis der Umsetzungsphase.

Phase Test

Ziel der Phase Test ist, die Genehmigung des Lenkungsausschusses für den produktiven Einsatz des Systems zu erhalten. Hierzu ist es erforderlich, dass alle technischen, anwendungsbezogenen und organisatorischen Aspekte des Projekts für den produktiven Einsatz bereit sind. Mit Hilfe eines Konzepts zur Benutzerschulung ist sicherzustellen, dass alle Benutzer vor der Einführung der Anwendungssoftware hinreichend geschult sind. Die Benutzerschulungen umfassen meist eine allgemeine Systemschulung sowie eine geschäftsspezifische Schulung, die auf die Geschäftsprozesse und ihre Änderungen im Unternehmen eingeht.

Alle technischen Aktivitäten zur Vorbereitung der Einführung, wie beispielsweise die Überprüfung der Anforderungen des Produktivbetriebs und die Festlegung der erforderlichen Aktivitäten zur Systemadministration, werden nun durchgeführt. Die Detailplanung der Datenübernahme wird ebenso in dieser Phase vorgenommen.

Phase Einführung

In der Phase Einführung erfolgt der Übergang von der vorproduktiven Umgebung zum produktiven Systembetrieb. Daten werden aus den Altsystemen übernommen und die ersten ausgewählten Prozesse werden im neuen System gestartet. Gerade für die ersten kritischen Tage sind Supporteinrichtungen zur Unterstützung der Anwender notwendig. Ein Betreuungsteam aus Mitgliedern des Projektteams und des Fachkreises ist meist für den Support verantwortlich.

Aufgabe des Betreuungsteams ist es, die ersten Aktivitäten im neuen System zu überwachen und für einen reibungslosen Betrieb zu sorgen. Alle Probleme, die während dieser Phase auftreten, sind so schnell wie möglich zu lösen, da sie gravierende Auswirkungen auf das Unternehmen haben können. Zu beachten ist, dass aufgrund der erfolgten Buchungen von Belegen im neuen System meist ab einem gewissen Zeitpunkt eine Rückabwicklung in die alte Systemumgebung nicht mehr durchführbar ist.

Es ist wichtig, gerade zum Produktivstart die Gesamtleistung des Systems im Hinblick auf Systemdurchsatz, -kapazität und -funktionen zu überwachen. So kann eine nicht ausreichende Systemleistung zum Stillstand des Systems führen. Ein Systemstillstand ist nicht selten für ein Unternehmen mit einem Stillstand des Geschäfts und enormen Kosten verbunden.

Mit der Phase Einführung sollte das Projekt offiziell beendet werden. Alle noch offenen Punkte, die im Laufe des Projekts aufgenommen wurden, sind zu klären und abzuschließen. Ebenso ist die Erreichung der Projektziele zu prüfen und ein Abschlussbericht zu erstellen. Die Produktivumgebung ist durch den Lenkungsausschuss zu bestätigen und abzunehmen.

Projektsteuerung und -kontrolle

Die Projektsteuerung lässt sich als ein System der Führungsunterstützung für den Projektmanager beschreiben. Mit ihr werden Managementprozesse im Hinblick auf Zielsetzung und Zielerreichung optimiert. Projektsteuerungsaufgaben sind als begleitende Funktion vom Start bis zum Abschluss eines Projekts wahrzunehmen.

Ein systematischer Steuerungsprozess ist von wesentlicher Bedeutung, um Unsicherheit im Projekt zu reduzieren. Er gibt nicht nur Hilfestellung, um Diskussionen auf projektbezogene Dinge zu konzentrieren, sondern erleichtert auch die Kommunikation zwischen allen Projektmitgliedern. Der Projektplan wird im Rahmen des Regelkreises zur Projektsteuerung laufend überarbeitet (vgl. Abb. 9-13).

Abbildung 9-13: Regelkreis zur Überarbeitung der Projektplanung

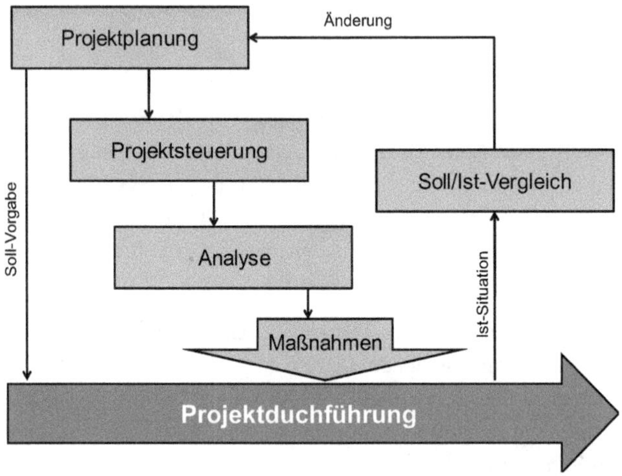

Zu den Aufgaben der Projektsteuerung zählen unter anderem:

- Unterstützung bei der Festlegung von Erfolgskriterien
- Entwicklung von Kennzahlen, um Abweichungen zu ermitteln
- Implementierung entsprechender Controllingstandards
- Verfolgung des Projektfortschritts hinsichtlich Leistungen, Terminen und Kosten

Besprechungen

Projekte können noch so gut geplant sein, es passiert immer etwas Unerwartetes, oder die Wirklichkeit hält sich einfach nicht an den Plan. Daher ist es in jedem Projekt sehr wichtig, sich über den Projektfortschritt mit all seinen Höhen und Widrigkeiten auszutauschen und auch das weitere Vorgehen festzulegen.

Gut geführte Besprechungen dienen dem systematischen Austausch über die Projektlage und der Erarbeitung von Maßnahmen, um die Projektziele zu erreichen. Daher sind sie auch als fester Bestandteil im Projekt einzuplanen. Zu Beginn eines Projekts ist ein Besprechungsplan zu erstellen, in dem festgehalten wird, wann und wie oft sich welches Gremium trifft. Jedes Teilteam sollte einmal in der Woche ein Treffen abhalten. Ebenso sollte sich der Projektmanager einmal in der Woche mit den Teilprojektleitern austauschen. Der Lenkungsausschuss kommt nicht so oft zusammen. Hier kann ein 6-wöchiger Rhythmus reichen. In kritischen Situationen ist der Lenkungsausschuss außerhalb dieses Zyklus einzuberufen oder der Auftraggeber zu informieren. Trotz aller notwendiger formaler Methodik ist zu beachten, dass die informelle Kommunikation nicht zu ersetzen ist (vgl. [KELL95]). Dies gilt nicht nur für die einzelnen Teammitglieder, sondern auch für das Management. Eine Führungskraft wird nur ungern erst innerhalb einer Lenkungsausschusssitzung von Problemen im Projekt überrascht. Eine kurze Information an das Management vorab kann als Maßnahme zur Konfliktreduzierung hilfreich sein.

Risiken

Abbildung 9-14: Panorama – Softwarepanne sorgt für Koffer-Chaos

Ein fehlgeschlagenes Software-Update hat am Mittwoch das Gepäcksystem in Terminal vier von Heathrow-Airport lahm gelegt. Tausende Passagiere mussten ihre Koffer am Boden lassen.

Ein misslungenes Software-Update hat den Gepäcktransport auf dem Londoner Flughafen Heathrow teilweise zum Stillstand gebracht. Ein Sprecher des Airport-Betreibers BAA räumte ein, dass es trotz redundanter Systeme zu einer Panne gekommen sei. Zwar hätten die Techniker das Update getestet. Trotzdem seien nach dem Einspielen der Software beide Gepäcksortiersysteme ausgefallen.

Der Ausfall am Mittwochmittag betraf neben British Airways auch die Fluglinien Qantas, KLM, Air Kenya und SN Brüssel. Nach Angaben des Flughafenbetreibers habe es bis in die Nacht gedauert, um den Schaden zu beheben. Die darauf folgenden Tests hätten den Flughafenbetrieb bis in den Donnerstag hinein noch beeinträchtigt.

...Die renommierte Fluglinie räumte ein, der Vorfall wirke sich negativ auf den Geschäftsbetrieb des Unternehmens aus... (ba)

[Comp08]: http://www.computerwoche.de/nachrichtenarchiv/1856437/index.html

Sobald sich Termin- oder Kostenüberschreitungen andeuten oder Aufgaben nicht erfüllt werden können, ist ein aktives Eingreifen notwendig. Wenn sich negative Auswirkungen auf das Gesamtprojekt ergeben, elementare Interessen verletzt werden oder sich gravierende Qualitätseinbußen abzeichnen, ist mit geeigneten Maßnahmen gegenzusteuern. Die möglichen Maßnahmen werden in der Regel im Team erarbeitet und dann durch den Projektleiter dem Lenkungsausschuss zur Entscheidung vorgelegt.

Die zu ergreifenden Maßnahmen bei Problemen im Projekt sind von den Zielen und den aktuellen Hindernissen abhängig, dennoch gibt es typische Beispiele:

- Verschiebung des Termins der Produktivsetzung
- Reduzierung des Projektumfangs, indem die Arbeitspakete priorisiert werden, um dann zunächst die zwingend erforderlichen Pakete umzusetzen
- Aufnahme zusätzlicher Ressourcen in das Projekt oder Austausch von Ressourcen

- Gründung von teamübergreifenden Arbeitskreisen und Verkürzung des Berichtszyklus
- Stopp des Projekts zur Neustrukturierung oder gar kompletter Abbruch des Projekts

Was haben Sie gelernt?

Anwendungssoftware für Unternehmen auszuwählen, ist so entscheidend und komplex, dass es sinnvoll ist, sich dem Ziel mit einer strukturierten Vorgehensweise zu nähern. Zunächst sind die Prozesse im Unternehmen zu analysieren, um dann die optimalen Prozesse herauszufinden. Daraufhin können Anforderungen in einem Lastenheft definiert und eine erste Marktauswahl gestartet werden. Vor der Entscheidung zu Gunsten einer bestimmten Software mit einem Vertragsabschluss ist mit einer Softwareuntersuchung herauszufinden, ob der Einsatz wie geplant mit der ausgewählten Software möglich ist.

Projekte sind einmalige Vorhaben, die organisatorisch, zeitlich und finanziell begrenzt und mit einem gewissen Risiko behaftet sind. Konkrete Ziele sollen mit einer projektspezifischen Organisation und abgesteckten Meilensteinen sowie einer effektiven Projektsteuerung erreicht werden. Die Meilensteine grenzen die Projektphasen Projektplanung, Fachkonzepte, Umsetzung, Test und Einführung ab.

Literaturverzeichnis Kapitel 9

[AbMü09] Abts, D., Mülder, W.: Grundkurs Wirtschaftsinformatik, 6. Aufl., Wiesbaden 2009

[Comp08] Computerwoche: Softwarepanne sorgt für Koffer-Chaos in London-Heathrow, 21.02.2008, http://www.computerwoche.de/nachrichten-archiv/1856437/index.html, abgerufen am 23.12.2010

[DIN69901] Deutsches Institut für Normung: DIN 69901 Projektmanagement – Projektmanagementsysteme, 2009

[Kell95] Kellner, H.: Die Kunst, DV-Projekte zum Erfolg zu führen. 2. Aufl., Hanser, München 1995

[Krcm09] Krcmar, H.: Informationsmanagement, 4. Aufl., Springer 2009

[Litk96] Litke, H.-D.: DV-Projektmanagement. Zeit und Kosten richtig einschätzen. Hanser, München 1996

[Ange11] Angermeier, G.: Magisches Dreieck, in Projektmagazin http://www.projektmagazin.de/glossar/gl-0146.html , abgerufen am 02.03.2011

[PMI09] Project Management Body of Knowlege: 4. Ausgabe, Newtown Square 2009

[Prit05] Pritchard, C. (Hrsg.): Risk Management Concepts and Guidance. ESI International. Arlington, 3. Aufl., 2005

[ScSo+08] Schwetz, W., Sontow, K.: CRM-Auswahltipps für mittelständische Unternehmen, in Computerwoche am 07.07.08, http://www.computerwoche.de/mittelstand-/1868145/index4.html, abgerufen am 08.02.2011

10 Informationsmanagement

Gibt es Kochrezepte für das IT-Management?

Warum ist das Thema relevant?

Die besondere Herausforderung des IT-Managements liegt in der Verbindung von betriebswirtschaftlichen und informationstechnischen Fragestellungen. Neben Aspekten der Planung, Gestaltung und Kontrolle der Informationsverarbeitung beschäftigen sich IT-Manager mit Strategie, Personalmanagement, Organisation und Sicherheit der Datenverarbeitung innerhalb von Unternehmen. Immer stärker wird dabei auf internationale Standards und Normen zurückgegriffen, um von Erfahrungswerten erfolgreichen IT-Managements zu profitieren. Die Bedeutung von IT-Management wächst mit der Bedeutung der IT für die Unternehmen, aber auch aufgrund steigender Compliance-Anforderungen. Erfolgreiche CIOs bestimmen mittlerweile bei der Gestaltung der Geschäftsstrategie im Vorstand mit.

Was sollten Sie wissen?

Wenn Sie dieses Kapitel durchgearbeitet haben, sollten Sie

- die strategische Bedeutung des Einsatzes moderner Informationssysteme verstehen sowie die verschiedenen Aufgaben des Informationsmanagements in Unternehmen beschreiben können,
- die drei unterschiedlichen Support Level eines Service Desks unterscheiden können,
- unterschiedliche Standards, wie ITIL, CobiT, ISO/IEC 20000 kennen und die Einsatzbereiche dieser Standards und Frameworks unterscheiden können.

Welche Schlüsselbegriffe sollten Sie kennen?

Am Ende dieses Kapitels sollten Sie folgende Begriffe verstanden haben und mit eigenen Worten erklären können, was darunter verstanden wird:

- CIO, IT-Controlling
- Informationsangebot, -nachfrage, -bedarf
- First, Second und Third Level Support
- ITIL, CobiT, ISO/IEC 20000
- IT-Compliance, IT-Governance

∑>∑> Management und Informationsverarbeitung

Informationsmanagement ist die Disziplin, die sich mit dem Management von Informations- und Kommunikationssystemen beschäftigt. Aufgaben des Informationsmanagements sind die Planung, Steuerung und Überwachung der Informationsquellen und informationsverarbeitenden Systeme, so dass Informationen effektiv (zielgerichtet) und effizient (wirtschaftlich) eingesetzt werden. Informationsmanagement ist somit ein integraler Bestandteil und eine Querschnittsfunktion der Unternehmensführung. Die wirtschaftliche Bedeutung von Information für ein Unternehmen liegt in deren Eigenschaft als Wirtschaftsgut, Wettbewerbs- und Produktionsfaktor (vgl. [GABL11]).

Abbildung 10-1: *Aufgaben des Informationsmanagements*

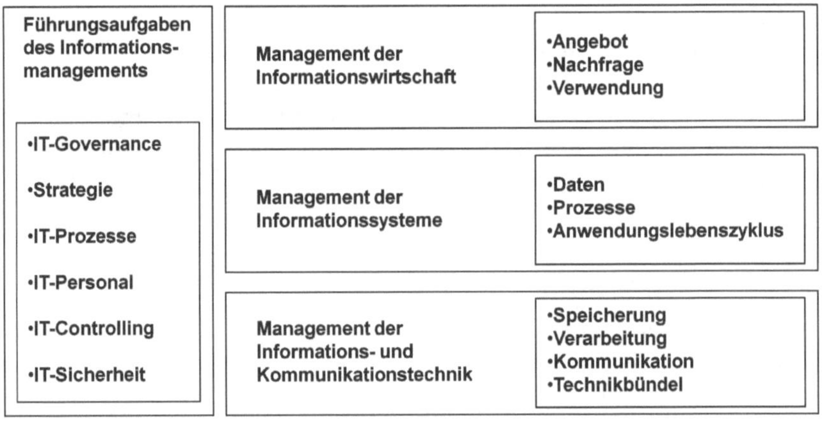

[KrcM10] (Mit freundlicher Genehmigung von Springer Science and Business Media)

∑>∑> IT-Governance

IT ist notwendig für das Management von Daten, Informationen und Wissen sowie deren Verarbeitungsprozesse, um dauerhaften Unternehmenserfolg zu schaffen und zu bewahren. Immer mehr wird IT zur fundamentalen Ressource eines Unternehmens. Neben den technischen und organisatorischen Vorteilen der IT sind durch das Management auch die Risiken, die durch neue Technologien entstehen, zu berücksichtigen. Heutzutage wird hierbei oft der Begriff IT-Governance verwendet.

IT-Governance besteht aus Führung, Organisationsstrukturen und Prozessen, die sicherstellen, dass die IT die Unternehmensstrategie und -ziele effektiv unterstützt. IT-Governance liegt in der Verantwortung des Vorstands und des Managements und ist ein wesentlicher Bestandteil der Unternehmensführung. Kernaufgabe der IT-Governance ist eine erfolgreiche Ausrichtung auf die Geschäftstätigkeit und Strategie des Unternehmens (Business-IT-Alignment). Die IT muss die Business-Ziele kennen und sicherstellen, dass sie sich strategisch auf die Schaffung von Wertschöpfung für das Unternehmen ausrichtet - und dies bei gleichzeitiger Minimierung von IT-Risiken. Die Umsetzung von IT-Governance wird durch leistungsfähige und international akzeptierte Verfahren und Best-Practice-Ansätze wie CobiT, ISO/IEC 20000 sowie ITIL unterstützt (vgl. [WIGO10], [KUBE09]).

Abbildung 10-2: *Stimmen aus der Praxis – Die Bedeutung von Compliance*

Anfang 2009 war die Deutsche Bahn mit einer Datenaffäre in den Schlagzeilen. Mehrmals in den Jahren 1998 bis 2006 glich das Unternehmen in unzulässiger Weise die Daten der Mitarbeiter mit jenen von Zulieferern ab. Auch Eheleute von Führungskräften wurden durchleuchtet, ohne dass sie darüber informiert wurden. Die Bahn beauftragte Detekteien, um ihre Mitarbeiter auszuforschen. Diese besorgten Kontoauszüge, recherchierten Kontobewegungen und sogar Kfz-Halterdaten. Die Ermittlungen von Wirtschaftsprüfern ergaben, dass die Bahn in "gravierender Weise" in die Rechte der Mitarbeiter eingegriffen habe. Die Bahn habe dauerhaft und zielgerichtet in Konzernvereinbarungen eingegriffen und den Datenschutz der Mitarbeiter "dauerhaft und absichtlich" verletzt [ZeIT09].

Als Reaktion wurden weitreichende Maßnahmen ergriffen. Die Vorstandsmandate mehrerer Vorstandsmitglieder wurden beendet, insbesondere das Mandat des Vorstandsvorsitzenden Hartmut Mehdorn. Ein neues Vorstandsressort für Compliance, Datenschutz, Konzernsicherheit und Recht wurde geschaffen. Der Compliance-Bereich wurde personell verstärkt und dezentrale Ansprechpartner etabliert. Außerdem wurde der Datenschutz im DB-Konzern deutlich aufgewertet und personell verstärkt [DEBA10].

Für die Verstöße gegen den Datenschutz zahlte das Unternehmen schließlich ein Bußgeld von 1,12 Millionen Euro [TaGE09] und erlitt einen hohen Image-Schaden.

Die Herausforderung besteht darin, diese Werkzeuge intelligent zu nutzen, um die zentralen Aufgaben der Unternehmens-IT zu erreichen:

- strategische Ausrichtung der IT auf die Unternehmensziele und -prozesse
- Optimierung der wertschöpfenden Leistungen der IT
- effektives Risikomanagement
- effektives Ressourcen- und Wissensmanagement

IT-Compliance

Unter IT-Compliance versteht man die Konformität zu gesetzlichen, vertraglichen und anderen verbindlichen Vorgaben. Die Einhaltung der Vorgaben ist insbesondere aufgrund der sehr umfangreichen Fülle an unterschiedlichen rechtlichen Verpflichtungen für alle Unternehmen eine Herausforderung. Immer häufiger ist von diesen Regelungen auch die IT betroffen (vgl. Abb. 10-2).

Wichtige rechtliche Festlegungen in diesem Zusammenhang sind:

- das Telekommunikationsgesetz (TKG) und das Telemediengesetz (TMG)
- das Bundesdatenschutzgesetz (BDSG)
- die Grundsätze ordnungsmäßiger DV-gestützter Buchführungssysteme (GoBS)
- die Grundsätze zum Datenzugriff und zur Prüfbarkeit digitaler Unterlagen (GDPdU)
- das Gesetz zur Kontrolle und Transparenz im Unternehmensbereich (KonTraG)

Neben diesen gesetzlichen Regelungen gelten weitere europäische Richtlinien, wie das Rahmenwerk Basel II zur Analyse der Kreditwürdigkeit, und internationale Vorschriften, wie der Sarbanes-Oxley Act (SOX) beziehungsweise die an dieses US-amerikanische Gesetz angelehnten sogenannten EuroSox-Richtlinien.

Alle diese Compliance-Regelungen haben jeweils bestimmte inhaltliche Schwerpunkte, jedoch können übergreifend gemeinsame, wichtige Handlungsfelder für alle betroffenen IT-Organisationen abgeleitet werden:

- Kontrolle über die Bestandteile der IT-Infrastruktur
- nachvollziehbare, gesicherte und verbindliche Prozessabläufe
- klare Aufgaben, Zuständigkeiten und Verantwortlichkeiten

Ein sehr wesentlicher Faktor, IT-Compliance in großen Organisationen sicherzustellen, ist somit ein effektives IT-Service-Management.

Strategische Bedeutung

Die strategische Ausrichtung der Informations- und Kommunikationssysteme ist in den meisten Unternehmen zu einem essentiellen Bestandteil der Unternehmensstrategie geworden. Aufgrund der wachsenden Automatisierung und Vernetzung der IT-Systeme ist in vielen Bereichen ein Ausfall der IT-Unterstützung sogar Bestandteil des Risikomanagements geworden. Während der Ausfall einzelner Geldautomaten oder Supermarktkassen lediglich zur Verärgerung der Kunden führt, kann ein flächendeckender Ausfall aller Geldautomaten einer Bank zu einem hohen Imageschaden führen und der Ausfall aller Kassensysteme eines Großmarktes sogar zu einem hohen wirtschaftlichen Schaden. Zahlreiche Unternehmen, wie heutige Wertpapierbörsen, Internet-Warenhäuser oder Mobilfunk-Anbieter, sind ohne ihre IT-Systeme völlig handlungsunfähig.

Die IT-Strategie ist aus der Unternehmensstrategie abzuleiten, damit sie ihren Wertbeitrag für die Erreichung der Unternehmensziele leisten kann. Das Wachstum und die

Effizienz eines Unternehmens werden dadurch gesteigert, dass die IT-Prozesse an der Unternehmensstrategie und den Geschäftsmodellen ausgerichtet werden. Ein Wettbewerbsvorsprung am Markt wird ermöglicht, indem die informationstechnischen Potenziale des Unternehmens identifiziert und konsequent genutzt werden.

Während früher lediglich eine Optimierung und Reduzierung der IT-Kosten im Vordergrund standen, gilt es jetzt Kostensenkungen und Rationalisierungen der gesamten Unternehmensprozesse durch den gezielten Einsatz von Automatisierung und Vernetzung zu verwirklichen. Versteht man darüber hinaus die IT als integralen Bestandteil des Geschäftsprozessmanagements, kann durch eine gezielte Verbesserung der IT-Unterstützung die gesamte Wertschöpfungskette eines Unternehmens optimiert werden. Die strategische Bedeutung der IT beschränkt sich hierbei nicht nur auf alle mit Hard- und Software zusammenhängenden Prozesse, sondern umfasst auch konzeptionelle, organisatorische und wirtschaftliche Aspekte sowie die Behandlung von Rechtsfragen, wie beim Datenschutz.

Die verschiedenen Aufgaben des Informationsmanagements lassen sich in die vier Gruppen unterteilen, nämlich in Führungsaufgaben des Informationsmanagements, Management der Informationswirtschaft, Management der Informationssysteme und Management der Informations- und Kommunikationstechnik (vgl. Abb. 10-1).

Führungsaufgaben des Informationsmanagements

Das Management von Informationen ist eine grundlegende Führungsaufgabe, die als funktionelles Informationsmanagement dezentral in allen Fachabteilungen wahrgenommen werden muss. Institutionelles Informationsmanagement übernimmt die zentrale Koordinierung und Betreuung auch von solchen Informationsmanagementaufgaben, die in Fachabteilungen dezentral durchgeführt werden. Außerdem ist das zentrale, institutionelle Informationsmanagement für Aufgaben zuständig, die dezentral nicht sinnvoll umsetzbar sind, wie die IT-Strategie eines Unternehmens (vgl. [MÜLL02]).

Strategie

In die Entwicklung der IT-Strategie werden die Komponenten und Eigenschaften der Informationsinfrastruktur sowie die Formalziele des Unternehmens einbezogen. Ergebnis der Entwicklung sollte eine konsistente Strategie sein, die die Kultur und die Eigenschaften des Unternehmens einbezieht. Die Strategieentwicklung legt auch die Art und Weise fest, nach der die strategischen Maßnahmen ergriffen werden sollen (vgl. [WIIN11], [HEPO99]).

- Eine aggressive Strategie ist primär durch Führerschaft beim Einsatz von Informations- und Kommunikationstechnologien gekennzeichnet.
- Eine moderate Strategie ist primär durch Nachahmung gekennzeichnet; man wartet die Erfahrung bei der Nutzung neuer Informations- und Kommunikationstech-

nologien bei anderen Anwendern ab. Wenn sie positiv ist, folgt man so schnell wie möglich.

- Eine defensive Strategie ist primär durch Anwendung sogenannter Standardlösungen gekennzeichnet; man verzichtet von vornherein auf eine vom Mitbewerber explizit abweichende Strategie.

Informationsfluss des IT-Managements

Im Zentrum der Unternehmensorganisation steht das Management als Steuerungszentrale (vgl. Abb. 10-3). Informationsinput sind hier sowohl interne als auch externe Informationen. Zur Bereitstellung der internen Informationen werden oftmals Data-Warehouse-Systeme eingesetzt (vgl. Kap. 5); externe Informationen können aus Customer-Relationship-Management-Systemen gewonnen werden (vgl. Kap. 8). Informationsoutput sind die Informationsweitergabe an Mitarbeiter für operative Aufgaben, die Informationsweitergabe an Externe zur Marktposition und Image sowie die Informationsverwendung für strategische Aufgaben, Zieldefinition und Planung (vgl. [MÜLL02]). Hierfür werden die unterschiedlichsten IT-Systeme eingesetzt, angefangen von Büroinformationssystemen, wie E-Mail-Dienste (vgl. Kap. 4), bis hin zu E-Business- und Portallösungen (vgl. Kap. 8).

Abbildung 10-3: *Management als Steuerungszentrale*

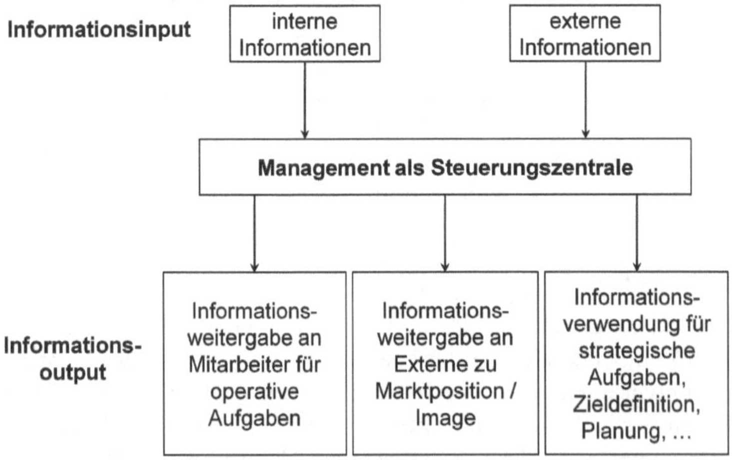

vgl. [MüLL02]

Organisation der IT

Es gibt verschiedene Möglichkeiten der organisatorischen Eingliederung der IT-Aufgaben in die Organisationsstruktur eines Unternehmens (vgl. [KRCM10]):

- **IT als Stabsstelle:** Bei dieser praktisch nur bei kleinen Unternehmen vorkommenden Organisationsform wird der Dienstleistungscharakter der IT betont. Alle Aufgaben der IT werden zentral geplant und gesteuert, allerdings entsteht schnell eine Distanz zu den Nutzern, was zu praxisfernen Lösungen für die Fachabteilungen führen kann.

- **IT als selbständige Linienabteilung:** Die Aufgaben der IT-Abteilung werden zentral in einem Bereich zusammengefasst und meist in die zweite Hierarchieebene eines Unternehmens eingegliedert. Die IT-Abteilung agiert gleichrangig mit den anderen Abteilungen, was dazu führen kann, dass der Service-Gedanke zu kurz kommt.

- **IT als Teil der Fachabteilung:** Hierbei existieren mehrere dezentrale IT-Abteilungen, die eine sehr gezielte Unterstützung für einzelne Fachabteilungen anbieten können. Allerdings bereiten die Abstimmung und Koordination sämtlicher IT-Aktivitäten im Unternehmen nicht selten erhebliche Probleme, und der abteilungsübergreifende Einsatz von IT-Systemen wird erschwert.

- **Mischformen:** In multinationalen Unternehmen mit Tochterunternehmen unterschiedlicher Größe kommen oftmals Mischformen dieser organisatorischen Eingliederungen vor. In der Zentrale ist eine selbstständige Linienabteilung eingerichtet. An den Standorten bestehen zur lokalen Umsetzung der zentral gesteuerten IT dezentrale IT-Abteilungen als Teil der Fachabteilung, das heißt des Standorts. In kleineren Niederlassungen oder Vertriebsbüros ist dann ein IT-Fachmann direkt als Stabsmitarbeiter dem Niederlassungsleiter zugeordnet.

Abbildung 10-4: *Organisatorische Verankerung der IT-Abteilung*

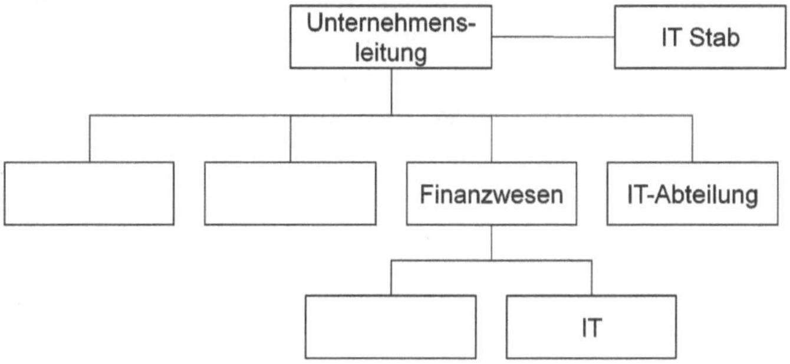

vgl. [MüLL02]

Organisatorische Verankerung der IT-Abteilung

Die Möglichkeiten der organisatorischen Verankerung einer IT-Abteilung sind zum einen die Untergliederung der IT als Teil des Finanzwesens, zweitens eine IT-Abteilung als Stab der Unternehmensleitung und drittens eine IT-Abteilung als Hauptabteilung (vgl. Abb. 10-4).

Klassische IT-Organisation

Eine klassische IT-Organisation unterteilt sich in die Bereiche Rechenzentrum (RZ), Systementwicklung und Benutzer-Servicezentrum und besitzt eine Stabsfunktion IT-Controlling (vgl. Abb. 10-5). Das Rechenzentrum wiederum unterteilt sich in die Bereiche RZ-Betrieb, Systembetreuung, Datenverwaltung und Netzmanagement.

Abbildung 10-5: *Klassische IT-Organisation*

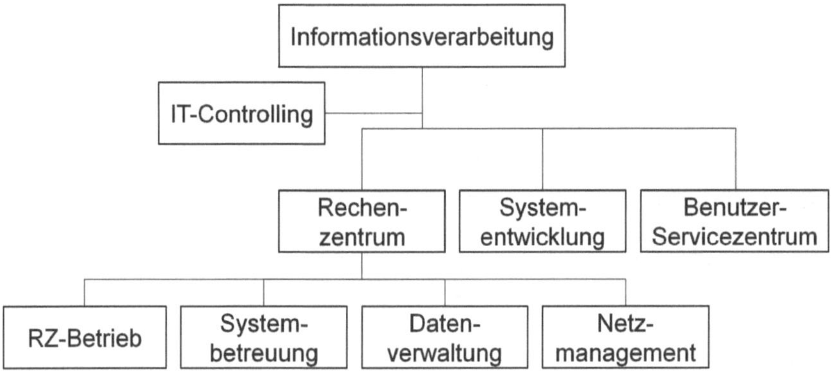

vgl. [MüLL02]

Personalmanagement

Eine IT-Organisation konzentriert sich nicht nur auf die Informations- und Kommunikationstechnik. Für eine erfolgreiche IT-Organisation sind stets auch das eingesetzte IT-Personal und die Führung der Mitarbeiter durch die Führungskräfte und den obersten IT-Manager von Bedeutung. Die Zahl der Arbeitsplätze in der IT-Branche steigt kontinuierlich an und damit verbunden auch die Zahl der freien Stellen für IT-Spezialisten. Der Mangel an IT-Spezialisten – sei es in IT-Projekten oder auch im IT-Betrieb – ist ein strukturelles Problem, das auch von den zyklisch auftretenden Wirtschaftskrisen nur vorübergehend gemildert wird. Aufgrund der wachsenden technologischen Entwicklung können viele Stellen aus Mangel an qualifizierten Bewerbern nicht besetzt werden (vgl. [SCHE10]).

Große Bedeutung für das IT-Management haben daher die Rekrutierung (Personalbeschaffung), Bindung und Qualifizierung von IT-Mitarbeitern. Die Strategien zur Rekrutierung geeigneten IT-Fachpersonals haben verschiedene Zeithorizonte. Eine eher längerfristige Rekrutierungsstrategie ist die Ausbildung von Potenzialkräften mittels Ausbildungsverträgen im dualen System, die in Kooperation von Unternehmen mit Berufsakademien erfolgen. Eine frühzeitige Bindung von Studenten an das Unternehmen wird auch durch Praktikantenverhältnisse und Studienabschlussarbeiten in Unternehmen erzielt. Wirtschaftsverbände und IT-Unternehmen fördern außerdem die Ausbildung des IT-Nachwuchses durch die Einrichtung von praxisnahen Stiftungsprofessuren, wie dem Stiftungslehrstuhl für Global Software Engineering an der TU München oder der Stiftungslehrstuhl für Medizininformatik an der Universität Erlangen-Nürnberg. Eine eher mittelfristige Rekrutierungsstrategie ist die betriebsinterne IT-Weiterbildung bereits beschäftigter Mitarbeiter anderer Bereiche. Der Vorteil ist hierbei, dass diese Mitarbeiter bereits gute Unternehmenskenntnisse haben und die Geschäftsprozesse kennen. Zu den eher kurzfristigen Rekrutierungsstrategien zählt die Neubeschaffung von Fachkräften durch Anstellung zusätzlichen Personals, aber auch die Nutzung von Personal aus Arbeitnehmerüberlassungsfirmen. Früher stellten Großkonzerne im Extremfall sogar angeblich komplette Absolventenjahrgänge der Informatik von Fachhochschulen und Universitäten ein (vgl. [COMP92]). Eine Alternative zur Rekrutierung eigenen Personals stellt die Kooperation mit IT-Freelancern oder das Erteilen von Unteraufträgen an andere Firmen (Subcontracting) im Rahmen von Werk- und Dienstverträgen dar. Eine hohe Outsourcing-Quote kann jedoch dazu führen, dass kein eigenes Beurteilungs-Know-how mehr verfügbar ist und dadurch eine Abhängigkeit von externen Mitarbeitern entsteht (vgl. [VOBA07]).

Ein wichtiges Medium der Personalbeschaffung ist das Internet. Der IT-Arbeitsmarkt hatte hier historisch eine Vorreiterrolle, aber mittlerweile zählt das Internet auch in allen anderen Bereichen zu einem wichtigen Medium. Viele Unternehmen haben aktuelle Stellenangebote auf ihrer Website (vgl. Abb. 10-6) oder suchen neue Mitarbeiter gezielt über Stellenangebotsbörsen.

Die Fluktuation von IT-Mitarbeitern ist in der sich stetig weiterentwickelnden IT in begrenztem Rahmen förderlich, beispielsweise um die Mobilität, die Internationalität oder die Flexibilität zu steigern und externes Wissen durch neue Mitarbeiter in eine Organisation einzubringen. Dennoch sollten Leistungs- und Potenzialträger sowie Spezialisten mit hoher strategischer Bedeutung und Kompetenzen, die am Arbeitsmarkt schwer verfügbar sind, frühzeitig identifiziert und an das Unternehmen gebunden werden. Neben einem attraktiven Gehalt und zusätzlichen Leistungen erfolgt die Mitarbeiterbindung über die individuelle Wertschätzung der Mitarbeiter und Karrieremöglichkeiten im Unternehmen.

Eine oftmals unterschätzte Bedeutung besitzt die ständige Weiterqualifizierung aller Mitarbeiter zu Fragen der Informationstechnologie, insbesondere jedoch die stetige Schulung und Fortbildung der IT-Mitarbeiter im Wettlauf mit dem technischen Fortschritt in der Informationstechnologie.

Abbildung 10-6: Stimmen aus der Praxis – Ausschnitt einer Stellenausschreibung

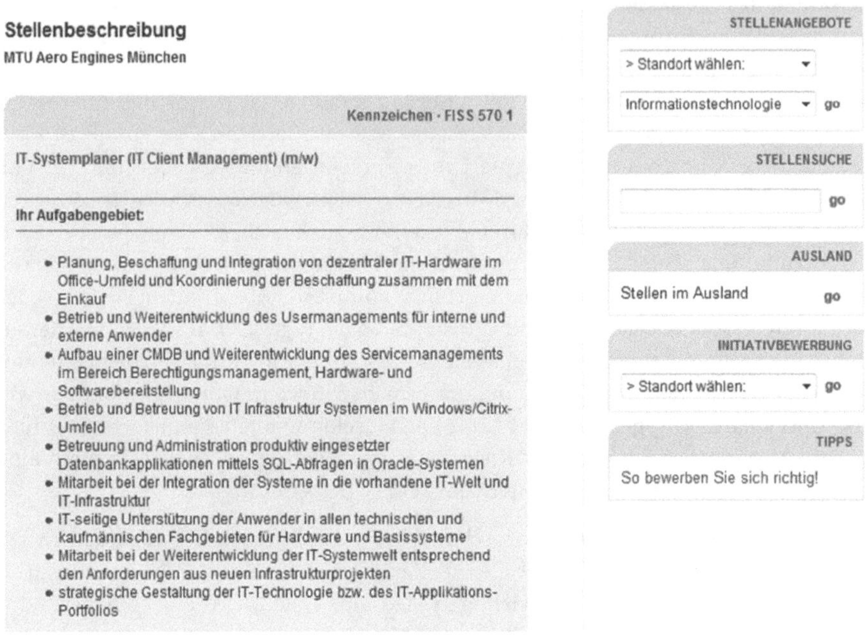

[MTU11]

Der Informationsmanager / Chief Information Officer

Als Informationsmanager oder Chief Information Officer (CIO) wird die geschäfts- und ergebnisorientierte, hauptverantwortliche Persönlichkeit im (Top-) Management für die strategischen IT-Belange einer Organisation bezeichnet [BAUR10].

Ursprünglich lag der Schwerpunkt der Tätigkeiten einer IT-Leitungsperson im technischen Bereich. Die Anforderungen an den heutigen CIO sind in der betrieblichen Praxis jedoch aufgrund der Weiterentwicklung der Einsatzmöglichkeiten von IT und einer Wende im Stellenwert innerhalb von Organisationen weiter gestiegen und gehen über fundiertes Technologiewissen weit hinaus. Es fand – vereinfacht – eine Entwicklung vom verwaltenden Abteilungsleiter des Rechenzentrums, über den Kostendrücker zum gestaltenden Innovationsmanager und Generalisten im Vorstand statt [BAUR10] (vgl. Kap. 1, Grundlagen). Infolgedessen kam es zu einer Verlagerung hin zu organisatorischen, administrativen und strategischen Fragestellungen. Das Berufsbild eines CIO fordert heute sowohl technisches und betriebswirtschaftliches Wissen als auch zahlreiche strategische, soziale und kommunikative Fähigkeiten und Führungskompetenzen sowie die Fähigkeit, sich kontinuierlich fortzuentwickeln.

Die beruflichen Hintergründe und die Karriereverläufe heutiger CIOs sind sehr unterschiedlich und oftmals von Zufällen geprägt (vgl. [BAUR10]). Eine Ausbildung oder einen Studiengang zum CIO gibt es – wie in vielen Managementbereichen – nicht. Es bestehen auch keine gezielten Fortbildungskurse auf dem Qualifizierungsmarkt. Passend erscheinen jedoch Ausbildungen in den Bereichen Informatik und Wirtschaftsinformatik sowie eine MBA-Zusatzqualifikation für Informationsmanager mit technischem Studium.

IT-Controlling

Das IT-Controlling ist ein Spezialgebiet des allgemeinen Controllings und umfasst die Planung, Überwachung und Steuerung aller Aktivitäten, die sich auf den Einsatz der Informationstechnik im Unternehmen beziehen. Das IT-Controlling hat lediglich eine beratende Funktion, da Entscheidungen vom IT-Management getroffen werden. IT-Controlling unterstützt das Management jedoch vor allem durch die Bereitstellung der nötigen Informationen, Auswertungen und Kennzahlen (vgl. [FIED02]).

Ziele und Aufgaben des IT-Controllings

Formalziele des IT-Controllings in Bezug auf Controlling-Objekte sind die Sicherstellung von Effektivität und Effizienz (vgl. [STRE08]) mittels folgender Fragestellungen:

- Werden die Unternehmensziele und die daraus abgeleiteten IT-Ziele unterstützt, das heißt, ist der IT-Einsatz effektiv?
- Geschieht der Einsatz der IT bei Betrachtung der gesamten Kosten im IT-Lebenszyklus (Total Cost of Ownership) kostengünstig, das heißt effizient?

Bei der Unterstützung der Planung, Steuerung und Überwachung von Anwendungssystemen hat das IT-Controlling aus Finanz- beziehungsweise Ressourcensicht folgende Aufgaben (vgl. [KONE99]):

- Unterstützung bei langfristigen Unternehmenszielen
- Sicherstellen der Wirtschaftlichkeit der IT-Technik
- Steigern des Nutzens, der durch den IT-Einsatz erreicht wird
- Kontrolle des Kostenanfalls im IT-Bereich
- Qualitätssicherung bei IT-Dienstleistungen
- Projektbegleitung bei IT-Maßnahmen
- Gewährleistung der Software-Funktionalität

Im Mittelpunkt des IT-Controllings stehen oft die Schaffung von Transparenz für das IT-Management durch laufende Überwachung geplanter Maßnahmen, Termine und Kosten, die Errechnung von Kennzahlen sowie die Wirtschaftlichkeitsanalysen bei geplanten IT-Projekten (vgl. Kap. 9).

Kennzahlen

Zu den typischen Kennzahlen in der IT zählen unter anderem:

- Wartungskostenanteil (= Wartungskosten bezogen auf IT-Kosten)
- Kapazitätsauslastungsgrad der IT (= effektive Nutzung bezogen auf technisch mögliche Nutzung)
- Verfügbarkeit der IT-Systeme (= effektive Verfügbarkeit bezogen auf technisch mögliche Verfügbarkeit)

Wo die jeweiligen Kennzahlen ihr Optimum haben, hängt jedoch von der konkreten Anwendungssituation ab. Beispielsweise sollte die Verfügbarkeit der IT-Systeme einer Bank, Börse oder Versicherung sehr hoch sein, was jedoch hohe Kosten für Hochverfügbarkeitslösungen verursacht. Eine lokale Volkshochschule wird aus Kostengründen eine deutliche geringere Verfügbarkeit ihres Internetauftritts als Optimum ansehen.

Die Aufgaben des IT-Controllings lassen sich in weitere Teilbereiche und Aufgaben untergliedern, wie das Berichtswesen, das Strategische Controlling, das Projekt-Controlling, das Produkt-Controlling und das Controlling der Ressourcen und der Infrastruktur (vgl. [FIED02], [KONE99]).

IT-Kosten

Die Kosten des IT-Bereichs setzen sich hauptsächlich aus folgenden Kostenarten zusammen:

- Systemkosten: Hardware, Systemsoftware, Netze
- Anwendungssoftware-Kosten: Lizenzen, Softwarewartung
- Personalkosten: eigene Mitarbeiter; externe Fremdkräfte
- sonstige Kosten, beispielsweise für Räume, Energie

Da die Personalkosten zusammen mit den externen Leistungen, wie Beratung, in den meisten Unternehmen mindestens 50% der gesamten IT-Kosten ausmachen, ist die Leistungserfassung und -verrechnung eine wichtige Voraussetzung für das IT-Controlling.

Die Berücksichtigung sämtlicher während des Lebenszyklus eines Systems anfallenden Kosten wird als Total Cost of Ownership bezeichnet. Hierbei betrachtet man nicht nur die direkten Kosten (Anschaffungskosten), sondern auch indirekte Kosten (Schulung, Wartung, Anpassung), die oft bei Investitionsentscheidungen vernachlässigt werden. Ein Analysewerkzeug, das Entscheidungen zwischen verschiedenen Alternativen unterstützen kann, für die keine in Geldwert oder Zahlen darstellbaren Kriterien vorliegen, ist die Nutzwertanalyse.

Management der Informationswirtschaft

Die Nutzung von Information als unternehmerische Ressource steht beim Management der Informationswirtschaft im Vordergrund. Hierfür ist ein informationswirtschaftliches Gleichgewicht zwischen Informationsangebot, -nachfrage und -bedarf im Unternehmen zu schaffen (vgl. Abb. 10-7) [SCHW98].

Abbildung 10-7: Informationsstand

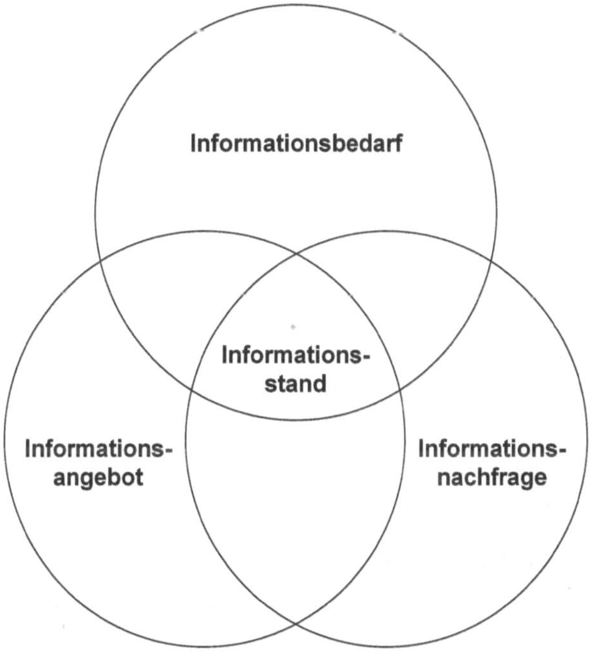

vgl. [SCHW98]

- **Informationsangebot** ist die Summe aller Informationen, die zu einem bestimmten Zeitpunkt tatsächlich vorhanden ist.
- **Informationsnachfrage** ist die subjektiv gewünschte Informationsmenge einer Person.
- **Informationsbedarf** ist die objektiv notwendige Informationsmenge, die zur Problemlösung tatsächlich benötigt wird.

Das Ziel des Informationsmanagements ist es, den **Informationsstand**, der sich durch die Schnittmenge von Informationsangebot, -nachfrage und -bedarf bildet, möglichst zu maximieren beziehungsweise zu optimieren (vgl. [ABMÜ09]).

Abbildung 10-8: Panorama - Prof. Dr. Dr. h.c. mult. August-Wilhelm Scheer

A.-W. Scheer [BIKO10]

Prof. Dr. Dr. h.c. mult. August-Willhelm Scheer, geb. 1941, war von 1975 bis 2005 Direktor des Instituts für Wirtschaftsinformatik (IWi) im Deutschen Forschungszentrum für Künstliche Intelligenz (DFKI) an der Universität des Saarlandes mit Forschungsschwerpunkt auf Informations- und Geschäftsprozessmanagement in Industrie, Dienstleistung und Verwaltung. Seit 2005 ist er beratender Professor am DFKI [BiKo10].

1984 rief er die IDS Scheer AG ins Leben. 1997 gründete Scheer die IMC AG, deren Aufsichtsrat er vorsitzt. Scheer ist zudem Präsident des BITKOM – Bundesverband Informationswirtschaft, Telekommunikation und Neue Medien e.V., Vizepräsident des BDI - Bundesverband der Deutschen Industrie e.V. sowie im Senat der Deutschen Akademie der Technikwissenschaften Acatech und der Forschungsunion des Bundesministeriums für Bildung und Wissenschaft (vgl. [PÖKA10], [COMP10]).

Mit dem ARIS-Konzept für Geschäftsprozessmanagement hat Scheer und die von ihm gegründete IDS Scheer AG ein grundlegend neues Verfahren für die Gestaltung betrieblicher Informationssysteme geschaffen, das international in großen und mittelständischen Unternehmen eingesetzt wird.

Informationsversorgung

Zu den wesentlichen Aufgaben des Managements von Information zählen deren Bereitstellung und die Versorgung mit Information. Bei der Informationsversorgung muss verstärkt darauf geachtet werden, wann, wo, welche und wie viel Information benötigt wird, da mittlerweile häufig nicht der Mangel, sondern das Überangebot an Informationen ein Problem darstellt. Zu einer bedarfsorientierten Gestaltung des Informationsangebots kann auch der Versand von Newslettern an Interessierte zählen, das heißt die Informationsversorgung nach dem Push-Prinzip (vgl. Abb. 10-9). Gehen jedoch die gewünschten Informationen in der E-Mail-Flut verloren, so erscheint der Wechsel zum Pull-Prinzip mit dem gezielten Abholen von Information durch den Empfänger geeigneter zu sein. Jedoch auch hier benötigt der Informationssuchende mittlerweile technische Unterstützung, angefangen von Suchmaschinen bis hin zu Data-Mining-Systemen (vgl. Kap. 5). Wiederkehrende Informationsaufgaben können durch ein Portal unterstützt werden, das personalisierte und rollenbasierte Benutzerzugriffe auf eine heterogene IT-Umgebung ermöglicht (vgl. Kap. 8).

Abbildung 10-9: Für die Profis – Push- und Pull-Prinzip

Push- und Pull-Prinzip sind aus dem Produktionsprozess stammende Begriffe, die auch in der IT sinngemäß verwendet werden können.

Bei der Informationsversorgung nach dem Push-Prinzip (Bring-Prinzip) werden die jeweiligen Empfänger automatisch von einem zentralen Ausgangspunkt aus versorgt. Beispielsweise erfolgt der Versand eines Newsletters an alle eingetragenen Adressaten per E-Mail nach dem Push-Prinzip. Problematisch ist dabei einerseits, dass der Sender die jeweiligen Empfänger kennen muss, und andererseits der Informationsempfänger nicht vorab sicherstellen kann, dass er die Information überhaupt benötigt. Bekanntes Phänomen sind hierbei die überlaufenden E-Mail-Postfächer mit häufig irrelevanten Informationen, während die wichtigen Nachrichten übersehen werden.

Die Informationsversorgung nach dem Pull-Prinzip (Hol-Prinzip) geht vom Empfänger aus, der bedarfsgerecht auf die zentral gespeicherten Informationen zugreift. Beispiele hierfür sind Webseiten im Internet, aber auch ein Wiki oder ein Intranet innerhalb des Unternehmens. Problematisch ist hierbei, dass der Sender nicht sicherstellen kann, dass die Information den Empfänger erreicht oder dem Empfänger gar nicht bekannt ist, dass oder wo sich die gesuchte Information befindet.

Während die benutzergerechte Versorgung mit Information im Unternehmen wünschenswert ist, kann diese personalisierte Informationsversorgung im Internet auch zu Zensur, Unterdrückung der Pressefreiheit oder Manipulation des Anwenders führen, beispielsweise wenn eine Suchmaschine oder ein Online-Warenhaus relevante Informationen gezielt hervorhebt oder unterdrückt oder personalisierte Werbeeinblendungen auf Internetseiten erscheinen, um das Konsumentenverhalten zu kontrollieren.

Management der Informationssysteme

Beim Management der Informationssysteme steht die Aufgabe, computergestützte, betriebliche Informationssysteme umfassend zu planen, zu entwickeln und zu implementieren, im Mittelpunkt. Als Leitfaden hierzu kann eine **Informationssystem-Architektur** (IS-Architektur) dienen (vgl. Abb. 10-10). Eine IS-Architektur ist als ein langfristig zu verfolgender Entwicklungsplan zu sehen, der den grundsätzlichen Aufbau und die verschiedenen Bestandteile eines Informationssystems beschreibt.

Abbildung 10-10: Für die Profis – Architekturmodell ARIS

Das Architekturmodell ARIS (Architektur integrierter Informationssysteme) von August-Wilhelm Scheer (vgl. Abb. 10-8) unterscheidet fünf verschiedene Sichten und drei Phasen, die zu einem ARIS-Haus zusammengefügt werden. Die fünf Sichten sind die Organisations-, Daten-, Leistungs-, Funktions- und Steuerungssicht auf einen Prozess. Jede Beschreibungssicht des ARIS-Hauses ist in drei Beschreibungsebenen eingeteilt:

Fachkonzept, Datenverarbeitungskonzept (= DV-Konzept, IT-Konzept) und Implementierungsebene. Ziel ist es, die komplexen Sachverhalte der Praxis anschaulicher zu gestalten [Sche98].

Sichten des ARIS-Hauses [SCHE98].

Management der Informations- und Kommunikationstechnologie

Das Management der Informations- und Kommunikationstechnologie beschäftigt sich mit der Technik und den technischen Ressourcen des IT-Bereichs im Unternehmen. Dies umfasst das systematische Planen, Aufbauen, Steuern und Koordinieren der Infrastruktur, bestehend aus Hardware, Netzwerken, Systemsoftware, Sicherheitskomponenten und Rechnerbetrieb (vgl. [ABMÜ09]).

Ein **IT-Service** ist dabei eine Dienstleistung, die auf dem Einsatz der Informationstechnologie basiert und dabei die Geschäftsprozesse des Kunden unterstützt. Ein IT-Service besteht aus einer Kombination von Personen, Prozessen und Technologien.

Service Desk

Ein Service Desk ist die direkte Schnittstelle zwischen dem IT-Bereich und dem Anwender. Über ein Service Desk in der Funktion eines „single point of contact" werden sämtliche technischen Probleme, Änderungen, Störungen, Anforderungen und allgemeinen Anfragen entgegengenommen. Aufgrund der unterschiedlichen Schwierigkeitsgrade von Benutzeranfragen wird in vielen IT-Bereichen unterschieden nach First, Second und Third Level Support (vgl. [ABMÜ09]).

- **First Level Support:** Beim First Level Support nehmen Mitarbeiter die Anfrage oder Störmeldung eines Benutzers entgegen und versuchen selbstständig in einem vereinbarten Zeitraum eine zufriedenstellende Lösung zu erzielen. Die IT-Mitarbeiter im First Level Support bearbeiten überwiegend Routineaufgaben und verfügen über ein möglichst breites IT-Wissen, um schwierigere Themen dem richtigen Spezialisten zuweisen zu können.

- **Second Level Support:** Sofern auf der ersten Supportebene keine direkte Problemlösung möglich ist, wird das Problem an den Second Level Support weitergereicht. Die hier eingesetzten IT-Mitarbeiter verfügen über Spezialwissen, um komplizierte Fehler zu beheben oder spezielle Benutzerwünsche umzusetzen.
- **Third Level Support:** In besonderen Ausnahmefällen werden Probleme oder Kundenwünsche vom Second Level Support an den Third Level Support zur Klärung weitergereicht. Hierbei handelt es sich um eigene Experten aus anderen Abteilungen oder um externe Fachleute von Lieferanten und spezialisierten Beratungsunternehmen.

Standards

Verschiedene Modelle und Methoden zur Optimierung der IT wurden für die Praxis entwickelt, jedoch setzen nicht alle auf der gleichen Ebene an (vgl. Abb. 10-11). Eine grobe Übersicht, wo die verschiedenen Modelle ansetzen (Prozessdefinition, Prozessanforderung oder Prozessverbesserung) und auf welcher Ebene (IT-Führung, IT-Entwicklung oder IT-Betrieb) sie agieren (vgl. [HARL04]), zeigt Abbildung 10-12.

***Abbildung 10-11:**: Für die Profis – Übersicht über IT-Standards*

- **ITIL**: Das Modell IT Infrastructure Library (ITIL) fokussiert sich auf den Betrieb des Informationsmanagements, insbesondere das IT-Service-Management. Historisch gesehen ist ITIL ein Best-Practice-Modell, das auf Erfahrungssammlungen basiert. ITIL bietet und definiert Service-Prozesse und formuliert die Anforderungen an die Prozesse.
- **CobiT:** CobiT (Control Objectives for Information and Related Technology) betrachtet die gesamte IT und ist besonders für Revisionen gedacht. Anforderungen an Prozesse sind formuliert, aber es werden keine Prozesse definiert.
- **SPICE (ISO 15504):** SPICE (Software Process Improvement and Capability Determination) ist eine reine Assessment-Methode und eignet sich deshalb gut für Prozessverbesserungen.
- **DIN ISO/IEC 27002** (ehem. ISO17799): Diese ISO-Norm ist ein internationaler Standard, der diverse Kontrollmechanismen für die Informationssicherheit beinhaltet. Fokussiert wird die gesamte IT, hauptsächlich jedoch der Informatik-Betrieb.
- **ISO 9001**: ISO 9001 betrachtet das gesamte Unternehmen und formuliert Anforderungen an die Unternehmensprozesse. Auch wenn die Norm nicht IT-spezifisch ist, ist sie auch für Prozessverbesserungen im IT-Bereich geeignet (vgl. [HARL04]).

ITIL

Die IT Infrastructure Library (ITIL) wurde Ende der achtziger Jahre von der *Central Computing and Telecommunications Agency* (CCTA), einer Regierungsbehörde in Großbritannien, entwickelt. Aufgrund der mangelhaften Qualität der von der britischen Regierung eingekauften IT-Dienstleistungen erhielt die CCTA den Auftrag, einen Weg zu finden, diese nachhaltig zu verbessern und gleichzeitig die Kosten zu senken.

Abbildung 10-12: *Für die Profis – Gegenüberstellung verschiedener Standards*

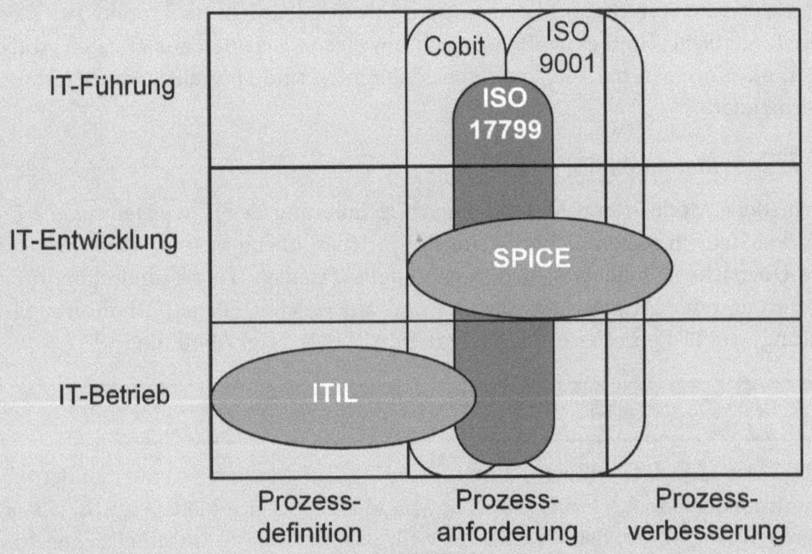

vgl. [HARL04]

Es wurden besonders zweckmäßige und wirtschaftliche Verfahrensweisen zur Erbringung von IT-Services gesammelt, bewertet und zusammengeführt. Daraus entwickelte die CCTA einen umfassenden Katalog bewährter und mustergültiger **Best-Practice-Methoden**, der heute unter dem Begriff **ITIL** bekannt ist [ITPM10A]. Kernstück dieser Verfahren ist es, IT-Services zielgerichteter und kundenorientierter zu gestalten, indem die Verantwortlichkeiten innerhalb der IT-Prozesse eindeutig festgelegt und effektive, auf den Kunden ausgerichtete Abläufe eingeführt werden. In diesem Zuge soll der in den IT-Organisationen historisch eher auf technischen Themen liegende Fokus vermehrt auf die Servicequalität ausgerichtet werden.

In den vergangenen Jahren wurde ITIL zum weltweiten De-Facto-Standard für das IT-Service-Management. Unter IT-Verantwortlichen bildete sich zunehmend ein Bewusstsein für Service- und Kundenorientierung heraus. Genau für diese Idee setzt sich ITIL ein. 2007 wurde eine komplett überarbeitete und verbesserte Version von ITIL veröffentlicht, bekannt als "ITIL-Version 3" beziehungsweise ITIL V3. Im Vergleich zu ITIL V2 – das auf insgesamt neun Büchern fußte – ist ITIL V3 deutlich fokussierter. Es besteht aus fünf Haupt-Publikationen, die gemeinsam den ITIL V3 Service Lifecycle abbilden [ITPM10A] (vgl. Abb. 10-13).

Abbildung 10-13: *Bestandteile des ITIL V3 Service Lifecycle*

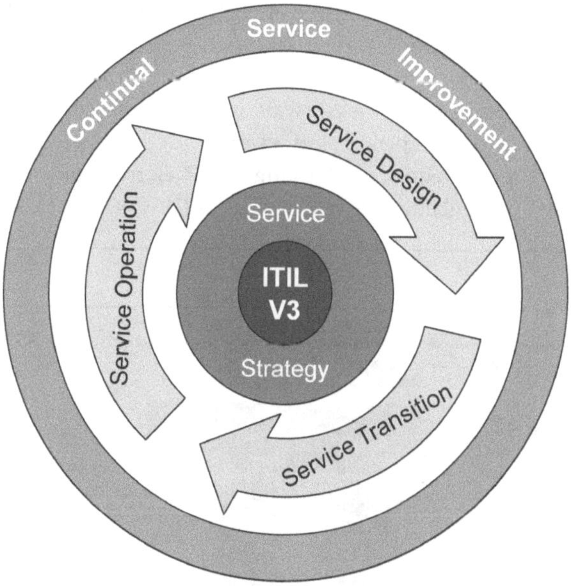

Quelle: IT Process Maps GbR [ITPM10A], [ITPM10B]

ITIL V3 Service Lifecycle

Die Bestandteile des ITIL V3 Service Lifecycle sind

- Service Strategy (Servicestrategie),
- Service Design (Service-Entwurf und -Entwicklung),
- Service Transition (Serviceüberführung),
- Service Operation (Servicebetrieb) und
- Continual Service Improvement (kontinuierliche Verbesserung der Services).

Für Einzelpersonen sind ITIL-Zertifizierungen als Qualifikationsnachweis möglich. Mit dem Standard ISO/IEC 20000 besteht auch eine Möglichkeit für eine IT-Organisation, einen Nachweis zu erbringen, dass sie nach den ITIL-Empfehlungen arbeitet (vgl. [ITPM10A], [ITPM10B]).

CobiT

CobiT (Control Objectives for Information and Related Technology) ist ein international anerkanntes Rahmenwerk zur IT-Governance (Definition s.o.). CobiT wurde 1993 von der Information Systems Audit and Control Association (ISACA) entwickelt. Seit 2000 wird CobiT durch das IT Governance Institute entwickelt und fortgeschrieben (vgl. [SEWE05], [WICO10]).

Der Steuerungsansatz von CobiT ist grundsätzlich Top-Down. Ausgehend von Unternehmenszielen werden IT-Ziele festgelegt, die wiederum die Architektur der IT beeinflussen. Hierbei gewährleisten angemessen definierte und betriebene IT-Prozesse die Verarbeitung von Informationen, die Verwaltung von IT-Ressourcen und die Erbringung von Services. Für diese Ebenen sind jeweils Mess- und Zielgrößen zur Beurteilung der Ergebnisse festgelegt. Die Messung der Zielerreichung erfolgt Bottom-Up und ergibt so einen vorgegebenen Steuerungszyklus [WICO10] (vgl. Abb. 10-14).

Abbildung 10-14: *CobiT*

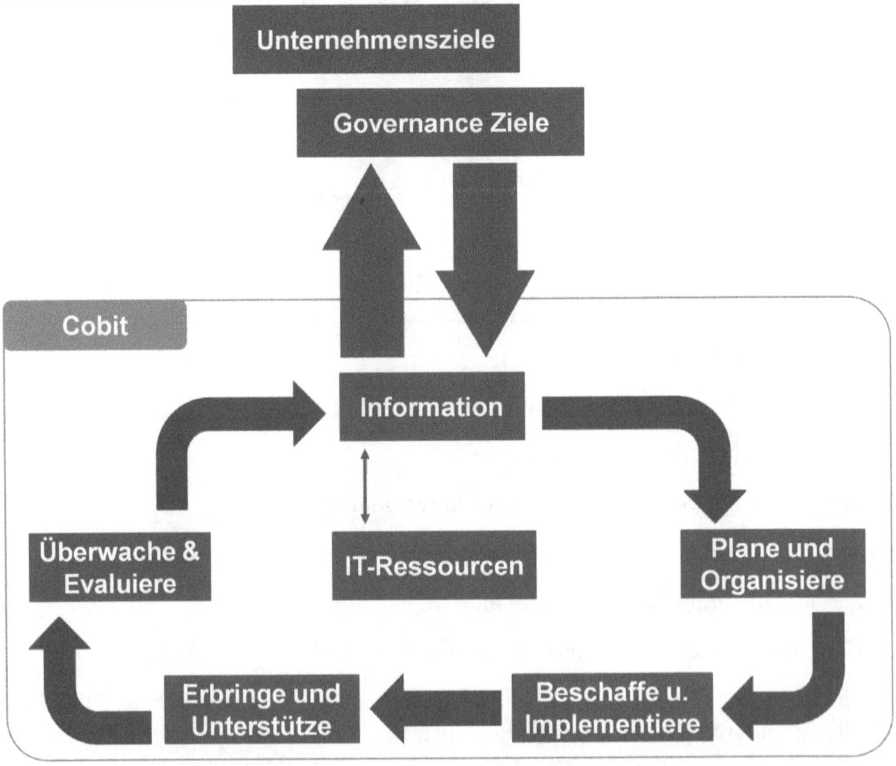

Source: Figure 23, COBIT® 4.0 ©2007 IT Governance Institute®.
All rights reserved. Used by permission, [ITGI05]

Die Aufgaben der IT werden bei CobiT in Prozesse und Kontrollziele (Control Objectives) untergliedert. In Summe definiert das CobiT-Framework 34 IT-Prozesse, zu denen die Control Objectives zugeordnet sind. Die Control Objectives sind wesentliche Bereiche, die im Prozess berücksichtigt sein müssen, um das Prozessziel, und somit über das IT-Ziel das Unternehmensziel, zu erreichen. Die Summe der Control Objectives stellt eine verlässliche und dem Unternehmensbedarf angemessene Informationsfunktion sicher (vgl. [ITGI05]).

Mittlerweile hat sich CobiT von einem Werkzeug für IT-Prüfer (Auditoren) zu einem Werkzeug für die Steuerung der IT aus Unternehmenssicht entwickelt. Es ist ein anerkanntes Modell zur Sicherstellung der Einhaltung gesetzlicher Anforderungen (IT-Compliance).

Abbildung 10-15: Für die Profis – Bestandteile des IT-Service Managements

ISO/IEC 20000

Auf Basis von ITIL erarbeiteten die beiden Organisationen itSMF (Information Technology Service Management Forum) und BSI (British Standard Institute) einen Standard, der IT-Service-Management-Anforderungen an IT-Organisationen definiert. Der BSI-Standard ist mittlerweile durch die beiden Normierungsorganisationen

- ISO - International Organization for Standardization und
- ICE - International Electrotechnical Commission

als international anerkannte Norm ISO/IEC 20000 herausgegeben und ergänzt dabei die beiden Ansätze ITIL und CobiT (vgl. [ITPM10B]).

Auf der Basis von ISO/IEC 20000 wird IT-Organisationen die Möglichkeit der Zertifizierung eröffnet. Organisationen, die eine ISO/IEC 20000 Zertifizierung anstreben, müssen die im ISO/IEC 20000 Standard (Part 1: Specification) festgelegten Anforderungen erfüllen – hierbei handelt es sich um die verpflichtenden Anforderungen, die Organisationen erfüllen müssen, um eine Zertifizierung nach diesem Standard zu erhalten (vgl. [ITPM10B]).

Der zweite Teil (ISO/IEC 20000, Part 2: Code of Practice) bietet Organisationen Empfehlungen und Leitlinien für ihre IT-Service-Management-Prozesse.

Ein IT-Provider, dessen Managementsystem nach ISO/IEC 20000 zertifiziert ist, zeigt damit, dass er einen prozessorientierten Ansatz im Management seiner IT-Services implementiert und erfolgreich etabliert hat, der gesamte IT-Betrieb auf Kundenbedürfnisse ausgerichtet ist und Qualitätsmanagement und kontinuierliche Verbesserung fest in der IT-Organisation verankert sind [MITS09] (vgl. Abb.-10-15).

***Abbildung 10-16:** Panorama - Verderben viele Köche den IT-Brei?*

Sitzt man in einer lauten Studentenkneipe mit Vertretern der unterschiedlichsten Disziplinen, so glaubt man schnell zu wissen, was Service bedeutet: Ein Kellner, der schnell ein kühles Getränk bringt. Aber ist das alles? Was fordern denn die Juristen, die Personalwirtschaftler, die Buchhalter, die Controller, die Ingenieure, die Wirtschaftsprüfer und die Qualitätsmanager von einer IT? Von der einen Seite erzählt der Personaler, dass die Mitarbeiter des Unternehmens schnell mit Computer-Hardware und mit Software versorgt werden müssen, um arbeitsfähig zu sein. Der Buchhalter will gleich wissen, wie die Hard- und Software in der Bilanz auszuweisen sind, während der Ingenieur sich mit dem Controller streitet, wie leistungsfähig der Prozessor sein muss. Der Qualitätsmanager muss beim Wort Prozessor etwas missverstanden haben und verlangt nun Prozessbeschreibungen, um sich noch detaillierter einarbeiten zu können. Die Juristen melden sich zu Wort: „Sind denn ausreichend Lizenzen für die Software beschafft worden?" Ohne geeignete Lizenznachweise würden sonst die Wirtschaftsprüfer kein Testat erteilen. Schließlich schreit irgendwo aus der Ecke ein angehender IT-Manager nach einer Strategie, die allen eine Richtung weisen soll.

Bei all dem Geschrei kommt der Koch aus der Küche, der eigentlich Literaturwissenschaft studiert, aber nebenbei noch jobben muss. Er hat einen Stapel Bücher dabei und verteilt diese an die Kneipengäste. „Das sind wohl deine Kochbücher!" lästert ein Betriebswirt aus der zweiten Reihe. „Nicht ganz – es sind eure Kochbücher der IT!" antwortet der Koch. Und dann beginnen die Gäste die Bücher zu lesen und es kehrt etwas Ruhe ein. Nun schafft es der Kellner auch ein weiteres Getränk zu servieren. Ein Wirtschaftsprüfer liest gerade CobiT und versteht, dass die Kontrollziele erforderlich sind, die Prozesse überprüfbar zu machen. Der Qualitätsmanager antwortet: „Das kenne ich aus der ISO 9001 auch, aber dort sind die IT-Prozesse nicht so detailliert beschrieben. Ich betrachte das eher gesamtheitlich aus der Sicht des Unternehmens". Der Informatikstudent freut sich über das SPICE-Buch: „Jetzt wird nicht mehr nachts zu Hause programmiert – mit kontrollierten Prozessen passen die Softwarebausteine verschiedener Entwickler viel besser zusammen". Der Wirtschaftsinformatiker hingegen behauptet „Programmieren tun doch eh nur noch die großen Softwarehersteller. In dem Maschinenbau-Unternehmen, in dem ich Praktikum mache, wird Software gekauft, aber die IT kümmert sich um die Unterstützung der betrieblichen Abläufe. Die Service-Strategie berücksichtigt, welcher Support gefordert ist. Die Schichtarbeiter in der Fertigung haben ganz andere Anforderungen als die Kaufleute in der Verwaltung. Wir haben dann einen zielgruppenorientierten Service entwickelt und bieten sogar in der Frühschicht schon einen 1st und 2nd Level Support für Fertigungssoftware an. Den ganzen IT-Betrieb haben wir nach ITIL aufgebaut, inklusive kontinuierlicher Serviceverbesserung. Im nächsten Frühjahr will sich der IT-Bereich nach ISO 20000 zertifizieren lassen." Der Qualitätsmanager ruft bestätigend: „Das ist auch für das ISO 9001-Zertifikat von Vorteil" und der Wirtschaftsprüfer nickt zustimmend: „Zertifizierte Prozesse sind eine gute Grundlage für ordnungsmäßige Buchführung". Ein Informatikstudent ergänzt: „DIN ISO/IEC 27002 braucht Ihr auch noch für die Sicherheit der Daten. Schließlich hat der Wirt ja auch ein Reservefass als Backup im Keller und lässt nicht jeden in seinen Keller hinein." Alle lachen.

Was haben Sie gelernt?

Das Informationsmanagement hat für Unternehmen große strategische Bedeutung und erfordert eine an die Unternehmensstrategie angepasste IT-Strategie. Die verschiedenen Aufgaben des Informationsmanagements lassen sich in die vier Gruppen Führungsaufgaben des Informationsmanagements, Management der Informationswirtschaft, Management der Informationssysteme und Management der Informations- und Kommunikationstechnik unterteilen. Die organisatorische Einbindung der Informationsverarbeitung in die Unternehmensstruktur kann als Stabsstelle, als selbstständige Linienabteilung, aber auch als Teil einer Fachabteilung erfolgen.

Die verschiedenen Level des Service-Supports dienen der Optimierung des IT-Service-Managements. Können Anfragen oder Störmeldungen eines Benutzers im First Level Support nicht direkt gelöst werden, wird das Problem an die Spezialisten im Second Level Support weitergereicht. In besonderen Ausnahmefällen muss die Aufgabe im Third Level Support durch Experten aus anderen Abteilungen oder externe Fachleute geklärt werden.

Zahlreiche weitere Best Practices sind in ITIL, dem international anerkannten Standard für IT-Service-Management, enthalten. Verschiedene Standards wurden entwickelt, um wie ITIL beziehungsweise ISO/IEC 20000 den IT-Betrieb oder wie DIN ISO/IEC 27002 das IT-Security-Management oder wie CobiT die Einhaltung von gesetzlichen

Anforderungen (IT-Compliance) vergleichbar oder überprüfbar zu gestalten. Die Vorgaben oder Empfehlungen stammen oftmals auf gesammelten Best-Practice-Ansätzen erfolgreicher Unternehmen, müssen jedoch an die individuelle Situation jedes Unternehmens angepasst werden.

Literaturverzeichnis Kapitel 10

[ABMÜ09] ABTS, D. , MÜLDER, W.: Grundkurs Wirtschaftsinformatik, 5. Aufl., Vieweg, Wiesbaden 2009

[BAUR10] BAURSCHMID, M.: Karriereentwicklung des Chief Information Officer (CIO) aus systemisch-konstruktivistischer Perspektive, Dissertation, Universität Duisburg-Essen, 2010 http://duepublico.uni-duisburg-essen.de/servlets/DerivateServlet/Derivate-24772/Dissertation_Baurschmid_druck.pdf, abgerufen am 01.05.2011

[BIKO10] BITKOM: Prof. Dr. Dr. h.c. mult. August-Wilhelm Scheer, Bundesverband Informationswirtschaft, Telekommunikation und neue Medien e.V., Berlin 2010, http://www.bitkom.org/de/wir_ueber_uns/24622_27964.aspx, abgerufen am 22.01.2011

[COMP92] COMPUTERWOCHE: DV-Profis lassen sich aus den Fachabteilungen rekrutieren, 1992, http://www.computerwoche.de/heftarchiv/1992/23/1134504/ , abgerufen am 22.01.2011

[COMP10] COMPUTERWOCHE: IDS-Scheer-Gründer voller Tatendrang, Computerwoche, IDG Business Media GmbH, München 2010, http://www.computerwoche.de/management/it-macher/2349029/, abgerufen am 22.01.2011

[DEBA10] DEUTSCHE BAHN: Geschäftsbericht 2009, Deutsche Bahn AG, Berlin 2010, http://deutschebahn.de/site/ir/dbkonzern__gb__online__2009/de/standardnavigation/download/geschaeftsbericht__2009.html , abgerufen am 22.01.2011

[DILM00] OHNE VERFASSER: DIO 2000 - Die Impulsgeber mit ihren mausgrauen Kisten. In: Informationweek Nr. 7 vom 24.02.2000, S. 24-30

[FIED02] FIEDLER, R.: IV-Controlling, Fachhochschule Würzburg-Schweinfurt, Aufsatz unter www.projektcontroller.de, 2002, http://www.projektcontroller.de/material/material/IV_Controlling.pdf, abgerufen am 22.01.2011

[GABL11] GABLER VERLAG (HRSG.): Gabler Wirtschaftslexikon, Stichwort: Informationsmanagement, online im Internet: http://wirtschaftslexikon.gabler.de/Archiv/12506/informationsmanagement-v8.html, abgerufen am 26.04.2011

[HARL04] HARLACHER, R.: IT Optimierung durch Sourcing Portfolio Management, Diplomarbeit am Institut für Informatik der Universität Zürich, Schweiz 2004, http://www.ifi.uzh.ch/archive/mastertheses/DA_Arbeiten_2004/Harlacher_Rene.pdf, abgerufen am 22.01.2011

[HEPO99] HEINRICH, L. J., POMBERGER, G.: Entwickeln von Informatik-Strategien – Vorgehensmodell und Fallstudien. In: Lausen, G. et al. (Hrsg.): Angewandte Informatik und Formale Beschreibungsverfahren, Stuttgart/Leipzig 1999, S. 108-127

[ITGI05] IT GOVERNANCE INSTITUTE: COBIT 4.0 - Control Objectives Management Guidelines Maturity Models, Deutsche Ausgabe, KPMG Österreich, Wien 2005

[ITPM10A] IT-PROZESS MAPS: Einstieg in ITIL, 2010, http://de.it-processmaps.com/itil/ueber-itil.html, abgerufen am 22.01.2011

[ITPM10B] IT-PROZESS MAPS: ITIL und ISO 20000, 2010, http://de.it-processmaps.com/itil/itil-und-iso-20000.html, abgerufen am 22.01.2011

[KONE99] KONETZNY, M.: IV-Controlling, 1999, http://www.mkonetzny.de/aufsatz/ivcontr.htm, abgerufen am 22.01.2011

[KRCM10] KRCMAR, H.: Informationsmanagement, 5. Aufl., Springer-Verlag, Berlin 2010

[KUBE09] KURBEL, K., BECKER, J., GRONAU, N., SINZ, E., SUHL, L.: Enzyklopädie der Wirtschafsinformatik, Online Lexikon, Oldenbourg Wissenschaftsverlag 2009, http://www.olden-bourg.de:8080/wi-enzyklopaedie/lexikon/daten-wissen/Grundlagen-der-Informationsversorgung/IT-Governance, abgerufen am 22.01.2011

[MITS09] MITSM: ISO 20000 – Wissen, mITSM Munich Institute for IT Service Management GmbH 2009, http://www.mitsm.de/itsm/iso-20000-wissen/, abgerufen am 22.01.2011

[MTU11] MTU AERO ENGINES GMBH: Stellenausschreibung IT-Systemplaner (IT Client Management) m/w), Karriere-Portal unter www.mtu.de, München 2011, abgerufen am 28.01.2011

[MÜLL02] MÜLLER, C.: Wirtschaftsinformatik (Bachelor-Studiengang): Grundlagen der WI, Informationsportal IT-Infothek, Berlin 2002, http://www.it-infothek.de/fhtw/grund_wi_07.html, abgerufen am 22.01.2011

[PÖKA10] PÖßNECK, L., KALENDA, F.: August-Wilhelm Scheer erhält Preis für sein Lebenswerk, ZDNet.de, CBS Interactive GmbH, München 2010, http://www.zdnet.de/news/wirtschaft_unternehmen_business_august_wilhelm_scheer_erhaelt_preis_fuer_sein_lebenswerk_story-39001020-41532875-1.htm, abgerufen am 22.01.2011

[SCHE98] SCHEER, A.-W.: ARIS – Vom Geschäftsmodell zum Anwendungssystem. 3. Aufl., Springer Verlag, Berlin 1998

[SCHE10] SCHEER, A.-W.: Vortrag bei der Pressekonferenz zum Arbeitsmarkt für IT-Fachkräfte, 19.10.2010, Bundesverband Informationswirtschaft, Telekommunikation und neue Medien e.V. (Bitkom), Berlin. http://www.bitkom.org/files/documents/Vortrag_-Prof_Scheer_Arbeitsmarkt_19_10_2010.pdf, abgerufen am 01.05.2011

[SCHW98] SCHWARZE, J.: Informationsmanagement, Planung, Steuerung, Koordination und Kontrolle der Informationsversorgung im Unternehmen, Verlag Neue Wirtschafts-Briefe (jetzt NWB Verlag), Herne, Berlin, 1998

[SEWE05] SEWERA, S.: Referenzmodelle im Rahmen von IT-Governance, Cobit, ITIL, Mof, Arbeit im Rahmen des Seminars aus Informationswirtschaft im SS 2005 an der Wirtschaftsuniversität Wien, Österreich 2005, http://www.ai.wu.ac.at/~koch/courses/wuw/archive-/inf-sem-ss-05/referenzmodelle.pdf, abgerufen am 22.01.2011

[STRE08] Strecker, S.: IT-Controlling (IV-Controlling, IS-Controlling, In: Enzyklopädie der Wirtschaftsinformatik, Online-Lexikon, Kurbel, K. et al., Oldenbourg Wissenschaftsverlag, Stand 26.09.2008, http://www.enzyklopaedie-der-wirtschaftsinformatik.de/wi-enzyklopaedie/lexikon/datenwissen/Informationsmanagement/Informationsmanagement-Aufgaben-des/IT-Controlling, abgerufen am 01.05.2011

[TAGE09] TAGESSCHAU.DE: Keine Strafen für Bahn-Vorstand wegen Datenaffäre, 2010, http://www.tagesschau.de/inland/bahnaffaere102.html , abgerufen am 22.01.2011

[VOBA07] Vock, R., Balschun, B., Salman, Y.: Betriebliche Beschäftigung von IT-Fachkräften: Tätigkeiten, Rekrutierung, Personalentwicklung und Weiterbildung, Wissenschaftliche Diskussionspapiere, Heft 92, Schriftenreihe des Bundesinstituts für Berufsbildung, Bonn 2007, http://www.bibb.de/dokumente/pdf/wd_92_betriebliche_beschaeftigung_it-fachkraeften.pdf, abgerufen am 01.05.2011

[WICO10] WIKIPEDIA: CobiT, Stand 2010, http://de.wikipedia.org/wiki/CobiT, abgerufen am 25.02.2011

[WIGO10] WIKIPEDIA: IT-Governance. Stand 2010, http://de.wikipedia.org/wiki/IT-Governance, abgerufen am 25.02.2011

[WIIN11] WIKIPEDIA: Informationsmanagement, Stand 2011, http://de.wikipedia.org/wiki/Informationsmanagement, abgerufen am 25.02.2011

[WILK99] WILKE, J.: Informationsverarbeitung und Informationsnutzung im Wandel der Zeit, In: Roters, Gunnar/Walter Klingler/Maria Gerhards (Hrsg.): Information und Informationsrezeption, Baden-Baden: Nomos: 49-61, 1999, http://www.mediendaten.de/fileadmin/Texte/Wilke.pdf (S. 52), abgerufen am 22.01.2011

[ZEIT09] ZEIT ONLINE: Das Spitzel-System der Bahn, 2009, http://www.zeit.de/online/2009/21/bahn-bericht, abgerufen am 22.01.2011

11 Sicherheit der Informationstechnologie

Datenschutz und IT-Security – Wie schütze ich IT-Systeme und Inhalte?

Warum ist das Thema relevant?

In Unternehmen und Behörden, aber auch auf Privatrechnern werden sensible, vertrauliche und wertvolle Daten auf Computersystemen gespeichert und verarbeitet. In Krankenhäusern werden Untersuchungsdaten und Krankenakten elektronisch abgelegt, in Banken werden alle Kontobewegungen registriert und das Vermögen der Kunden in den IT-Systemen verwaltet. High-Tech-Unternehmen speichern die Konstruktions- und Fertigungsdateien ihrer Entwicklungen in Produktdatenmanagementsystemen ab. Alle diese Daten müssen sicher aufbewahrt werden, damit sie nicht unabsichtlich gelöscht oder absichtlich manipuliert werden können. Vertrauliche Daten dürfen nicht in die falschen Hände gelangen, da ansonsten durch Missbrauch der Daten großer Schaden für Personen oder Unternehmen entstehen kann.

Den Aspekten der Datensicherheit und des Datenschutzes kommt eine hohe Bedeutung zu, da sich langfristig die Datenverarbeitungssysteme in allen Lebensbereichen noch stärker etablieren werden.

Was sollten Sie wissen?

Wenn Sie dieses Kapitel durchgearbeitet haben, sollten Sie

- sich bewusst sein, wie umfangreich der Computer in sensible Lebensbereiche hineinreicht,
- Gefahren und Risiken für Daten und Verarbeitungssysteme einschätzen können,
- Schutzmaßnahmen und Werkzeuge für die Bewahrung der Sicherheit der Daten und Systeme kennen.

Welche Schlüsselbegriffe sollten Sie kennen?

Am Ende dieses Kapitels sollten Sie folgende Begriffe verstanden haben und mit eigenen Worten erklären können, was darunter verstanden wird:

- Virus, Trojaner, Hoax, Phishing, Rootkit, Malware
- Firewall, Backup, Datenschutz, Datensicherheit

- Verschlüsselung, elektronische Signatur / digitale Signatur

Abbildung 11-1: Stimmen aus der Praxis – Stick verloren

Hallo,

hab gestern im kleinen, neuen PC-Pool meinen Speicherstick stecken lassen. War der erste PC von rechts in der ersten Reihe, direkt beim Drucker.

Hab darauf wichtige pdf-Files für meine Diplomarbeit und auch für ein laufendes Hauptseminar.

Bräuchte ihn dringend wieder!!!

Hat ihn jemand gefunden? Einfach bei der Servicetheke abgeben bzw. sich bei mir melden.

Vielen Dank für Eure Hilfe!

Leeta, 25 Jahre; Studentin: BWL, Uni Erlangen-Nürnberg (9.7.2008)

Einführung

Immer wieder gibt es Meldungen, in denen Verzweifelte ihre verlorengegangenen IT-Geräte suchen (vgl. Abb. 11-1). Dabei wird schnell klar, wie gravierend der Verlust eines Notebooks oder USB-Memory Sticks sein kann. Täglich können wir in Prospekten die ständig wachsenden Speicherkapazitäten der kleinen Datenträger nachlesen. Man stelle sich nur vor: Wie viele Dateien passen auf so einen Datenträger? Was kann passieren, wenn vertrauliche Daten in falsche Hände gerieten? Vielleicht sollte sich die obige Studentin lieber über Alternativen zu transportablen Speichermedien Gedanken machen, wie beispielsweise kostenloser Webspeicher bei einem renommierten Internet-Provider mit hohen Sicherheitsvorkehrungen.

Bedeutung des Computers

Der Computer ist aus dem beruflichen und privaten Alltag in der heutigen Welt nicht mehr wegzudenken. Er ist ein Werkzeug zur Erstellung, Verarbeitung, Speicherung und zum Austausch von Daten und Informationen mit anderen Personen.

Der Computer hat dabei mittlerweile einen hohen Wert bekommen. Neben dem Wert des eigentlichen Computers als Hardwaregerät inklusive der installierten Softwarelizenzen besitzen vor allem die auf dem Computer gespeicherten Daten und Informationen einen hohen Wert. Dies kann einerseits das geistige Eigentum an wertvollen Arbeitsergebnissen sein, für die reale Einnahmen zu erwarten sind, wie Berechnungsergebnisse, CAD-Konstruktionen oder Berichte. Andererseits können dies auch Erinnerungsstücke sein, die für den Eigentümer einen ideellen Wert haben, wie Urlaubsfotos. Darüber hinaus sind jedoch auf dem Computer auch vertrauliche Informationen zu finden, die keinem Unbefugten zugänglich gemacht werden sollen, wie persönliche/private Daten und Mitteilungen, Zugangsberechtigungen wie für das Online-Banking oder Geheimzahlen für Kreditkartenzahlungen.

Abbildung 11-2: Für die Profis – Gesetzliche Verpflichtung zu IT-Sicherheit

Es existieren verschiedene Rechtsvorschriften, aus denen sich unmittelbare Handlungs- und Haftungsverpflichtungen der Geschäftsführung einer GmbH beziehungsweise des Vorstands eines Aktien-Unternehmens ableiten lassen, die indirekt auch zu Informationssicherheitsmaßnahmen verpflichten. Mit dem Gesetz zur Kontrolle und Transparenz im Unternehmensbereich (KonTraG) wurden verschiedene Gesetze, wie das Handelsgesetzbuch und das Aktiengesetz, ergänzt beziehungsweise geändert:

- Im Aktiengesetz wurde festgelegt, dass ein Vorstand persönlich haftet, wenn er Entwicklungen, die zukünftig ein Risiko für das Unternehmen darstellen könnten, nicht durch ein Risikomanagement überwacht und durch geeignete Maßnahmen vorbeugt (§ 91 Abs. 2 und § 93 Abs. 2 AktG).
- Geschäftsführern einer GmbH wird im GmbH-Gesetz „die Sorgfalt eines ordentlichen Geschäftsmannes" auferlegt (§ 43 Abs. 1 GmbHG).
- Die im Aktiengesetz genannten Pflichten eines Vorstands gelten auch im Rahmen des Handelsgesetzbuches (§ 317 Abs. 4 HGB). Weiterhin verpflichtet das Handelsgesetzbuch Abschlussprüfer zu prüfen, „ob die Risiken der künftigen Entwicklung zutreffend dargestellt sind" (§ 317 Abs. 2 HGB).

Datensicherheit

Aufgrund der Bedeutung und Werte der Informationstechnologie und Daten ist es erforderlich, Sicherheits- und Schutzmaßnahmen zu ergreifen (vgl. Abb. 11-2). Per Definition beinhaltet Datensicherheit (engl. data security) die Verhinderung von Datenverlust, Datendiebstahl und Datenverfälschung. Durch vorbeugende Maßnahmen soll die jederzeitige Vollständigkeit und Korrektheit der Daten gewährleistet sein [HANE09] (vgl. Abb. 11-3).

Gemäß dieser Definition wird unterschieden, ob Daten vor Zugriff nicht berechtigter Personen gesichert werden müssen, das heißt, vertraulich sind und eine Verfälschung oder Einsichtnahme nicht autorisierter Personen verhindert werden soll, oder „nur" vor Verlust gesichert werden müssen. Von Bedeutung sind folglich diese drei Grundwerte der Informationssicherheit: Vertraulichkeit, Verfügbarkeit und Integrität (vgl. Abb. 11-4).

Vertraulichkeit

Vertrauliche Informationen müssen vor unbefugter Preisgabe geschützt werden. Zugriff auf Daten soll nur für berechtigte Personen oder Gruppen möglich sein.

Abbildung 11-3: Panorama – Dr. h.c. Horst Görtz: "Missionar" der IT-Sicherheit

Horst Görtz (Foto: H. Görtz)

Horst Görtz, geboren 1937 in Solingen, begann nach einer kaufmännischen Ausbildung 1958 seine Laufbahn in der elektronischen Datenverarbeitung. 1974 wurde er Geschäftsführer des Rhein-Main-Rechenzentrums und zum Mitbegründer und Präsidenten der "Europool Computer Services", einem Verbund westeuropäischer Rechenzentren, der zukunftsweisende Marktanalysen und Softwareentwicklungen initiierte.

1983 gründete er die Utimaco Software GmbH, die mit PC-Software startete. Schon Mitte der 1980er Jahre erkannte er die Bedeutung, die die IT-Sicherheit einmal erlangen würde und leistete Pionierarbeit:

Gemeinsam mit dem Berliner Fachhochschulprofessor Dr. Horst Günther entwickelte er "Safe-Guard", ein Tool für die Zugangs- und Zugriffssicherheit von PCs. Bald war Safe-Guard das leistungsfähigste Sicherheitsprodukt auf dem deutschen Markt. Die Utimaco Software GmbH wurde 1996 in eine Aktiengesellschaft umgewandelt, mit Horst Görtz zunächst als Vorstandsvorsitzendem und von 1997 bis 2005 übernahm er stattdessen den Vorsitz des Aufsichtsrates (vgl. [HGST10]).

1996 gründete Görtz die gemeinnützige Horst-Görtz-Stiftung, deren Schwerpunkte zum einen die Förderung von Wissenschaft und Technik in Forschung und Lehre auf dem Gebiet der IT-Sicherheit, zum anderen die Unterstützung krebskranker Kinder und Komapatienten sind. Mit dem Deutschen IT-Sicherheitspreis möchte die Horst-Görtz-Stiftung dazu beitragen, die Position von IT-Sicherheit "Made in Germany" zu festigen und zu fördern.

Horst Görtz ist Namensgeber des renommierten Horst Görtz Instituts für IT-Sicherheit (HGI). Er unterstützte den Aufbau dieses Zentrums für IT-Sicherheit als neuen Kompetenzschwerpunkt der Ruhr Universität Bochum.

Horst Görtz erhielt in Würdigung seiner herausragenden unternehmerischen Leistung und seiner außergewöhnlichen privaten Förderung der Sicherheit in der Informationstechnik zahlreiche Auszeichnungen, wie "Entrepreneur des Jahres 1996", 2001 die Universitätsmedaille der Ruhr Universität Bochum, die Ehrensenatorwürde der Technischen Universität Darmstadt, die Ehrendoktorwürde durch die Ruhr Universität Bochum im Jahre 2004 sowie das Bundesverdienstkreuz erster Klasse (vgl. [KöNI09]).

Verfügbarkeit

Verfügbarkeit stellt sicher, dass dem Benutzer die IT-Infrastruktur, Dienstleistungen, Funktionen eines IT-Systems oder auch Informationen zum geforderten Zeitpunkt zur Verfügung stehen.

Integrität

Integrität bedeutet, dass die Daten vollständig und unverändert sind. Der Begriff „Information" wird in der Informationstechnik für „Daten" verwendet, denen je nach Zusammenhang bestimmte Attribute, wie Autor oder Zeitpunkt der Erstellung, zugeordnet werden können. Der Verlust der **Integrität** von Informationen kann daher bedeuten, dass diese unerlaubt verändert wurden oder Angaben zum Autor verfälscht wurden oder der Zeitpunkt der Erstellung manipuliert wurde (vgl. [BSI09A]), (vgl. Kap. 5, Datenbanken).

Abbildung 11-4: *Für die Profis – Leitfaden für das Informationssicherheitsmanagement*

Im Februar 1995 veröffentlichte das BSI (British Standards Institution) mit dem BS 7799-1:1995 den ersten Standard im Bereich der Informationssicherheit, um die Sicherheitsaspekte in Zusammenhang mit dem aufkommenden E-Commerce zu adressieren.

Daraus wurde mittlerweile eine internationale Normenreihe entwickelt. Die internationale Norm DIN ISO/IEC 27001 definiert die Anforderungen an Einführung, Implementierung, Überwachung, Verbesserung, Pflege und Dokumentation eines Informationssicherheits-Managementsystems für ein Unternehmen oder eine Organisation und liefert damit die Anforderungen an die Maßnahmen und Kontrollmechanismen für das Informationssicherheits-Management, die in der DIN ISO/IEC 27002 beschrieben sind (vgl. [IsIE08]).

Das Bundesamt für Sicherheit in der Informationstechnik (BSI) definiert mit Hilfe der eigenen Standards 100-1, 100-2, 100-3 und der IT-Grundschutz-Kataloge eine Vorgehensweise zum Aufbau und zur Aufrechterhaltung eines Managementsystems für Informationssicherheit (ISMS), IT-Grundschutz genannt. Das damit aufgebaute Managementsystem für Informationssicherheit erfüllt die Anforderungen von ISO 27001 und ISO 27002 (vgl. [BSI10]).

Weitere Sicherheitsziele

Es ergeben sich darüber hinaus weitere IT-Sicherheitsziele, wie Authentizität, Compliance und Revisionsfähigkeit:

- **Authentizität**: Eine Nachricht kann sicher einem Sender zugeordnet werden. Mit digitalen Signaturen ist es beispielsweise möglich, die Authentizität einer Nachricht nachzuweisen.

- **Compliance**: Einhaltung gesetzlicher Vorschriften wie Datenschutzbestimmungen (vgl. Kap. 10, Informationsmanagement).
- **Revisionsfähigkeit:** Nachvollziehbarkeit aller Änderungen.

Gefahrenquellen

Es gibt verschiedene Gefahrenquellen, die die Sicherheit von Daten und IT-Systemen beeinflussen:

- **höhere Gewalt,** wie allgemeiner Stromausfall, Blitz, Feuer, Wasser, intensive Sonnenstrahlung, Rauch/ Dämpfe
- **organisatorische Mängel,** wie fehlende oder unzureichende Regelungen, mangelhafte Qualifizierungsmaßnahmen, mangelhafte Kontrolle, unbefugter Zutritt
- **menschliches Fehlverhalten**, wie unsachgemäße Anwendung, Fehlbedienung, fehlerhafte Administration, Übertragung falscher Datensätze
- **technisches Versagen**, wie Ausfall der eigenen Stromversorgung, Ausfall von Netzkomponenten, Materialdefekte, thermische Überhitzung aufgrund unzureichender Kühlung, Kabelbrand, Datenverlust, Inkompatibilität der Systemkomponenten
- **vorsätzliche Handlungen**, wie Manipulation, Diebstahl, Vandalismus, Missbrauch von Daten, Schadsoftware wie Viren, Trojaner, Würmer, u.v.m.

Abbildung 11-5: *Anstieg der Viren-Signaturen*

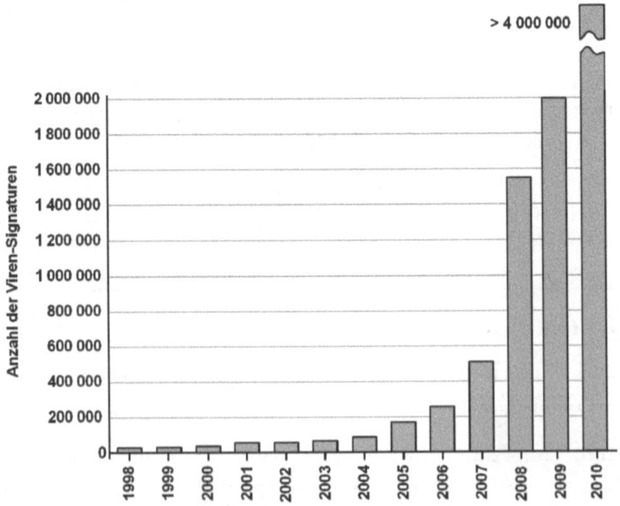

Quelle: Kaspersky Lab, vgl. [KASP09]

Besonders die letztgenannte Kategorie ist in den letzten Jahren zu einem stark wachsenden Problem geworden, da Verbrecher bewusst Sicherheitslücken suchen und vorsätzlich ausnutzen, um dem Anwender Schaden zuzufügen (vgl. Abb. 11-5).

ΣΣ Folgen und Risiken

Aus den Gefahrenquellen resultieren zahlreiche negative Folgen und Risiken für die Computersysteme. Bei einem Defekt oder einer Nutzungseinschränkung von Hardware und Software, können die Informationsverarbeitungsprozesse nicht mehr oder nur noch eingeschränkt durchgeführt werden (vgl. Abb. 11-6).

Bei Schäden mit Datenverlust und bei Datenveränderung, insbesondere bei Datenmanipulation, entstehen Aufwände für das Wiederherstellen der ursprünglichen Daten aus der Datensicherungskopie oder für die manuelle Korrektur oder Wiedereingabe der fehlerhaften beziehungsweise fehlenden Daten.

Beim Missbrauch von Daten und Informationen durch Unbefugte werden beispielsweise Adresslisten für unzulässige Werbung verwendet, oder die Zugangsdaten für das Online-Banking ausgenutzt und das Konto geplündert. Kaufmännische und technische Betriebsgeheimnisse können durch Konkurrenzunternehmen ausspioniert werden, um sich einen Wettbewerbsvorteil zu verschaffen. In anderen Fällen werden sogar gesamte IT-Systeme missbraucht, beispielsweise durch eine heimlich aufgespielte Software zum Sammeln von E-Mail-Adressen für Werbezwecke (Bot).

Schwächen und Ausfälle der IT eines Unternehmens können bei Bekanntwerden auch zu einer negativen Presseberichterstattung und einem Imageschaden führen, beispielsweise beim Ausfall des Passagierdatensystems einer Fluggesellschaft, so dass die Passagiere nicht mehr einchecken können und Flüge ausfallen.

Nicht nur im familiären Umfeld, sondern auch in Unternehmen, die Minderjährige als Auszubildende, Praktikanten oder Mitarbeiter beschäftigen, besteht besonderer Schutzbedarf. Wirksame Maßnahmen gegen illegale Verbreitung rassistischer, volksverhetzerischer oder sexistischer Inhalte müssen getroffen werden.

Abbildung 11-6: *Panorama – Gefahren für die Sicherheit der Informationstechnik*

Ein Blitz ist während eines Gewitters eine große Gefährdung für ein Gebäude und die darin befindliche Informationstechnik. Blitze erreichen bei Spannungen von mehreren 100.000 Volt Ströme bis zu 200.000 Ampere. Auf einem deutschen Großflughafen schlug ein Blitz in unmittelbarer Nähe neben dem Tower ein. Trotz der installierten äußeren Blitzschutzanlage (Blitzableiter) wurde die automatische Löschanlage im IT-Bereich ausgelöst und dadurch der gesamte Flughafenbetrieb für 2 Stunden lahmgelegt (Quelle: BSI: IT-Grundschutz-Katalog [BSI09B]).

Angriffe auf die IT: Viren und andere „Tiere"

Ein **Virus** ist ein Programm, das selbstständig andere Dateien infiziert, indem es sich in diese einnistet. Viren verbreiten sich immer über solche "Wirte". Das ursprüngliche Programm kann weiterhin funktionieren; oft hängen Viren ihren Programmcode nur an Dateien an.

Der **Makro-Virus** ist eine spezielle Form eines Virus und bedient sich Makrosprachen, die viele Programme in Dateien interpretieren. Am häufigsten treten Makro-Viren in Microsoft-Office-Dateien, wie Excel-Tabellen und Word-Dokumenten, auf. Liest Office ein infiziertes Dokument ein, so führt es den virulenten Makro-Code aus und infiziert damit möglicherweise weitere Dateien.

Ein **Wurm** wird durch seine besondere Verbreitungsmethode charakterisiert. Im Unterschied zu Viren benötigen Würmer keinen Wirt; es sind eigenständige Programme mit Routinen, um sich auf andere Rechner zu kopieren (vgl. Abb. 11-7). Der am häufigsten genutzte Verbreitungsweg ist E-Mail. Hier verschicken sich die Würmer als (meist direkt ausführbaren) Dateianhang an mehr oder weniger zufällig ausgewählte Mail-Adressen. Spezielle Würmer nutzen aber auch Fehler in Netzwerkfunktionen ihrer Opfer, um diese direkt zu befallen.

Bei einem **Trojanischen Pferd,** oftmals verkürzt Trojaner genannt, handelt es sich um Software, die vorgibt, etwas Nützliches zu tun, aber tatsächlich das System manipuliert und es beispielsweise mit einer Hintertür versieht. Über die kann der Urheber den kompromittierten Rechner dann nach Belieben fernsteuern und zum Beispiel für Distributed Denial of Service (DDoS)-Angriffe auf Server oder als Spam-Schleuder missbrauchen (vgl. Abb. 11-8).

Abbildung 11-7: Stimmen aus der Praxis – I-love-you-I-love-you-I-love-you-I-love-you

Beispiel Mai 2000: Mit rasanter Geschwindigkeit verbreitet sich der virtuelle Wurm „I-love-you" über das E-Mail-Programm Outlook und richtet vor allem in großen Unternehmens-Netzwerken Milliardenschäden an. Das Virus mit der Betreff-Zeile „I love you" hatte lawinenartig die Postfächer von Millionen Internet-Nutzern heimgesucht und die Netzwerke völlig überlastet. Zahlreiche Varianten entstehen in der Folge. Amerikanische Experten sprechen vom bösartigsten Virus der Computergeschichte. Schöpfer war ein Student von den Philippinen [NEWS04].

Ein **Rootkit** dient dazu, die Anwesenheit von Hintertüren und Schadprogrammen zu verbergen. Dazu manipuliert es das System derart, dass es bestimmte Dateien, Prozesse oder Netzwerk-Aktivitäten nicht mehr anzeigt (vgl. Abb. 11-8).

Abbildung 11-8: *Stimmen aus der Praxis – Angriffe und Sicherheitslücken in der Praxis*

- Beispiel Mai 2007: DoS-Attacke auf Regierungsrechner
  Als Denial of Service (kurz DoS, englisch für Dienstverweigerung oder -ablehnung) wird in der digitalen Datenverarbeitung die Folge einer Überlastung von Infrastruktursystemen bezeichnet. Dies kann durch unbeabsichtigte Überlastungen verursacht werden oder durch einen mutwilligen Angriff auf einen Host (Server), einen Rechner oder sonstige Komponenten in einem Datennetz [WIDO10]. Die Server der estländischen Regierung und von Unternehmen in Estland werden in mehreren Wellen angegriffen und brechen zeitweilig zusammen. Es soll sich um den schwersten DoS-Angriff gegen ein Land gehandelt haben.
- Beispiel 2005/2006: Eine Hintertür für den Kopierschutz
  Traurige Berühmtheit hat ein Rootkit von Sony BMG erlangt, das Audio-CDs dieser Firma auf dem Rechner installierte, um einen Kopierschutz zu tarnen [HEIS05]. Dadurch entstand ein Sicherheitsloch, durch das Schadcode unbemerkt auf den Computer gelangen und ausgeführt werden konnte. Sony BMG musste Strafzahlungen in Höhe von 1,5 Millionen Dollar leisten.

So genannte **Hoaxes** sind "Scherz-Mails" mit Warnungen vor angeblichen Viren. Andere Virenwarnungen als die, die als Newsletter von einem Antivirus-Unternehmen abonniert wurden, sind meist falsch. Ein Indiz für Hoaxes ist die Aufforderung, die Mail an "alle Freunde und Bekannte" weiterzuschicken. Gerade wenn große, bekannte Firmen wie Microsoft angeblich vor solchen Schädlingen warnen, weist das auf einen Hoax hin, da solche Unternehmen grundsätzlich keine Viren-Warnungen verschicken [HEIS08].

Abbildung 11-9: *Stimmen aus der Praxis - Warnung vor einer Phishing-E-Mail*

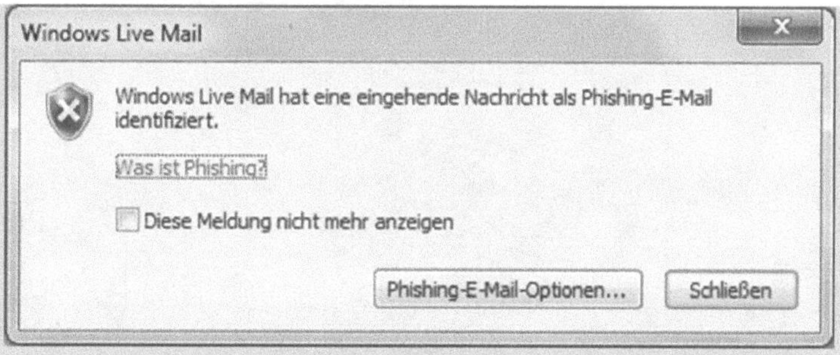

Quelle: Microsoft

Phishing werden Versuche genannt, über gefälschte WWW-Adressen Daten und Geheimwörter eines Internet-Benutzers zu erlangen. Der Begriff ist ein englisches Wortspiel: *password fishing*. Beispielsweise werden über täuschend echt gestaltete E-Mails oder Webseiten von Online-Banken die Zugangsdaten und Transaktionsnummern (TAN) abgefangen, um dann das Konto zu leeren (vgl. Abb. 11-9).

Internet-Anbieter (Provider) können Informationen über das Verhalten der Internet-Besucher ihrer Webseiten an den Rechner des Internet-Benutzers schicken. Diese werden, vom Benutzer unbemerkt, auf seinen Rechner gespeichert. Solche "Daten-Kekse" werden **Cookies** genannt. Ruft der Benutzer die entsprechenden Seiten wieder auf, werden die gespeicherten Informationen automatisch an den Web-Server gesandt. Dadurch erleichtern Cookies oftmals die Benutzung von Webseiten, indem für eine Seite Benutzerkennung und Passwort gespeichert werden, so dass beim nächsten Besuch keine erneute Eingabe des Passworts bei der Anmeldung erforderlich ist, oder bei einem Internet-Versandhandel diejenigen Artikel angezeigt werden, für die man sich bei einem früheren Besuch der Seite interessiert hat. Cookies sind hierbei nicht als Schadsoftware wie Viren oder Trojaner einzustufen. Der Anbieter kann jedoch gezielt auf die Vorlieben und Gewohnheiten des Benutzers eingehen und ist in der Lage, seine Benutzer und deren Verhalten „auszuspionieren“ [DIDA03].

Datenschutz

Während bei Datensicherheit und IT-Sicherheit der Schutz der Daten, Informationen und technischen Einrichtungen im Fokus ist, ist der Zweck des Datenschutzes, den Einzelnen davor zu schützen, dass er durch den Umgang mit seinen personenbezogenen Daten in seinem Persönlichkeitsrecht beeinträchtigt wird. Das Persönlichkeitsrecht wird abgeleitet aus den Grundrechten der Verfassung (vgl. [BFDI07]). Inhaltlich decken die Begriffe einen großen gemeinsamen Bereich ab, haben jedoch auch eigene Spezifika (vgl. Abb. 11-10).

Abbildung 11-10: *Überschneidung von Datenschutz, Datensicherheit und IT-Sicherheit*

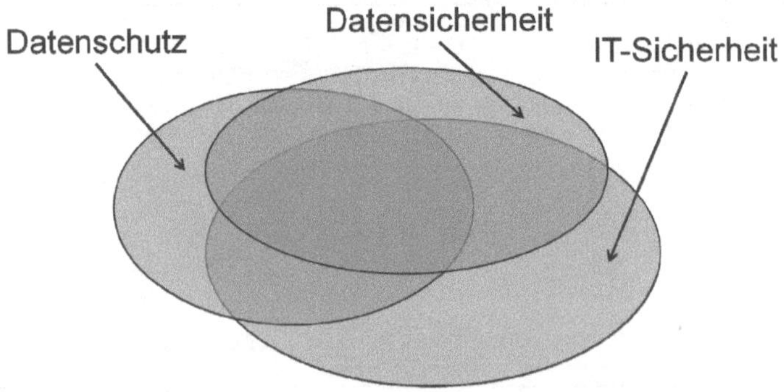

So betreffen die Maßnahmen der Datensicherheit nicht nur personenbezogene, sondern auch technische oder kaufmännische Daten. Andererseits kennt der Datenschutz auch Auskunftsrechte für Personen, über die Daten gespeichert sind, was wiederum nicht zum Aufgabenbereich von Datensicherheit zu zählen ist.

„Die Würde des Menschen ist unantastbar. Sie zu achten und zu schützen ist die Verpflichtung aller staatlichen Gewalt." (Artikel 1 Abs. 1 Grundgesetz) [DEUT49].

Definition Datenschutz

Per Definition bezeichnet man Datenschutz (engl. data privacy; protection of data privacy) als die Gesamtheit der gesetzlichen und betrieblichen Maßnahmen zum Schutz der Rechte von Personen vor Verletzung der Vertraulichkeit und zur Sicherheit des Informationshaushaltes [HANE09].

Beim Datenschutz stehen also anders als der Begriff zunächst vermuten lässt, nicht die Daten im Vordergrund, sondern die Personen, über die Informationen in Form von Daten verarbeitet werden. Rechtlicher Ausgangspunkt ist das Grundrecht auf informationelle Selbstbestimmung. Die Grundidee ist, dass der Einzelne die Möglichkeit haben soll, selbst zu bestimmen, wer bei welcher Gelegenheit welche Informationen über ihn erhält.

Schützenswerte Daten

Alle Daten und Informationen, die zu einer bestimmten oder einer bestimmbaren Person zählen, unterliegen dem Datenschutz. Datenschutzrelevant sind unter anderem Name, Adresse, Familienstand, Einkommen und Vermögen, Foto- und Videoaufnahmen.

Besonders sensible Daten sind dabei Angaben über die rassische und ethnische Herkunft, politische Meinungen, religiöse oder philosophische Überzeugungen, Gewerkschaftszugehörigkeit, Gesundheit oder Sexualleben. Diese Angaben unterliegen besonderem Schutz. Aber auch andere personenbezogene Daten können bei bestimmten Personenkreisen besonders schützenswert sein, insbesondere wenn deren Bekanntwerden ein großes Risiko für den Betroffenen ist. Hierzu zählt beispielsweise die Privatadresse oder Urlaubsadresse eines Prominenten bei gezieltem Attentats- oder Entführungsrisiko.

Rechte der Bürger

Der Gesetzgeber sieht im Bundesdatenschutzgesetz zahlreiche Rechte für den Bürger vor, die das abstrakte Grundrecht auf informationelle Selbstbestimmung konkretisieren.

- **Recht auf Benachrichtigung über die Datenerhebung:** Der Betroffene ist bei der Erhebung seiner Daten darüber aufzuklären, welche Stelle zu welchem Zweck die Daten erhebt und verarbeitet.
- **Recht auf Auskunft:** Die Betroffenen haben ein Recht darauf, Auskunft darüber zu erhalten, welche Informationen über sie gespeichert sind. Dabei muss auch dar-

über informiert werden, zu welchem Zweck die Informationen gespeichert sind, woher diese stammen und an welche Stellen sie übermittelt werden.

- **Recht auf Berichtigung, Sperrung oder Löschung:** Stellt sich heraus, dass die über den Betroffenen gespeicherten Informationen unrichtig sind, so besteht ein Anspruch darauf, dass diese berichtigt werden. Der Betroffene hat ein Recht darauf, dass seine Daten gelöscht werden, wenn diese nicht mehr gespeichert werden dürfen. Dies ist in der Regel dann der Fall, wenn die Informationen für den Zweck, zu dem sie gespeichert wurden, nicht mehr erforderlich sind. In bestimmten Fällen müssen die Daten gesperrt und vor weiterem Zugriff geschützt werden.
- **Anspruch auf Schadensersatz:** Entsteht durch die Datenverarbeitung ein Schaden, so muss die datenverarbeitende Stelle diesen ersetzen.
- **Anspruch auf Anrufung der Datenschutzkontrollinstanz:** Jede Person, die glaubt, durch die Verarbeitung ihrer personenbezogenen Daten in ihren Rechten verletzt worden zu sein, kann sich an die zuständige Kontrollstelle wenden. Diese muss der Beschwerde nachgehen und den Betroffenen über den Ausgang unterrichten.

Die Rechte der Betroffenen können unter bestimmten Voraussetzungen eingeschränkt sein, beispielsweise wenn es um Datenverarbeitung der Sicherheitsbehörden geht (vgl. [BFDI07]).

Abbildung 11-11: *Panorama – Das Märchen von der Datensicherheit*

Das explosionsartige Anwachsen des Internets um die Jahrtausendwende und die Verlagerung zahlreicher kommerzieller Angebote von der realen in die virtuelle Welt locken auch schwarze Schafe ins Internet und eine neue Zunft entwickelte sich, um die virtuellen Daten zu sichern. Doch vieles, was neu entwickelt und entstanden ist, kennen wir bereits aus den alten Märchen der Gebrüder Grimm [KLINOJ].

Beginnen wir mit dem einfachen Passwort-Schutz. Dieses geheime Kennwort, das „Sesam öffne Dich" der Datenwelt soll die Unbefugten davon abhalten, in die gesicherten Gefilde vorzudringen. Eine Zauberin schloss Rapunzel in einen Turm, der in einem Walde lag, und weder Treppe noch Türe hatte, nur ganz oben war ein kleines Fensterchen. Wenn die Zauberin hinein wollte, so stellte sie sich hin und rief: "Rapunzel, Rapunzel, lass mir dein Haar herunter." An den Haaren konnte sie nun hinaufklettern und das Fenster passieren. Dieses Passwort wurde vom Sohn des Königs belauscht und ausgenutzt. Heutzutage würde der Königssohn sich eines Sniffers bedienen, um den drahtlos (wireless) ausgetauschten Datenstrom zwischen Zauberin und Rapunzel abzuhören. Der Königssohn verwendete das von Rapunzel akzeptierte Identifikationsverfahren und erlangte ebenfalls Zutritt zu den Gemächern Rapunzels.

Was hat die Zauberin falsch gemacht? Die Übertragung erfolgte zum einen auf einem offenen Medium, bei dem jeder mithören kann. Nichts anderes ist das Internet oder eine einfache WLAN-Verbindung, die ebenfalls die vielfältigsten Möglichkeiten zum

Mithören bieten. Zum anderen war die Übertragung unverschlüsselt und nicht signiert. Da das Kennwort nicht verschlüsselt war, konnte der Prinz sie im Original mithören. Aufgrund der fehlenden Signatur konnte Rapunzel nicht erkennen, von welcher Quelle die Aufforderung zum Herablassen der Haare kam.

Der unbekümmerte Umgang mit geheimen Informationen ist kein Einzelfall. Ein kleines Männchen wollte das Kind der Königin bekommen, wenn sie nicht innerhalb von drei Tagen seinen Namen errate. Ein Bote hat der Königin von einem lächerlichen Männchen berichtet, das auf einem Bein hüpfend um ein Feuer sprang und sang:

> „Heute back ich, morgen brau ich,
> übermorgen hol ich der Königin ihr Kind;
> ach, wie gut ist dass niemand weiß,
> dass ich Rumpelstilzchen heiß!"

Der sorglose Umgang mit Information ist auch aus Rotkäppchen bekannt. Als Rotkäppchen in den Wald kam, begegnete ihm der Wolf. Aber Rotkäppchen kannte ihn nicht und hatte keine Angst. Mit den Mitteln des Social Engineering nutzt der Wolf zwischenmenschliche Beeinflussungen mit dem Ziel, unberechtigt an das Ausflugsziel Rotkäppchens und die Adresse der Großmutter zu kommen: "Tief im Wald, bei den drei hohen Eichen". Der Wolf als Social Engineer spioniert damit das persönliche Umfeld seines Opfers geschickt aus, um es später fressen zu können.

Rotkäppchen macht deutlich, wie schnell Kriminelle an wertvolle Informationen kommen und aus Rumpelstilzchen wurde bereits klar, dass Geheimwörter belauscht werden können und dann ihren Nutzen verlieren. Vielfach kommt dann der Wunsch, biometrische Verfahren einzusetzen, um die Defizite des belauschbaren oder erratbaren geheimen Zugangskennwortes zu umgehen. Biometrische Identifikationsverfahren bedienen sich bestimmter eindeutiger biologischer Merkmale des Menschen, die sich messen lassen und die unveränderlich sind.

Fingerabdrücke beispielsweise sind unverwechselbar und eindeutig, und selbst eineiige Zwillinge besitzen unterschiedliche Fingerabdrücke. Andere biometrische Unterscheidungsmerkmale sind die Stimme, die Iris, der Schwung und die Druckverteilung bei einer Unterschrift, die Gesichtsform, die Form der Hand und vieles mehr.

Das Märchen vom Wolf und den sieben jungen Geißlein behandelt sogar zwei parallel eingesetzte biometrische Identifikationsverfahren. Die alte Geiß lässt ihre sieben Kinder allein und warnt sie vor dem Wolf, der sich oft verstellt, aber an der rauen Stimme und an seinen schwarzen Füßen erkennbar sei. Als dem Wolf bei seinem ersten Besuch aufgrund dieser Identifikationsmerkmale der Zugang verwehrt wurde, versucht er die Merkmalsprüfungen zu umgehen. Mit einem Stück Kreide machte er sich die Stimme fein (was wohl bedeuten soll, dass er die Stimme verstellt hat wie so mancher täuschend echt klingende Stimmenimitator) und mit Teig und Mehl wurde seine schwarze Pfote weiß gefärbt.

Der Wolf schaffte es bereits beim dritten Versuch die Geißlein zu täuschen und bekam Zutritt. Auch bei modernen biometrischen Verfahren, wie dem Iris-Scan, werden doppelte Verfahren eingesetzt, neben dem Bild der Iris wird auch ein Bild der durchbluteten Netzhaut ausgewertet, um zu verhindern, dass der Augapfel eines Toten oder ein Bild einer Iris verwendet wird.

So wie der Wolf im Märchen lassen sich dennoch auch biometrische Identifikationsverfahren mit teilweise einfachsten Mitteln umgehen. Als eine Supermarktkette ein Fingerabdruckverfahren für den Zahlungsvorgang eingeführt hat, schafften es Vertreter des Chaos Computer Clubs einen Fingerabdruck zu kopieren und das Verfahren zu täuschen (vgl. [CCC07]).

Ein anderes Problem biometrischer Verfahren ist die Veränderlichkeit. Wird beispielsweise die Stimme als biometrisches Zugangsverfahren eingesetzt, so muss oft ein Wort oder Satz gesprochen werden, um bei Übereinstimmung einer bestimmten Signatur Zugang zu erhalten. Kein Mensch ist in der Lage, ein Wort vollkommen identisch in Geschwindigkeit, Tonlage, Sprechrhythmus etc. nachzusprechen. Hinzu kommen Veränderungen aufgrund von Krankheiten, die eine heisere Stimme verursachen, Veränderungen des Kehlkopfes durch das Älterwerden oder auch Veränderungen der Atmung beim Sprechen. Dennoch muss die Stimme wiederkehrend erkannt werden, damit der Zugriffswunsch nicht verwehrt wird. Die Toleranz bei der Akzeptanz der Merkmale darf aber dennoch nicht zu gering sein, denn beispielsweise sollen Tonbandaufnahmen nicht zur Zugriffsberechtigung führen.

Wie wäre es denn beim Märchen gewesen, wenn die alte Geiß nach ihrer Futtersuche im Wald mit einer Erkältung und schmutzigen, schwarzen Pfoten heimgekommen wäre? Wäre Sie ebenso abgewiesen worden wie der Wolf?

Sicherheitsmaßnahmen

Zur Erreichung der Sicherheitsziele für Datensicherheit und Datenschutz können verschiedene Maßnahmen getroffen werden. Geeignete Schutzmaßnahmen betreffen die gesamte organisatorische, rechtliche, wirtschaftliche und technische Umgebung der Informationsverarbeitung. Diese können in folgende Kategorien unterteilt werden:

- **infrastrukturelle Maßnahmen**, wie Brand-/Blitzschutz, Klimatisierung, unterbrechungsfreie Stromversorgung (USV), Einbruchs-/Diebstahlschutz
- **organisatorische Maßnahmen**, wie Festlegen von Verantwortlichkeiten, Berechtigungskonzept, Erteilung von Zugangs- und Zugriffsrechten, Firewall-Konzept, Kontrollen
- **personelle Maßnahmen**, wie Einarbeitung, Einweisung, Schulung, Geheimhaltungsverpflichtung , Sicherheitsbewusstsein schaffen

- **technische Maßnahmen**, wie Passwortschutz, Bildschirmsperre, Firewall, Virenschutz, Verschlüsselung, Signatur
- **Notfallvorsorgemaßnahmen**, wie Notfallhandbuch, Alarmierungsplan, Datensicherungsplan, Ersatzsysteme

Verschlüsselung

Zu den technischen Schutzmaßnahmen gehören **elektronische Verschlüsselungsverfahren,** die für die vertrauliche Übertragung der Daten im Internet verwendet werden (vgl. Kap. 3, IT-Architektur). Sie bieten mehrere Vorteile:

- Nur der vom Absender bestimmte Empfänger kann die Nachricht entschlüsseln und lesen.
- Abhören der Informationen, insbesondere durch Unbefugte, ist nicht möglich.
- Die Verschlüsselung ist einfach und hat keine relevanten Auswirkungen auf die Übertragungsgeschwindigkeit.

Verschlüsselungsarten sind:

- **Symmetrische Verschlüsselungsverfahren** benutzen zum Verschlüsseln einen Schlüssel, der sich aus demjenigen zur Entschlüsselung berechnen lässt und umgekehrt (vgl. Abb. 11-12). Meistens stimmen die beiden Schlüssel sogar überein.

Abbildung 11-12: *Symmetrisches Verschlüsselungsverfahren*

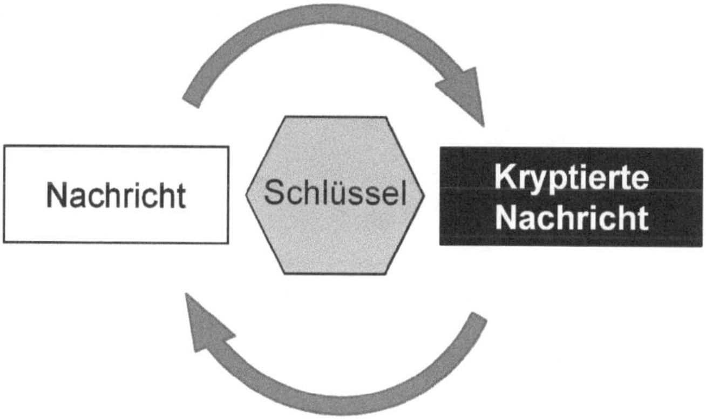

- **Asymmetrische (oder public key) Verschlüsselungsverfahren** benutzen im Gegensatz zu symmetrischen Verfahren zwei verschiedene Schlüssel zur Ver- und Entschlüsselung, wobei sich der eine nicht aus dem anderen ermitteln lässt (vgl. Abb. 11-13). Die Nachricht wird mit dem öffentlichen Schlüssel (public key) verschlüsselt (= kryptiert). Zur Entschlüsselung wird der geheim zu haltende private Key verwendet.

Abbildung 11-13: *Asymmetrische Verfahren zur Verschlüsselung und Entschlüsselung*

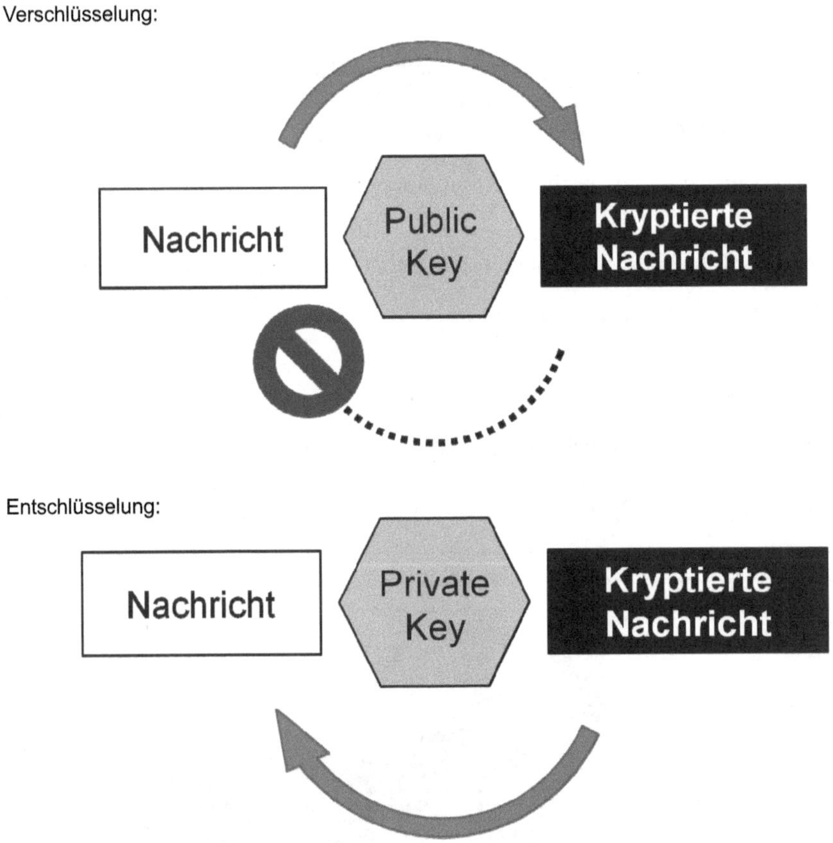

- **Hybride Verschlüsselungsverfahren** kombinieren symmetrische und asymmetrische Verfahren, um die Vorteile der symmetrischen (höhere Geschwindigkeit) und asymmetrischen (Schlüsselaustausch) Verschlüsselungsalgorithmen gleichzeitig nutzen zu können.

Moderne Web-Browser unterstützen zur Datenübertragung im Internet verschlüsselte Online-Verbindungen. Dazu wird ein hybrides Verschlüsselungsprotokoll, das "Secure Socket Layer" (SSL) Protokoll, verwendet. SSL-Verschlüsselung wird aktuell bei dem HyperText Transfer Protocol Secure (HTTPS) eingesetzt (vgl. Abb. 11-14).

Abbildung 11-14: Datenübertragung über http (oben) und https (unten)

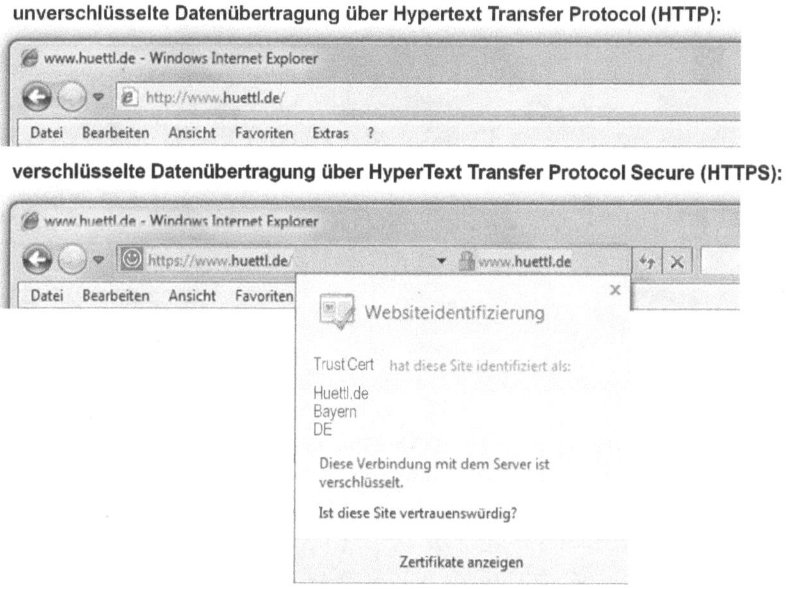

Signatur / Zertifikat

Unter einer **elektronischen Signatur** versteht man Daten, mit denen man den Unterzeichner beziehungsweise Signaturersteller einer Datei, eines Dokuments oder E-Mail identifizieren kann. und sich die Integrität der signierten, elektronischen Daten prüfen lässt. Die elektronische Signatur erfüllt technisch gesehen den gleichen Zweck wie eine eigenhändige Unterschrift auf Papierdokumenten.

Zur Bestätigung der Identität des Unterzeichners dient ein **digitales Zertifikat.** Zertifikate enthalten neben dem Namen auch weitere Informationen, die den Eigentümer sowie weitere Eigenschaften, wie die Gültigkeitsdauer des Zertifikats, bestätigen. Zertifikate werden von einer vertrauenswürdigen Zertifizierungsstelle vergeben, die öffentliche Schlüssel beglaubigt.

Firewall

Eine **Firewall** ist ein Hard- oder Softwaresystem, das die Verbindung zwischen Netzen kontrolliert und insbesondere Angriffe aus dem Internet auf den eigenen Rechner oder das eigene Netz (Intranet) abwehrt. Das Spektrum beginnt bei einfachen Computerprogrammen („**Personal Firewall**"), die meist nur den Rechner schützen, auf dem sie installiert sind. In großen Netzen werden dagegen komplexe Firewallsysteme eingesetzt, die aus mehreren Hard- und Softwarekomponenten bestehen (vgl. [BSI09A]).

Abbildung 11-15 Für die Profis – Datenaustausch mit dem Internet ohne und mit Firewall

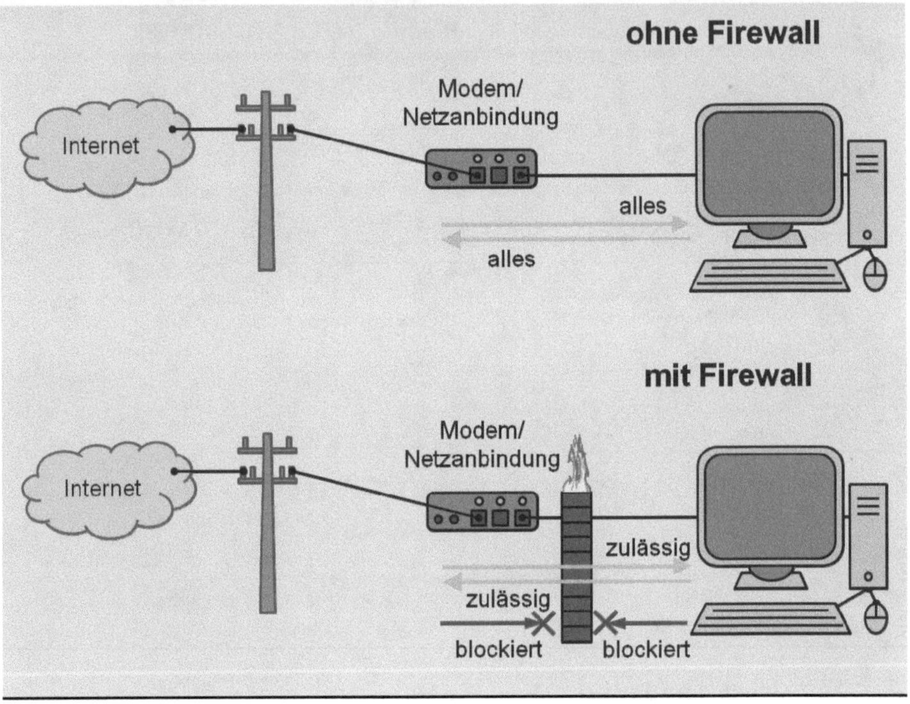

Ohne Firewall wird der gesamte Datenstrom zwischen Rechner und Internet durchgelassen (vgl. Abb. 11-15). Mit Firewall darf nur der zulässige Datenstrom ausgetauscht werden. Unzulässige Datenströme aus dem Internet, wie beispielsweise Malware, werden ebenso blockiert wie unzulässige Datenströme vom Computer in das Internet, wie der Datenversand eines bereits auf dem PC befindlichen Trojaners.

Datensicherung

Die Datensicherung (Backup) ist eine der wichtigsten Standard-Sicherheitsmaßnahmen. Sie muss in der Weise durchgeführt werden, dass bei einem Schadensfall alle wichtigen Daten problemlos und zügig wiederhergestellt werden können. In der Praxis ist in vielen Unternehmen die Datensicherung nur unzureichend organisiert und technisch unzureichend unterstützt. In einem Datensicherungskonzept müssen die wichtigsten organisatorischen Rahmenbedingungen festgelegt werden (vgl. [BSI08]):

- Wo werden Daten gespeichert?
- Welche Daten werden überhaupt gesichert?
- Wer ist für Datensicherungen zuständig?
- Wie wird gesichert (Technik, Sicherungsmedien, Intervalle)?

- Wie lange werden Datensicherungen aufbewahrt?
- Wie ist mit Notebooks und mobilen Speichermedien zu verfahren, die nicht ständig am Netz angeschlossen sind?

Innerhalb der Umsetzung des Datensicherungskonzepts muss auch überprüft werden, ob die Datensicherungen tatsächlich zuverlässig funktionieren, und ob die Daten im Schadensfall auch rekonstruiert werden können. Weitere Sicherheitshinweise bietet das Bundesamt für Sicherheit in der Informationstechnik (BSI) (vgl. Abb. 11-16).

Biometrie in der IT

Eine Authentifizierung anhand eines oder mehrerer dem Benutzer zuordenbarer Merkmale ist erforderlich, wenn dieser auf ein geschütztes System zugreifen möchte. Diese Authentifizierungsmerkmale können auf **Wissen**, wie zum Beispiel Passwort, Persönliche Identifikationsnummer (PIN-Code) oder Transaktionsnummer (TAN), auf **Besitz,** wie etwa Schlüssel, Karte, Ausweis, oder auf einer Eigenschaft, wie etwa **biometrisches Merkmal** Stimme, Irisbild, Fingerabdruck, basieren. Ferner kann die Originalunterschrift ein Authentifizierungsmerkmal sein.

Abbildung 11-16: *Für die Profis – Weitere Sicherheitshinweise des BSI*

Das Bundesamt für Sicherheit in der Informationstechnik (BSI) bietet unter www.bsi.de weitere Sicherheitshinweise und Informationen für Bürger, Wirtschaft und Behörden. Als Basis finden sich dort ganz rudimentäre Empfehlungen, wie zu der Installation eines Virenschutzprogramms, der Aktivierung einer Personal Firewall und der regelmäßigen Installation von Sicherheitsupdates für Betriebssystem und sonstige Software.

Sehr detailliert geben die IT-Grundschutz-Kataloge (früher IT-Grundschutzhandbuch) darüber hinaus umfangreiche Hinweise sowie Hilfsmittel an die Hand, um für den jeweiligen Einsatzfall dem Stand der Technik entsprechende Sicherheitsmaßnahmen zu identifizieren und umzusetzen.

Das BSI hat eigene Standards herausgegeben, die Empfehlungen des BSI zu Methoden, Prozessen und Verfahren sowie Vorgehensweisen und Maßnahmen mit Bezug zur Informationssicherheit beinhalten. Das BSI greift dabei Themenbereiche auf, die von grundsätzlicher Bedeutung für die Informationssicherheit in Behörden oder Unternehmen sind, und für die sich national oder international sinnvolle und zweckmäßige Herangehensweisen etabliert haben.

Die Erkennung von Personen anhand von biometrischen Merkmalen ist ein vielversprechender Ansatz zur Authentifizierung von Personen. Biometrie bietet sich in Ergänzung oder als Ersatz herkömmlicher Methoden deshalb an, weil die körperlichen Merkmale im Gegensatz zu Wissens- und Besitzelementen unmittelbar personengebunden sind und auch schwer verloren gehen, gestohlen oder unzulässigerweise Dritten überlassen werden können.

Was haben Sie gelernt?

Sowohl Privathaushalte als auch Unternehmen haben vorbeugende Datensicherheitsmaßnahmen zur Verhinderung von Datenverlust, Datendiebstahl und Datenverfälschung zu ergreifen.

Wesentliche Ziele der Informationssicherheit sind Vertraulichkeit, Verfügbarkeit und Integrität. Darüber hinaus wird auf Authentizität, Compliance und Revisionsfähigkeit geachtet.

Neben den zahlreichen Gefahrenquellen für Datensicherheit, wie höhere Gewalt, organisatorische Mängel, menschliches Fehlverhalten und technisches Versagen stellen die vorsätzlichen Handlungen eine stark wachsende Gefahr dar.

In Abgrenzung zum Begriff Datensicherheit stehen bei Datenschutz nicht die Daten im Vordergrund, sondern die Personen, über die Informationen verarbeitet werden, und deren Recht auf informationelle Selbstbestimmung. Datenschutzmaßnahmen dienen dem Schutz der Rechte von Personen vor Verletzung der Vertraulichkeit. Das Recht auf informationelle Selbstbestimmung bedeutet, dass der Einzelne die Möglichkeit haben soll, selbst zu bestimmen, wer bei welcher Gelegenheit welche Informationen über ihn erhält.

Verschlüsselung von Nachrichten, eine Firewall zur Abgrenzung der Datenverarbeitungsanlagen vor dem Internet, eine Datensicherung (Backup) zur Wiederherstellung verlorener Daten oder Passwortschutz sind Beispiele für Maßnahmen zur Erreichung der Sicherheitsziele für Datensicherheit und Datenschutz.

Literaturverzeichnis Kapitel 11

[BFDI07] DER BUNDESBEAUFTRAGTE FÜR DEN DATENSCHUTZ UND DIE INFORMATIONSFREIHEIT: BfDI - Info 1, Bundesdatenschutzgesetz - Text und Erläuterung, 13. Aufl., September 2007, http://www.bfdi.bund.de/cae/servlet/contentblob/416312/publicationFile/37721/INFO1.pdf, abgerufen am 22.01.2011

[BSI09A] BUNDESAMT FÜR SICHERHEIT IN DER INFORMATIONSTECHNIK (BSI): Leitfaden IT-Sicherheit, 2009, https://www.bsi.bund.de/cln_183/DE/Themen/ITGrundschutz/LeitfadenInformationssicherheit/leitfaden_node.html, abgerufen am 22.01.2011

[BSI09B] BUNDESAMT FÜR SICHERHEIT IN DER INFORMATIONSTECHNIK (BSI): IT-Grundschutz-Kataloge, Stand 11, Ergänzungslieferung, 2009, https://www.bsi.bund.de/cln_183/DE/Themen/ITGrundschutz/StartseiteITGrundschutz/startseiteitgrundschutz_node.html, abgerufen am 26.02.2011

[BSI08] BUNDESAMT FÜR SICHERHEIT IN DER INFORMATIONSTECHNIK (BSI): Zielgruppengerechte Vermittlung von Themen der Informationssicherheit, 2008, https://www.bsi.bund.de/cae/servlet/contentblob/474904/publicationFile/31009/Uebersicht_pdf.pdf, abgerufen am 22.01.2011

[BSI10] BUNDESAMT FÜR SICHERHEIT IN DER INFORMATIONSTECHNIK (BSI): Zuordnungstabelle ISO 27001 sowie ISO 27002 und IT-Grundschutz, 2010, https://www.bsi.bund.de/cae/servlet/contentblob/471598/publicationFile/61269/Vergleich_ISO27001_GS.pdf, abgerufen am 22.01.2011

[CCC07] CHAOS COMPUTER CLUB: Fingerabdruck an der Supermarkt-Kasse genauso unsicher wie Biometrie im Reisepass, 27. November 2007, http://dasalte.ccc.de/press/releases/2007/20071127/, abgerufen am 22.01.2011

[DEUT49] BUNDESREPUBLIK DEUTSCHLAND: Grundgesetz für die Bundesrepublik Deutschland, vom 23. Mai 1949 (BGBl. S. 1), zuletzt geändert durch das Gesetz vom 21. Juli 2010, http://www.bundestag.de/dokumente/rechtsgrundlagen/grundgesetz/index.html, abgerufen am 22.01.2011

[DIDA03] DD DIALOG DATA: Fachausdrücke und Konzepte, Cookies, 2003, http://www.dialogdata.com/konzepte/c/cookies.html, abgerufen am 26.02.2011

[HANE09] HANSEN, H. R.., NEUMANN, G.: Wirtschaftsinformatik 1, 10. Aufl., Lucius & Lucius, Stuttgart 2009

[HEIS05] HEISE ONLINE: Sony BMGs Kopierschutz mit Rootkit-Funktionen, 01.11.2005, http://www.heise.de/newsticker/Sony-BMGs-Kopierschutz-mit-Rootkit-Funktionen--/meldung/65602, abgerufen am 22.01.2011

[HEIS08] HEISE: Arten von Schädlingen, 2008, http://www.heise.de/security/dienste/Schaedlingstypen-402773.html, abgerufen am 22.01.2011

[HGST10] HORST GÖRTZ STIFTUNG: Horst Görtz, 2010, http://www.horst-goertz.de/horst_goertz.html, abgerufen am 22.01.2011

[ISIE08] DIN ISO/IEC 27001:2008-09: Informationstechnik - IT-Sicherheitsverfahren - Informationssicherheits-Managementsysteme - Anforderungen (ISO/IEC 27001:2005), Beuth Verlag,
DIN ISO/IEC 27002:2008-09: Informationstechnik - IT-Sicherheitsverfahren - Leitfaden für das Informationssicherheits-Management (ISO/IEC 27002:2005), Beuth Verlag

[KASP09] KASPERSKY LAB: Anstieg der Viren-Signaturen, 2009, http://winfwiki.wi-fom.de/index.php/Bild:Viren_signaturen_kaspersky.JPG , abgerufen am 22.01.2011

[KLINOJ] KLINGER, U.: Die Märchen der Gebrüder Grimm, Deutsch online von Udo Klinger (ohne Jahr), http://www.udoklinger.de/Deutsch/Grimm/Inhalt4.htm, abgerufen am 26.02.2011

[KÖNI09] KÖNIG, J.: Dr. h.c. Horst Görtz erhält das Bundesverdienstkreuz: RUB gratuliert ihrem großzügigen Förderer, Pressemitteilung vom 24.08.2009, Informationsdienst Wissenschaft, Bayreuth, http://idw-online.de/pages/de/news330369), abgerufen am 22.01.2011

[NEWS04] NEWS.AT: Gefährliche Computer-Viren der vergangenen Jahre, news networld internetservice GmbH, Wien 2004, http://www.news.at/articles/0405/541/74207_s3/gefaehrliche-computer-viren-jahre, abgerufen am 26.02.2011

[WIDO10] WIKIPEDIA: Denial of Service, Stand 2010, http://de.wikipedia.org/wiki/Denial_of_Service, abgerufen am 22.01.2011

12 Ökologie und Arbeitsschutz in der IT
Ist Green-IT ein Dauerbrenner oder nur ein Strohfeuer?

Warum ist das Thema relevant?

Die IT–Branche ist durch einen rasanten Wandel gekennzeichnet: Schnellere Prozessoren, größere Arbeitsspeicher, komplexere Anwendungen und sich ändernde Technologien haben Auswirkungen auf jeden einzelnen Arbeitnehmer. Immer mehr Arbeitsplätze in den Unternehmen werden mit Computern ausgestattet. Es ist erforderlich, Gesundheits- und Arbeitsschutzmaßnahmen zu ergreifen, damit Arbeitnehmer keine Gesundheitsschäden erleiden. Kontinuierlich werden alte Computer, Notebooks und andere Elektronikgeräte, wie Drucker und Mobiltelefone, durch neue, leistungsstärkere Geräte ersetzt. Daraus resultiert ein hoher Einsatz an Ressourcen bei der Hardware-Produktion, steigender Energieverbrauch bei der Anwendung und ein wachsendes Müllproblem.

Was sollten Sie wissen?

Wenn Sie dieses Kapitel durchgearbeitet haben, sollten Sie

- wissen, dass bei der Computer-Herstellung wertvolle Rohstoffe und auch Schadstoffe in hohem Maß verwendet werden,
- ein besseres Bewusstsein für die ökologischen Auswirkungen der IT haben,
- arbeitsmedizinische Gefahren für Mitarbeiter an Bildschirmarbeitsplätzen kennen,
- Kennzeichnungen für umweltfreundliche IT-Produkte kennen.

Welche Schlüsselbegriffe sollten Sie kennen?

Am Ende dieses Kapitels sollten Sie folgende Begriffe verstanden haben und mit eigenen Worten erklären können, was darunter verstanden wird:

- Energieverbrauch eines Computers
- Sozialbilanz eines Computers
- Umweltlabel Der Blaue Engel oder ENERGY STAR®
- Energiesparmodus
- Thin Clients, Virtualisierung und Cloud Computing
- Recycling von IT-Hardware und Verbrauchsmaterial
- Green-IT

Rohstoffverbrauch bei der Computerherstellung

Die Zusammensetzung eines Computers ist komplex und besteht mit Kunststoffgehäuse, Kabel und Leiterplatinen mit Mikrochips aus einer Vielzahl von Materialien. Gemäß einer älteren, aber häufig zitierten Studie werden für die Herstellung eines Computers samt 17-Zoll-Röhrenmonitor 240 Liter fossile Brennstoffe benötigt, etwa das Zehnfache seines Eigengewichts. Zusätzlich werden rund 22 kg Chemikalien und 1.500 Liter Wasser benötigt - in der Summe also rund 1,9 Tonnen Rohstoffe (vgl. [MALL98]). Es besteht kein Anlass zur Vermutung, dass sich der technologische Fortschritt positiv auf einen geringeren Ressourcenverbrauch ausgewirkt hat, denn die Rohstoffpreise, gerade bei seltenen Substanzen, die für die Computerproduktion wichtig sind, wachsen überproportional an. Neben Edelmetallen, wie Gold, Palladium und Silber, spielen seltene Elemente eine immer wichtigere Rolle bei der Herstellung elektronischer Bauteile. Beispielsweise Indium, eigentlich ein Nebenprodukt des Zinkabbaus, wird für Elektroprodukte, wie Flachbildschirme und Handys, verwendet. Wismut kommt bei gelöteten Platinen in Loten ohne gesundheitsschädlichem Blei vor; Ruthenium wird in Festplattenlaufwerken und elektrischen Widerständen verwendet (vgl. [VOSE07]).

Schadstoffe und Umweltzerstörung bei der Computerherstellung

Neben dem Energieverbrauch sind Schadstoffe ein großes Umwelt-Thema bei der Produktion eines Computers, da einige problematische Substanzen und Schadstoffe eingesetzt werden, wie zum Beispiel PVC in Kabeln, Blei zum Festlöten von Mikrochips und anderen Elektronikbauteilen auf Leiterplatinen, bromierte Flammschutzmittel im Gehäuse und in den Leiterplatinen, damit Kunststoffteile oder Leiterplatten schwer entflammbar sind. sowie polychlorierte Biphenyle (PCB) in Transformatoren und Kondensatoren (vgl. [WWF05]).

Die Entsorgung beziehungsweise das Recycling solcher Geräte werden damit zu einem Problem, vor allem wenn Stoffe enthalten sind, die als höchst umweltschädlich gelten, da sie zum einen toxisch wirken, zum anderen nicht oder nur schlecht abgebaut werden können. Um diese äußerst problematischen Bestandteile aus künftigen Geräten zu verbannen, gibt es die EG-Richtlinie 2002/95/EG „RoHS", die Blei, Quecksilber, Cadmium, sechswertiges Chrom, polybromierte Biphenyle (PBB) und polybromierte Diphenylether (PBDE) bis auf wenige Ausnahmen verbietet beziehungsweise stark einschränkt (vgl. [ROHS03]).

Manche Hersteller engagieren sich daher seit langem für die Entwicklung umweltgerechter Produkte. Einige Beispiele werden im Folgenden genannt:

- Mit dem Modell Samsung Blue Earth S7550 bietet Samsung ein Mobiltelefon mit einem Solarpanel auf der Geräterückseite zum Aufladen über Sonnenenergie. Das Gehäuse besteht aus recyceltem Kunststoff von PET-Flaschen und ist frei von Halogen, PVC und Weichmacher (vgl. [SAMS10]).

- Das deutsch-japanische Unternehmen Fujitsu Siemens Computers entwickelt bereits seit 1993 grüne PCs, brachte 2002 ein Mainboard ohne Blei heraus und erfüllt 2010 mit seiner Produktserie proGREEN die Anforderungen des ENERGY STAR® 5.0 (vgl. [BORM08], [FUJI10]).

Kritische Sozialbilanz bei der Computerherstellung

Der bekannte Begriff Ökobilanz kennzeichnet die Umweltauswirkungen von Produkten während des gesamten Lebensweges. Hier schneiden Computer aufgrund der enthaltenen der Schadstoffe und des Abbaus von Rohstoffen in Entwicklungsländern und Naturschutzgebieten negativ ab. Dies geht oftmals mit einer massiven Zerstörung der Umwelt einher, so werden beispielsweise Flüsse umgeleitet oder gestaut, Wälder gerodet sowie Gewässer und Böden verschmutzt (vgl. [BORM08]).

Eine Sozialbilanz gibt darüber hinaus Auskunft über den sozialen Nutzen und die sozialen Kosten. Kritisch für die Sozialbilanz eines Computers ist bei der Herstellung, dass viele Rohstoffe, wie beispielsweise Kupfer, Zink, Gold oder der „Konfliktrohstoff" Tantal, in Entwicklungsländern abgebaut werden.

Abbildung 12-1: *Panorama – Berücksichtigung des ENERGY STAR® beim IT-Einkauf*

Behörden, Unternehmen und Konsumenten profitieren davon, ökologische Aspekte bei der Beschaffung zu berücksichtigen. Mit stromsparenden Computern, Monitoren und Druckern lassen sich die Betriebskosten reduzieren. Hierfür muss der IT-Einkauf auf energieeffiziente Computer, Server- und Speichertechnologien achten, wie beispielsweise stromsparende Bauteile und Netzgeräte oder optimierter Kühl- und Lüftungsbedarf. Mit dem Kauf hochwertiger und langlebiger Produkte werden Reparaturen und kostenintensive Ersatzbeschaffungen während der gewünschten Nutzungsdauer reduziert. Durch die Beachtung von Umwelt-Labels, wie dem ENERGY STAR®, wird sichergestellt, dass die Geräte Mindeststandards erfüllen und sich aufgrund der berücksichtigten Ergonomie-Kriterien im Büroalltag besser eignen.

Weitere Hinweise zur umweltfreundlichen Beschaffung von IT-Hardware bietet das Umweltbundesamt auf seinem Informationsportal [UMWE10a].

Aus dem extrem hitze- und säureresistenten Metall Tantal werden Elektronikbauteile, wie Tantal-Elektrolytkondensatoren, hergestellt, die in einer Vielzahl von elektronischen Geräten, wie in Computern, Handys und Digitalkameras, verwendet werden. Das als Koltan bekannte Kolumbit-Tantalit-Erz wird vorwiegend in Australien, Brasilien und Mosambik gefördert. Ein Koltan-Vorkommen in der zentralafrikanischen Grenzregion Kongo-Ruanda sorgte für Aufmerksamkeit, da sich während des Kongo-Krieges alle lokalen Kriegsparteien über den Koltan-Export finanzierten [ZEAR07].

Kupferhaltige Erze werden unter anderem in Chile, den USA, Kanada, Sambia, Kasachstan, Mauretanien und Polen abgebaut. Der Abbau von Kupfer führt weltweit zu lokalen Konflikten, da durch den Bergbau häufig der lokalen Bevölkerung ihre Lebensgrundlage entzogen wird. Zum Teil sind die dabei entstehenden Schäden für Böden und Grundwasser, Flora und Fauna so weit reichend, dass ganze Gemeinden in Existenznöte geraten (vgl. [ZEAR07]).

Ein großer Anteil der Computerproduktion ist ebenfalls in Entwicklungsländer verlagert worden. Dort sind die Beschäftigten aufgrund geringerer Umweltstandards und reduzierter Schutzmaßnahmen für die Mitarbeiter sehr stark den Gesundheitsgefahren durch die Verwendung toxischer Stoffe in den Herstellverfahren ausgesetzt. Außerdem sind auch die in unmittelbarer Umgebung der Fabriken lebenden Anwohner, meist die Arbeiter und ihre Familien, betroffen. Zusätzlich zur gefährlichen Gesundheitsbelastung besteht gerade in Entwicklungsländern oftmals eine soziale Ungleichheit durch niedrige Löhne, starke Arbeitsbelastung und meistens fehlende Interessensvertretung (vgl. [ZEAR07]).

Primärer Stromverbrauch von IT-Systemen

Abbildung 12-2: Panorama – Prognose zum IKT-Stromverbrauch in Deutschland

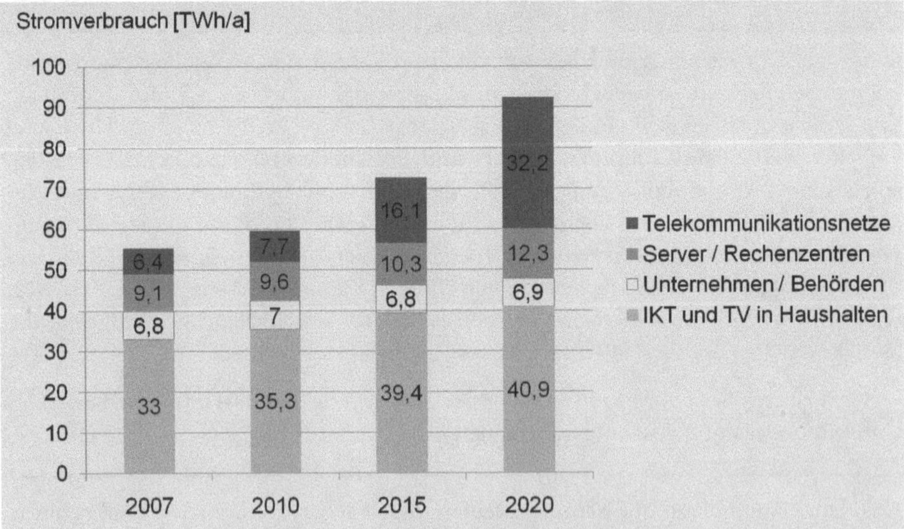

Quelle: Fraunhofer, [NORD09]

Allein für die Herstellung eines Computers wird bereits mehr Energie eingesetzt als er während der Nutzungsphase verbraucht. Dennoch ist die Nutzungsphase aufgrund der Stromkosten nicht zu vernachlässigen (vgl. [UMWE10A]). Der Stromverbrauch eines heutigen einfachen Rechners im Normalbetrieb liegt bei den meisten Modellen bei ca. 100 Watt. Leistungsfähige Rechner – im Privatbereich meist genutzt für aufwändige Computerspiele – benötigen Top-Prozessoren mit einer Leistungsaufnahme von bis zu 150 Watt sowie hochwertige Grafikkarten mit bis zu 300 Watt. Notebooks sind mit ca. 15 Watt sparsamer im Stromverbrauch, da sie im mobilen Einsatz auf Akkubetrieb ausgelegt sind. Hier werden zunehmend Komponenten wie Low- und Ultra-Low-Voltage Prozessoren eingesetzt, die schon im normalen Betrieb mit reduzierten Spannungen und damit sehr stromsparend arbeiten. Dadurch sinken der Stromverbrauch und die Wärmeentwicklung nochmals deutlich, was zu längeren Akkulaufzeiten führt.

Während die Leistungsaufnahme, das heißt der Stromverbrauch, im Normalbetrieb heutzutage aufgrund leistungsfähigerer Grafikkarten höher ist als früher, nehmen heutige Geräte in den stromsparenden Zuständen weniger Leistung auf als ältere Modelle. Heutige Betriebssysteme unterstützen dabei folgende Energiesparmodi:

- Im Ruhezustand (Hibernation, Suspend-To-Disk) werden die Daten aus dem Arbeitsspeicher auf die Festplatte gespeichert. Danach ist der gesamte Rechner physikalisch aus und kann vom Stromnetz getrennt werden. Dafür dauert das Hochfahren länger, denn die Daten müssen erst wieder in den Arbeitsspeicher übertragen werden.

- Im Standbymodus (Sleep-Modus, Suspend-To-RAM) bleiben die Daten im Arbeitsspeicher und große Teile des Computers – der Prozessor, Festplatte und Grafikkarte – werden abgeschaltet. Der Vorteil: Der Rechner ist schnell wieder einsatzbereit. Der Nachteil: Der Stromverbrauch ist etwas höher als im Ruhezustand und bei einem Stromausfall sind sämtliche nicht gespeicherten Daten verloren.

- Der hybride Standbymodus (ab Windows Vista) ist eine Kombination aus Standbymodus und Ruhezustand. Im hybriden Standbymodus werden geöffnete Dokumente und Programme im Arbeitsspeicher und auf der Festplatte gespeichert und der Computer in einen Zustand mit niedrigem Energieverbrauch versetzt. Bei einem plötzlichen Stromausfall kann die Arbeit dann vom Betriebssystem von der Festplatte wiederhergestellt werden (vgl. [MICR10A]).

Bei Monitoren hat der Technologiewechsel zum Flachbildschirm dazu geführt, dass sich der Stromverbrauch reduziert hat (vgl. Abb. 12-1). Im Vergleich zu früheren Kathodenstrahl-Röhren- beziehungsweise CRT-Monitoren (CRT = Cathode Ray Tube) weisen LCD- beziehungsweise TFT-Bildschirme (LCD = Liquid Crystal Display, TFT = Thin Film Transistor) im Betriebsmodus einen durchschnittlich um 50 bis 70% geringeren Stromverbrauch auf (vgl. [ROBE02]). Außerdem wurde der Standby-Betrieb aktueller Flachbildschirme von den Herstellern so weit optimiert, dass sie in diesem Zustand keine oder nur sehr wenig Leistung aufnehmen, das heißt in der Praxis weniger als 1 W.

Bereits im Jahr 2007 haben Informations- und Kommunikationstechnologien mehr als zehn Prozent der elektrischen Energie in Deutschland verbraucht. Der größte Anteil des Energieverbrauchs fällt dabei auf die privaten Haushalte. Durch das Zusammenwachsen von Fernsehen, Telefonie und Internet und der immer intensiveren Nutzung dieser Medien prognostiziert eine Studie einen deutlich wachsenden Energiebedarf sowohl für Endgeräte als auch bei den Telekommunikationsnetzen [NORD09] (vgl. Abb. 12-2).

Abbildung 12-3: Für die Profis – Frischluftkühlung im Microsoft Rechenzentrum in Irland

In einem Industriegebiet nahe der irischen Hauptstadt Dublin hat Microsoft für 500 Millionen US-Dollar ein neues Rechenzentrum gebaut. Microsofts erstes Mega-Rechenzentrum außerhalb der Vereinigten Staaten hat eine Nutzfläche von 2,8 Hektar und ist seit 2009 im Betrieb. Die bei Inbetriebnahme installierten Server fordern eine maximale Leistungsaufnahme von 5,4 MW Strom. Das Rechenzentrum kann bei wachsendem Bedarf bis zu einer Gesamtleistung von 22,2 MW ausgebaut werden.

Zur Reduktion des Energiebedarfs für Kühlung und Klimatisierung wird mittels innovativer Technologie das kühle irische Klima zur Freien Kühlung genutzt. Mit einer vergleichsweise hohen Raumlufttemperatur von 35 Grad Celsius bei gleichzeitig recht niedrigen mittleren Temperaturen der irischen Außenluft, ist es möglich, zu mindestens 95 Prozent der Betriebszeit ohne den Einsatz von Kältemaschinen auszukommen. Gegenüber einem herkömmlichen Rechenzentrumsbetrieb kann so der Verbrauch an Energie, Wasser und chemischen Kältemitteln und damit die Emission von CO2 erheblich eingespart werden.

Genutzt wird das irische Microsoft-Rechenzentrum vor allem für den wachsenden Markt der Online-Services. Neben dem Betrieb der Suchmaschine Bing wird auch Windows Live bereitgestellt sowie die Cloud-Computing-Infrastruktur und das Software-as-a-Service-Geschäft (vgl. [HEIS09], [JOSE09A], [JOSE09B]).

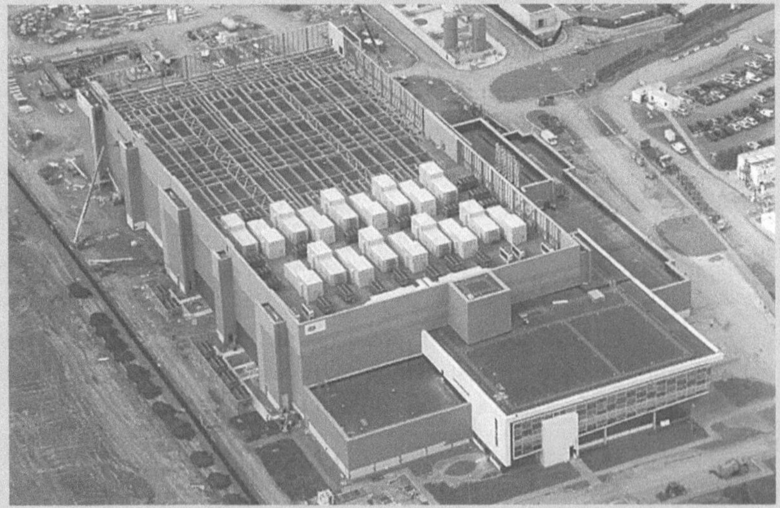

Bild: Microsoft.

Alternative Computing-Konzepte

Alternative Computing-Konzepte führen zur Reduzierung des Stromverbrauchs:

- **Thin Clients** sind Endgeräte (Terminals) eines Netzwerkes, deren funktionale Ausstattung auf die Ein- und Ausgabe beschränkt ist. Die Verarbeitung der Daten findet nicht auf dem Terminal, sondern einem zentralen Server im Rechenzentrum statt. Thin Clients benötigen keine eigene Festplatte, weniger Prozessorleistung und somit keinen Lüfter zur Kühlung. Im Vergleich zu einem vollwertigen PC verbraucht ein Thin Client-Endgerät deutlich weniger Strom und hat eine längere Lebensdauer. Es muss jedoch beachtet werden, dass der Stromverbrauch des Terminal-Servers mitberücksichtigt werden muss. Ein Server hat eine wesentlich höhere Leistungsaufnahme, ist rund um die Uhr in Betrieb und verursacht im Rechenzentrum zusätzliche Stromkosten für den Betrieb der Klimatisierung, was die Ersparnis durch die Peripheriegeräte wieder zunichtemachen kann, wenn nur wenige Terminals durch den Server versorgt werden (vgl. [FRAU08], [KLOS10]).
- **Virtualisierung** simuliert eine komplette Hardware oder Umgebung und ermöglicht dadurch eine Konsolidierung im Server-Umfeld. Dadurch werden die zahlreichen unterschiedlichen, älteren Serversysteme durch effiziente neue Server ersetzt und damit nach Herstellerangaben bis zu 80% weniger Strom verbraucht [VMWA10]. Allerdings benötigen die verbliebenen Server mehr Strom, weil sie unter höherer Auslastung betrieben werden und damit pro Gerät mehr Strom als bisher verbraucht wird. Client-Virtualisierung ermöglicht einen Client-Server-Betrieb analog zum Thin Client/Terminal-Server-System, jedoch mit vergleichbaren Effekten auf Stromverbrauch beim Client und im Rechenzentrum.
- **Cloud Computing** ist ein weiterer Ansatz, bei dem die Rechenleistung nicht am Endgerät benötigt wird, sondern aus der „Internet-Cloud", also von einem Dienstleister (Provider) im Internet bezogen wird. Auch Microsoft bietet beispielsweise Produkte via Software-as-a-Service (SaaS) an, wodurch der persönliche Computer nur noch zur Darstellung aber nicht mehr zur Berechnung benötigt wird (vgl. [MICR10B]). Die Software wird dabei als Dienstleistung basierend auf Internettechniken bereitgestellt und nicht lokal auf dem Computer installiert und ausgeführt (vgl. Kap. 3, IT-Architektur).

Abwärme von Computern

Bei Elektrogeräten wird die zugeführte elektrische Energie fast ausschließlich in Abwärme umgewandelt. Rechenzentren und Serverräume müssen daher klimatisiert werden, damit die systemkritischen Komponenten wie CPU, Laufwerke oder USV-Batterien auf einem Temperaturniveau gehalten werden, das einen störungsfreien Betrieb erlaubt und Schäden durch Überhitzungen verhindert.

Bei älteren Rechenzentren werden zwei Drittel ihrer Energiekosten allein für die Kühlung ihrer Server aufgewendet [STRA07]. Auch bei heutigen Systemen ist der Energiebedarf von Klimaanlagen je nach Wirkungsgrad um den Faktor 1,0 bis 1,3 höher als der Stromverbrauch der zu kühlenden IT [REPP08]. Dieser Energieverbrauch ist dabei erheblich. Europas zweitgrößter Webhoster Strato AG mit über 4 Millionen Domains betreibt 43.000 Server (Stand 2007) an ihren zwei Standorten in Deutschland, in Berlin und Karlsruhe. Deren Stromverbrauch liegt einschließlich der Energie zum Kühlen bei 30 Gigawattstunden pro Jahr. Mit dem Strom kämen rund 5.000 Vierpersonenhaushalte aus [STRA07].

Eine effizientere Kühlung hilft – neben verbesserter Prozessortechnologie – den Energieverbrauch zu reduzieren:

- Bei der **Freien Kühlung** wird kalte Außenluft direkt über Kanalsysteme in den Rechnerraum zur Kühlung der IT geführt oder indirekt mit einem Luft-Sole-Wärmetauscher genutzt. Bei Zeiten geeigneter Außenluftbedingungen kann dann auf den Betrieb der Kälteanlage und der Kaltwasserversorgung verzichtet oder deren Kühlbedarfsanteil verringert werden. Es ist damit effizienter, Rechenzentren in geographisch nördlichere Regionen zu bauen als in den wärmeren südlichen Regionen.

- Die **optimale Raumlufttemperatur** im Serverraum hängt davon ab, ob die kritischen Bereiche ausreichend mit kalter Luft versorgt werden. Im Großteil der Rechenzentren liegt die mittlere Serverraumtemperatur zwischen 22 und 24°C. Höhere Temperaturen im Serverraum erlauben eine höhere Temperatur der Abluft und senken den Energieverbrauch für Kühlung, beispielsweise durch Nutzung der Freien Kühlung (vgl. [TECH08], [RÜDI10]) (vgl. Abb. 12-3).

- Die **Kühlluft** sollte über geeignete Installationen direkt zu den systemkritischen Wärmequellen geleitet werden, um sogenannte Hot Spots zu vermeiden. Kabelführungen dürfen die Kühlluftströme dabei nicht beeinträchtigen. Vielfach reicht die einfache Luftkühlung des Serverraums hierfür nicht mehr aus, so dass zunehmend auf Wasserkühlung der Racks umgestellt wird. Hierbei steht ein Wasser-/Luft-Wärmetauscher neben dem geschlossenen Server-Rack, der die hinten aus dem Rack austretende Warmluft ansaugt, mit gekühltem Wasser kühlt und an der Vorderseite des Racks gleichmäßig wieder zuführt. Dieses System setzt eine vorhandene Wasser-Rückkühlung im Rechenzentrum voraus. Die Wasserkühlung der einzelnen Racks bietet dann den Vorteil, dass sich die Wärme nicht über die gesamte Raumluft verteilt, sondern direkt abgeführt werden kann (vgl. [HEIS06]).

- Zur **Verringerung von Kühlungsverlusten** ist eine Trennung von warmen und kalten Luftströmen sinnvoll (vgl. Abb. 12-4). Zusätzliche Kaltgang- beziehungsweise Warmgangeinhausung verhindert die Entstehung von Luftvermischungen durch eine strikte Trennung von Warm- und Kaltluftströmen [TECH08]. Vermeidbare Verlustquellen sind außerdem unbestückte Einschübe im Rack oder fehlende Bodenplatten. Diese Lücken sollten verblendet beziehungsweise geschlossen werden, um die Ströme erwärmter und abgekühlter Luft zu trennen [RÜDI10], [REPP08].

Abbildung 12-4: Für die Profis – Trennung der Luftströme im Rechenzentrum

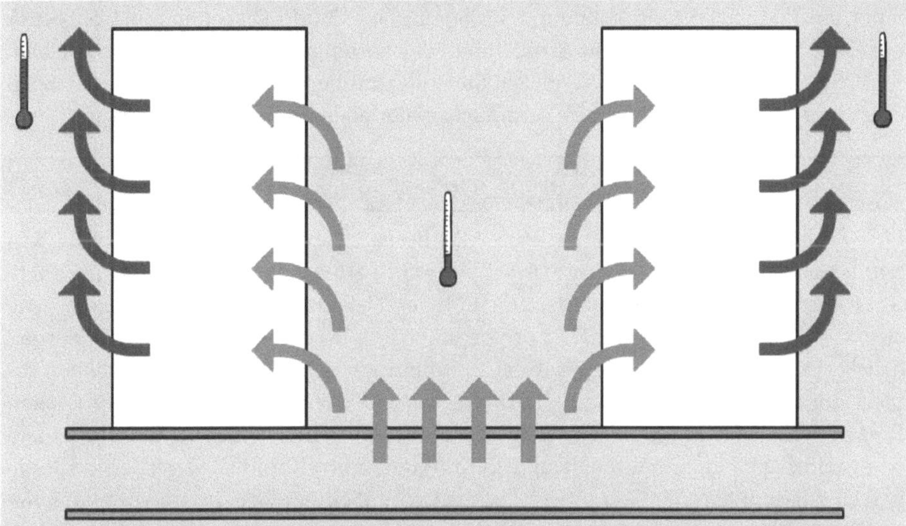

Anordnung der Racks im Rechenzentrum mit abwechselnd warmen und kalten Gängen. Die kalten Gänge werden von unten über den Doppelboden mit kalter Zuluft versorgt, die Server saugen diese Kaltluft auf beiden Seiten des Ganges an und geben sie auf ihrer Rückseite wieder als Warmluft ab.

Neben der Abwärme bei Servern im Rechenzentrum ist auch die Abwärme bei Endgeräten störend. Die Abwärme führt in nicht klimatisierten Büroräumen zur Raumaufwärmung dies ist gerade in Sommermonaten unerwünscht. Die Wärme kann zu einem ungünstigen Arbeitsklima sowie zur Überhitzung und damit Schädigung oder Ausfall der Computer führen.

Mobile Endgeräte, wie Netbooks oder Notebooks, sind heute beliebt und relativ leistungsstarke mobile Computer. Trotz stromsparenderer Technologie entsteht Abwärme, die über Kühlkörper, Heatpipes und Lüfter die Wärme primär nach unten oder seitlich abgegeben wird. Werden solche Geräte intensiv, also regelmäßig über mehrere Stunden auf dem Schoß eingesetzt (Laptop = engl. „auf dem Schoß"), kann das Körpergewebe darunter überhitzt und beschädigt werden. Im schlimmsten Fall wird ein seltener Hautkrebs, Merkelzellkarzinom, ausgelöst. Zu diesen Symptomen kann es bereits kommen, wenn die vom Laptop abgegebene Wärme immer noch als angenehm empfunden wird (40 bis 50 °C), insofern sollte er bevorzugt auf einem Tisch genutzt werden (vgl. [SiBe10], [Ärzt10]).

Verbrauchsmaterial der IT

Im IT-Umfeld werden auch große Mengen an Verbrauchsmaterialien benötigt. Früher waren dies im Bereich der Datenträger die Disketten und Bänder, später CDs und

DVDs. Auf der Rangliste der Büromaterialien an der TU Graz steht beispielsweise Papier auf Platz 1 mit 10 Mio. Seiten (Stand 2005). CD-Rohlinge kommen mit 11.427 Stück auf Platz 8, DVD-Rohlinge mit 5.105 auf Platz 13 und Disketten mit 1.210 Stück auf Platz 24 [Graz06]. Mit dem Aufkommen der kostengünstigen, wiederbeschreibbaren USB-Memory Sticks mit vergleichbarer oder mittlerweile deutlich höherer Speicherkapazität sinkt der Bedarf an Verbrauchsmaterialien im Bereich Datenträger.

Abbildung 12-5: *Stimmen aus der Praxis – Papierloses Büro*

Eine Prognose des renommierten Palo Alto Research Centers prophezeit 1970: "*Das zeitraubende Hin- und Hergeschiebe von Papier wird im Büro der Zukunft durch Informationsverarbeitung mit Computern ersetzt*" und der IT-Forscher Alan Kay urteilt: "*Wer druckt, lebt in der Vergangenheit*". Aber heutzutage wird mehr denn je auf Papier gedruckt. In den ersten 20 Jahren seit der Einführung des PC hat sich der weltweite Papierverbrauch um über 50% erhöht, und selbst mit der breiten Informationsbeschaffung über das WWW im Internet steigt der Papierverbrauch weiter an. In Deutschland ist der jährliche Papierverbrauch auf 226 Kilogramm pro Kopf (2009) gestiegen. Der in den 80er Jahren von der Computerindustrie in die Welt gesetzte Traum vom papierlosen Büro ist längst ausgeträumt [UMWE10B].

„Das papierlose Büro ist genauso weit entfernt wie das papierlose Klo." (Heinrich v. Pierer, ehem. Vorstandsvorsitzender und Aufsichtsratsvorsitzender der Siemens AG)

Ein sehr hoher Anteil an Verbrauchsmaterialien wird im Bereich Drucken benötigt. In erster Linie ist dies der Papierverbrauch. In Unternehmen druckt schätzungsweise jeder Mitarbeiter ca. 30-40 Seiten pro Tag. Hier besteht noch erhebliches Reduktionspotenzial, denn es wird angenommen, dass 45% aller ausgedruckten Dokumente und Fotokopien noch am selben Tag in den Papierkorb wandern [DoxE09]. Pro Jahr sind dies in Großunternehmen nicht nur Riesenstapel von neuem Papier, sondern gleichzeitig „Berge" von Papierabfällen. Auch wenn heutzutage die Verwendung von Recyclingpapier üblich ist, sollte ein Umdenken bei den Anwendern herbeigeführt werden. Ein Einsparpotenzial besteht bei Verwendung von doppelseitigem Druck oder dem Druck mehrerer Seiten pro Blatt. Das größte Einsparpotential besteht jedoch darin, das Druckverhalten komplett zu ändern und auf unnötiges Drucken ganz zu verzichten (vgl. Abb. 12-5). Stattdessen sollte die Informationsaufnahme und -weitergabe über Online-Datenbanken, Workflowsysteme oder andere elektronische Medien erfolgen, denn ein Großteil der Informationen kann ebenso gut auch auf dem Bildschirm gelesen werden.

Neben dem Papier benötigt man beim Drucken weitere Verbrauchsmaterialien, vor allem Toner und Tinte, deren Kartuschen und Patronen sowie seltener zu wechselnde Ersatzteile, wie Entwicklereinheiten. Vor allem im Consumer-Bereich ist es bei Drucker-Herstellern üblich, eher günstige Druck-Endgeräte zu verkaufen und dann über den Verbrauch von Toner und Tinte zu verdienen. Zur Entlastung der Umwelt sollen Kartuschen und Patronen wiederverwendet werden können. Tintenpatronen können zwar teilweise mithilfe von Spritzen mit Nachfülltinte zu einem Bruchteil der Kosten für Originaltinte wiederaufgefüllt werden, aber durch die geringere Qualität verstopfen Druckkopf und Düsen schneller als bei Originaltinte. Für Toner-Kartuschen haben die Hersteller Recycling-Prozesse installiert (vgl. Abb. 12-6).

Abbildung 12-6: *Stimmen aus der Praxis – Recycling-Prozess für Toner-Kartuschen*

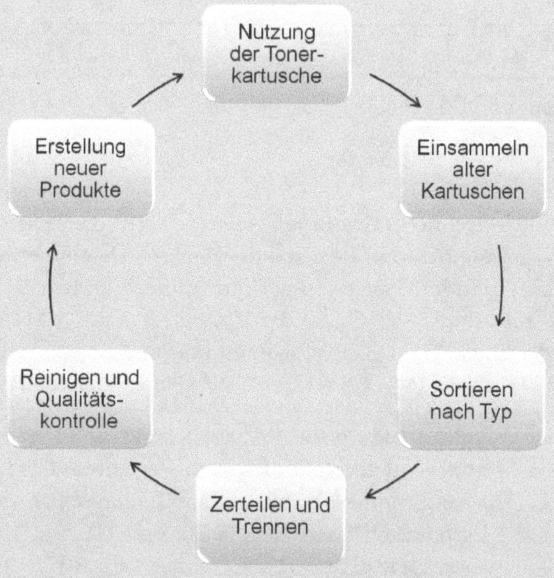

vgl. [CANO05]

Emissionen

Bei IT-Geräten gibt es eine sehr große Palette an unterschiedlichen Emissionen, wie Schadstoffe aller Art, Reizstoffe oder Allergene, Schallemission (Lärm), elektromagnetische Strahlung, ionisierende Strahlung oder Erschütterungen. Diese Emissionen können giftig, gesundheitsschädlich oder umweltgefährdend sein oder auch nur als störend empfunden werden.

Im Bereich der Schadstoffe sind sehr viele chemische Substanzen in den Kunststoffteilen oder Leiterplatinen enthalten. Die Zusatzstoffe, wie beispielsweise die bromierten Flammschutzmittel in Monitorgehäusen, haben zwar einen sinnvollen Zweck in der Herstellung oder im Betrieb. Sie sind jedoch nicht fest im Kunststoff gebunden, sondern können je nach Gebrauchsbedingungen an seine Oberfläche wandern, ausdampfen, durch Wasser ausgewaschen werden oder in fetthaltige Substanzen übergehen.

Für einige Vertreter dieser Stoffgruppe liegen deutliche wissenschaftliche Hinweise aus Tierversuchen über ihre hormonelle Wirksamkeit vor, über die sie in den Schilddrüsenstoffwechsel eingreifen und Entwicklungs- sowie Verhaltensstörungen auslösen können (vgl. [CaSC00]).

Laserdrucker verwenden als Farbstoff Toner, ein sehr feines Pulver, das zu einer Erhöhung der Feinstaubbelastung in Büros führen kann. Moderne Geräte setzen geeignete Filter ein, die den Großteil der Partikel ausfiltern können. Vor allem bei unsachgemäßem Tausch der Toner-Kartuschen kann jedoch Toner austreten und die Raumluft belasten (vgl. [RolL08], [DexW08], [SteL06], [IFA10)].

Abbildung 12-7: *Für die Profis – Elektromagnetische Strahlung bei Informationstechnologie*

Bei der Übertragung von Daten über Funk werden elektromagnetische Strahlen emittiert. Die verschiedenen Übertragungstechnologien nutzen unterschiedliche Frequenzen und Sendeleistungen.

- **Universal Mobile Telecommunications System** (UMTS) ist ein Mobilfunkstandard der dritten Generation (3G), mit dem deutlich höhere Datenübertragungsraten als mit dem Mobilfunkstandard der zweiten Generation (2G), dem **Global System for Mobile Communications** (GSM)-Standard, möglich sind. UMTS-Geräte nutzen den Frequenzbereich von 1,9-2.2 GHz, während die GSM-Netze in Deutschland die Bänder um 900 Megahertz (MHz) und um 1800 MHz verwenden [WIUM11].
- **Bluetooth** ist ein Industriestandard für die kabellose Vernetzung von Geräten über kurze Distanzen. Mit dem Bluetooth-Funksystem werden im Büro Geräte, wie PC, Notebook, PDA, Drucker, Scanner, Funkmaus und Funktastatur, kabellos vernetzt. Ebenso stellt es die Verbindung zwischen Handy und Headset kabelfrei her. Der verwendete Frequenzbereich liegt zwischen 2400 und 2480 MHz.
- **WLAN – Wireless Local Area Network** – überbrückt per Funk Entfernungen von 30 bis 100 Meter, im Freien vereinzelt bis 300 Meter. PC-Einsteckkarten ermöglichen die direkte Kommunikation zwischen Geräten. Über zentrale Zugangspunkte („Access Points", „Hot Spots") können Geräte Verbindungen mit dem Festnetz aufnehmen. Damit werden durch WLAN weitläufige PC-Netzwerke verbunden und externe Arbeitsplätze von Firmen, Universitäten etc. an das hauseigene Datennetz angeschlossen. In Hotels, Flughäfen und anderen Einrichtungen verschafft WLAN einen drahtlosen Zugang zum Internet. WLAN arbeitet wie Bluetooth im Frequenzbereich 2400 MHz sowie seltener im Bereich zwischen 5000 und 6000 MHz [BFS05].

Beim Gebrauch elektrischer Geräte werden elektromagnetische Felder generiert, die man im allgemeinen Sprachgebrauch auch als Elektrosmog bezeichnet. Man spricht von niederfrequenten Feldern beim Stromtransport und Gebrauch von allen am

Stromnetz bei 50-60 Hz betriebenen elektrischen Geräten, wie PC, Drucker, Haushaltsgeräte, und von hochfrequenten Feldern, die bei der Funkübertragung für Radio- und Fernsehempfang, mobiles Telefonieren und Datentransfer entstehen (vgl. Abb. 12-7).

Niederfrequente elektrische und magnetische Felder beeinflussen die körpereigenen elektrischen Ströme und wirken auf Sinnes-, Nerven- und Muskelzellen. Hochfrequente elektromagnetische Felder dringen wenige Zentimeter in den Körper ein. Dort werden sie absorbiert und in Wärme umgewandelt. Das Körpergewebe kann hier durch große Hitze – also ab einer bestimmten Strahlungsintensität – geschädigt werden. Kontrovers wird über Hypothesen diskutiert, die Elektrosmog mit Kopfschmerzen, Konzentrationsstörungen und Unwohlsein in Verbindung bringen, teilweise sogar mit der Entstehung von Krebs. Bisher fehlt allen diesen Befürchtungen der ausreichende Beweis (vgl. [NRW09]).

Vor allem die mechanischen Komponenten in Informationssystemen verursachen Lärm und Vibrationen. Computer, Notebooks und Drucker benötigen zur Kühlung Lüfter, die aufgrund der konstanten und hohen Drehzahl zwar keinen lauten, aber einen im Büroalltag sehr störenden Lüfterton verursachen. Bei Netzteilen und bei Flachbildschirmen kann durch vibrierende Spulen oder andere Bauteile ein andauerndes Surren oder Brummen festgestellt werden. Auch CD-/DVD-ROM-Laufwerke, mechanische Festplatten, Scanner und die mechanischen Einheiten von Druckern und Kopierern verursachen im Betrieb unangenehmen Lärm (vgl. [CACA01]).

Wenn die Arbeitsaufgaben hohe Aufmerksamkeit und geistige Leistungen erfordern, sind Durschnittsschallpegel von höchstens 35-45 dB (A) zu empfehlen. Abgesehen von Druckern, die einen Lärmpegel über 55 dB(A) aufweisen können, ist der Lärmgrenzwert für Bürobereiche bei Einzelgeräten in der Regel unterschritten.

In Kombination mit anderen Lärmquellen, wie weitere Drucker, Büro- und Straßenlärm, ist der Lärm nicht nur störend und die Konzentrationsfähigkeit belastend, sondern auch gesundheitsschädlich.

ΣΣ Computerarbeitsplatz: Arbeitsschutz in der IT

Frühere Arbeitsplätze in der Landwirtschaft, im Bergbau oder in Fabriken waren sicherlich gefährlicher als heutige Büroarbeitsplätze. Dennoch bieten auch Bildschirmarbeitsplätze arbeitsmedizinische Gefahren für die Anwender. Der Arbeitsschutz beschäftigt sich daher unter anderem mit der Vermeidung von Arbeitsunfällen und dem Schutz der Gesundheit sowohl vor langfristigen (chronische) als auch kurzzeitig auftretenden (akute) Einwirkungen, wie durch Gefahrstoffe, Lärm, psychische Belastungen oder mechanische Gefährdungen bei der Arbeit.

Auf Wärmeentwicklung, Gefahrstoffe, Elektrosmog und Lärm wurde bereits hingewiesen. Bildschirmarbeitsplätze haben aber auch allein aufgrund ihrer Arbeitsplatzergonomie langfristige Auswirkungen auf unsere Gesundheit. Die Stromversorgung der Computer führt zu „Kabelsalat", der zu Stolperunfällen führen kann. Der „Tennis"-

Arm, den sich Sportbegeisterte auf dem Ziegelsand des Tennisplatzes erkämpften, weicht in den Wartezimmern der Orthopäden dem „Mausarm“. Unter dem Fachbegriff „Repetitive Strain Injuries“ (RSI) fassen Mediziner schmerzhafte Erkrankungen durch die wiederholte Belastung bei Bildschirmarbeit zusammen. Flimmernde Monitore oder ungeeignete Lichtverhältnisse können zudem die Augen überanstrengen.

Abbildung 12-8: *Empfohlene Bildschirmaufstellung*

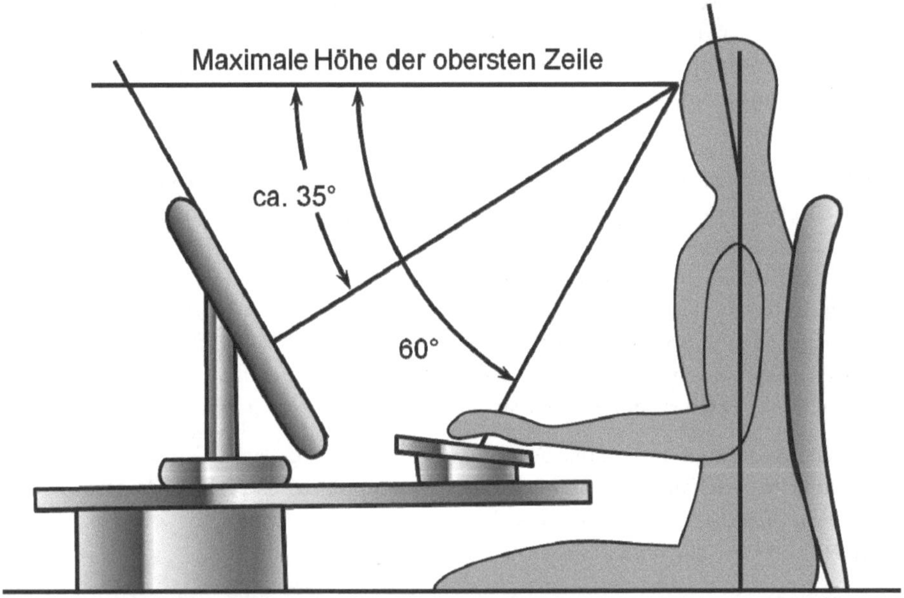

Gesetze und Verordnungen, wie die Bildschirmarbeitsplatzverordnung, sollen die Gesundheit der Mitarbeiter sicherstellen, die dauerhaft an einem Computer tätig sind. Ein ergonomischer Computerarbeitsplatz beinhaltet zum Beispiel einen ergonomischen höhenverstellbaren und drehbaren Stuhl mit Armlehnen, eine ergonomische Tastatur, gegebenenfalls eine Handauflage vor der Tastatur, einen genügend großen in Höhe und Blickwinkel verstellbaren Bildschirm, passende Lichtverhältnisse, eine ergonomisch gestaltete Maus und genügend Raum, um die Beine auszustrecken [PawL09]. Praxishilfen für die Gestaltung von Bildschirmarbeitsplätzen bieten die Berufsgenossenschaften [VBG08] (vgl. Abb. 12-8).

Abbildung 12-9: *Verschiedene Umweltlabels*

Kennzeichnung umweltgerechter Produkte

Auf dem Markt existieren zahlreiche Gütesiegel, um umweltgerechte Produkte zu kennzeichnen. Größte Verbreitung haben in Deutschland Der Blaue Engel und der ENERGY STAR® (vgl. Abb. 12-1 und Abb. 12-9).

Der Blaue Engel ist das erste und bekannteste Umweltzeichen der Welt. Seit 1978 setzt er Maßstäbe für umweltfreundliche Produkte und Dienstleistungen, die von einer unabhängigen Jury nach definierten Kriterien beschlossen werden. Mit dem Blauen Engel werden Unternehmen für ihr Engagement im Umweltschutz belohnt. Sie können ihre umweltfreundlichen Produkte seriös am Markt bewerben. Der Blaue Engel weist den Verbrauchern den Weg zum ökologisch besseren Produkt und fördert umweltbewussten Konsum (vgl. [BLAU10a]).

Vergabekriterien für Bürogeräte mit Druckfunktion sind beispielsweise [BLAU10b]:

- geringe Belastung der Innenraumluft durch Schadstoffe
- geringer Energiebedarf in Leerlaufzeiten für mehr Klimaschutz
- leiser Betrieb vermeidet Konzentrationsschwächen

- geeignet für Recyclingpapier
- Duplexeinrichtung für doppelseitiges Bedrucken bei Hochleistungsgeräten
- geringer Ressourcenverbrauch durch wiederverwertbare Teile

ENERGY STAR® ist ein internationales freiwilliges Kennzeichnungsprogramm für energiesparende Geräte, Baustoffe, öffentliche/gewerbliche Gebäude oder Wohnbauten, das 1992 von der US-amerikanischen Umweltschutzbehörde EPA (Environmental Protection Agency) ins Leben gerufen wurde. Durch ein Abkommen mit der US-Regierung nimmt die Europäische Gemeinschaft am ENERGY STAR®-Programm teil, soweit es sich auf Bürogeräte bezieht (vgl. [EnER10]).

Das Europäische Umweltzeichen – die EU-Blume – ist ein 1992 gegründetes, freiwilliges System, um Unternehmen zur Vermarktung von umweltfreundlichen Produkten und Dienstleistungen zu bewegen. Das EU-Umweltzeichen deckt eine breite Palette von Produkten und Dienstleistungen – nicht nur im Bereich der Informationstechnologie – ab. Die Kriterien für das Umweltzeichen berücksichtigen die Auswirkungen der Produkte oder Dienstleistungen auf die Umwelt während ihres gesamten Lebenszyklus, angefangen von der Rohstoffgewinnung in der Entwicklung bis hin zur Produktion, Vertrieb und Entsorgung (vgl. [ECOL10]).

Das Nordic Ecolabel (oder Nordic Swan) ist ein in den skandinavischen Ländern bekanntes und verbreitetes Öko-Label. Die Richtlinien für ITK-Produkte entsprechen denen der EU-Blume (vgl. [NorD10]).

TCO Certified, die Richtlinie für ITK-Produkte, ist eine Zertifizierung durch Dritte, bei der ein akkreditiertes, unabhängiges Prüflaborator jedes Modell eines Produkts testet und verifiziert, dass das Produkt die Kriterien der Zertifizierung erfüllt. Zur Qualitätssicherung des Gütesiegels gehören auch regelmäßige Tests auf dem Sekundärmarkt, um sicherzustellen, dass die auf dem Markt befindlichen TCO-zertifizierten Produkte die festgelegten Kriterien erfüllen. Das sind ein geringer Energieverbrauch und Einschränkungen bei der Verwendung umweltgefährdender Stoffe. Daher sind diese wesentlicher Bestandteil der Zertifizierungskriterien. Kriterien zur Beurteilung der Energieeffizienz gibt es seit 1992, Anforderungen für das Recycling seit 1995.

Entsorgungsaspekte

Elektronikprodukte haben eine sehr beschränkte Lebenszeit, da sie in ihrer Leistungsfähigkeit und den Funktionen schnell überholt und veraltet sind (→Mooresches Gesetz). Nach etwa 3-5 Jahren werden Computer daher in den Unternehmen durch leistungsfähigere und effizientere Neugeräte ersetzt. In Deutschland fallen jährlich so mindestens 250.000 Tonnen Elektronikschrott zur Entsorgung an – darunter der Computerschrott, der mit giftigen Schadstoffen belastet ist (vgl. Abb. 12-10). Aufgrund der Verwendung von Gefahrstoffen bei der Produktion, insbesondere einer Vielzahl an Schwermetallen, wie Blei, Arsen, Kadmium oder Quecksilber, ist die Entsorgung von

Computern und Peripherie sehr problematisch für die Umwelt. Wird Computerschrott jedoch einfach verklappt, entstehen Giftstoffe, die das Erdreich belasten und wertvolle Metalle, wie Gold, Silber, Palladium und Kupfer, gehen verloren.

Ein internationaler Vertrag, die Baseler Konvention, verbietet zwar den Export von Computerschrott in die Dritte Welt. Dennoch werden jährlich 69 Millionen Altgeräte als „Second-Hand-Geräte" in die Entwicklungsländer zur Entsorgung verschifft [Beck04], [HögE09]. Die Recyclingverfahren sind in diesen Ländern noch nicht ausgereift und deshalb nicht effektiv, so dass wertvolle Rohstoffe verloren gehen. Aufgrund der primitiven und veralteten Recycling-Methoden beim Aufbereiten von Metallen, wie Gold und Kupfer, werden weniger als 25 Prozent des Goldes wiedergewonnen. Sondermetalle gehen vollständig verloren. Die Auswirkungen auf Umwelt und Gesundheit ist jedoch aufgrund der Schadstoffbelastung sehr negativ(vgl. [HögE09]).

Besser sind moderne Recycling-Anlagen zur Wiedergewinnung seltener und teurer Rohstoffe, denn der massive Preisanstieg an den Rohstoffbörsen zeigt, dass die Versorgung durch natürlich vorkommende Rohstoffe nicht auf ewig sichergestellt ist. Beispielsweise Indium: Obwohl die Vorräte langsam zur Neige gehen, wird das seltene Metall nur in wenigen Fabriken in den USA, Belgien und Japan recycelt [Beck04].

Abbildung 12-10: *Panorama – Defekte und alte Drucker, Monitore, PCs als Elektronikschrott*

Foto: T. Hüttl

Zur Vermeidung von Elektronikschrott sollte die Nutzungsdauer von Hardware über den Abschreibungszeitraum hinaus bis zu einem irreparablen Zustand verlängert werden, um damit die Herstellung neuer Elektrogeräte zu vermeiden. Dabei kann ältere

Hardware auch unternehmensintern umfunktioniert werden, bevor Sie dem Recycling zugeführt wird:

- Verwendung der PCs als Internetrouter oder Firewall
- Im Engineering werden stets neueste Computer für Berechnungen eingesetzt. Im Büroumfeld sind die Anforderungen geringer, so dass ehemalige Engineering-Computer dort etwas länger eingesetzt werden können.
- Verwendung älterer PCs als Terminal („Thin Client")

Auch die Wiederverwendung (=ReUse) noch akzeptabler Computer, Komponenten und Peripheriegeräte durch den Verkauf gebrauchter Hardware zu günstigen Preisen über Hardware-Broker oder die Abgabe an soziale Einrichtungen als Spende ist sinnvoll und umweltfreundlich (vgl. [Beck04]).

ΣΣ Green-IT

Die Nutzung der Informationstechnik über deren gesamten Lebenszyklus hinweg umwelt- und ressourcenschonend zu gestalten, also vom Design der Systeme, zur Produktion der Komponenten über deren Verwendung bis zur Entsorgung beziehungsweise dem Recycling der Geräte fasst man heutzutage unter dem Begriff Green-IT zusammen (vgl. [WiGR10]).

Green-IT bedeutet jedoch mehr als nur energie- und rohstoffeffiziente Nutzung der Informationstechnologie. Die Anwendung von IT ermöglicht es auch, in anderen Bereichen CO2-Emissionen zu reduzieren sowie Energie und Ressourcen zu sparen [GreE10] (vgl. Abb. 12-11).

Folgende Beispiele machen dies deutlich (vgl. [DENA10], [KolB09]):

- Computer ermöglichen eine Optimierung von Anlagensteuerungen: Computergesteuerte Klimatisierungs- und Heizanlagen optimieren und senken den Energieverbrauch in Gebäuden. Computergesteuerte Prozesssteuerung in der chemischen Industrie und Verfahrenstechnik reduziert und optimiert den Ressourceneinsatz verfahrenstechnischer Prozesse.
- Navigations- und Logistiksysteme optimieren die Fahrtstrecken im Transportwesen und minimieren die Fahrtdauer und den Treibstoffverbrauch.
- Die Herausforderung für die künftigen Stromnetze ist es, Erzeugung und Verbrauch durch gezieltes Zu- oder Abschalten von Erzeugern oder Verbrauchern intelligent in Einklang zu bringen. Voraussetzung hierfür sind intelligente Zähler (Smart Meter) beim Verbraucher, die durch Anschluss an die IT-Netzwerke mit den Stromproduzenten direkt verbunden sind und eine Steuerung der Verbraucher durch Zwischenspeicherung von Strom in Fahrzeugbatterien von Elektroautos ermöglichen.

Abbildung 12-11: Panorama – Bundes-CIO Cornelia Rogall-Grothe fördert Green-IT

Anfang 2010 übernahm Cornelia Rogall-Grothe als Staatssekretärin im Bundesministerium des Innern das Amt der Beauftragten der Bundesregierung für Informationstechnik. Zum Aufgabenbereich der „Bundes-CIO" gehören die Ausarbeitung und Steuerung einer E-Government- und IT-Sicherheitsstrategie des Bundes sowie die Entwicklung von Architektur, Standards und Methoden für die IT von Bundesbehörden (vgl. [BREM10], [GIEV10]).

Frau Cornelia Rogall-Grothe, Quelle: BMI/Hans-Joachim M. Rickel [BMI10].

Die IT-Beauftragte der Bundesregierung, Cornelia Rogall-Grothe, engagiert sich auch für Green-IT. Sie hat 2010 in Berlin den ersten Green-IT-Tag der Bundesverwaltung eröffnet und drei Behörden-Projekte als 'Leuchtturmprojekt Green-IT 2010' ausgezeichnet. Die Bundesregierung fördert mit dem IT-Investitionsprogramm 70 Green-IT-Maßnahmen in der Bundesverwaltung mit einem Gesamtvolumen von rund 90 Millionen Euro. Ziel ist es, den Energieverbrauch der Verwaltung bis 2013 um 40 Prozent zu reduzieren (vgl. [POES10]).

- Mittels Höchstleistungsrechnern werden mittel- und langfristige Klimaberechnungen und Umweltprognosen durchgeführt, die Grundlage für globale umweltpolitische Maßnahmen sind.

- Telearbeit/Heimarbeit reduziert den Energieverbrauch beziehungsweise CO2-Ausstoß für An- und Abfahrten zur Arbeitsstätte. Unter Umständen weite Wege zur Arbeitsstelle können entfallen, weil sich durch immer schneller werdende Internetverbindungen ein Arbeiten von zuhause aus immer besser umsetzen lässt.

- Können Störungen von Maschinen, Anlagen oder Offshore-Installationen nicht durch das vor Ort verfügbare Wartungspersonal behoben werden, müssen oft weit entfernte Spezialisten eingeflogen werden. Durch Fernwartungszugänge können Softwarestörungen rasch behoben und Flugreisen vermieden werden.
- Videokonferenzlösungen helfen, Geschäftsreisen zu vermeiden, und sparen so bis zu 30 Prozent der Kosten in diesem Bereich. Statt wertvolle Arbeitszeit in Verkehrsmitteln zu verbringen, können Mitarbeiter schnell und unmittelbar kommunizieren und Entscheidungen treffen. Neben dieser Prozessoptimierung führt IT hier auch zu weniger Reiseverkehr und damit zu weniger Emissionen.

Was haben Sie gelernt?

Für die Herstellung von Computern ist ein enormer Bedarf an seltenen Rohstoffen, teuren Edelmetallen, fossilen Brennstoffen und Wasser erforderlich. Durch die Verwendung verschiedenster Schadstoffe bei der Herstellung gibt es negative ökologische Auswirkungen sowohl bei der Produktion als auch bei der Entsorgung von Elektrogeräten. Auch im Betrieb können die problematischen Substanzen langfristige arbeitsmedizinische Gefahren für Mitarbeiter an Bildschirmarbeitsplätzen darstellen. Aufgrund niedriger Umweltstandards in Entwicklungsländern führen der Rohstoffabbau, die Produktion und die Entsorgung von Computern in diesen Regionen der Erde zu massiven Umweltschäden und Gesundheitsschäden der Arbeiter und Bevölkerung.

Beim Einkauf von Computern und Peripherie sollte auf Umwelt-Kennzeichnungen, wie Der Blaue Engel oder ENERGY STAR®, geachtet werden. Diese geben Hinweise auf niedrige Emissionen, sparsamen Betrieb und manche Label berücksichtigen auch die ergonomische Gestaltung von IT-Geräten, um dauerhafte Schäden wie „Repetitive Strain Injuries" (RSI) zu vermeiden.

Zahlreiche Green-IT-Maßnahmen sind möglich, um den wachsenden Energiebedarf und somit die CO_2-Emission der Informations- und Kommunikationstechnologie einzudämmen: Sparsamere Prozessoren, intelligente Energiesparmodi, alternative Computing-Modelle, Optimierung der Kühlung und Klimatisierung in Rechenzentren, u.v.m. Damit wird klar, dass Maßnahmen zur Green-IT nicht nur ein „Strohfeuer" darstellen, sondern dauerhaft erforderlich sind, um ökologisch verträglichere Produkte zu erhalten.

Literaturverzeichnis Kapitel 12

[ÄRZT10] ÄRZTE ZEITUNG: Laptop auf dem Schoß - mit Nebenwirkungen, 2010, http://www.aerztezeitung.de/medizin/krankheiten/haut-krankheiten/ article/585305/laptop-schoss-nebenwirkungen.html, abgerufen am 24.12.2010

[BECK04] BECKER, F.: ReUse-Computer - Kultur der Nutzenoptimierung, Trans - Internet-Zeitschrift für Kulturwissenschaften, Nr. 15, Juli 2004, http://www.inst.at/trans/15Nr/03_2/becker15.htm, abgerufen am 24.12.2010

[BFS05] BUNDESAMT FÜR STRAHLENSCHUTZ: Moderne Kommunikationstechnologien - Bluetooth und WLAN, Infoblatt Juli 2005, http://www.bfs.de/de/bfs/druck/infoblatt/Bluetooth_WLAN.html/printversion, abgerufen am 26.02.2011

[BLAU10A] BLAUER ENGEL: Herzlich willkommen beim Blauen Engel, 2010a, http://www.blauer-engel.de/, abgerufen am 24.12.2010

[BLAU10B] BLAUER ENGEL: Drucker, Bürogeräte mit Druckfunktion, RAL-UZ 122, 2010b, http://www.blauer-engel.de/ de/produkte_marken/produktsuche/produkttyp.php?id=332, abgerufen am 24.12.2010

[BMI10] BUNDESMINISTERIUM DES INNERN: Frau Cornelia Rogall-Grothe, Aktuelles & Presse, Pressemitteilungen, 2010 http://www.bmi.bund.de/SharedDocs/Bilder/DE/Personen/Rogall/rogall_grothe.html?nn =109632&isPoster=true, abgerufen am 24.12.2010

[BORM08] BORMANN, S.: Virtueller Umweltschutz, In: umwelt aktuell Ausgabe Februar 2008, Deutscher Naturschutzring Dachverband der deutschen Natur- und Umweltschutzverbände (DNR) e.V., Bonn, Oekom Verlag, München 2008, S. 6-7, http://www.eu-koordination.de/PDF/ua2008-02.pdf, abgerufen am 24.12.2010

[BREM10] BREMMER, M.: Juristin wird neuer Bundes-CIO, Cumputerwoche.de, 2010, http://www.computerwoche.de/management/it-macher/1928672/, abgerufen am 24.12.2010

[CACA01] ÇAKIR, A. E.; ÇAKIR, G.: Bewertung der Geräuschemission von Geräten und Komponenten im Bereich der Büro-EDV, Gutachten November 2001, ERGONOMIC Institut für Arbeits- und Sozialforschung Forschungsgesellschaft mbH, http://ergonomic.de/files/endbericht.pdf, abgerufen am 24.12.2010

[CANO05] CANON: Das Canon Toner Cartridge Recycling Programm, Informationsbroschüre, 2005, http://www.canon.de/Images/CartRecycPro%20Brochure%20German%2072dpi-_tcm83-337265.pdf abgerufen am 24.12.2010

[CASC00] CAMERON, P., SCHACHT, K.: Gefahren für die menschliche Gesundheit durch hormonell wirksame Zusätze in Kunststoffprodukten, Flammschutzmittel, Weichmacher und Organozinnverbindungen, Studie des WWF Deutschland, Frankfurt am Main, Juli 2000, http://www.oekopol.de/de/Archiv/U-%20und%20G-Produkte/Hormone-%20in%20Kunststoffen/Additive.pdf, abgerufen am 24.12.2010

[DENA10] DEUTSCHE ENERGIE-AGENTUR: Green IT: Potenzial für die Zukunft, Energieeffizienz steigern, Wachstumsmärkte erschließen und Nachhaltigkeit sichern, Broschüre, 2010, http://www.energieeffizienz-im-service.de/ fileadmin/InitiativeEnergieEffizienz/auswahl-hilfe/downloads/Green_IT/IEE_BR_DL_GreenIT.pdf, abgerufen am 24.12.2010

[DEXW08] DEXWET TECHNOLOGY: Krebserzeugende Wirkung von Nanopartikel, Toner und anderen Stäuben bestätigt, 2008, http://dexwet.com/content/view/89/9/lang,en/, abgerufen am 24.12.2010

[DOXE09] DOXENSE: Die wahren Druckkosten, Leitfaden für Manager: Reduzierung von Papierabfall & Kosten, November 2009, http://www.bit-news.de/bitverlag/bit/download-/BIT-Whitepaper_2197.pdf, abgerufen am 24.12.2010

[ENER10] ENERGY STAR: Einführung zum EU-ENERGY STAR®-Programm, Website des ENERGY STAR-Programms der Europäischen Gemeinschaft für Strom sparende Bürogeräte, 2010, http://www.eu-energystar.org/de/index.html, abgerufen am 24.12.2010

[ECOL10] ECO-LABEL: Der Katalog zum europäischen Umweltzeichen, 2010, http://www.eco-label.com/german/, abgerufen am 24.12.2010

[FRAU08] FRAUNHOFER INSTITUT UMWELT-, SICHERHEITS-, ENERGIETECHNIK UMSICHT: PC vs. Thin Client – Wirtschaftlichtkeitsbetrachtung, Version 1.2008, http://cc-asp.fraunhofer.de/docs/PCvsTC-de.pdf, abgerufen am 24.12.2010

[FUJI10] FUJITSU TECHNOLOGY SOLUTION: proGREEN selection, 2009, http://de.fujitsu.com/ps2/progreen/index.html, abgerufen am 24.12.2010

[GIEV10] GIEVERT, S.: Rogall-Grothe neue Bundes-CIO, politik-digital.de, 2010, http://politik-digital.de/rogall-grothe-neue-bundes-cio, abgerufen am 24.12.2010

[GRAZ06] UNI GRAZ: Nachhaltigkeit im Beschaffungs- und Entsorgungswesen, Interdisziplinäres Praktikum (Magisterstudium), Berichte aus den Umweltsystemwissenschaften, 2006/05, Umweltsystemwissenschaften, Karl-Franzens-Universität Graz, http://www.uni-graz.at/usw1www_ws0506_6_entsorgung_endbericht.pdf, abgerufen am 24.12.2010

[GREE10] GREEN IT BERATUNGSBÜRO: Green ‚IN' IT - Green ‚DURCH' IT – zwei Seiten einer Medaille, green IT Beratungsbüro beim BITKOM, 2010, http://green-it-beratungsbuero.de/content/green-it-green-durch-it, abgerufen am 24.12.2010

[HEIS06] HEISE: HP kündigt Wasserkühlung für Server-Racks an, heise online, 2006, http://www.heise.de/newsticker/meldung/HP-kuendigt-Wasserkuehlung-fuer-Server-Racks-an-170743.html, abgerufen am 24.12.2010

[HEIS09] HEISE: Irisches Microsoft-Rechenzentrum mit Frischluftkühlung, Heise Online, 2009, http://www.heise.de/ct/meldung/Irisches-Microsoft-Rechenzentrum-mit-Frischluftkuehlung-797977.html, abgerufen am 24.12.2010

[HÖGE09] HÖGES, C.: Eure Computer vergiften unsere Kinder, Spiegel Online, Panorama, 2009, http://www.spiegel.de/panorama/gesellschaft/0,1518,665030,00.html, abgerufen am 24.12.2010

[IFA10] IFA: Sichere Laserdrucker und Kopierer, IFA Institut für Arbeitsschutz der Deutschen Gesetzlichen Unfallversicherung, 2010, http://dguv.de/ifa/de/pra/laserdrucker/index.jsp, abgerufen am 24.12.2010

[JOSE09A] JOSEFSBERG, A.: Microsoft Brings Two More Mega Data Centers Online in July, Microsoft TechNet blogs, 29 Juni 2009, http://blogs.technet.com/b/msdatacenters/archive/2009/06/29/microsoft-brings-two-more-mega-data-centers-online-in-july.aspx, abgerufen am 24.12.2010

[JOSE09B] JOSEFSBERG, A.: Dublin Data Center Celebrates Grand Opening, Microsoft TechNet blogs, 23 September 2009, http://blogs.technet.com/b/msdatacenters/archive/2009/09/24/dublin-data-center-celebrates-grand-opening.aspx abgerufen am 24.12.2010

[KLOS10] KLOSTERMEIER, J.: Thin Client vs. Desktop Computer – Wer spart mehr Strom?, CIO.de, IDG Business Media GmbH, 2010, http://cio.de/public-ict/communication/2235800/index.html, abgerufen am 24.12.2010

[KOLB09] KOLBE, L. M., ZARNEKOW, R., SCHMIDT, N.-H., EREK, K.: Studie: Nachhaltigkeit und Green IT in TI-Organisationen, Georg-August-Universität Göttingen, Technische Universität Berlin, 2009, http://www.uni-goettingen.de/en/114326.html, abgerufen am 24.12.2010

[MALL98] MALLEY, J.: Ein einfacher PC mit Bildschirm verbraucht 19 Tonnen Ressourcen, heise.de, 09.01.1998, http://www.heise.de/tp/r4/artikel/1/1367/1.html, abgerufen am 24.12.2010

[MICR10A] MICROSOFT: Standbymodus und Ruhezustand: Häufig gestellte Fragen, 2010, http://windows.microsoft.com/de-DE/windows7/Sleep-and-hibernation-frequently-asked-questions, abgerufen am 24.12.2010

[MICR10B] MICROSOFT: Cloud Services – Glossar, 2010, http://www.microsoft.com/germany/business/cloudservices/glossar.aspx#tabs-7, abgerufen am 24.12.2010

[NORD09] NORDWIG, H.: Green IT – Mehr, aber sparsamer, Presseinformation Fraunhofer Gesellschaft vom 24.11.2009, http://fraunhofer.de/presse/presse-informationen/2009/11/studie-green-it.jsp, abgerufen am 24.12.2010

[NORD10] NORDIC ECOLABELLING: The Nordic Ecolabel – Limiting CO2 Emissions, Website, 2010, http://www.nordic-ecolabel.org/, abgerufen am 24.12.2010

[NRW09] NRW: Elektrosmog, Quellen – Wirkung – Vorsorge, Ministerium für Umwelt und Naturschutz, Landwirtschaft und Verbraucherschutz des Landes Nordrhein-Westfalen, Düsseldorf 2009, http://www.umwelt.nrw.de/umwelt/pdf/elektrosmog.pdf, abgerufen am 24.12.2010

[PAWL09] PAWLITZKI, B.: Bildschirmarbeitsplätze - Checkliste und Dokumentation, Bayerisches Landesamt für Gesundheit und Lebensmittelsicherheit, 2009, http://www.lgl.bayern.de/arbeitsschutz/arbeitsmedizin/bildschirmarbeitsplaetze.htm, abgerufen am 24.12.2010

[POES10] POESSNECK, L.: Bundes-CIO trommelt für Green IT, Silicon.de, 2010, http://www.silicon.de/hardware/netzwerk-storage/0,39039015,41530500,00/ bundes_cio+trommelt+fuer+green+it.htm, abgerufen am 24.12.2010

[REPP08] REPPNER, M.: Rechenzentrum: Wasserkühlung statt Klimaanlage, ZDNET, 2008, http://www.zdnet.de/it_business_strategische_planung_rechenzentrum_wasserkuehlung_statt_klimaanlage_story-11000015-39159818-1.htm abgerufen am 24.12.2010

[ROBE02] ROBERSON ET AL.: Power Levels in New Monitors and Personal Computers, Report LBNL-48581, 2002, http://enduse.lbl.gov/Info/LBNL-48581.pdf, abgerufen am 24.12.2010

[ROHS03] EUROPÄISCHE UNION: Richtlinie 2002/95/EG des Europäischen Parlaments und des Rates vom 27. Januar 2003 zur Beschränkung der Verwendung bestimmter gefährlicher Stoffe in Elektro- und Elektronikgeräten, Amtsblatt der Europäischen Union, 13.2.2003, http://eur-lex.europa.eu/LexUriServ/ LexUriServ.do?uri=CELEX:32002L0095:DE:NOT, abgerufen am 24.12.2010

[ROLL08] ROLLER, M.: Untersuchungen zur krebserzeugenden Wirkung von Nanopartikeln und anderen Stäuben, Forschung Projekt F 2083, Bundesanstalt für Arbeitsschutz und Arbeitsmedizin, Dortmund/Berlin/Dresden 2008, http://img.pte.at/files/binary/3188.pdf, abgerufen am 24.12.2010

[RÜDI10] RÜDIGER, A.: Energieverbrauch im RZ – Wie Profis das Data Center kühlen, COMPUTERWOCHE, 2010, http://computerwoche.de/hardware/data-center-server/1931616/, abgerufen am 24.12.2010

[SAMS10] SAMSUNG: Samsung Mobiltelefon Blue Earth S7550, Produktinformation, 2010, http://samsung.de/de/Privatkunden/Mobil/Mobiltelefone/Style/samsungblueearths7550/GT-S7550EBADBT/detail.aspx, abgerufen am 24.12.2010

[SIBE10] SICHERHEITS-BERATER: Laptop auf dem Schoß führt zu Merkelzellkarzinomen, Ausgabe 5/10, 2010, http://www.sicherheits-berater.de/, abgerufen am 24.12.2010

[STEL06] STELTING, H.-J.: Krank durch Toner – Erfahrungen mit einer Nanopathologie, 2006, http://nano-control.de/pdf_htm/KdT-Nanopatholgie.pdf, abgerufen am 24.12.2010

[STRA07] STRASSMANN, B.: Der Fußabdruck des Surfers, ZEIT ONLINE, 2007, http://zeit.de/2007/33/T-Green-Computing, abgerufen am 24.12.2010

[TECH08] TECHNISCHE UNIVERSITÄT BERLIN, INNOVATIONSZENTRUM ENERGIE (IZE): Konzeptstudie zur Energie- und Ressourceneffizienz im Betrieb von Rechenzentren, Studie zur Erfassung und Bewertung von innovativen Konzepten im Bereich der Anlagen-, Gebäude- und Systemtechnik bei Rechenzentren, Endbericht Februar - Dezember 2008, http://www.energie.tu-berlin.de/uploads/media/ IZE_Konzeptstudie_Energieeffizienz-_in_Rechenzentren.pdf, abgerufen am 24.12.2010

[UMWE10A] UMWELTBUNDESAMT: Umweltfreundliche Beschaffung, Online- Informationsportal, Dessau-Roßlau 2010, http://umweltbundesamt.de/produkte/beschaffung/index.php, abgerufen am 24.12.2010

[UMWE10B] UMWELTBUNDESAMT: Papierverbrauch und Verwertung von Altpapier, Onlineportal 2009, http://www.umweltbundesamt-daten-zur-umwelt.de/umweltdaten/public/-theme.do?nodeIdent=2314, abgerufen am 24.12.2010

[VBG08] VBG: Büroarbeit - sicher, gesund und erfolgreich, Praxishilfen für die Gestaltung – mit CD-ROM, VBG Verwaltungs-Berufsgenossenschaft, Hamburg 2008, http://www.vbg.de/bueroarbeit/p_buero/leitf/bgi5001.pdf, abgerufen am 24.12.2010

[VMWA10] VMWARE: Energieeffizienz – Umweltbewusster IT-Betrieb mit Virtualisierung, 2010, http://vmware.com/de/solutions/consolidation/green/, abgerufen am 24.12.2010

[VOSE07] VOSER, S.: UN-Initiative zur Verbesserung des Elektroschrott-Recycling angelaufen, Pressemitteilung Informationsdienst Wissenschaft, Bayreuth 2007, http://idw-online.de/pages/de/news199283, abgerufen am 24.12.2010

[WIGR10] WIKIPEDIA: Green IT, Stand 2010, http://de.wikipedia.org/wiki/Green_IT, abgerufen am 24.12.2010

[WIUM11] WIKIPEDIA: Universal Mobile Telecommunications System, Stand 2011, http://de.wikipedia.org/wiki/Universal_Mobile_Telecommunications_System, abgerufen am 26.02.2011

[WWF05] WWF DEUTSCHLAND: Hintergrundinformation Computer und Umwelt, Frankfurt 2005, http://www.wwf.de/fileadmin/fm-wwf/pdf-alt/umweltgifte/HG_Computer_und_Umwelt_0305.pdf, abgerufen am 24.12.2010

[ZEAR07] ZEHLE, S., ARNDT, L., BORMANN, S.: Unsichtbare Kosten: Ungleiche Verteilung ökologischer Risiken in der globalen Computerindustrie, Weltwirtschaft Ökologie & Entwicklung e.V. (WEED e.V.), Bonn 2007, http://pcglobal.org/files/WEED_Unsichtbare-Kosten_klein_2007.pdf, abgerufen am 24.12.2010

Stichwortverzeichnis

1

1:1-Beziehung 109
1:n-Beziehung 109

A

Abschlussprüfer 257
Abstraktion 129
Abwärme 283
Access Points 288
Aggregation 137, 139
Akkubetrieb 281
Aktiengesetz 257
Alarmierungsplan 269
Analog 24
Analytisches CRM 198
Anforderungen an ein DBMS 106
Anforderungsdefinition 212
Angebotserfassung 164
Anwendungsfalldiagramm 134
Anwendungskomponenten 151
Anwendungsprogramme 118
Anwendungssoftware 75
Anwendungssystem 3, 74
Arbeitsmarkt 237
Arbeitsmedizinische Gefahren 277, 289, 296
Arbeitspläne 173
Arbeitsplatzergonomie 289
Arbeitsschutz 277, 289
Architektur 243
Architekturen von Datenbanken 112
Architekturmodell 243
ARIS 242, 243
Arten von Datenbanken 107
ASCII 27
Assoziation 136, 138
Asymmetrische Verschlüsselung 269
Attribut 97, 128, 137
Aufbau Datenbanksystem 99
Aufgabe der UML 131
Auskunftsrecht 265
Authentifizierung 273
Authentifizierungsmerkmale 273
Authentizität 259, 274
Automatisierung 20

B

Backup 255, 272, 274
Bedarfsermittlung 163
Benachrichtigung 265
Besprechungen 226
Bestandsführung 163
Bestellung 165
Best-Practice 246
Betriebswirtschaftslehre 9
Bewertungs- und Auswahlverfahren 210
Beziehungsarten 109
Bildschirmarbeitsplatz 277, 289, 290, 296
Bildschirmsperre 269
Binärsystem 24
Biometrie 267, 273
Biometrisches Verfahren 267, 268
Bit 24
Blitz 260, 261
Blitzschutz 261, 268
Bluetooth 288
Bot 261
Branchenneutrale Anwendung 77
Branchenspezifische Anwendung 77
Brandschutz 268

Bundes-CIO 295
Bundesdatenschutzgesetz 232, 265
Business-to-Business (B2B) 193
Business-to-Consumer (B2C) 193
Bussysteme 52
Byte 24

C

Client-Server Architektur 152
Client-Server-Prinzip 66
Cloud Computing 69, 277, 282, 283
CobiT 229, 231, 245, 248, 249, 250, 251
Compliance 260, 274
Computer 29
Computerarbeitsplatz 289
Computerschrott 292, 293
Consumer–to-Consumer (C2C) 193
Continual Service Improvement 247
Control Objectives 249
Controlling 179, 240
Cookies 264
Crawler 120
Customer Relationship Management 196
Customer-Experience-Management-System 199
Customizing 152

D

Data Control Language 103
Data Definition Language 103
Data Manipulation Language 103
data privacy 265
data security 257
Data-Mining 119
Data-Warehouse 116
Dateibasierte Datenbanken 109, 110
Dateibasierte Datenbankformate 111
Daten 28, 96
Datenbank 96
Datenbankmanagementsystem 84, 98
Datenbank-Server 114
Datenbanksystem 98
Datenbanktypen 109
Datendiebstahl 257, 274
Datenerhebung 265
Datenintegrität 106
Datenmanipulation 261
Datenschutz 106, 231, 233, 255, 260, 264, 265, 268, 274
Datenschutzmaßnahmen 274
Datensicherheit 106, 255, 257, 264, 266, 268, 274
Datensicherung 261, 269, 272, 273, 274
Datensicherungskonzept 272, 273
Datenträger 29, 256
Datenunabhängigkeit 106
Datenveränderung 261
Datenverarbeitung 28
Datenverfälschung 257, 274
Datenverlust 257, 260, 261, 274
DDoS 262
Debitorenbuchhaltung 177
Denial of Service 262, 263
Der Blaue Engel 277, 291, 296
Desktop Publishing 86
Diebstahl 260
Diebstahlschutz 268
Digital 24
Digitale Signatur 256, 259
Digitales Zertifikat 271
DIN ISO/IEC 27001 259
DIN ISO/IEC 27002 245, 251, 259
Direkte Kosten 240
Distributed Denial of Service 262
Dokumentenmanagementsysteme 88
DoS 263
Drei-Ebenen-Architektur 100
Dynamisches Systemverhalten 133

E

E-Business-System 189
E-Commerce 192, 259
Effizienz 106

EG-Richtlinie 2002/95/EG „RoHS“ 278
Einbruchsschutz 268
Einführung 225
Elektromagnetische Strahlung 287, 288
Elektronikschrott 292, 293
Elektronische Signatur 256, 271
Elektronischer Datenaustausch 77
Elektrosmog 288, 289
E-Mail 262
E-Mail-Dienste 87
Emissionen 287
Energiekosten 283
Energiesparmodus 277, 281, 296
Energieverbrauch 277, 278, 284
ENERGY STAR® 277, 279, 291, 292, 296
Enterprise-Resource-Planning-System 149
Entity 109
Entschlüsselung 269, 270
Entwicklungsländer 279
Erfolgsfaktoren 3, 218
Ergebnis- und Marktsegmentrechnung 181
EU-Blume 291, 292
Europäisches Umweltzeichen 292
EVA-Prinzip 20
Externe Ebene 101
Externes Objekt 129

F

Fachkonzept 212, 224
Fachkreismitglieder 221
Fehlbedienung 260
Fehlverhalten 260
Feinstaub 288
Fernwartungszugänge 296
Fertigungsauftrag 170
Finanzwesen 175
Fingerabdruck 267
Firewall 255, 268, 269, 271, 272, 294
First Level Support 229, 244, 251
Fluktuation 237
Freie Kühlung 282
Fremdschlüssel 108
Frischluftkühlung 282
Führungsaufgabe 233
Führungssysteme 77
Funktionelles Informationsmanagement 233

G

Gefahrenquellen 260, 261, 274
Gefahrstoffe 289
Geheimhaltungsverpflichtung 268
Geheimzahl 257
Gemeinkostencontrolling 179, 180
Generalisierung 137
Gesundheitsbelastung 280
Gesundheitsgefahr 280
Gesundheitsschäden 277, 296
Gesundheitsschutz 277
Grafikbearbeitung 85
Green-IT 277, 294
Großrechner 35
Grundgesetz 265
Grundrecht 264, 265
Grundtypen von Büroaufgaben 79
Grundwerte der Informationssicherheit 257
GSM-Netz 288

H

Handelsgesetzbuch 257
Harvard-Architektur 53
Hauptbuchhaltung 176
Hautkrebs 285
Heatpipe 285
Heimarbeit 295
Hibernation 281
Hintertür 262, 263
Hoax 255, 263
Höhere Gewalt 260, 274

Hot Spot 284, 288
HTTPS 270
Hybride Verschlüsselung 270
Hybrider Standbymodus 281

I

Identifikationsverfahren 266
Illegale Verbreitung 261
I-love-you 262
Imageschaden 261
Index 120
Indirekte Kosten 240
Individualkommunikation 60
Informatik 9
Information 29
Informationelle Selbstbestimmung 265, 274
Informationsangebot 241
Informationsbedarf 241
Informationsmanagement 230
Informationsnachfrage 241
Informationsquellen 230
Informationssicherheit 259, 274
Informationsstand 241
Informationssystem 2, 74
Informationsverarbeitung 20
Informationsverarbeitungsprozess 75
Informationsversorgung 242
Infrastrukturelle Maßnahmen 268
Institutionelles Informationsmanagement 233
Integration 153, 154
Integrations- und Anwendungsplattform 152, 190
Integrierte Datenbank 118
Integrität 257, 259, 274
Interne Ebene 102
Internes Objekt 129
Internet-Provider 256, 264
Internet-Versandhandel 264
Ionisierende Strahlung 287
IS-Architektur 243
ISO 9001 245, 251
ISO/IEC 20000 229, 231, 247, 249, 250
ISO/OSI-Modell 58
ISO17799 245
IT Governance Institute 248
IT Infrastructure Library 246
IT-Abteilung 235
IT-Architektur 44
IT-Compliance 231, 232, 249
IT-Controlling 229, 236, 239, 240
IT-Freelancer 237
IT-Governance 230, 248
IT-Grundschutz 259, 261, 273
ITIL 229, 231, 245, 246, 247, 249, 250, 251
IT-Infrastruktur 259
IT-Kernberufe 15
IT-Kosten 240
IT-Management 229
IT-Manager 236
IT-Mischberufe 12
IT-Organisation 236
IT-Personal 236
IT-Projekt 239
IT-Provider 250
IT-Randberufe 11
IT-Risiken 231
IT-Service 246, 250
IT-Service Management 232, 246, 249, 250, 251
IT-Sicherheit 258, 264
IT-Sicherheitspreis 258
IT-Sicherheitsziele 259
IT-Spezialisten 236
IT-Strategie 233
IT-Ziele 248

J

JetEngine 103

K

Kabelbrand 260
Kaltgang 284
Kapazitätsauslastungsgrad 240
Kapazitätsplanung 170
Kapselung 129
Kardinalität 136, 138
Kennzeichnung 291
Klasse 129, 136
Klassendiagramm 136
Klassifizierung 127
Kollaboratives CRM 197
Koltan 279
Kommentare 137
Kommunikationsnetze 62
Komponenten eines Data-Warehouse 117
Komposition 139
KonTraG 232, 257
Kontrollfokus 141
Kontrollstelle 266
Kontrollziele 249
Konzeptionelle Ebene 101
Kopierschutz 263
Kostenartenrechnung 180
Kostenstellenrechnung 181
Kreditkarte 257
Kreditorenbuchhaltung 177
Kühlkörper 285
Kundenanfrage 155
Kundenangebot 157
Kundenauftrag 157

L

Lärm 287, 289
Lärmgrenzwerte 289
Lastenheft 213
Lebensdauer 283
Lebenszyklus 292, 294
Lenkungsausschuss 219
Liefer-/Fakturaplan 158
Lieferantenauswahl 164
Lieferantenportal 202
Linienabteilung 235
Low-Voltage Prozessor 281

M

m:n-Beziehung 109
Machbarkeitsstudie 214
Magisches Dreieck 217
Makro-Virus 262
Malware 255, 272
Manipulation 260
Markterhebung 214
Marktplätze 193
Massenkommunikation 60
Materialbedarfsplanung 169
Materialwirtschaft 161
Mausarm 290
Mechanische Gefährdung 289
Mehrbenutzerbetrieb 106
Meilenstein 221
Merkelzellkarzinom 285
Methoden 128
Missbrauch von Daten 255, 260
Mobile Datenverarbeitung 37
Model Driven-Architecture 142
Modellierung mit UML 130
Mooresches Gesetz 27, 32, 40, 292
Müllproblem 277
Multimedia 29

N

Nachricht 141
Nebenbuchhaltung 176
Netbook 285
Netzwerktopologien 64
Nordic Ecolabel 292
Nordic Swan 291, 292
Notfallhandbuch 269
Notfallvorsorgemaßnahmen 269
Nutzen 215
Nutzungsphase 280
Nutzwertanalyse 240

O

Objekt 129
Objektlebenslinie 141
Objektorientierte Datenbanksysteme 108
Objektorientierung 127, 128
ODBC 103
Öko-Label 292
Online-Analytical-Processing 118
Online-Bank 257, 264
Online-Shop 193
Operative Systeme 76
Operatives CRM 198
Organisationsform 235
Organisatorische Maßnahmen 268

P

Papierloses Büro 286
Papierverbrauch 286
Parallele Datenbanksysteme 116
Parallele Rechnerarchitekturen 55
Parallelrechner 37
password fishing 263
Passwort 264, 266, 273
Passwortschutz 269
PC-System 22
PDA 38
Personal Computer (PC) 33
Personal Firewall 271, 273
Personalmanagement 229, 236
Personalwirtschaft 181
Personelle Maßnahmen 268
Persönliche Identifikationsnummer 273
Persönlichkeitsrecht 264
Pflichtenheft 213
Phishing 255, 263
PIN 273
Polymorphie 129
Portal 193
Präsentationssoftware 84
Primärbedarfsplanung 169
Primärschlüssel 107
Prinzipien der Klassen 129
privacy 265
Privatrechner 255
Produktionsfaktor 230
Produktionsgrobplanung 169
Produktionsplanung und -steuerung 167
Produktkostenrechnung 181
Programm 24
Projekt 217
Projektphasen 222
Projektplanung 222
Projektsteuerung und –kontrolle 225
Projektteammitglieder 220
Prozessanalyse 211
Prozessoptimierung 212
Psychische Belastung 289
public key 269
Push- und Pull-Prinzip 242, 243

Q

Qualifizierung 236
Qualitätssicherung 239
Querschnittsysteme 78
Query-Server 120

R

Raumlufttemperatur 282, 284
Rechenzentrum 236
Rechnerarchitektur 21
Rechnernetze 58
Rechnung 159
Rechnungsprüfung 166
Recycling 277, 278, 287, 293
Rekrutierung 236, 237
Relationale Datenbanken 107
Repetitive Strain Injuries 296
Ressourcenmanagement 231
Revisionsfähigkeit 260, 274
Risiko 227, 257, 265
Risikomanagement 231, 257

Rogall-Grothe, Cornelia 295
Rohstoffe 277, 279, 293, 296
Rohstoffpreise 278
Rohstoffverbrauch 278
Rootkit 50, 255, 262, 263
Ruhezustand 281

S

Sarbanes-Oxley Act 232
Schadcode 263
Schadensersatz 266
Schädlinge 263
Schadprogramme 262
Schadsoftware 260
Schadstoffe 277, 278, 287, 291, 292
Schallemission 287
Scheer, August-Wilhelm 242, 243
Scherz-Mail 263
Schlüssel 269
Schutzmaßnahmen 255, 257, 268
Second Level Support 229, 245
Secure Socket Layer 270
Self-Service Procurement 202
Sensible Daten 265
Sequenzdiagramm 141
Server 34
Server Based Computing 35
Serverbasierte Datenbanken 109, 111
Serverdatenbanken 111
Service Design 247
Service Desk 229, 244
Service Operation 247
Service Oriented Architecture 143
Service Strategy 247
Service Transition 247
Serviceorientierte Architektur (SOA) 190
Servicequalität 246
Sicherheitsaspekte 259
Sicherheitsbehörden 266
Sicherheitsbewusstsein 268
Sicherheitshinweise 273
Sicherheitsloch 263
Sicherheitslücken 261
Sicherheitsmaßnahmen 257, 268, 272, 274
Sicherheitsupdates 273
Sicherheitsziele 268, 274
Signatur 269, 271
single point of contact 244
Sleep-Modus 281
Smartphone 38
Sniffer 266
Social Engineering 267
Software 23
Software-as-a-Service 282, 283
Softwarekrise 124
Softwareprojekte 124
Softwareuntersuchung 214
Sozialbilanz 277, 279
Soziale Netze 199
Spam 262
Speicherhierarchie 54
SPICE 245, 251
SQL 102
SSL-Verschlüsselung 270
Stabsfunktion 236
Stabsstelle 235
Stammbaum der Programmiersprachen 23
Standards 229, 245, 246
Standbymodus 281
Statische Struktur 133
Stiftungsprofessur 237
Stored Procedure 112
Strategie 229, 230, 233, 234
Stromausfall 260, 281
Stromkosten 280
Stromverbrauch 280, 281, 284
Stücklisten 172
Subcontracting 237
Suchmaschinen 119
Superrechner 36
Supplier Relationship Management 201

Supply Chain Management 204
Supply Chain Operational Reference 205
Suspend-To-Disk 281
Suspend-To-RAM 281
Symmetrisches Verschlüsselungsverfahren 269
Systemsoftware 75

T

Tabellenkalkulation 83
TAN 273
Tantal 279
TCO Certified 291, 292
Technische Maßnahmen 269
Technische Schutzmaßnahmen 269
technisches Versagen 260, 274
Teilprojektleitung 220
Telearbeit 295
Telekommunikationsgesetz 232
Telemediengesetz 232
Terminplanung 170
Test 224
Text-Datenbanken 109, 110
Textverarbeitung 81
Themenorientierte Speicherung der Daten 117
Thin Client 277, 283, 294
Third Level Support 229, 245
Tierversuche 288
Toner-Kartuschen 287, 288
Total Cost of Ownership 240
Transaktionsnummer 264, 273
Trigger 112
Trojaner 255, 260, 262, 272
Trojanisches Pferd 262

U

Überhitzung 283, 285
Umsetzung 224
UMTS 38, 288
Umweltbundesamt 279
Umweltlabel 277
Umweltschäden 296
Umweltzeichen 291
Umweltzerstörung 278
Unbefugter Zutritt 260
Unsymmetrisches Verschlüsselungsverfahren 270
Unterbrechungsfreie Stromversorgung 268
Unternehmensziele 239
Unveränderbarkeit 117
USB-Memory Stick 256, 286
Use-Case-Diagram 134
USV 268
USV-Batterien 283

V

Vandalismus 260
Vektorrechner 37
Verbrauchsmaterial 277, 285, 286
Vereinheitlichung 117
Vererbung 129, 138
Verfügbarkeit 240, 257, 259, 274
Versand 158
Verschlüsselung 256, 269, 270, 274
Verteilte Datenbank 115
Verteilte Datenbanksysteme 115
Vertraulichkeit 257, 274
Vertrieb 155
Videokonferenz 296
Virenschutz 269, 273
Virtualisierung 277, 283
Virus 255, 260, 262, 263, 264
von-Neumann-Architektur 46
von-Neumann-Computer 45
von-Neumann-Flaschenhals 53
Vorgehensmodell 222
Vorsätzliche Handlungen 260, 274

W

Warenausgang 171
Wareneingang 165

Wärmetauscher 284
Warmgang 284
Wartungskostenanteil 240
Web-Mining 119
Webspeicher 256
Weiterbildung 237
Wirtschaftlichkeitsanalyse 215
Wirtschaftsinformatik 5, 6
Wissensmanagement 231
WLAN 288
Workflowmanagementsysteme 89
Workgroup Computing 89
Workstation 34
Würde des Menschen 265
Wurm 260, 262

X

XML-Datenbanken 109, 110

Z

Zeitbezug 117
Zentralisierte Datenbanksysteme 113
Zertifikat 271
Zertifizierung 247
Zertifizierungsstelle 271
Zugangs- und Zugriffsrechte 268
Zugangs- und Zugriffssicherheit 258

Kolibri 360 GmbH
Ferdinand-Jühlke-Straße 7
99095 Erfurt, Deutschland
produktsicherheit@kolibri360.de